reinhardt

Stadion Tourbillon. Licht und Schatten. Bei Nacht und Nebel im Walliser Tourbillon. Die Heimstätte des FC Sion, manchmal feurig, manchmal ruhig, immer idyllisch.

Texter und Gestalter.

Remo Meister.
*1978. Sportredaktor bei der Basler Zeitung.

Enrico Luisoni.
*1951. Typografischer Gestalter, Webdesigner.
www.arttape.ch

Alle Rechte vorbehalten
© 2007 Friedrich Reinhardt Verlag, Basel
Gestaltung: Enrico Luisoni
Lithos: Enrico Luisoni
Druck: Reinhardt Druck Basel
ISBN 978-3-7245-1476-3
www.reinhardt.ch

hans-jürgen siegert

zwischen den zeiten

friedrich reinhardt verlag

Vorwort.

Was dieser Buchtitel *zwischen den zeiten* eigentlich bedeute, wollte ich von Hans-Jürgen Siegert wissen. «Das Buch besteht aus verschiedenen Momentaufnahmen, der Titel lässt ein bisschen alles offen – ich kann das auch nicht genau beschreiben», war die Antwort. Wer Hans-Jürgen Siegert kennt, der weiss, dass dies als Erklärung reichen muss. Grosse Reden sind seine Sache nicht, lieber lässt er seine Bilder sprechen. Etwas, was ihm mit diesem Buch gut gelungen ist.

zwischen den zeiten vermittelt einen Querschnitt durch Hans-Jürgen Siegerts Arbeit als Sportfotograf. Das Buch zeigt einen Auszug seines Schaffens, das in den letzten zehn Jahren vornehmlich darin bestand, seine Zeit auf den Fussballplätzen und anderen Sportanlagen dieser Welt zu verbringen. Das Hauptaugenmerk ist auf den FC Basel gerichtet, den Hans-Jürgen Siegert in der Vergangenheit um den halben Globus begleitet hat. Entsprechend gross ist seine Auswahl an Bildern von Präsidentin Gigi Oeri, Trainer Christian Gross, dem weiteren Umfeld und natürlich den Spielern. Diesen Persönlichkeiten sind in *zwischen den zeiten* spezielle Kapitel gewidmet.

Hans-Jürgen Siegert wurde am 8. August 1944 in Bad Liebenwerda in der Nähe von Leipzig geboren. Seine Mutter war aus Berlin geflüchtet, der Vater im Zweiten Weltkrieg ums Leben gekommen. Siegert hatte einen Bruder, Horst, der allerdings im Kindesalter verstarb. Dies, nachdem die Mutter mit den beiden Söhnen 1949 nach Berlin zurückgezogen war. An Horsts Beerdigung lernte die Mutter Hans-Jürgen

Siegerts späteren Stiefvater kennen, der ebenfalls gerade seinen Sohn verloren hatte.

Über Lugano und St. Gallen kam Siegert nach Basel, wo er 1970 an der Kunstgewerbeschule seine Ausbildung als Grafiker abschloss. In den 80er-Jahren war er als Künstler tätig und stellte seine Bilder in vielen internationalen Galerien aus. Etwas später führte er in Basel ein Atelier und betrieb gleichzeitig eine Galerie, in der internationale Künstler ihre Werke präsentierten. Beides wurde mit der Zeit zu teuer – zuerst musste Hans-Jürgen Siegert das Atelier aufgeben und Ende der 90er-Jahre auch die Galerie. Seither widmet er sich ganz der Fotografie. Seine Bilder erscheinen regelmässig im «Baslerstab» sowie im «rotblau», dem Clubmagazin des FC Basel. Aber auch Beiträge anderer Tageszeitungen und Zeitschriften werden von ihm bebildert. Zudem ist er seit der Saison 2002/2003 für die Fotos des FCB-Jahrbuchs verantwortlich und hat an diversen Publikationen des Friedrich Reinhardt Verlags mitgearbeitet.

Hans-Jürgen Siegert ist heute 63 Jahre alt und lebt in Basel. Er lebt für seinen Beruf. Für das Fotografieren. Zu jeder Tages- und Nachtzeit. Bei der Frage, ob er stolz sei auf das, was er mit seiner Leidenschaft erreicht habe, kämpft der sensible Deutsche gegen das Augenwasser an. «Ein bisschen stolz bin ich schon», sagt er, «vor allem aber bin ich dankbar, dass ich die ganzen Auslandreisen mit dem FCB in meinem Alter noch miterleben darf.»

Zum Thema Pensionierung hat er eine klare Meinung: «Ich mache weiter, solange ich noch laufen und meine Kameraausrüstung tragen kann.» Jemand habe einmal gesagt, man müsse den Siegert wohl eines Tages mit der Bahre vom Fussballplatz tragen. So weit ist es aber noch nicht. *zwischen den zeiten* ist also eine Art Zwischenbilanz. Eine Zwischenbilanz, die Hans-Jürgen Siegert seiner 87-jährigen Mutter und seinem verstorbenen Stiefvater widmet.

Remo Meister

Basel. Der FC Basel hat seiner fussballverrückten Heimatstadt in den letzten Jahren viel Freude bereitet. Die Fans danken es der Mannschaft bei jeder Gelegenheit, am liebsten auf dem Barfüsserplatz anlässlich einer Meisterfeier oder eines Cupsiegs.

Stimmung und Choreografien. Der Einmarsch in den St.-Jakob-Park – nicht nur nach den «Derbys» gegen den FC Zürich berichten Anwesende regelmässig von einer Gänsehautstimmung. Die kreativen Fans des FC Basel in der Muttenzer Kurve tragen ihren Teil dazu bei.

Rund 23 000 Saisonkarten hat der FC Basel wieder verkauft – eine Zahl, die Bände spricht. Der FCB begeistert die Massen, mit seinen glanzvollen Auftritten in der Champions-League-Saison 2002/2003 ist er in Sachen Anziehungskraft nochmals in eine andere Sphäre vorgedrungen. Menschen aus den unterschiedlichsten Kreisen füllen das Stadion und schaffen eine Atmosphäre, die in der Schweiz einmalig ist. Ob im heimischen St.-Jakob-Park oder auswärts: Der FC Basel kann auf die lautstarke Unterstützung seiner vielen treuen Fans zählen.

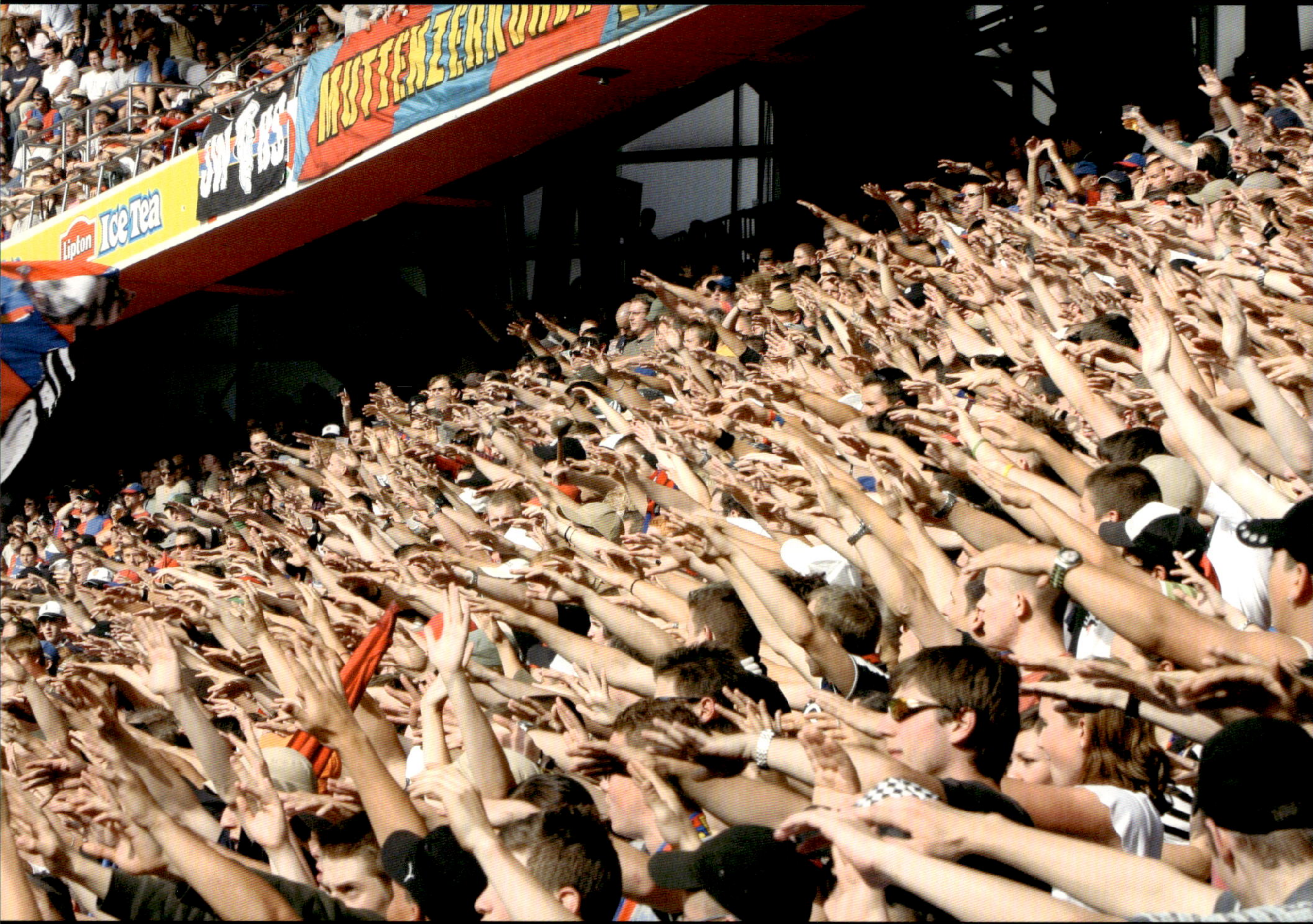
Lipton
Ice Tea

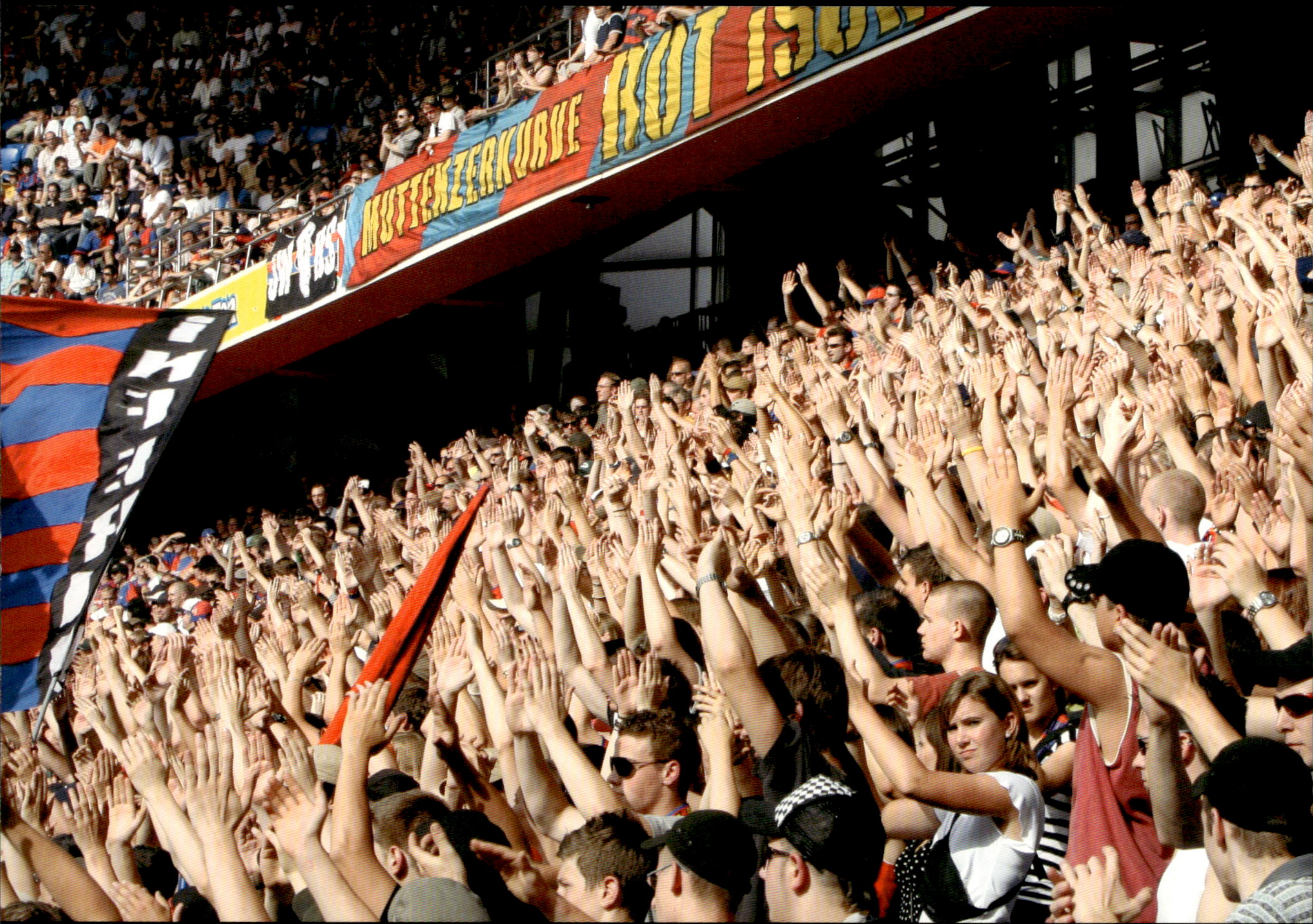
MUTTENZERKURVE
ROT

G7

UNITED

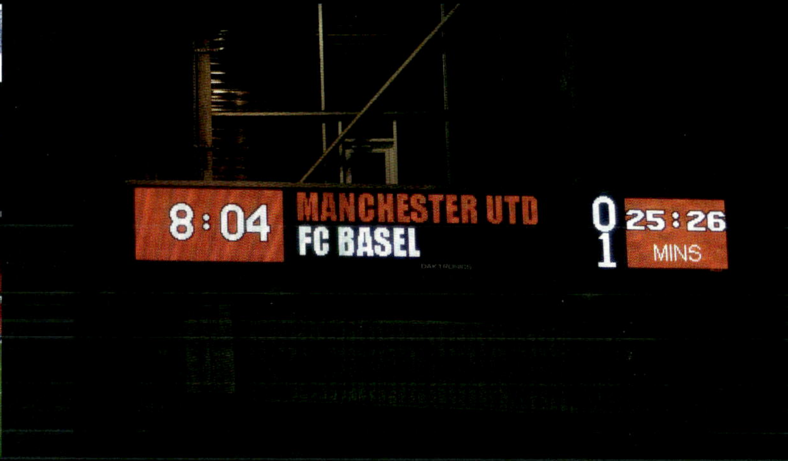
8:04
MANCHESTER UTD
FC BASEL
0
1
25:26
MINS

FordFusion

ROONEY
HENRY

POLIS

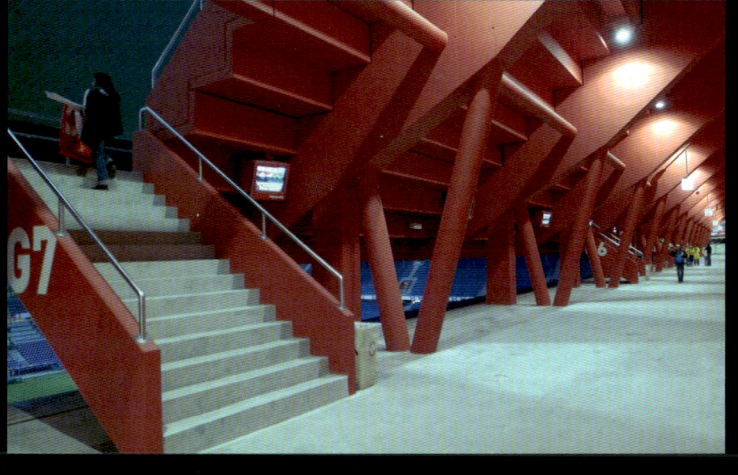

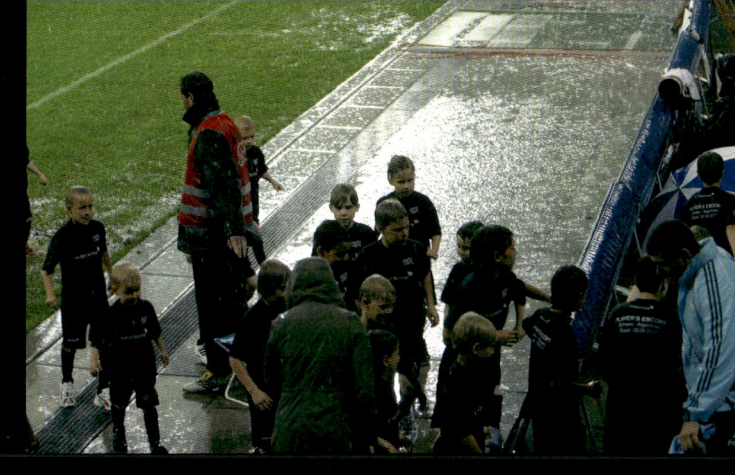

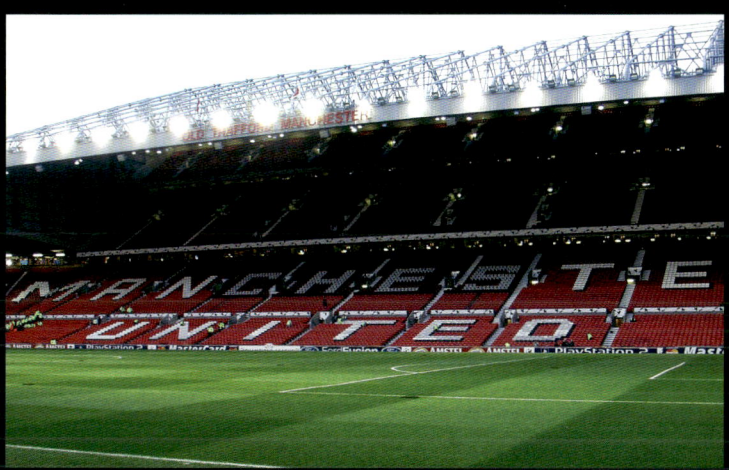

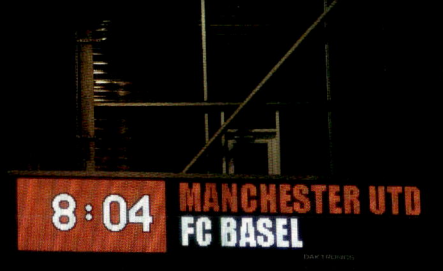

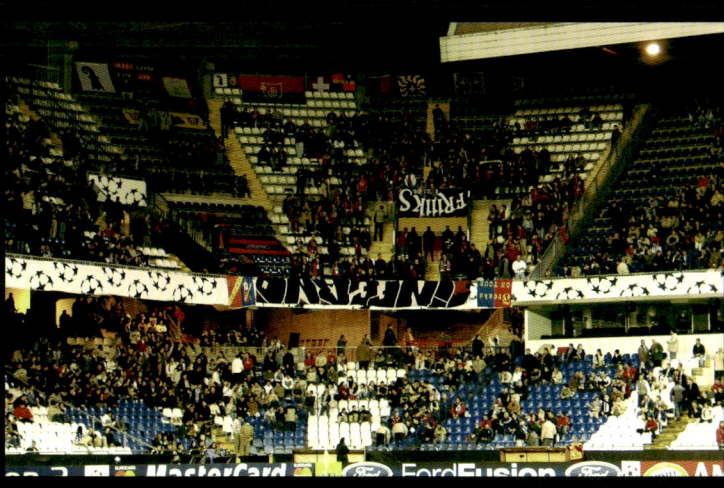

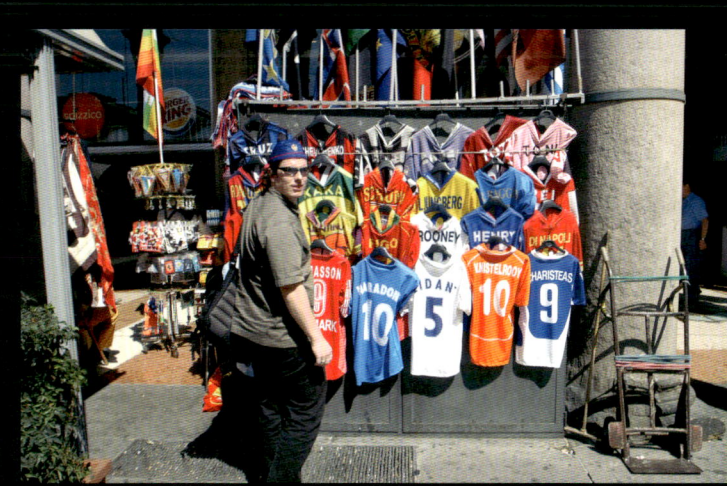

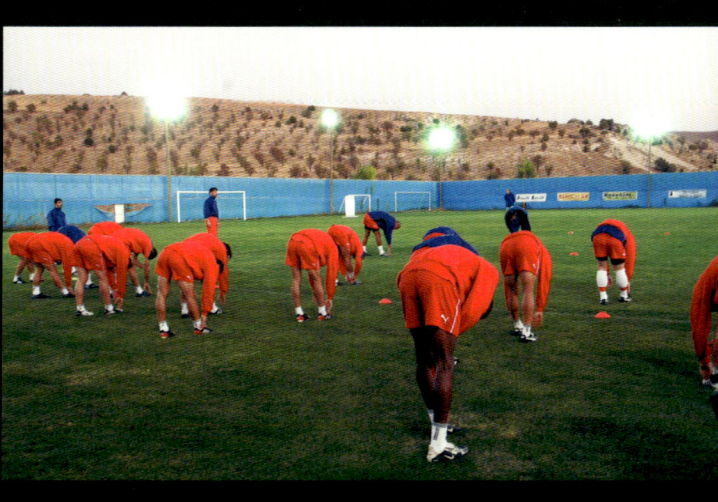

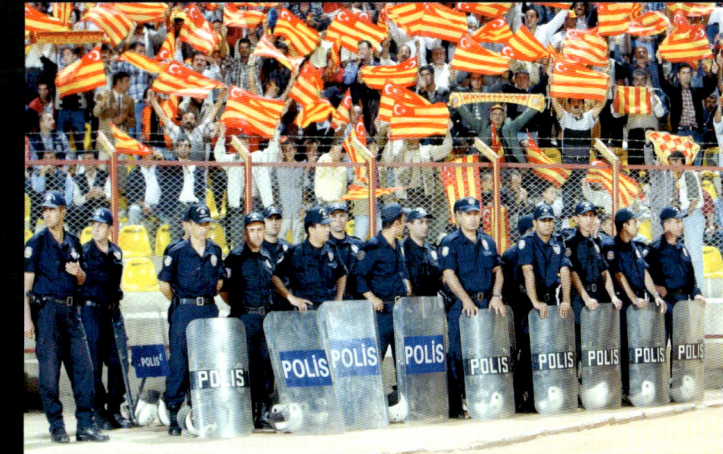

35

DOE LAND
DOE HET ZELF MARKT
Staatsloterij
CANAL+

GLASGOW
FEYENOORD
21 October De Kuip Stadium
SCHALKE
4 November Murrayfield Stadium
BASEL
25 November St. Jakob Park
FERENCVAROSI
16 December Murrayfield Stadium
UEFA CUP
EUROPEAN TOUR 2004
H • M F C 1874

37

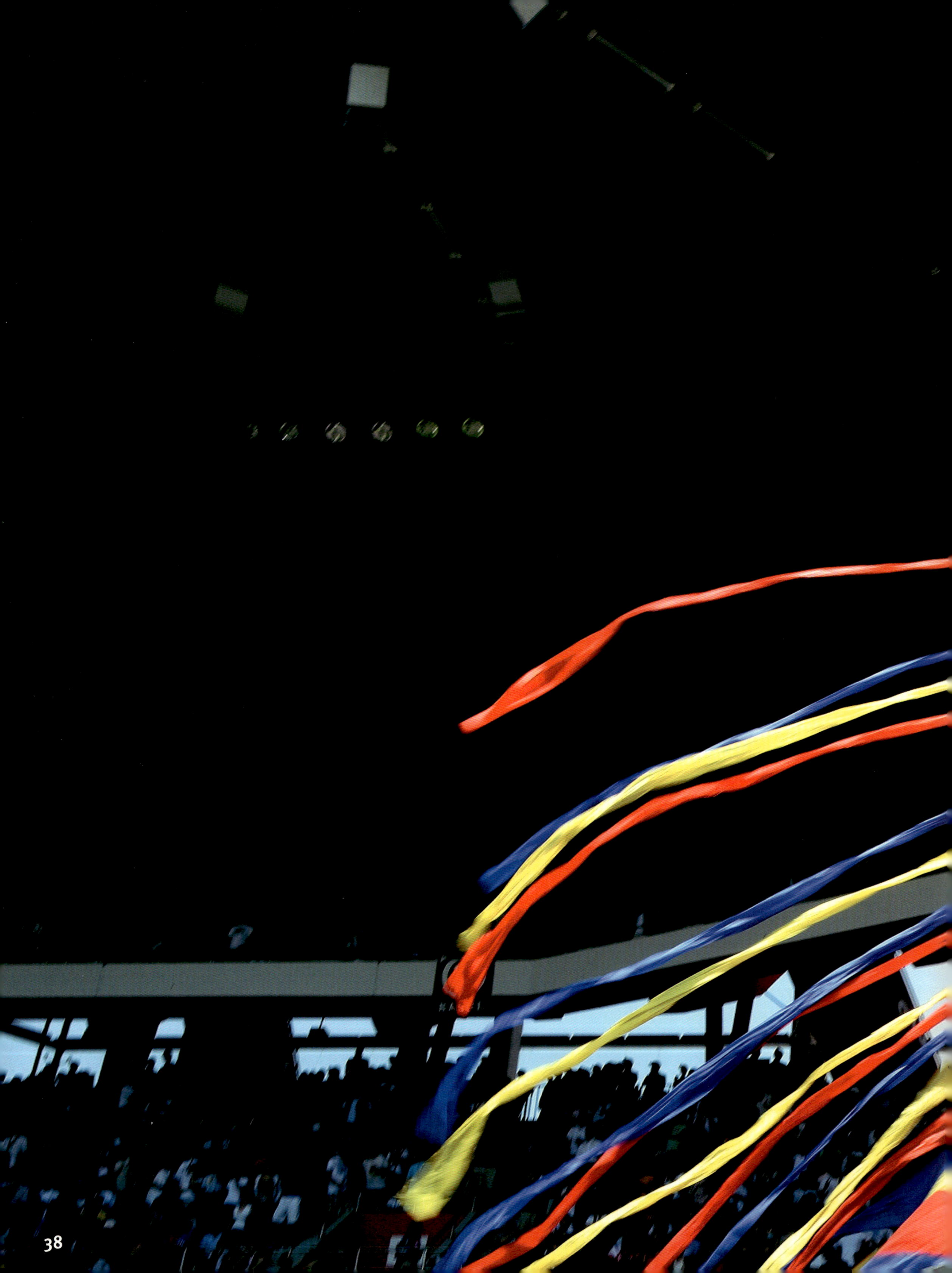

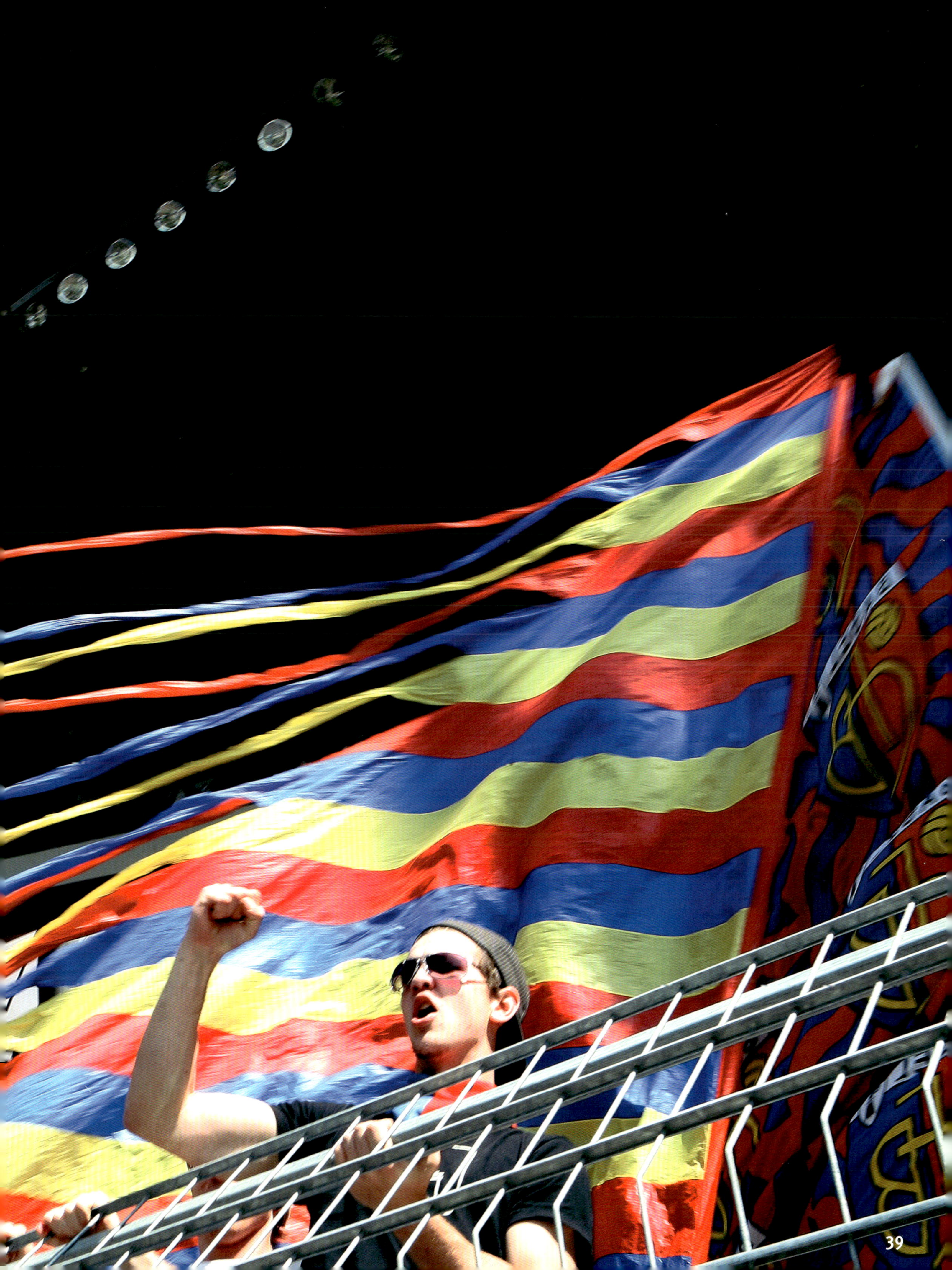

Fans. In Basel grassiert das FCB-Fieber – davon bleiben auch die jüngsten Zuschauer nicht verschont. Das kann einen ganz schön mitnehmen.

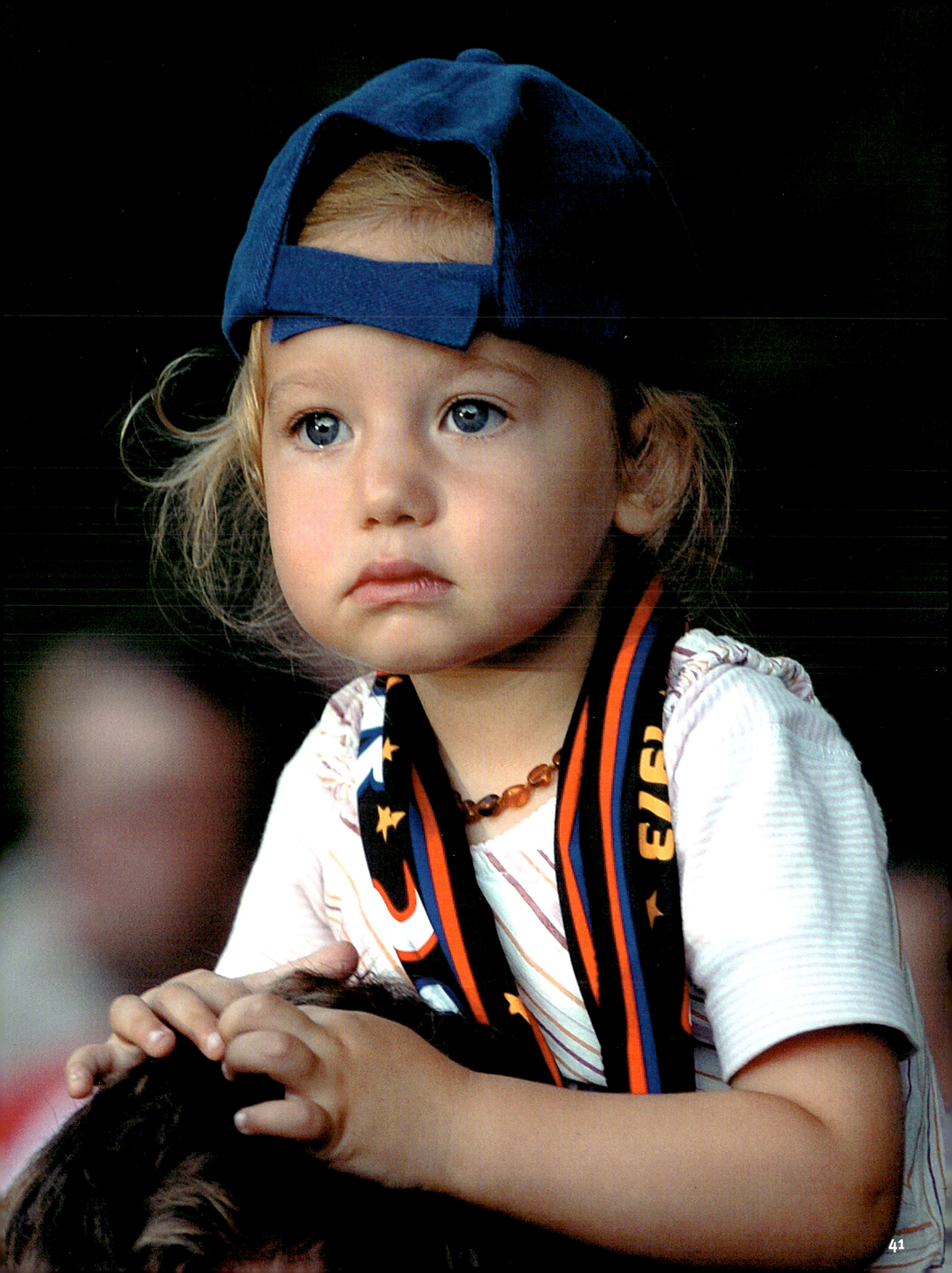

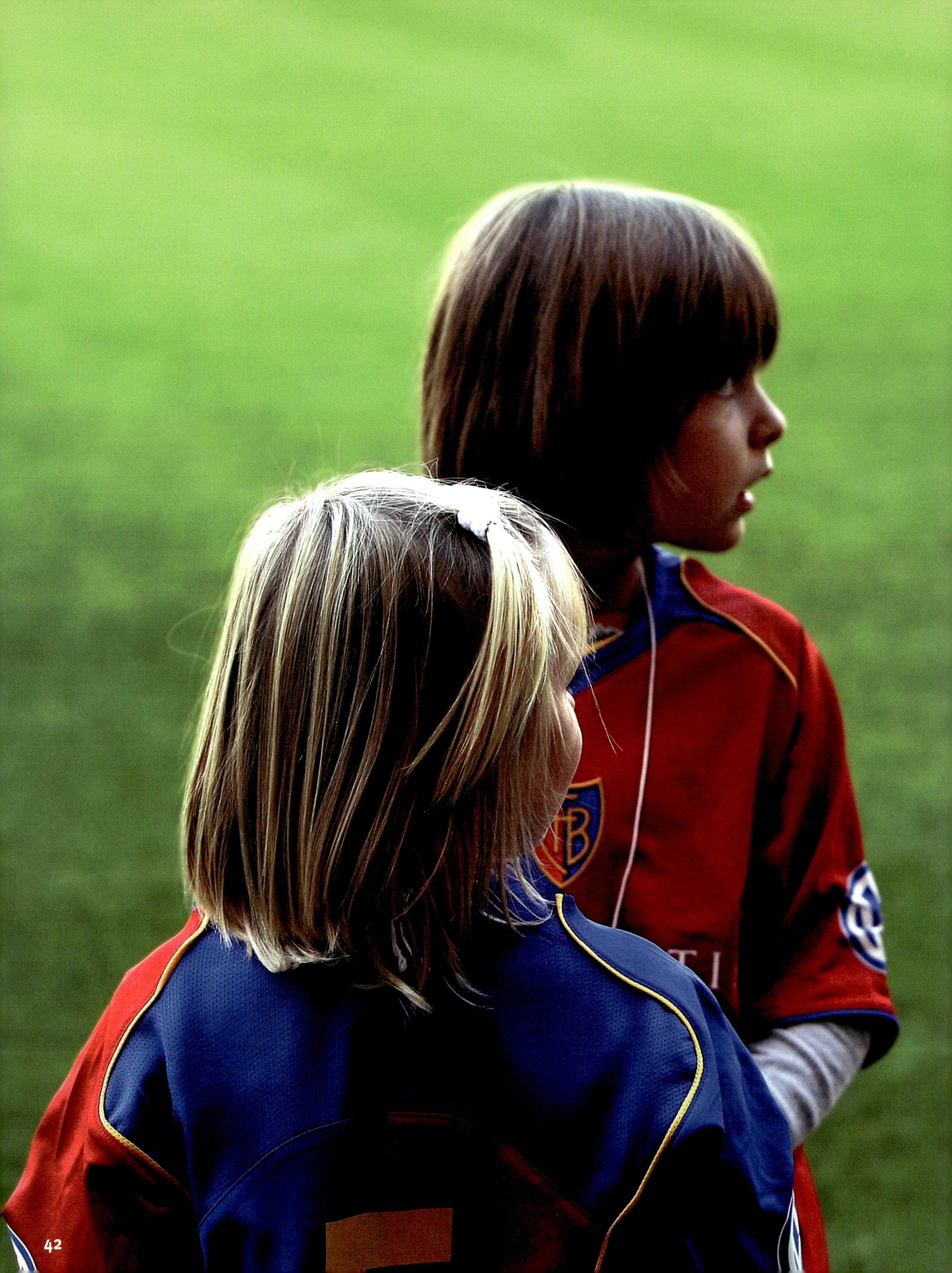

Keiner ist zu klein, ein FCB-Fan zu sein. Früher oder später wird jedes Kind in der Region Basel in irgendeiner Form mit dem FCB konfrontiert – und viele können nachher nicht mehr loslassen. Mit Papi ans Fussballspiel im grossen Stadion, in der Pause eine saftige Bratwurst, am Ende im Idealfall ein FCB-Sieg – ein Wochenendprogramm, das fussballbegeisterte Kinder entzückt. Auch der FCB-Fanshop ist sich dessen bewusst – und bietet den Eltern eine grosse Auswahl für den Geburtstags- und Weihnachtseinkauf.

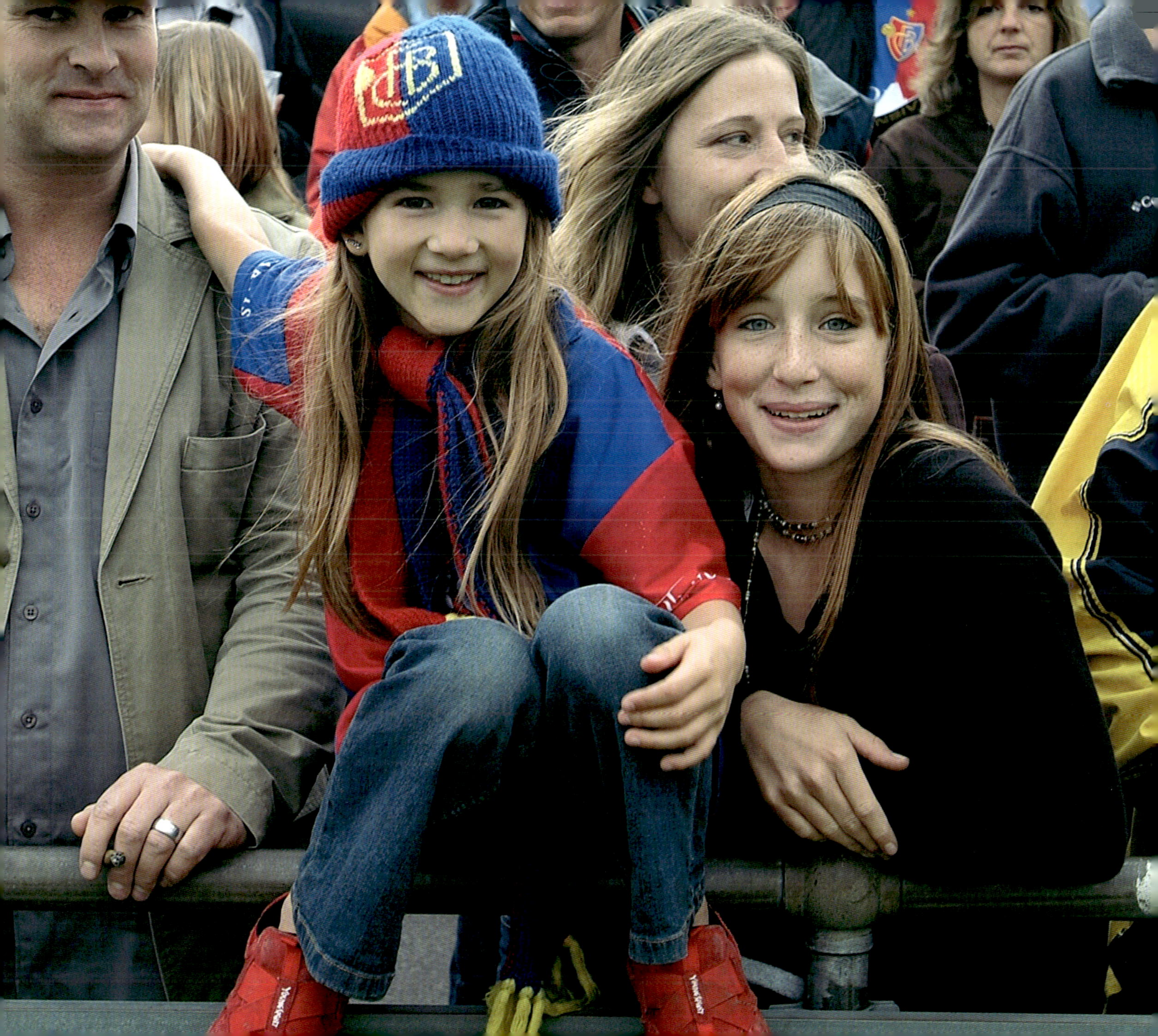

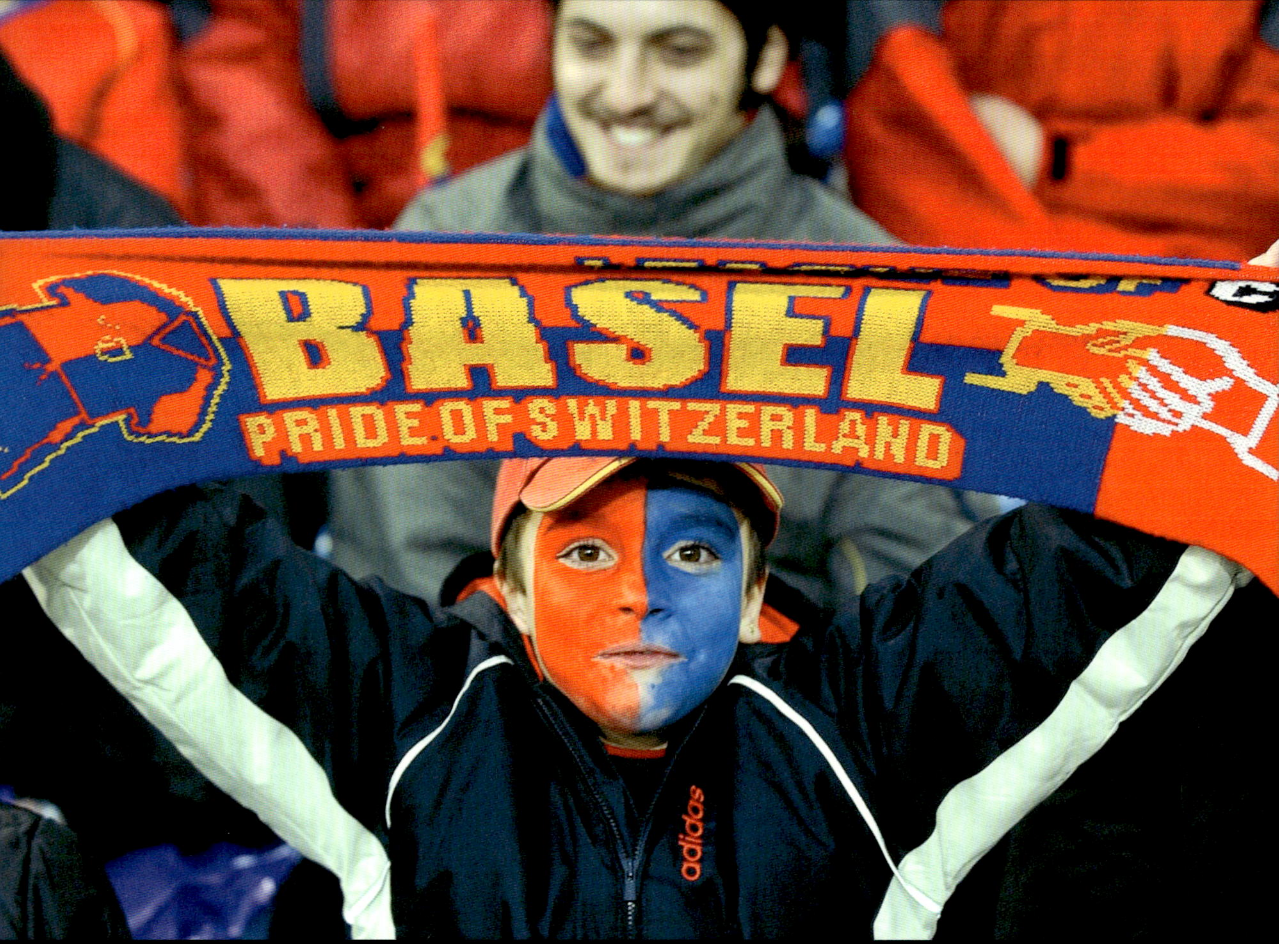
BASEL
PRIDE OF SWITZERLAND
adidas

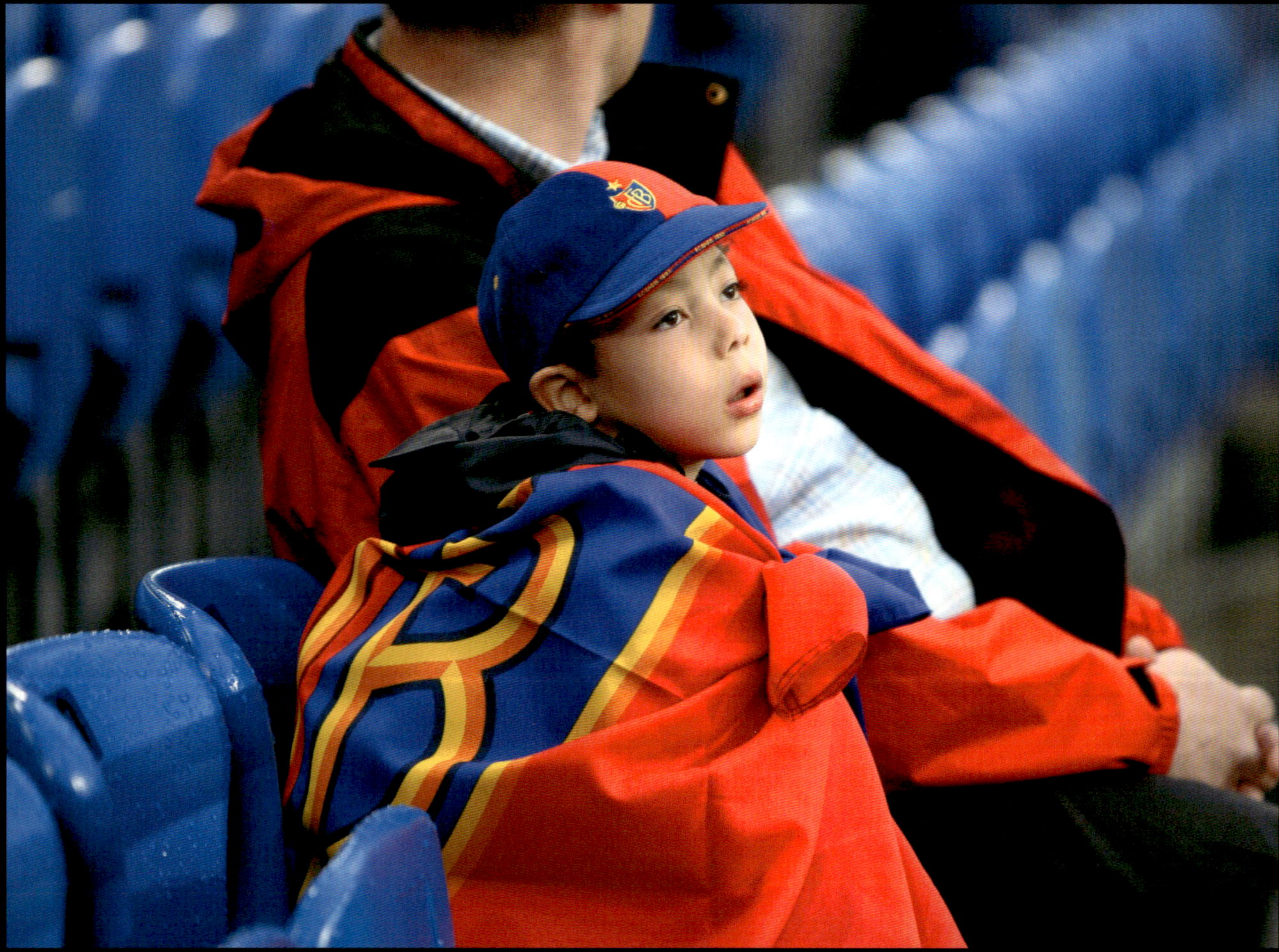

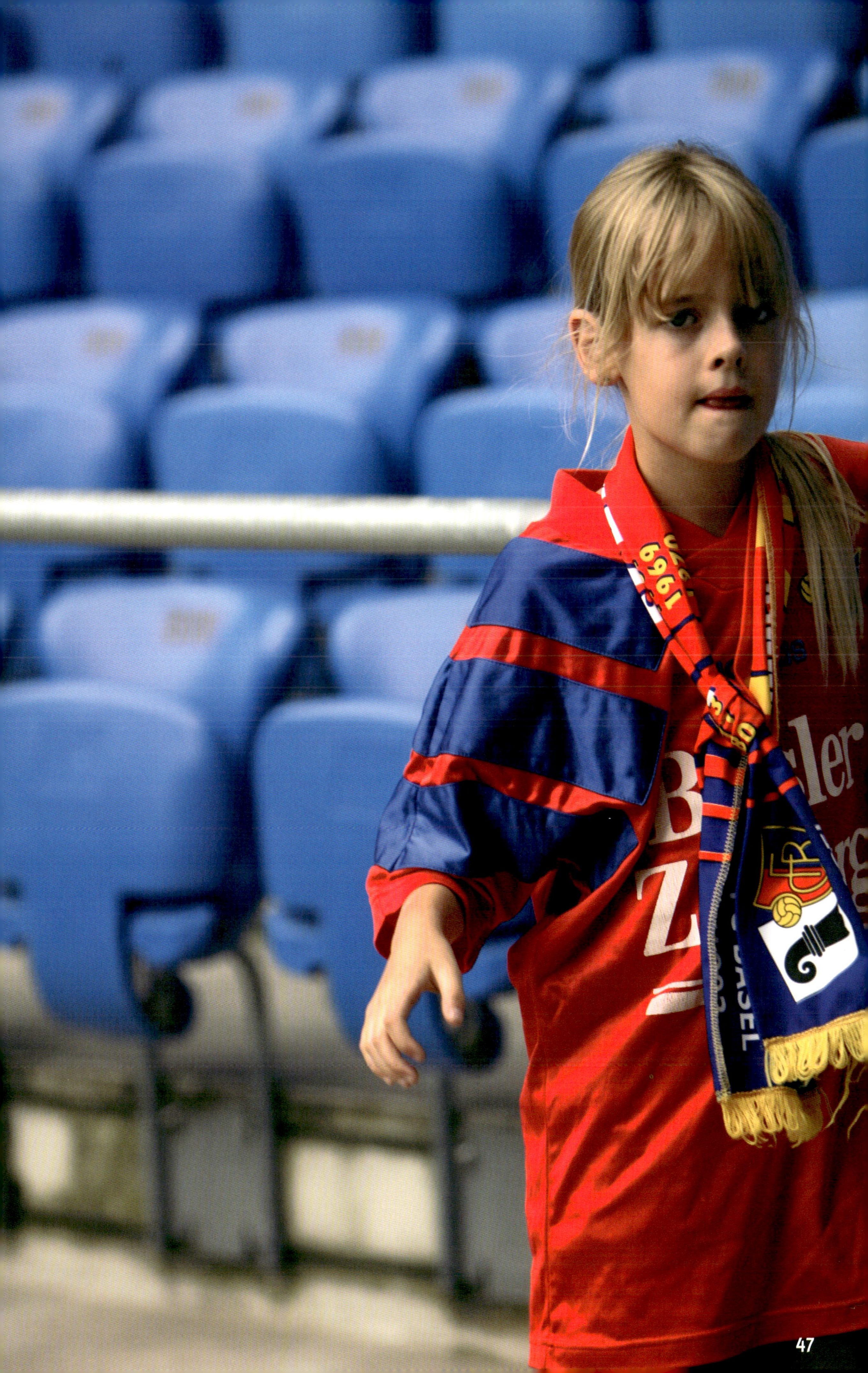

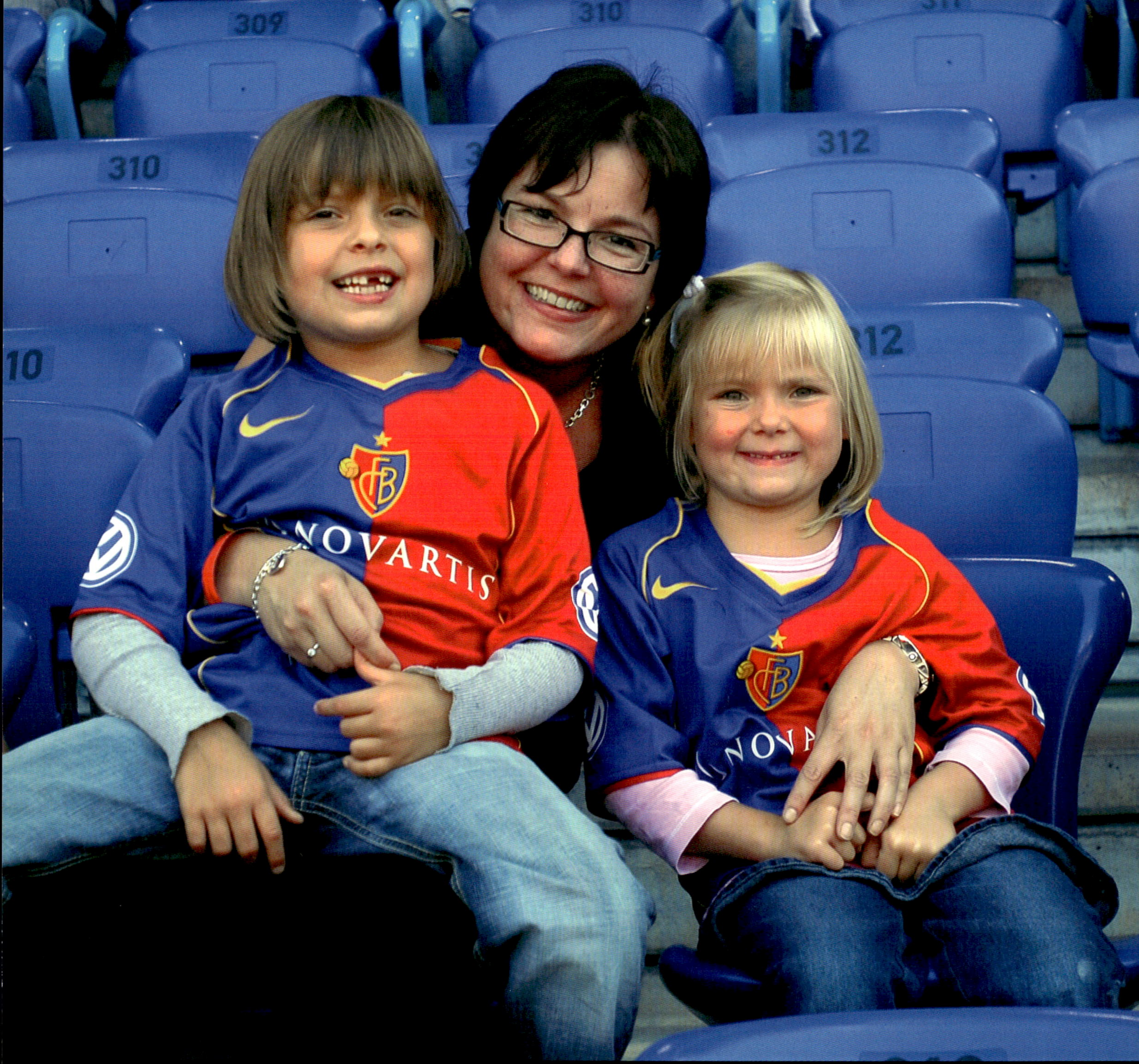
309
310
312
NOVARTIS

49

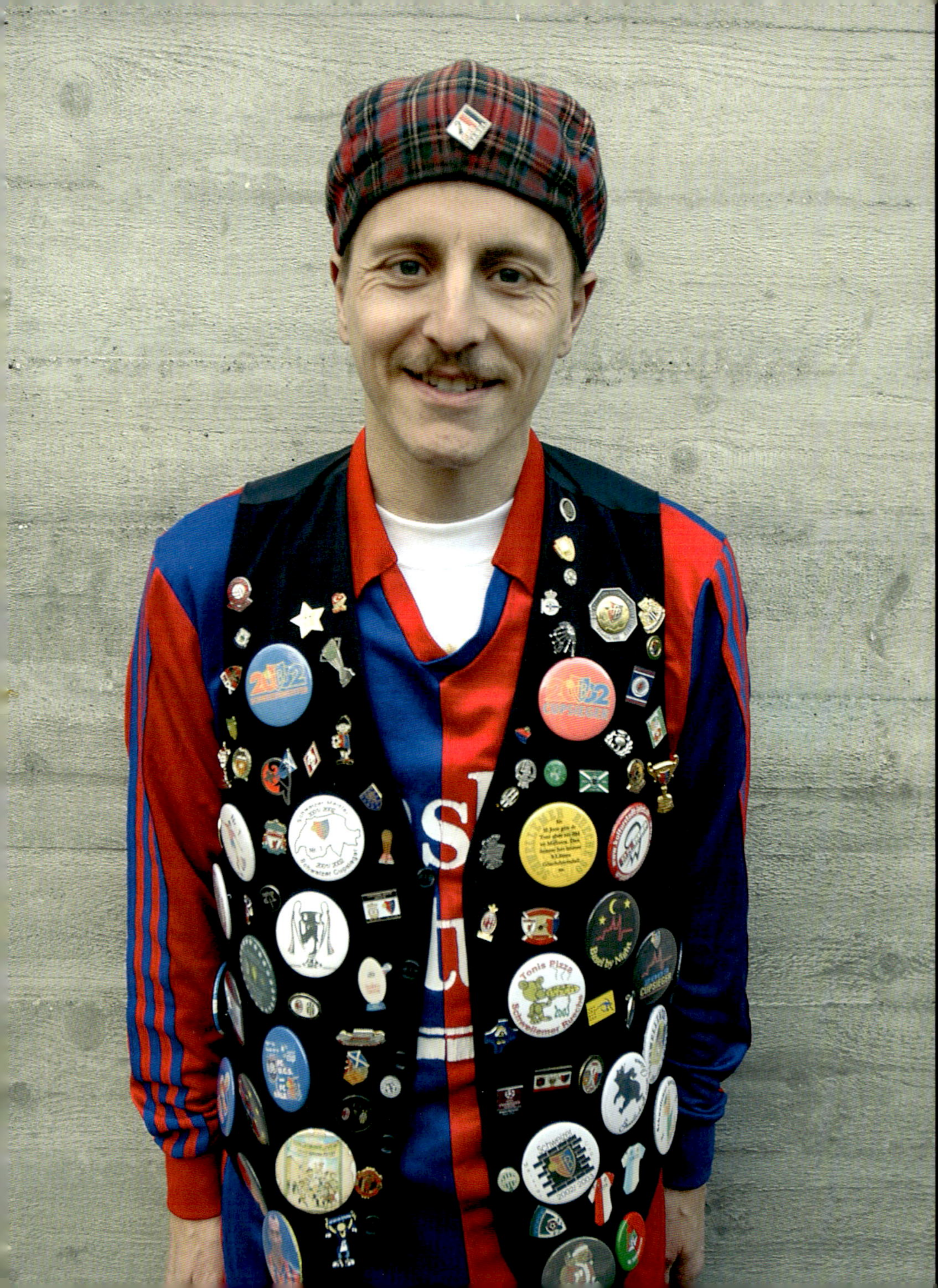
CUPSIEGER
Tonis Pizza

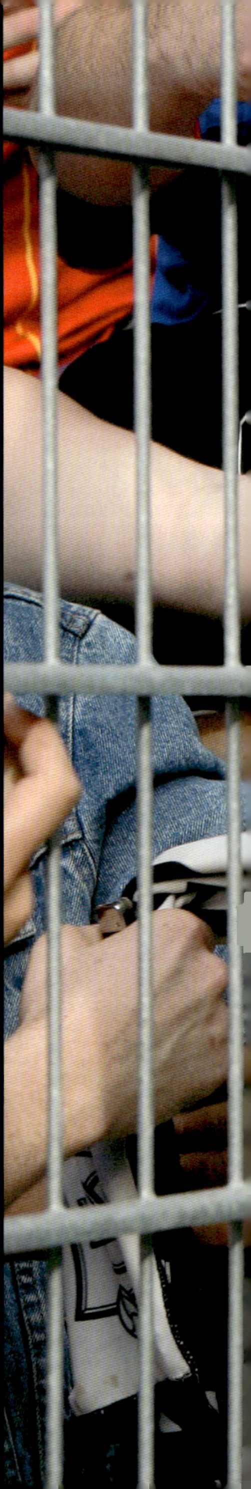

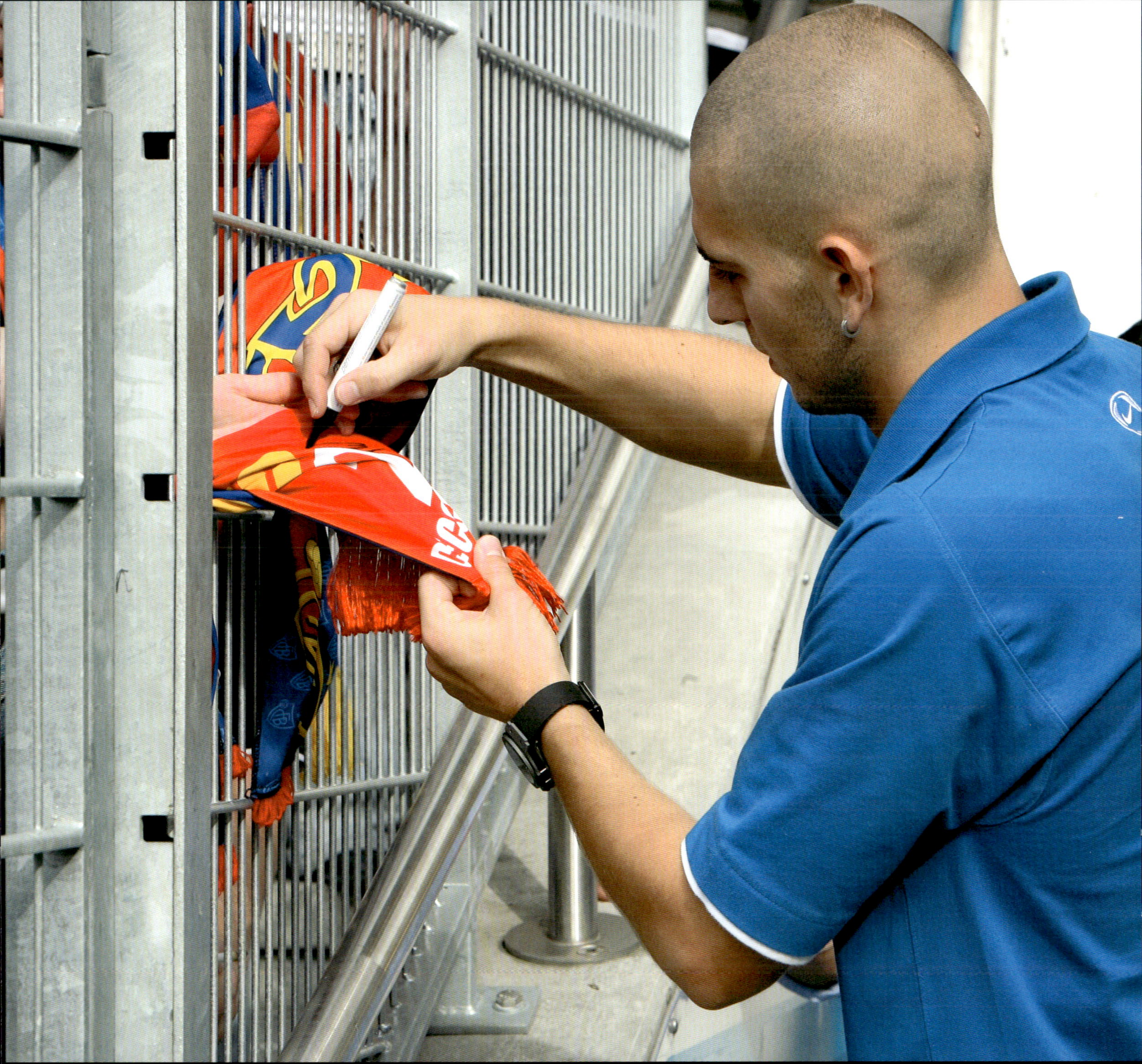

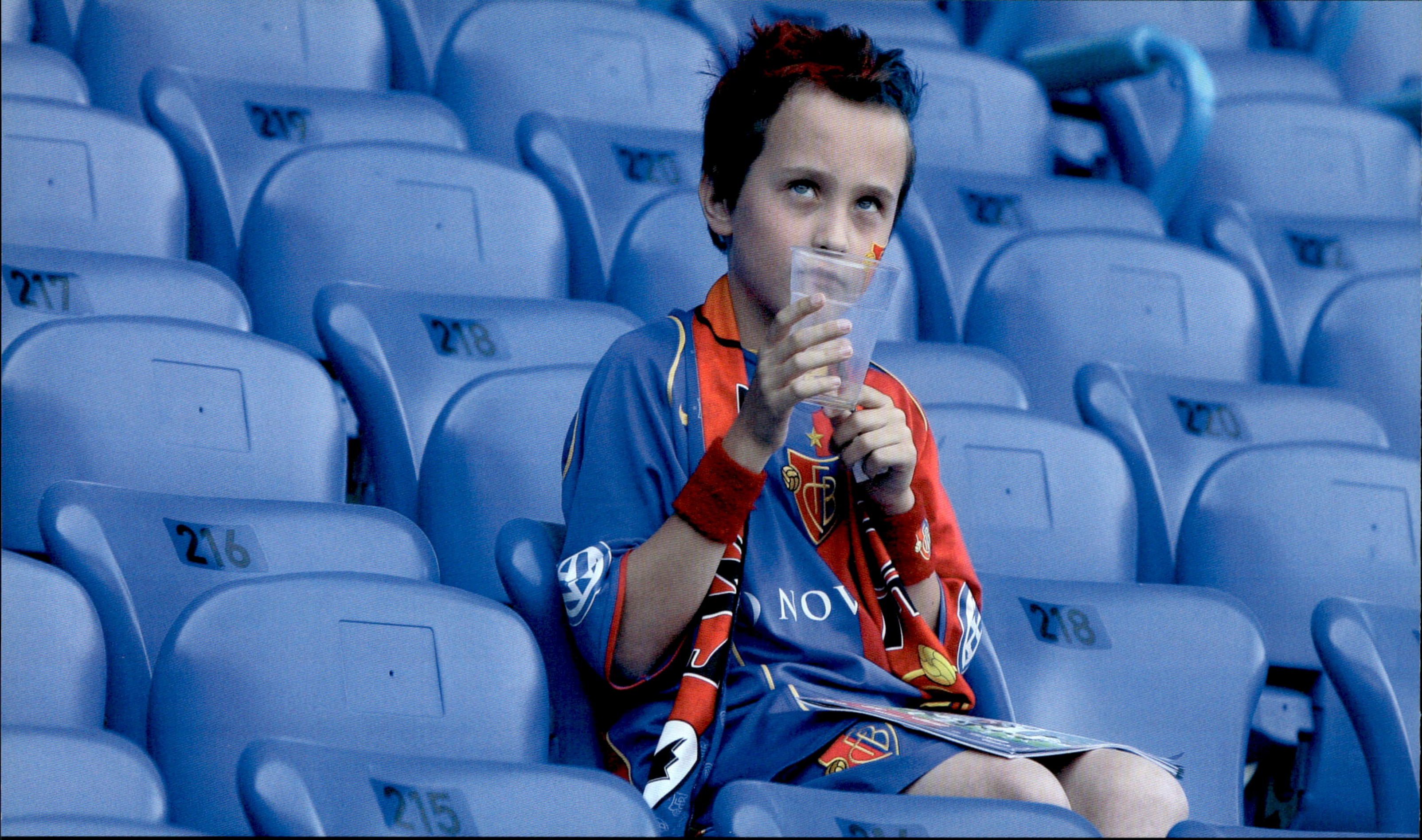
217
218
216
218
215

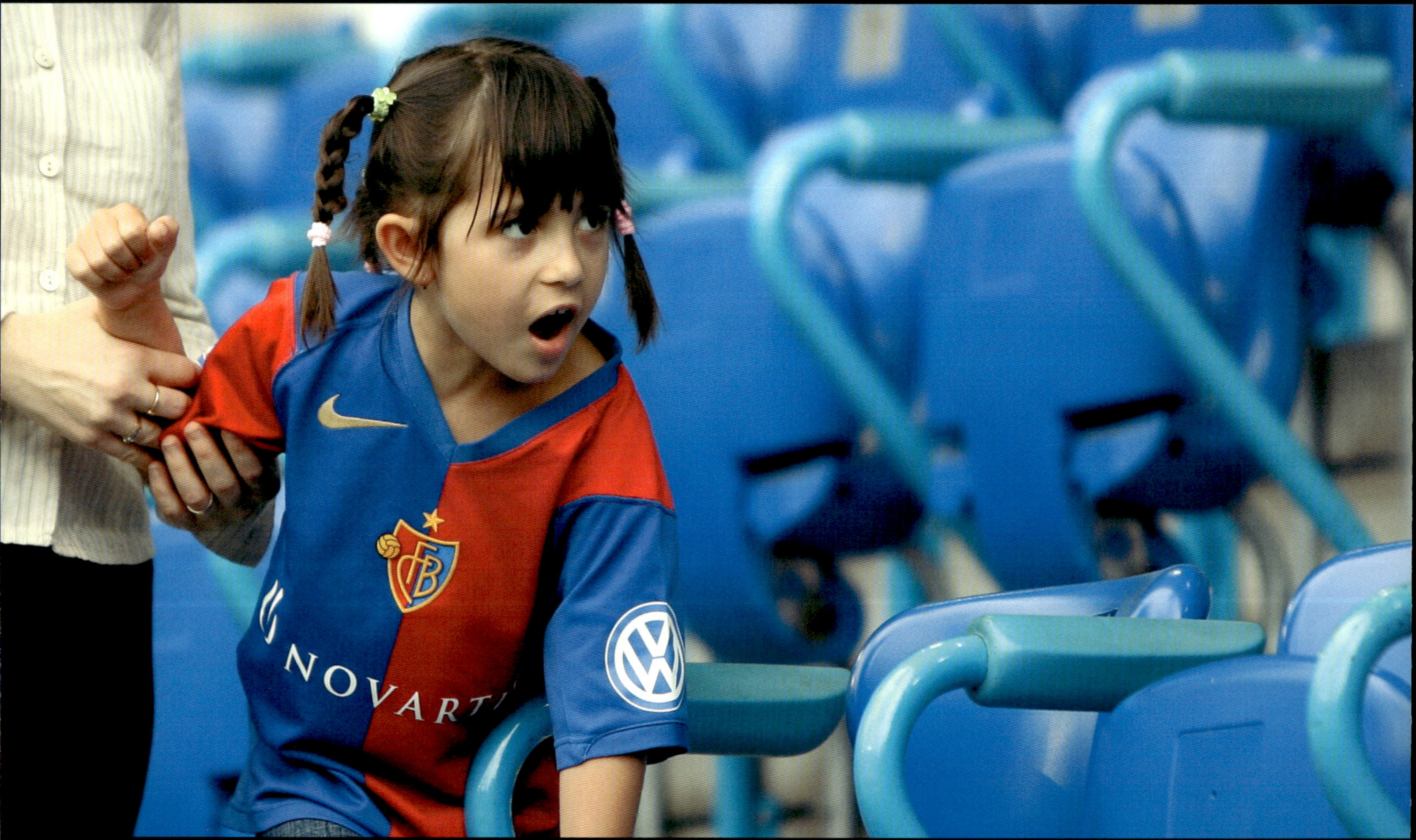

53

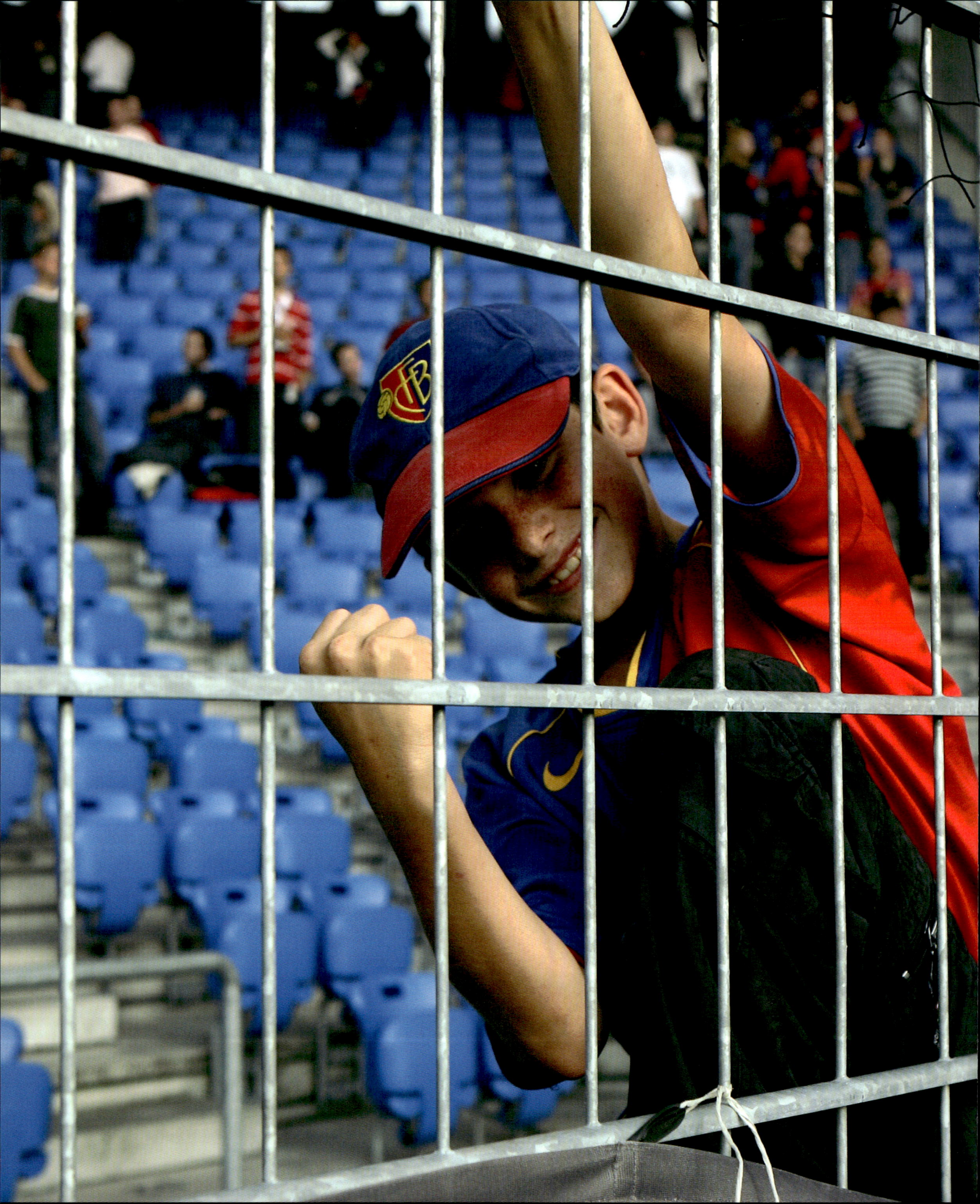
FCB

55

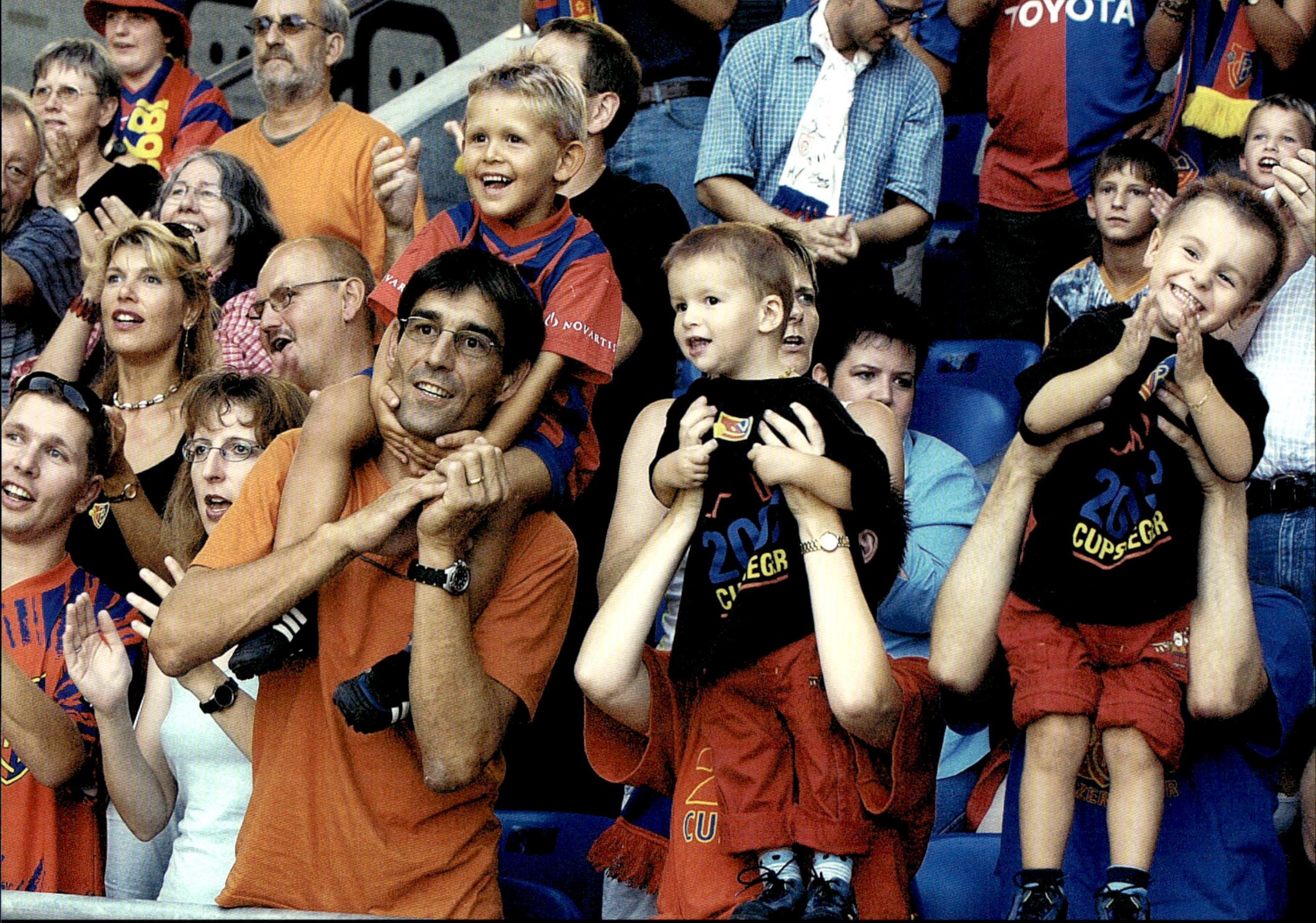
TOYOTA
NOVARTIS

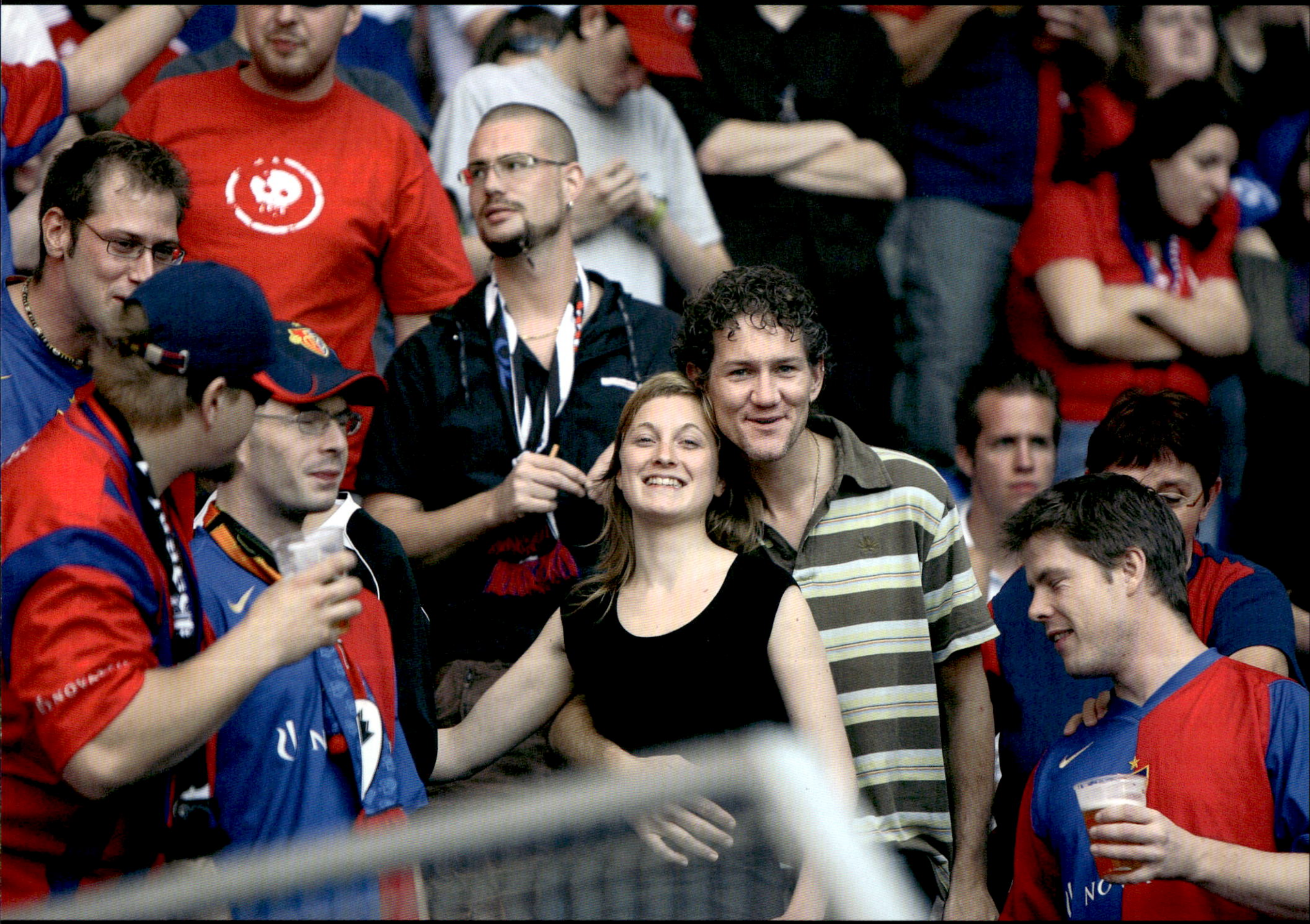

57

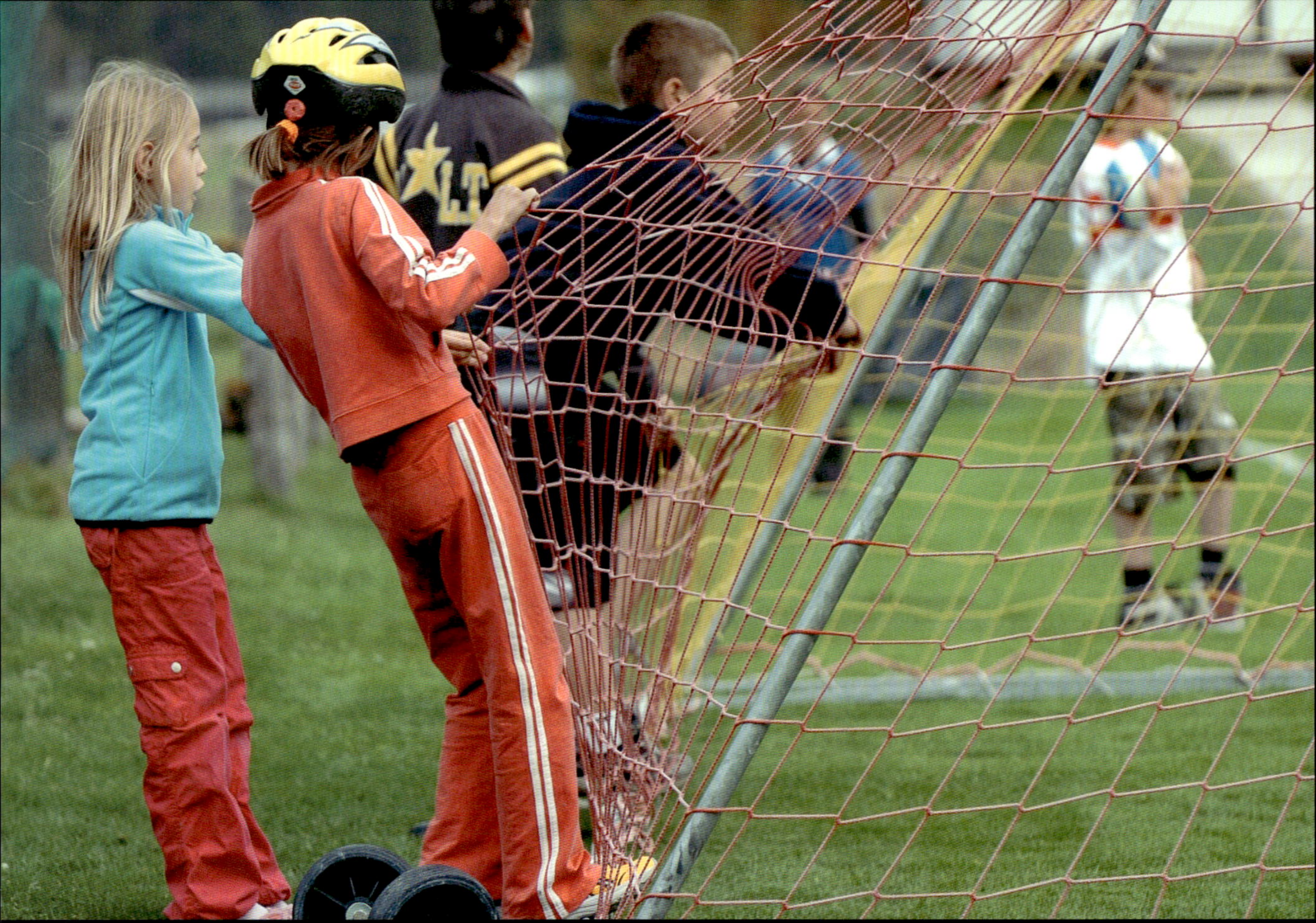

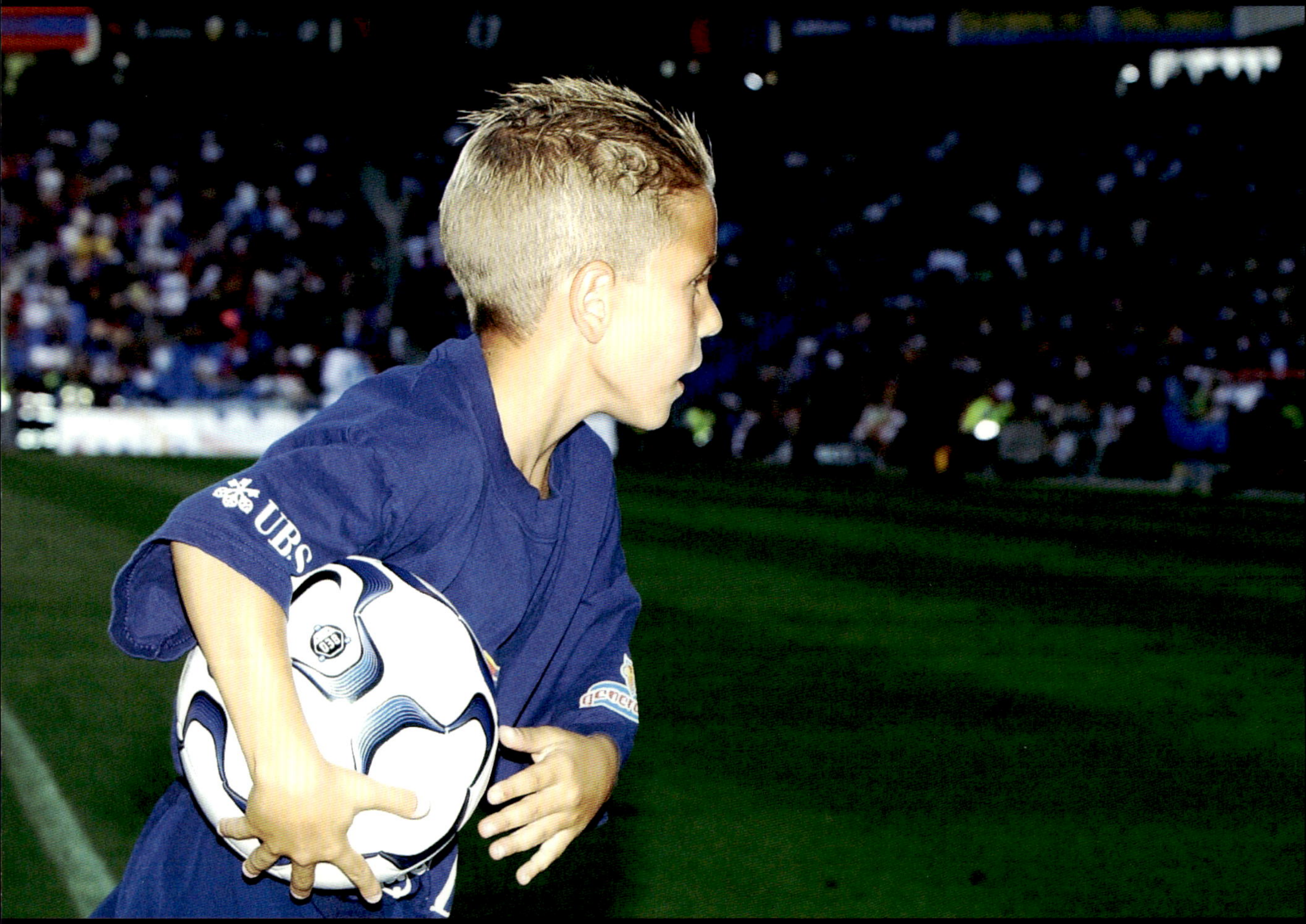
UBS

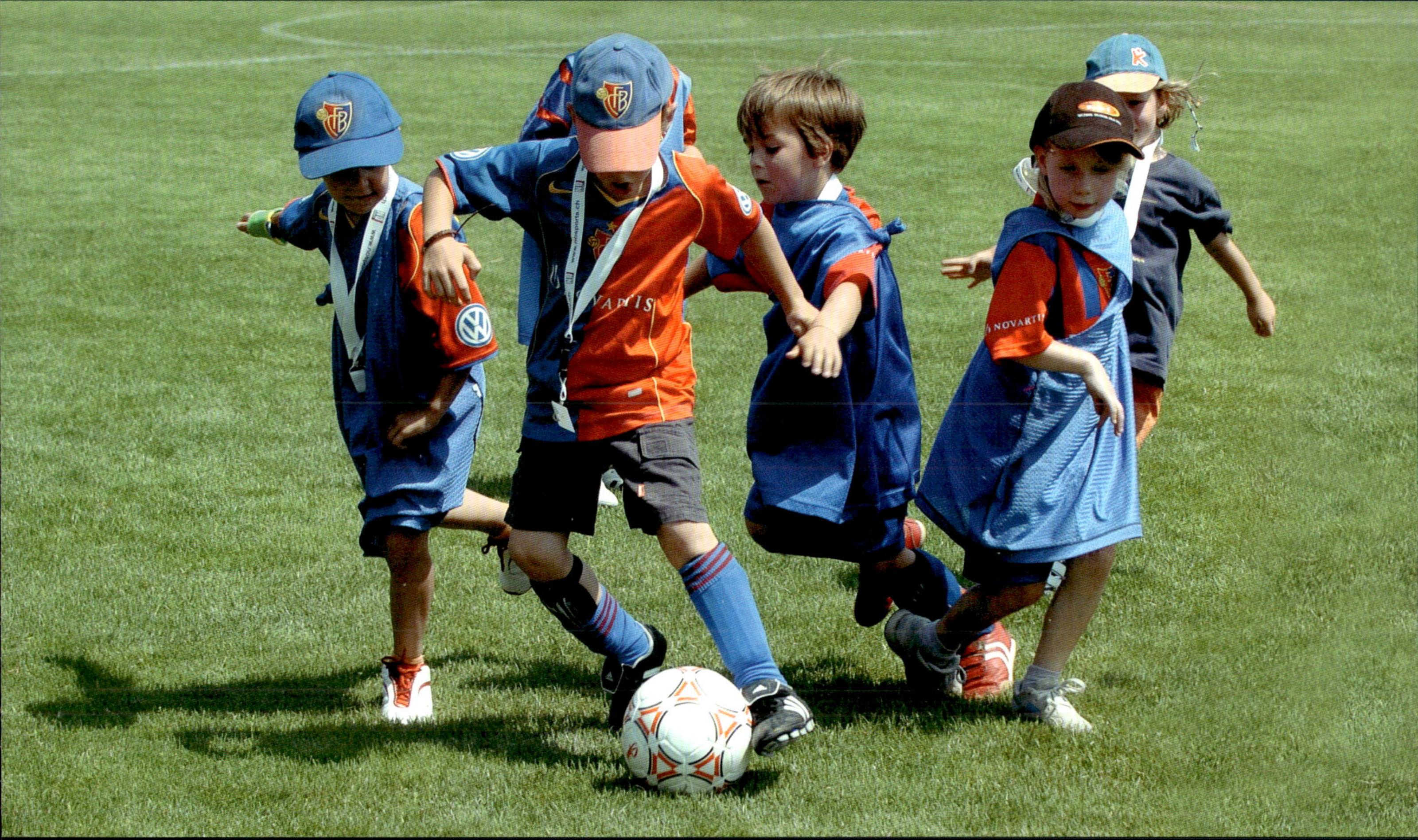
NOVARTIS

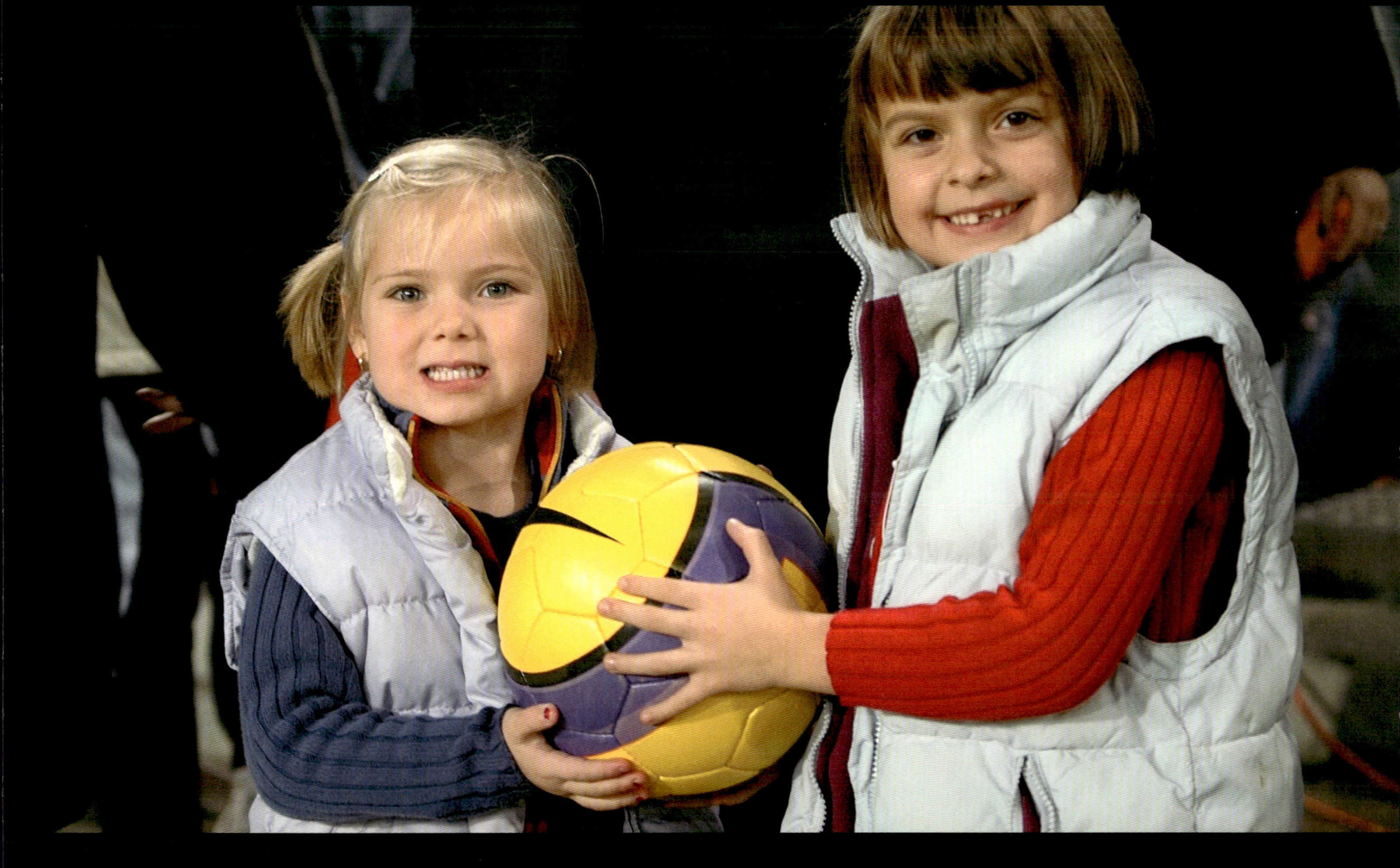

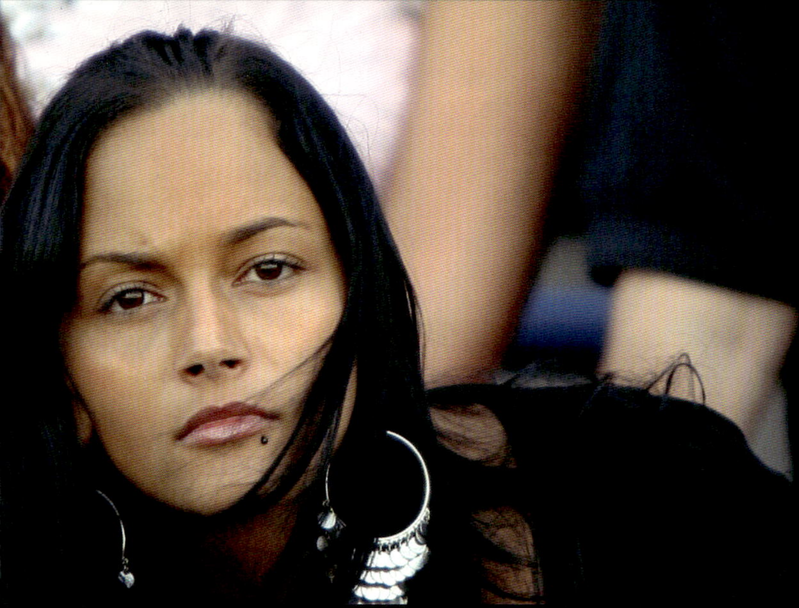

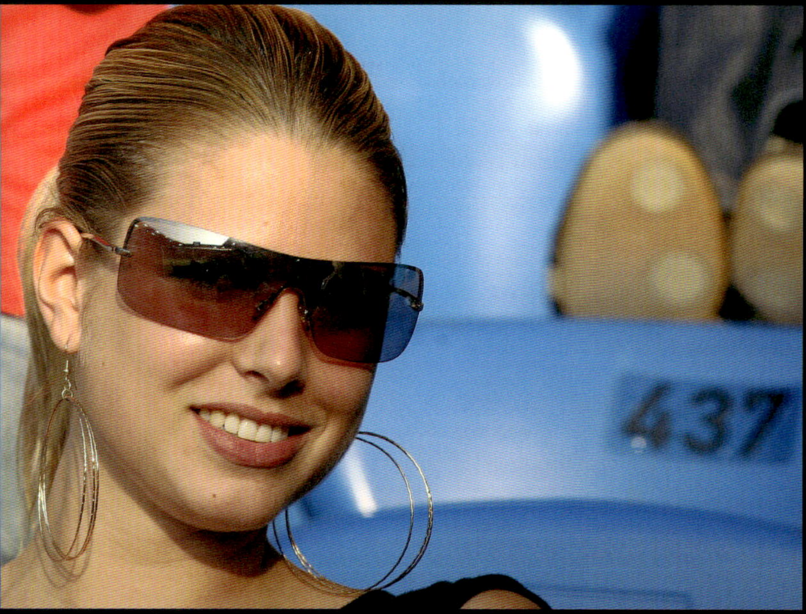
437

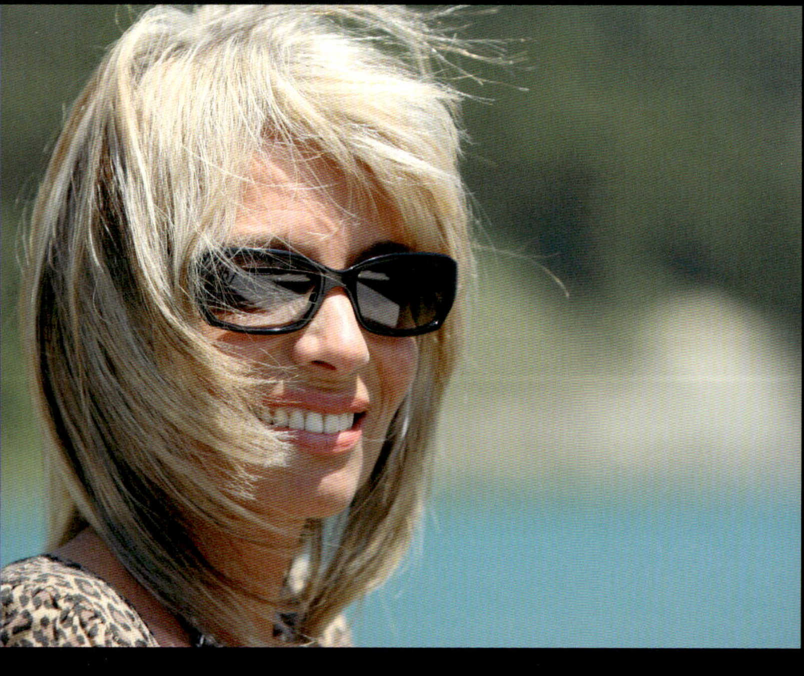

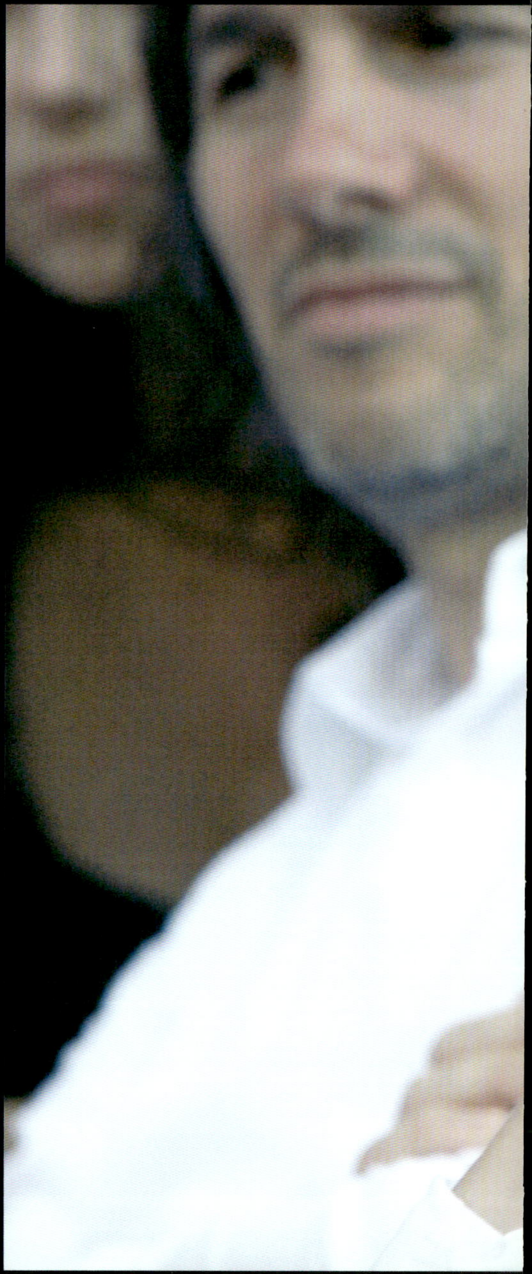

Schönheiten im Stadion. Die Ehefrauen und Freundinnen der FCB-Spieler sind bei Weitem nicht die einzigen Hingucker an den Fussballspielen im St.-Jakob-Park.

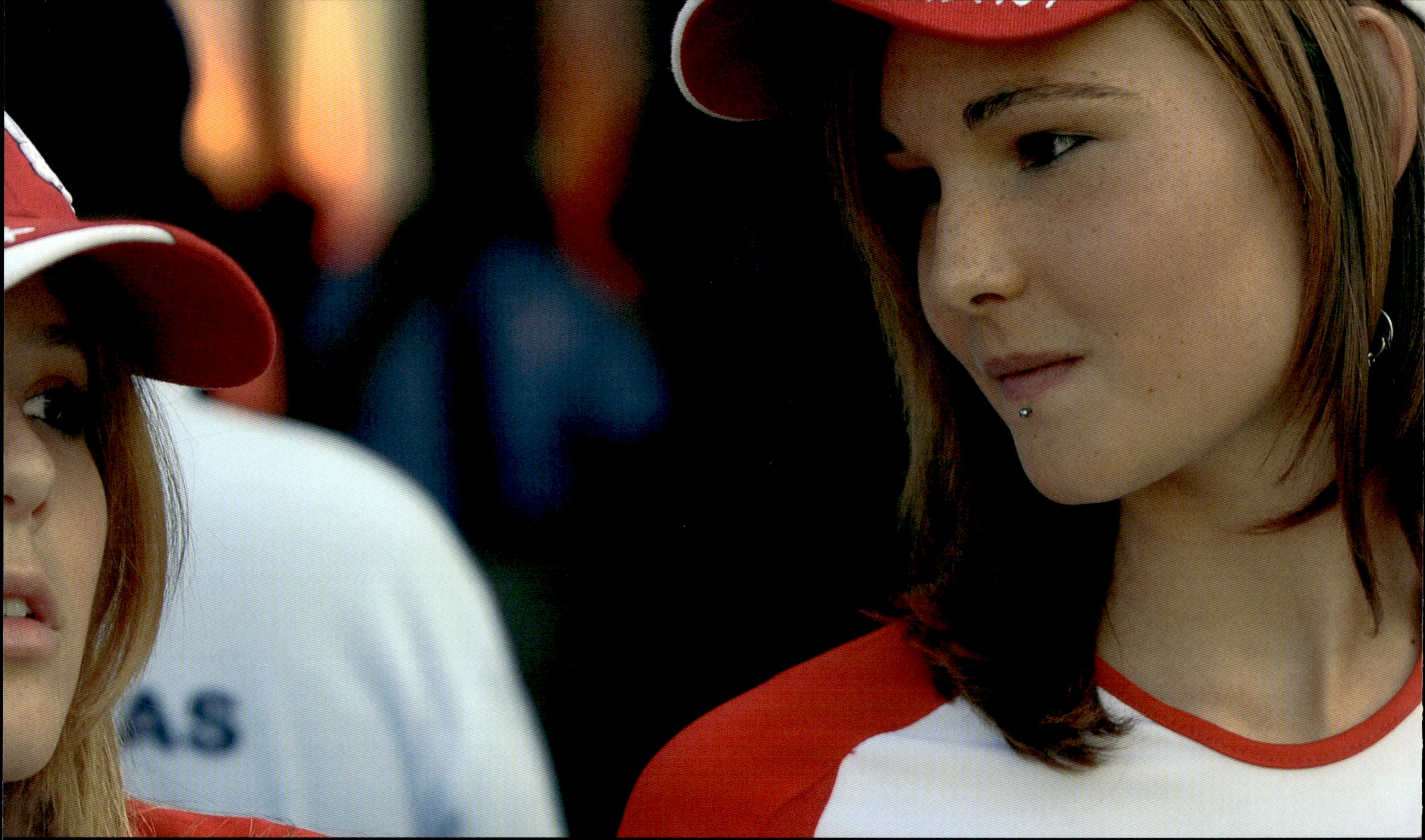

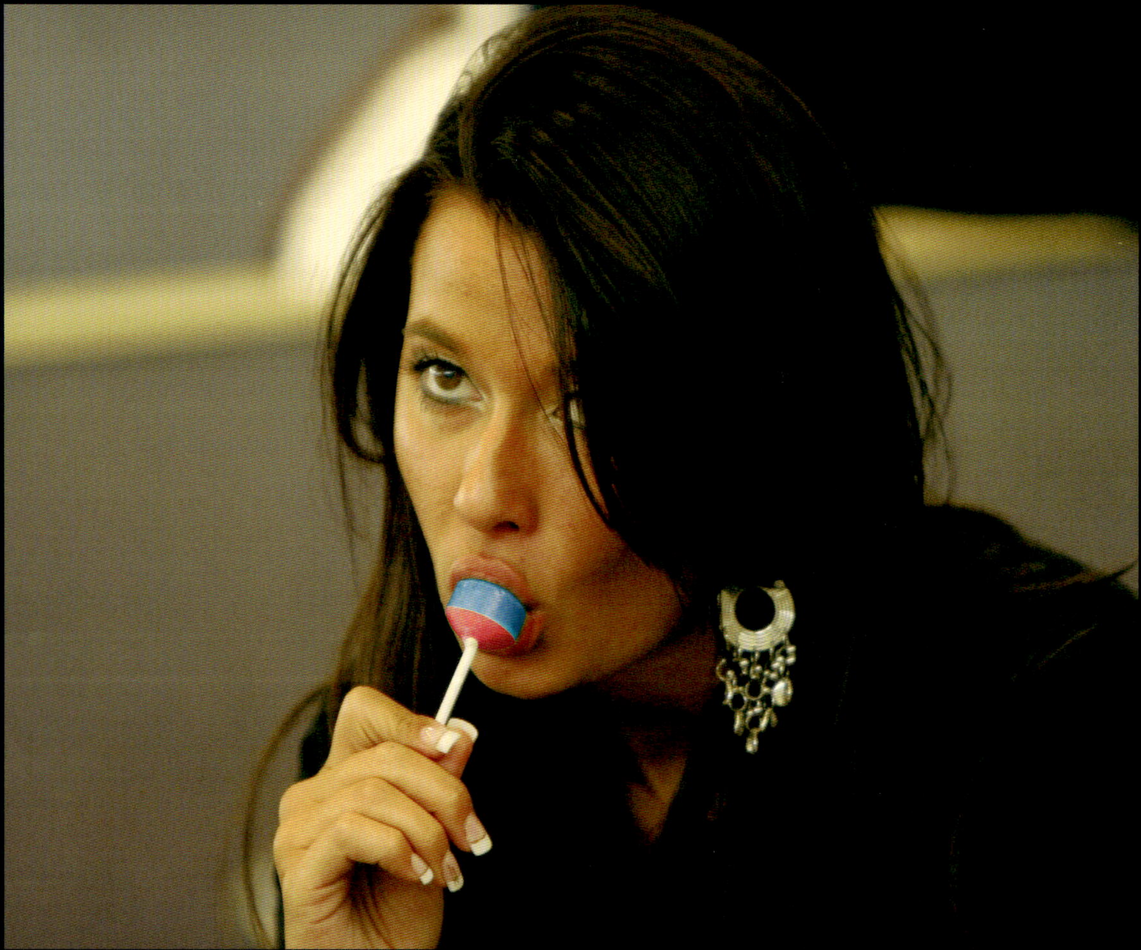

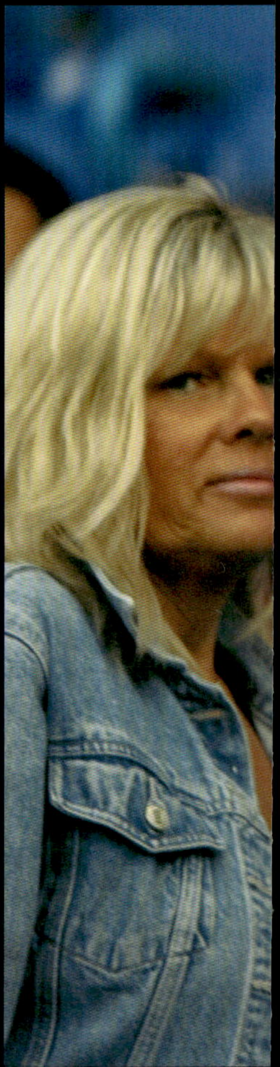

63

CHRISTIAN
LORD OF BASEL

Danke Merci
FC BASEL
Ihr seid die
CHAMPIONS

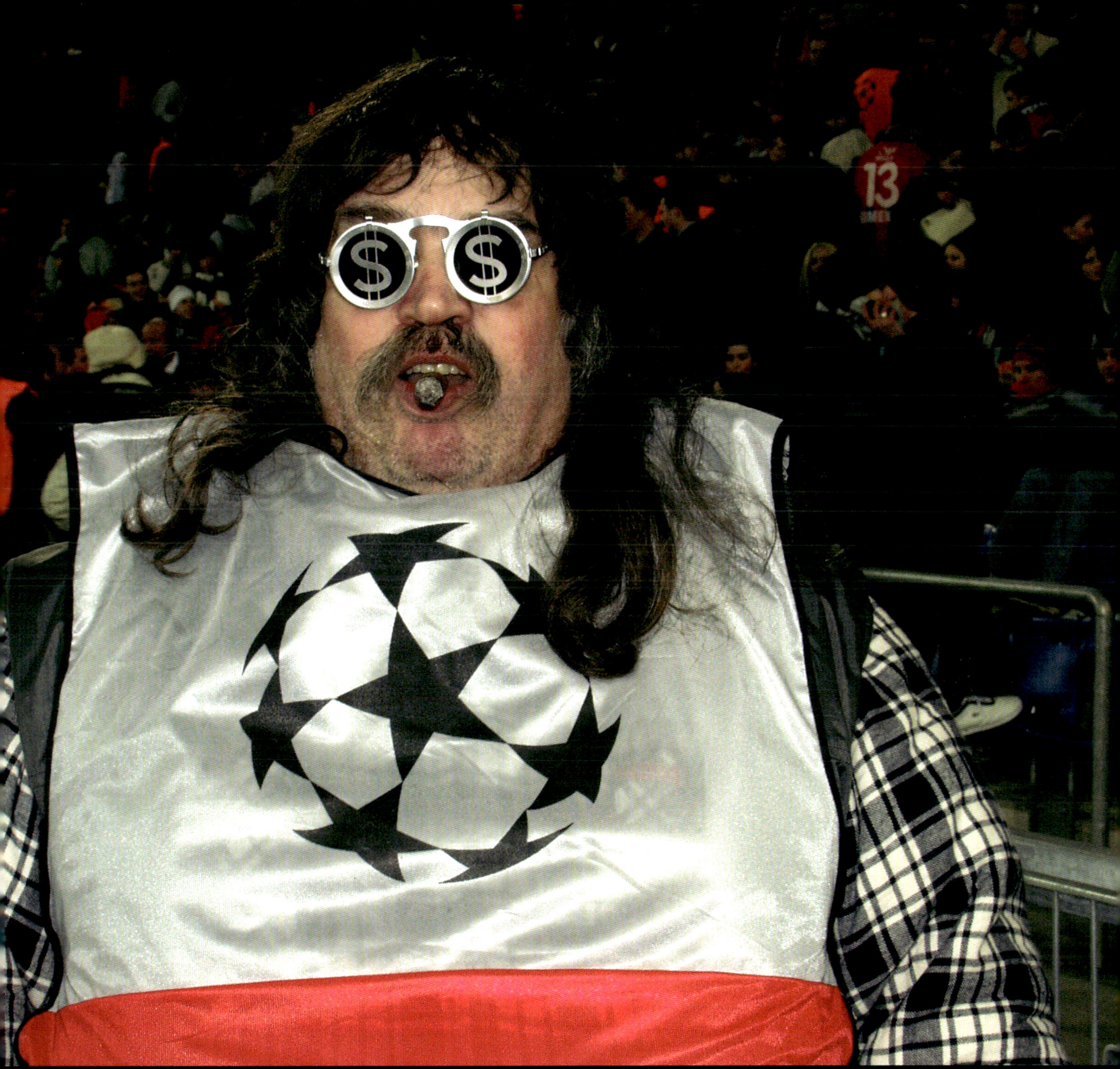

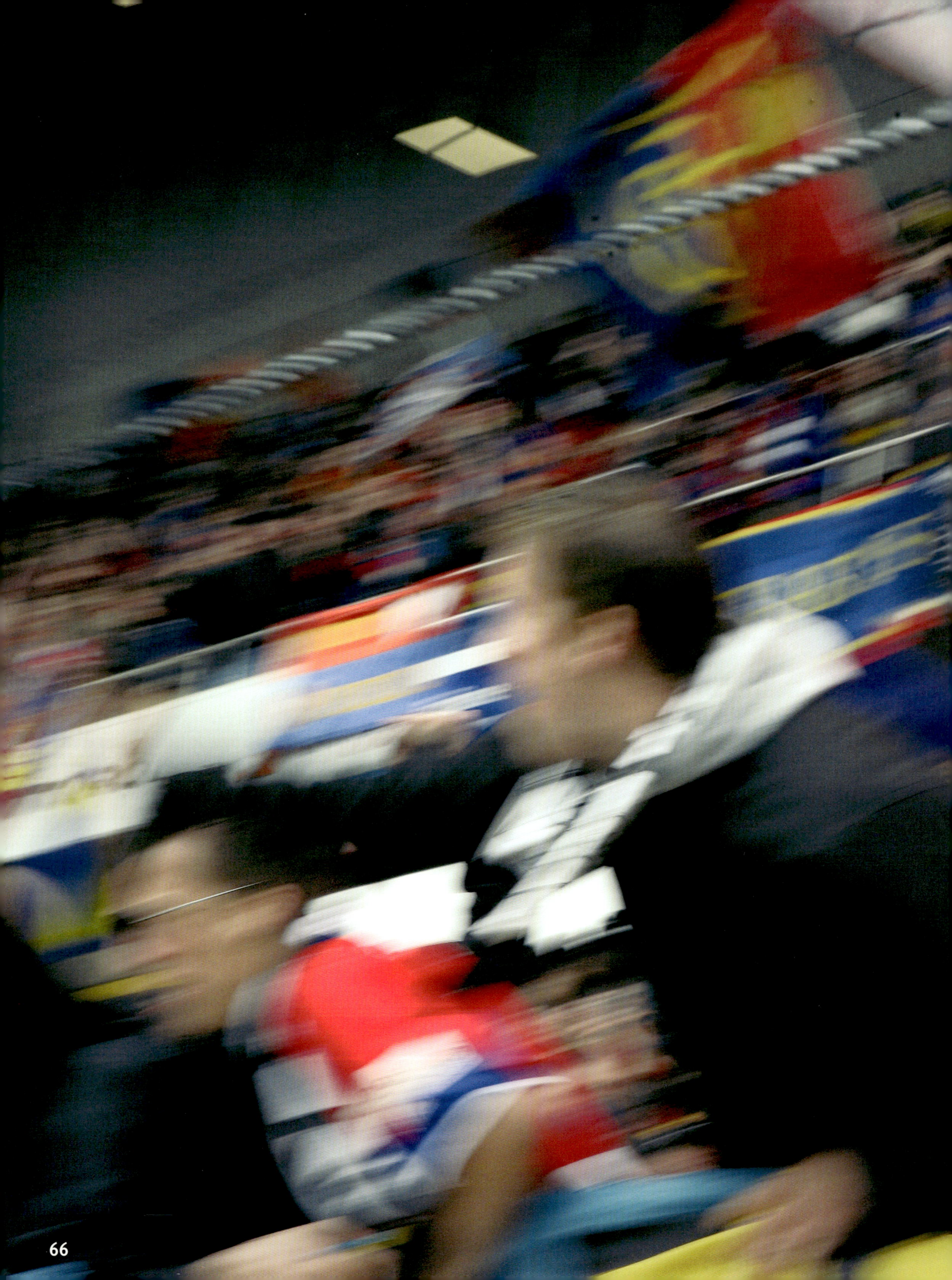

67

Gigi Oeri. Die Wahl Gigi Oeris in den Vorstand des FC Basel im Oktober 1999 ist einer der Gründe, weshalb der Club heute dort steht, wo er steht.

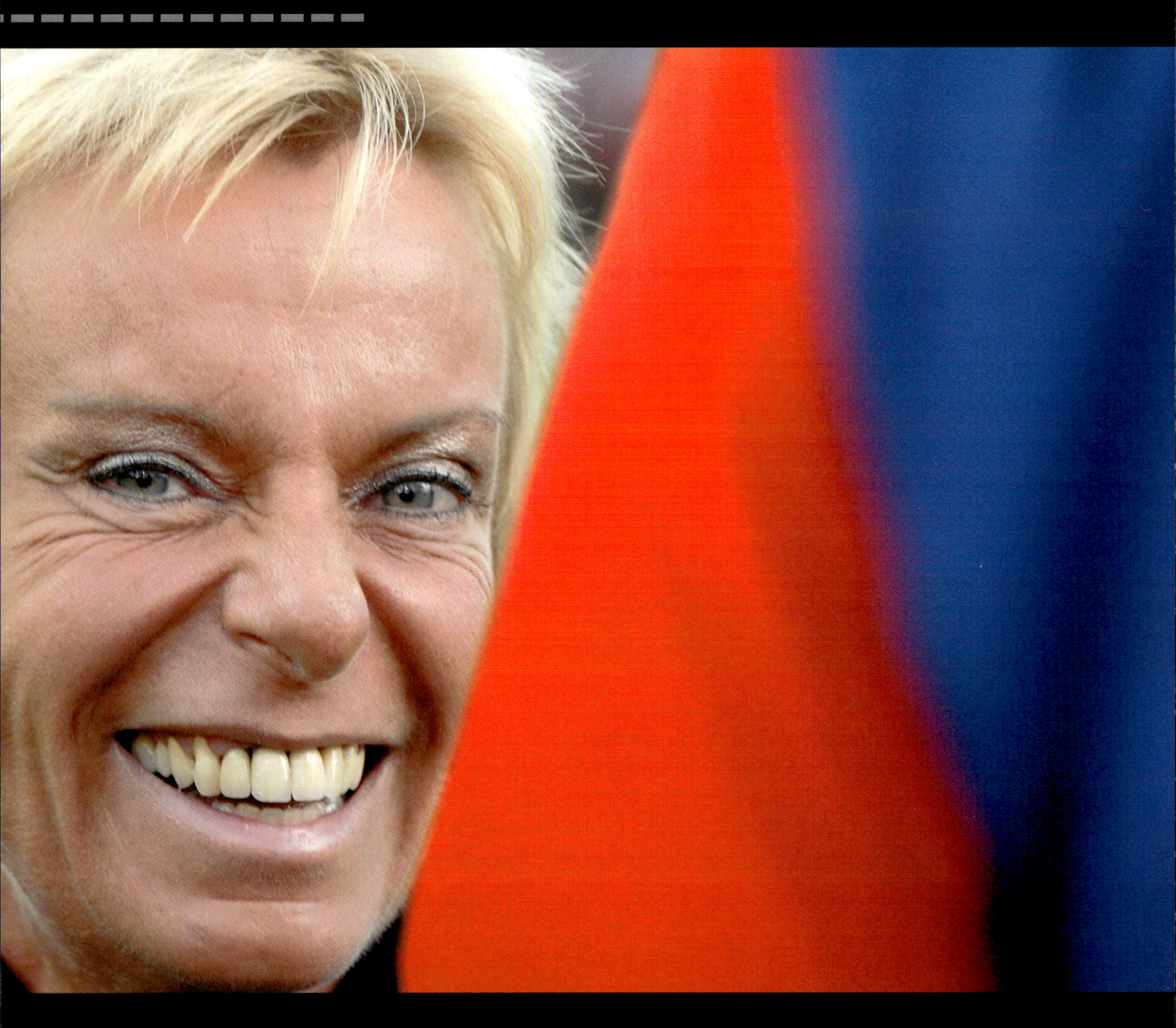

70

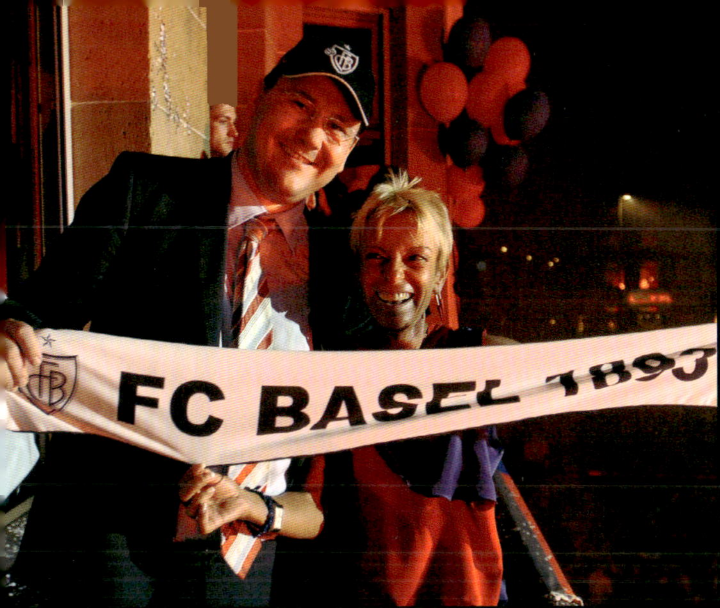
FC BASEL 1893
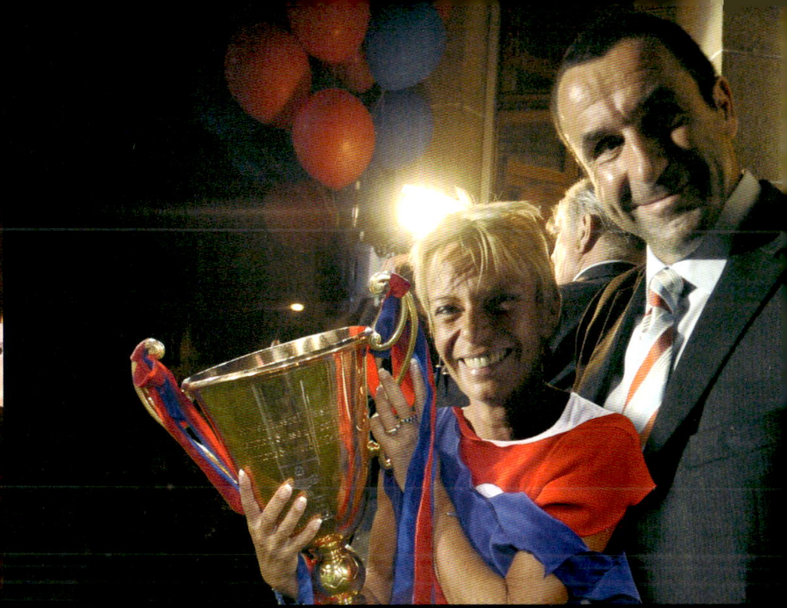
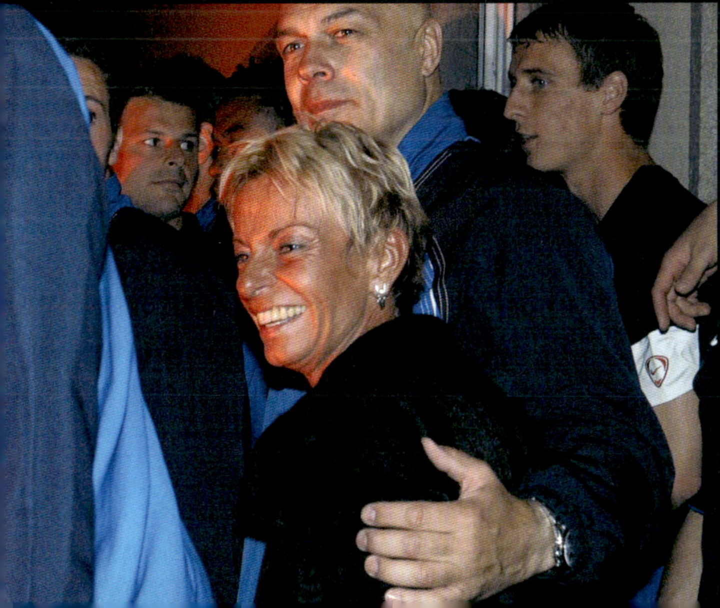
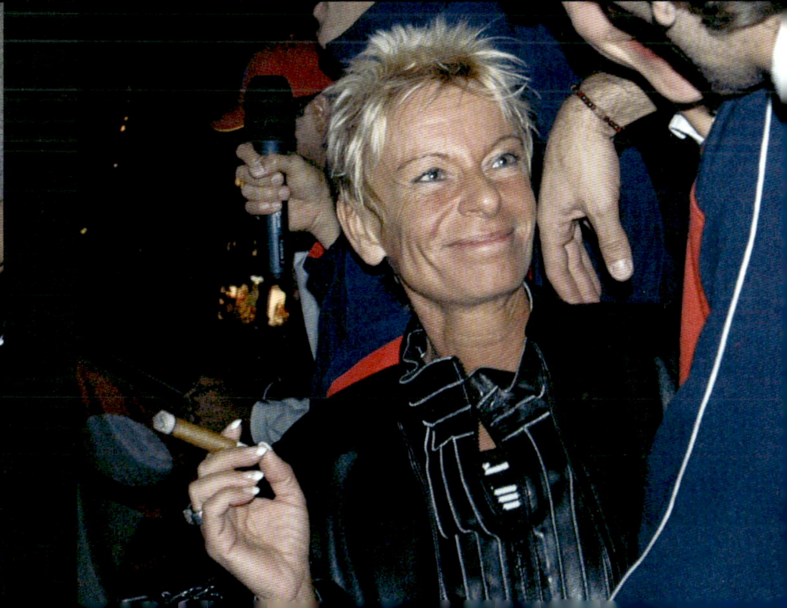

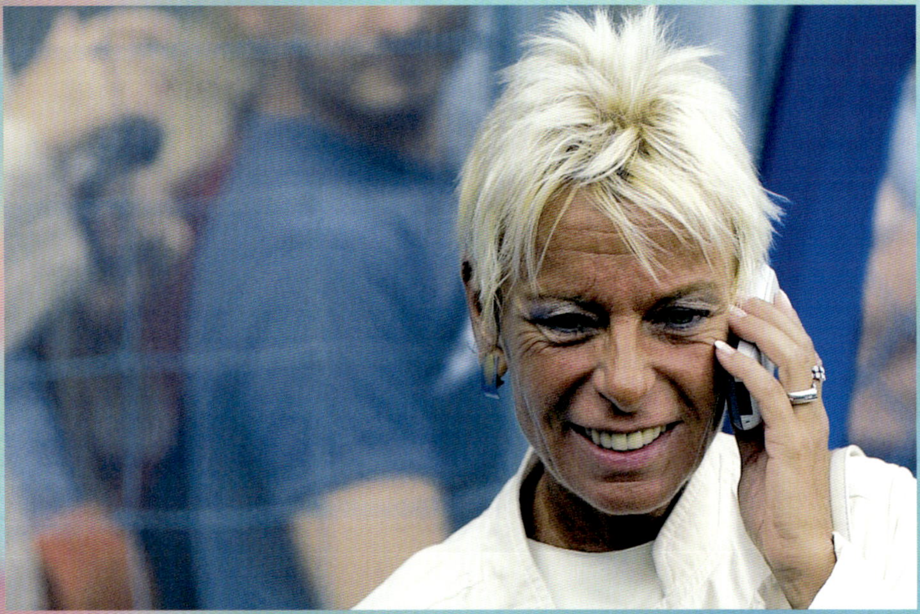

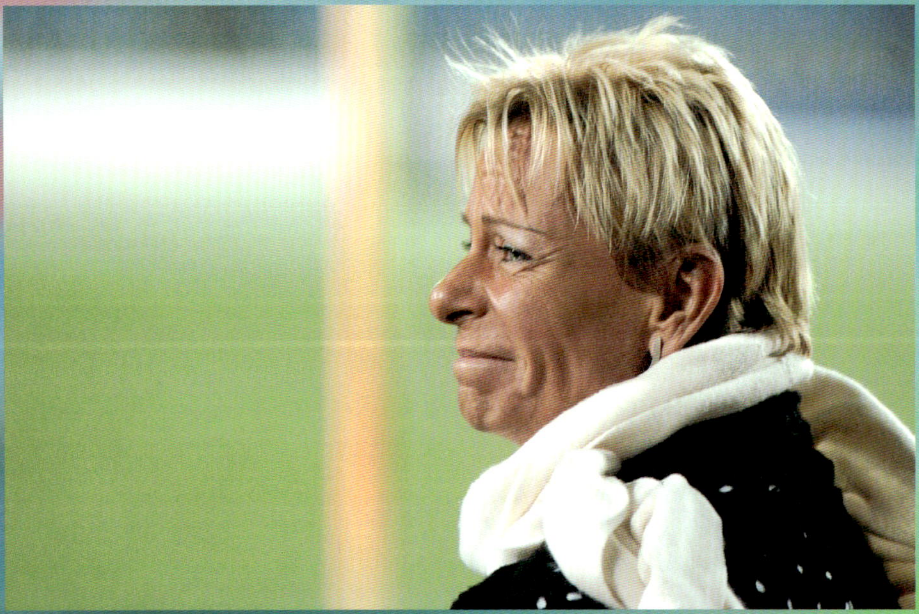

73

Gigi Oeri wurde 1955 in Schopfheim (D) geboren. Die ausgebildete Sportlehrerin und Physiotherapeutin wurde 1999 beim FC Basel als erste Frau in den Vorstand eines Nationalliga-Fussballclubs gewählt. Seither hat sie sich tatkräftig im Nachwuchsbereich des FCB engagiert und gilt als finanzielles Rückgrat des Basler Clubs. Im Jahr 2003 wurde Gigi Oeri Vizepräsidentin des Vereins und Mehrheitsaktionärin der FC Basel 1893 AG, seit dem 9. Mai 2006 ist sie FCB-Präsidentin. Eine Präsidentin, der die Nähe zur ersten Mannschaft wichtig ist. Wie hier, als sie Ivan Rakitic nach dem verlorenen Meisterschaftsfinal 2007 zu trösten versucht.

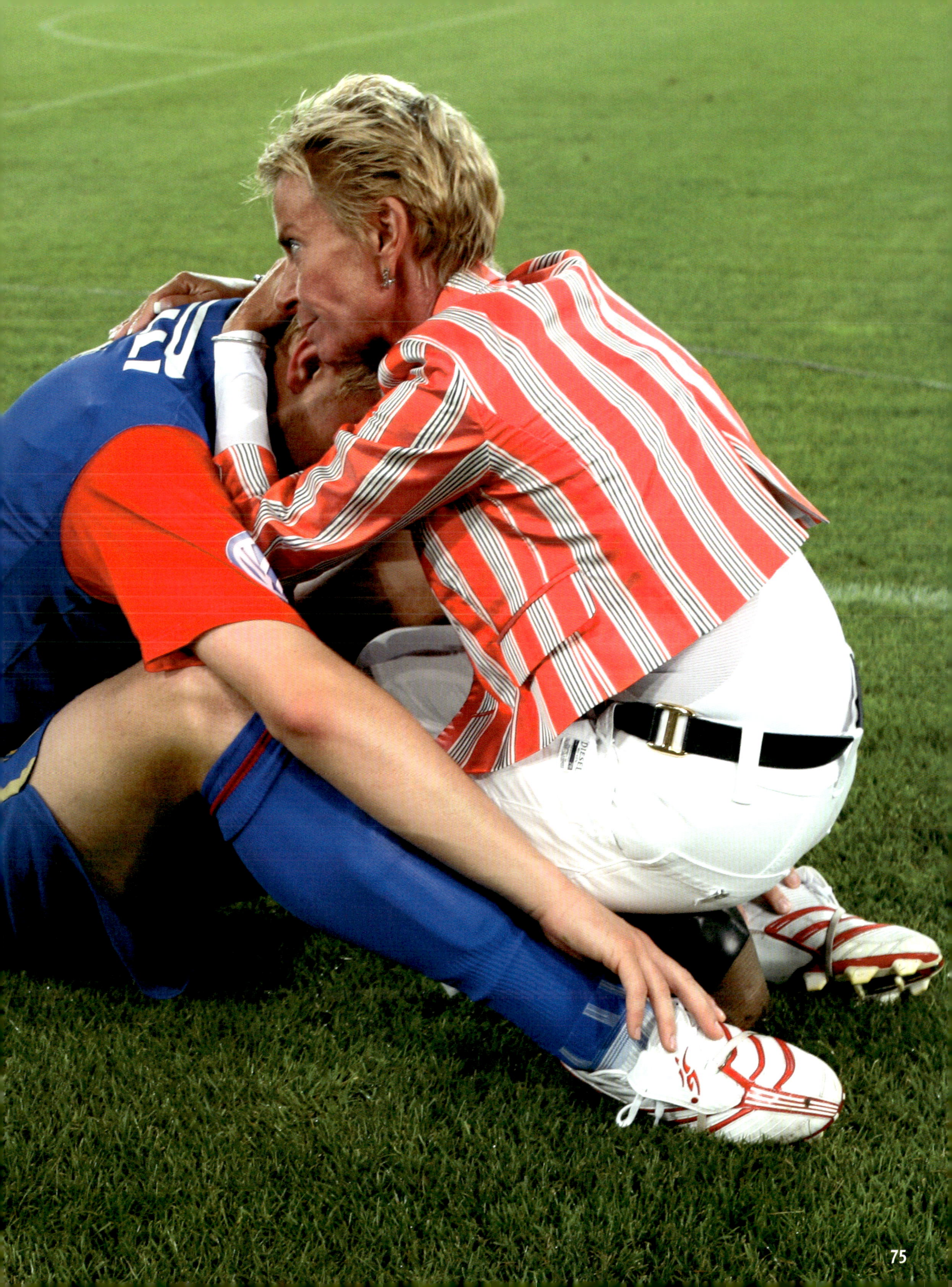

76

77

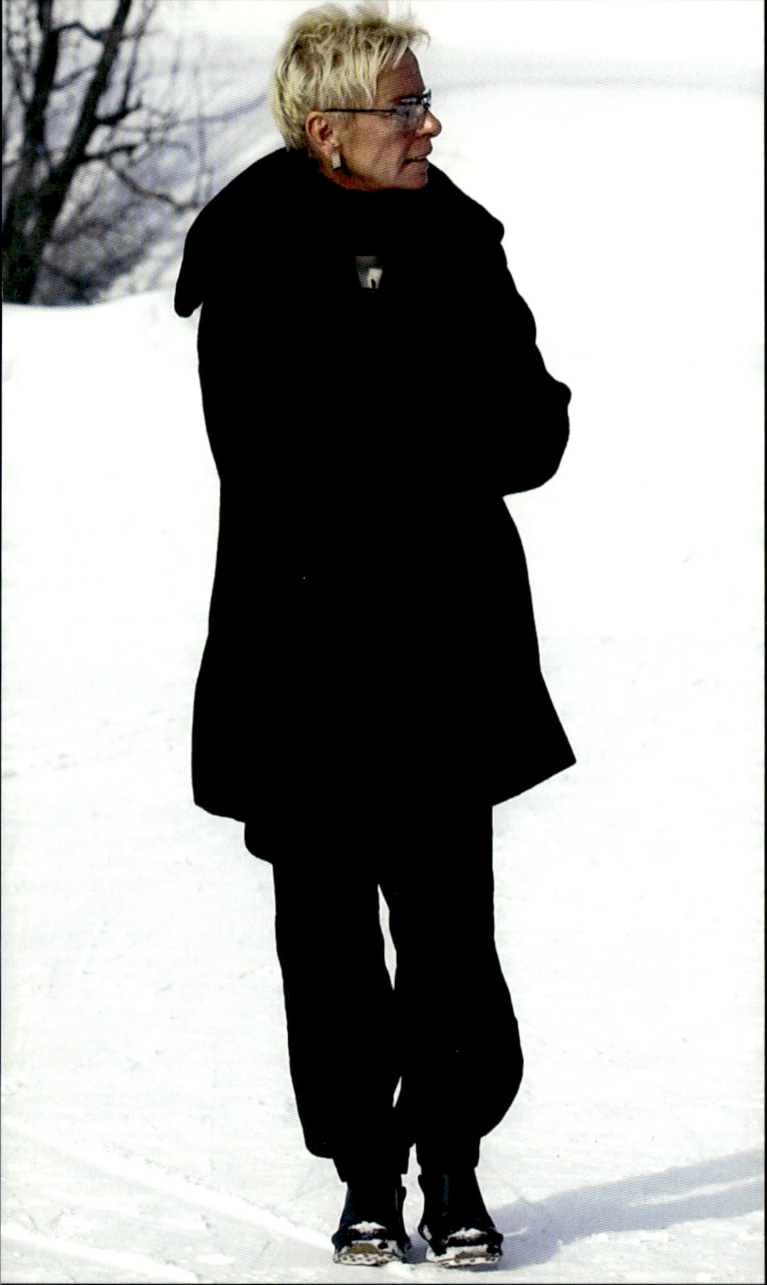

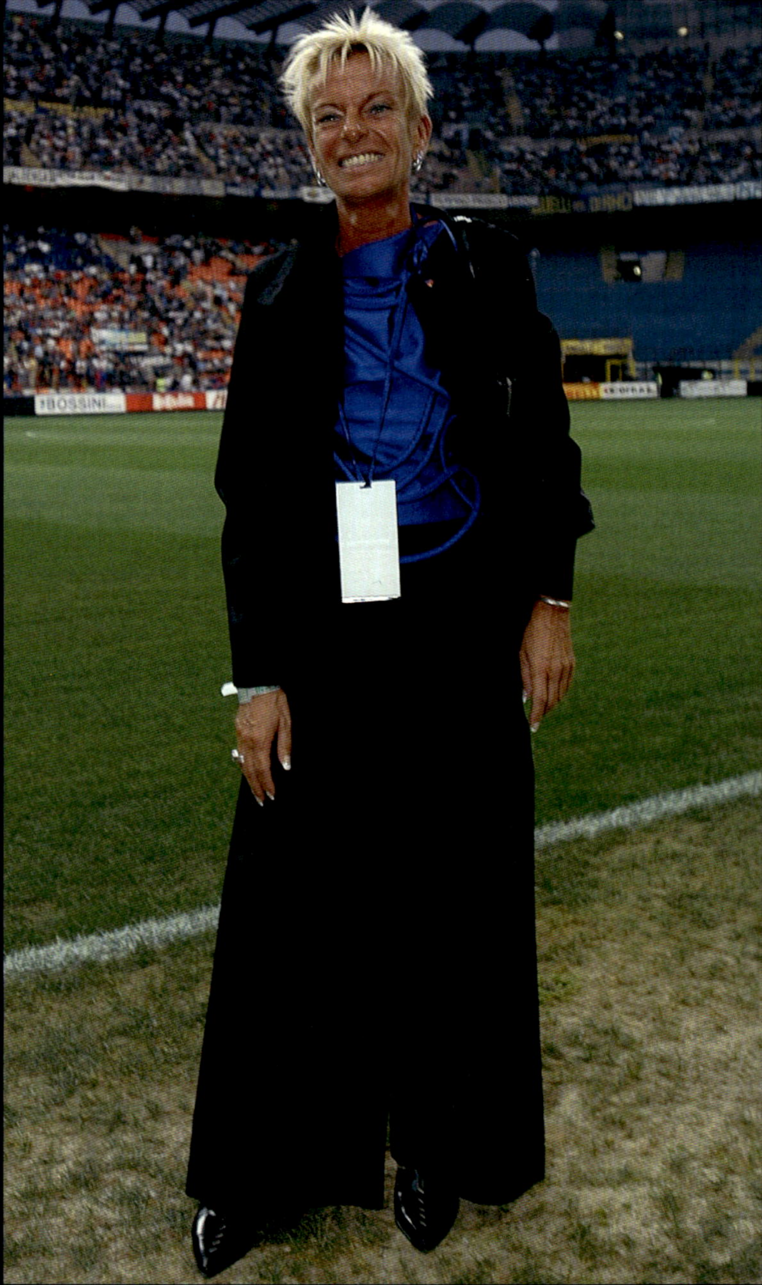
BOSSINI

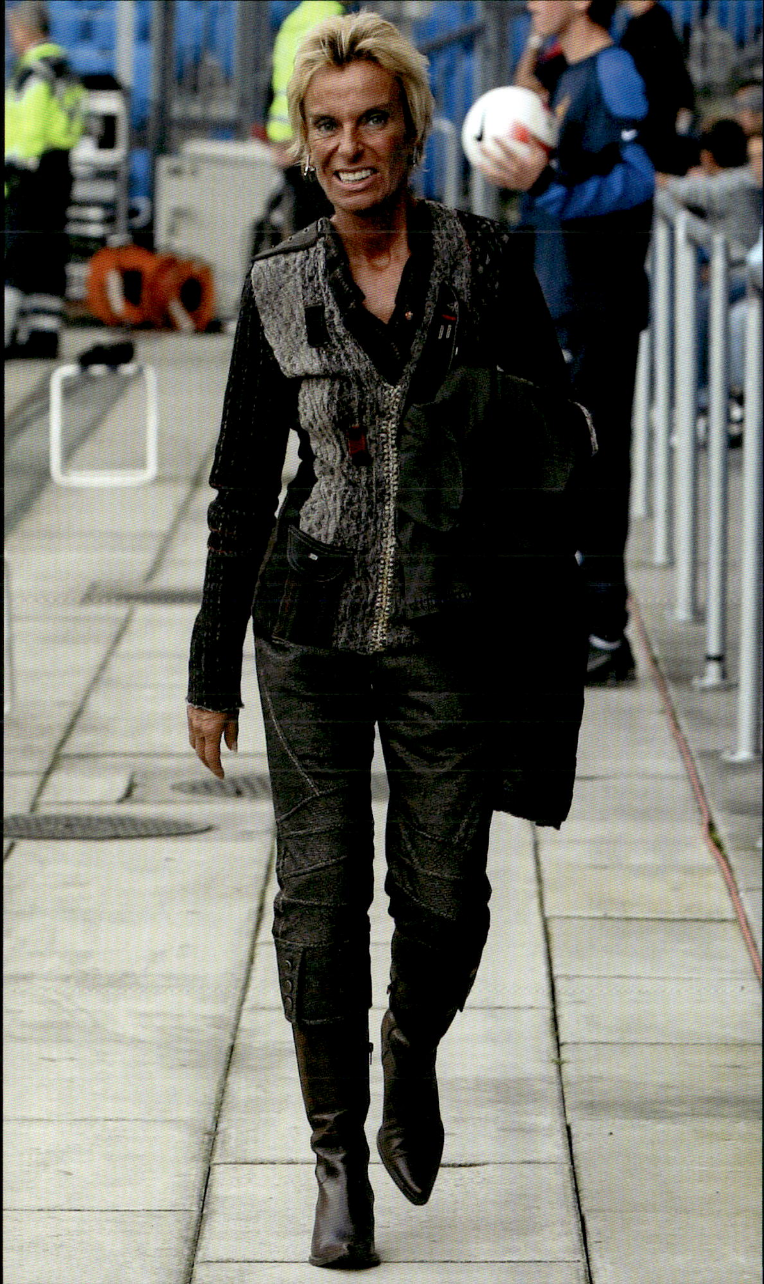

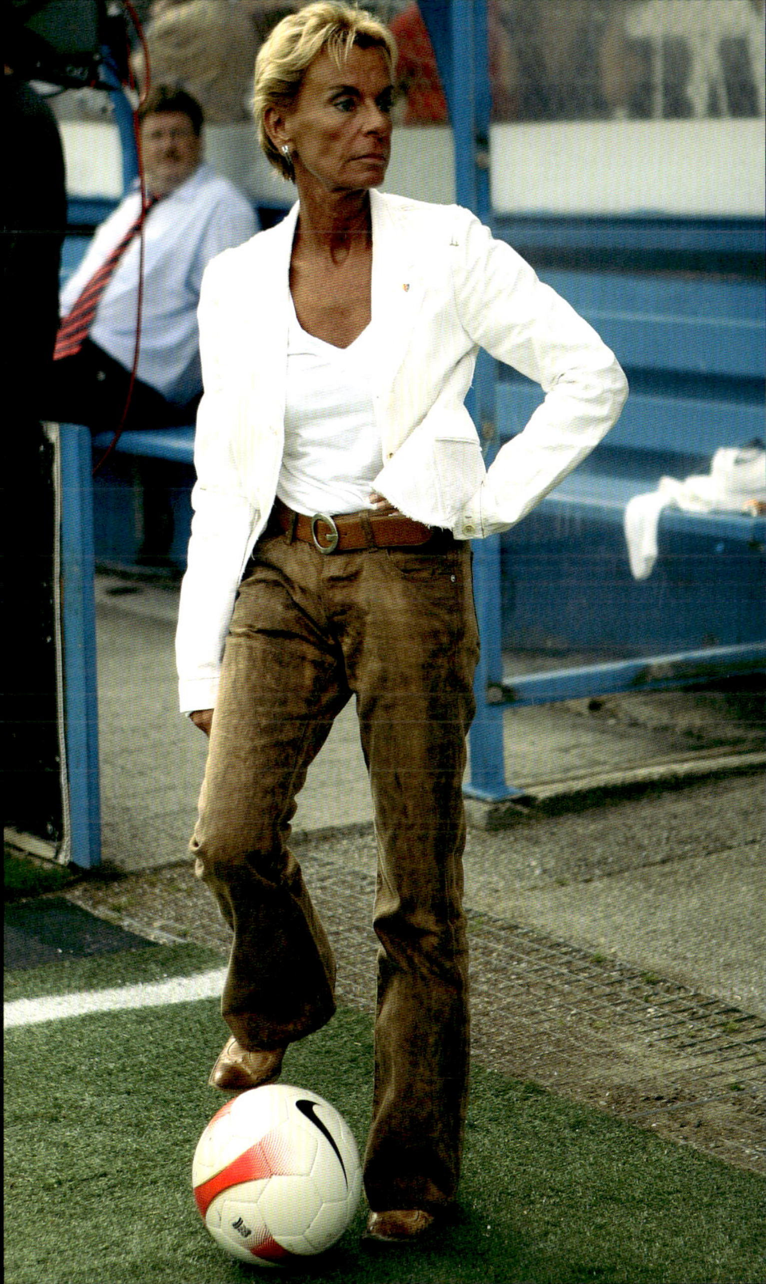

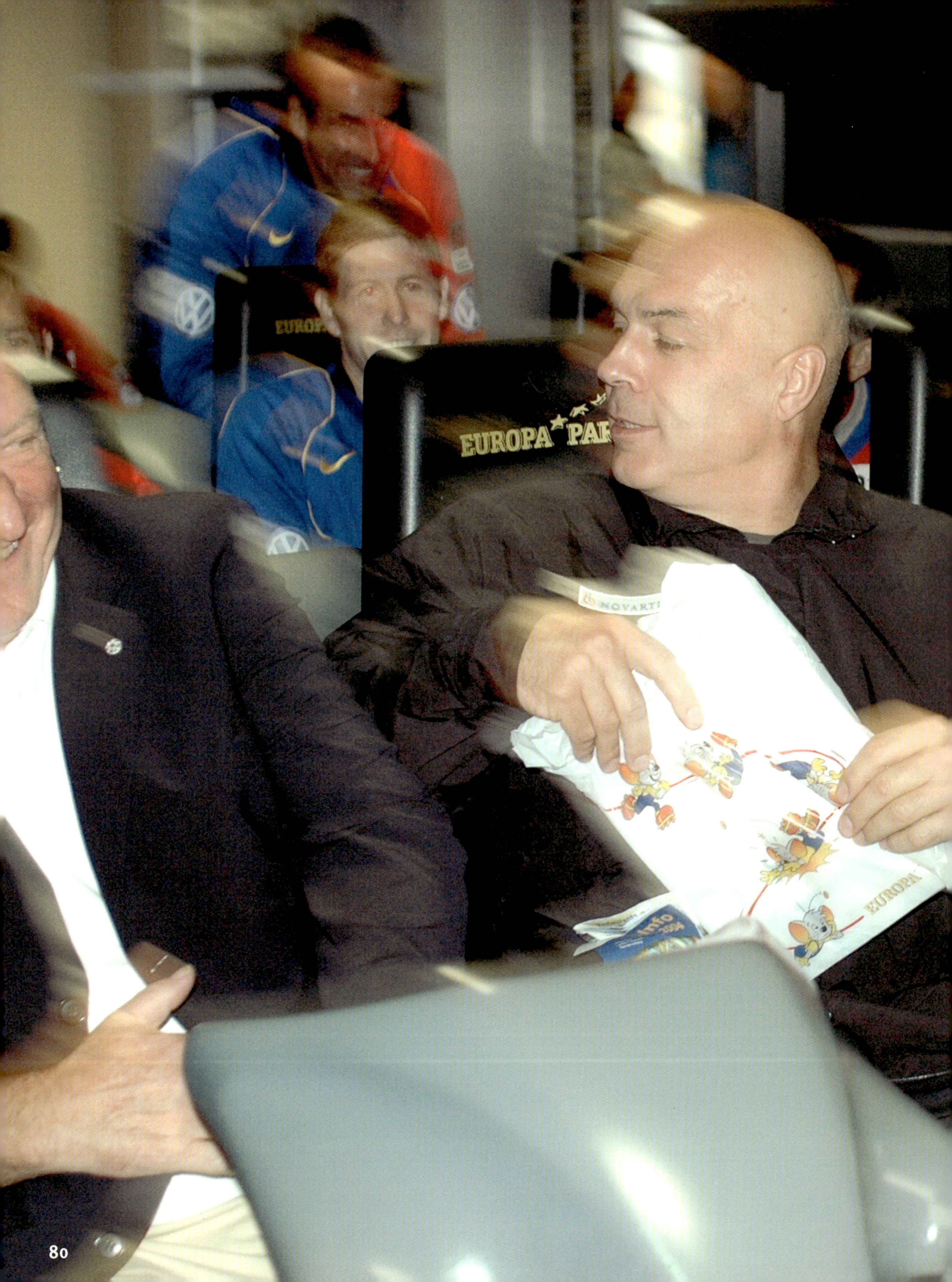
EUROPA
EUROPA PAR
NOVARTI
EUROPA

81

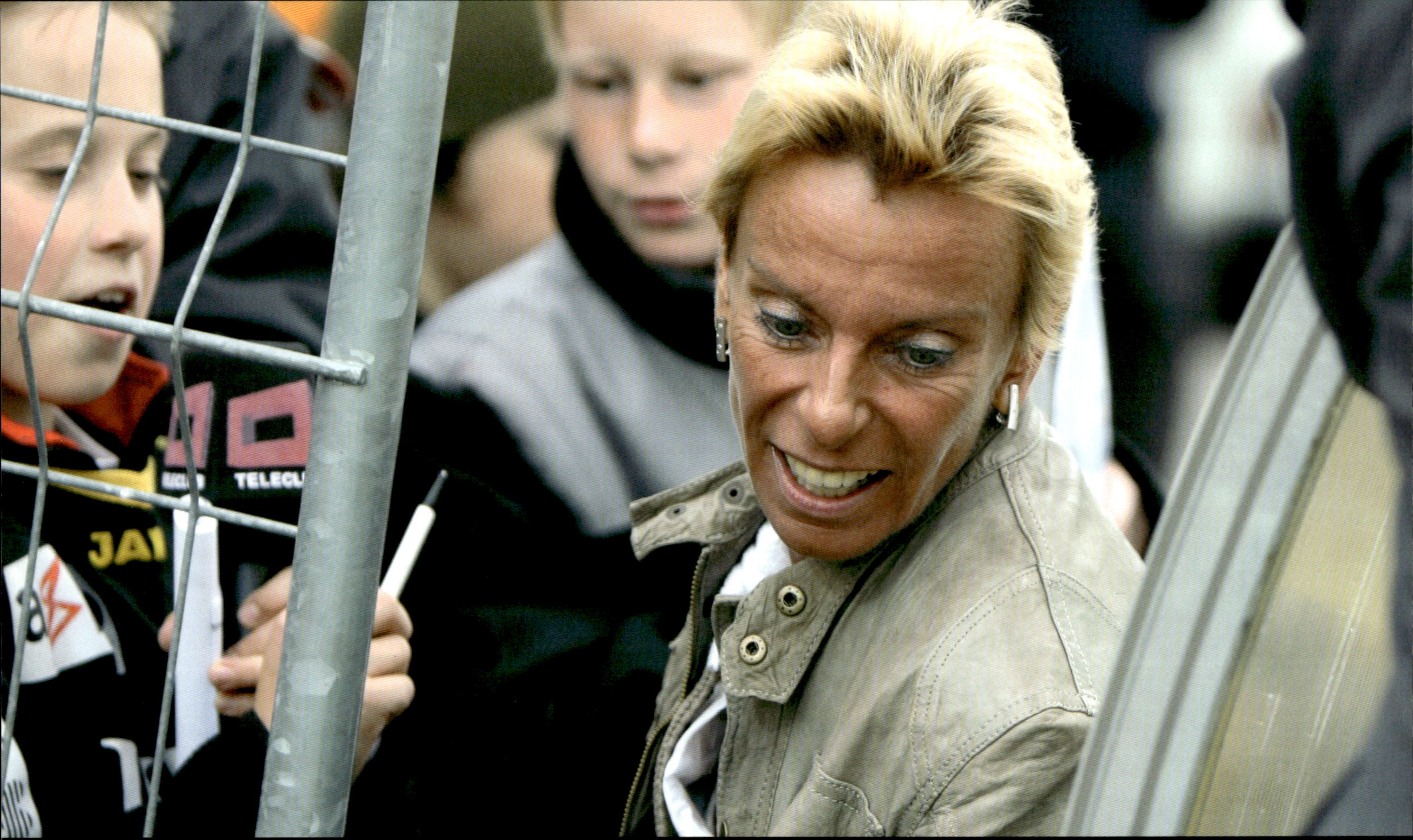

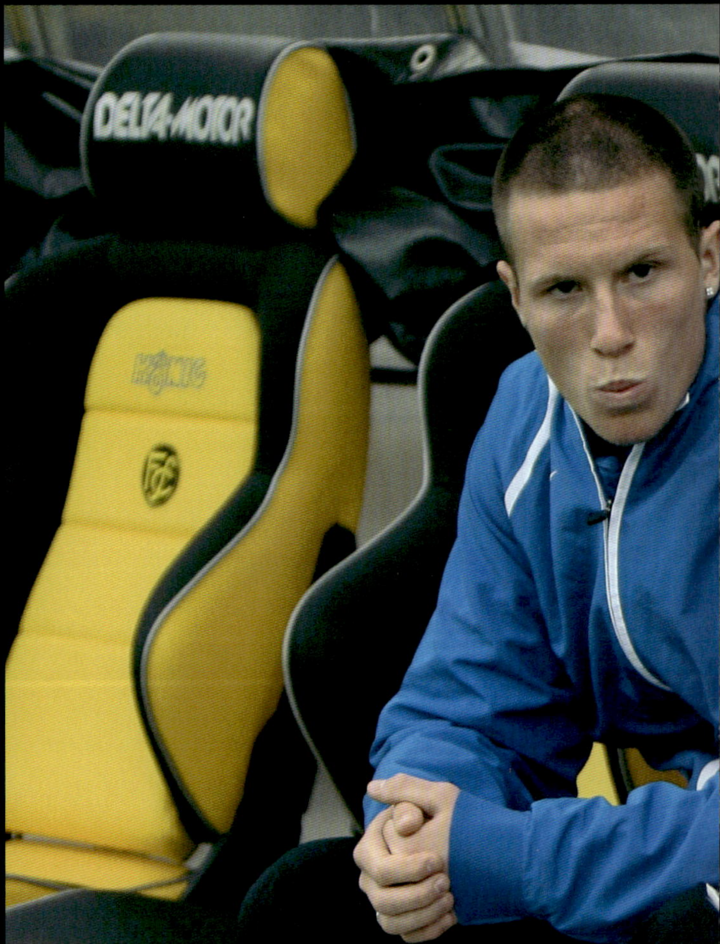
DELTA-MOTOR

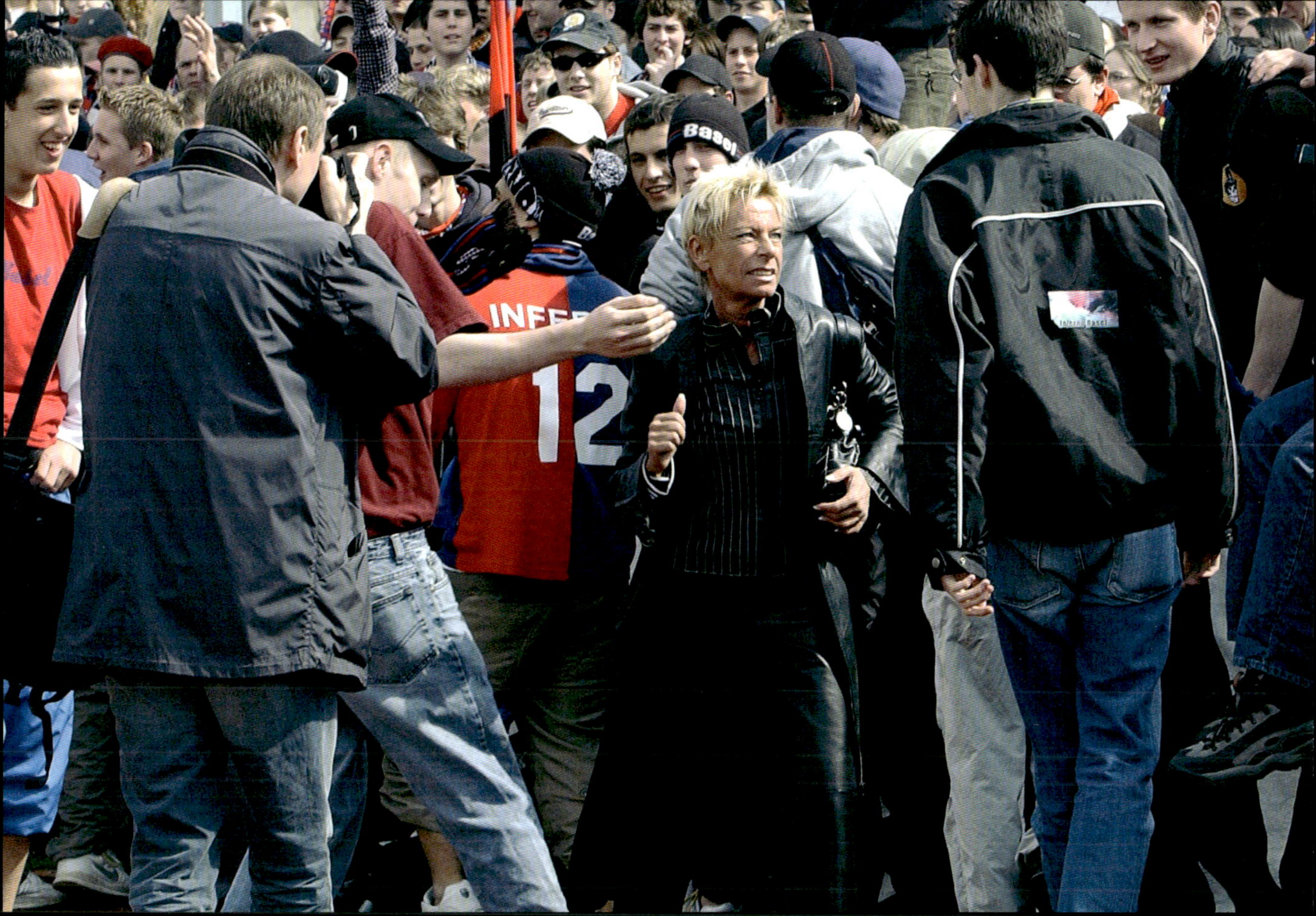

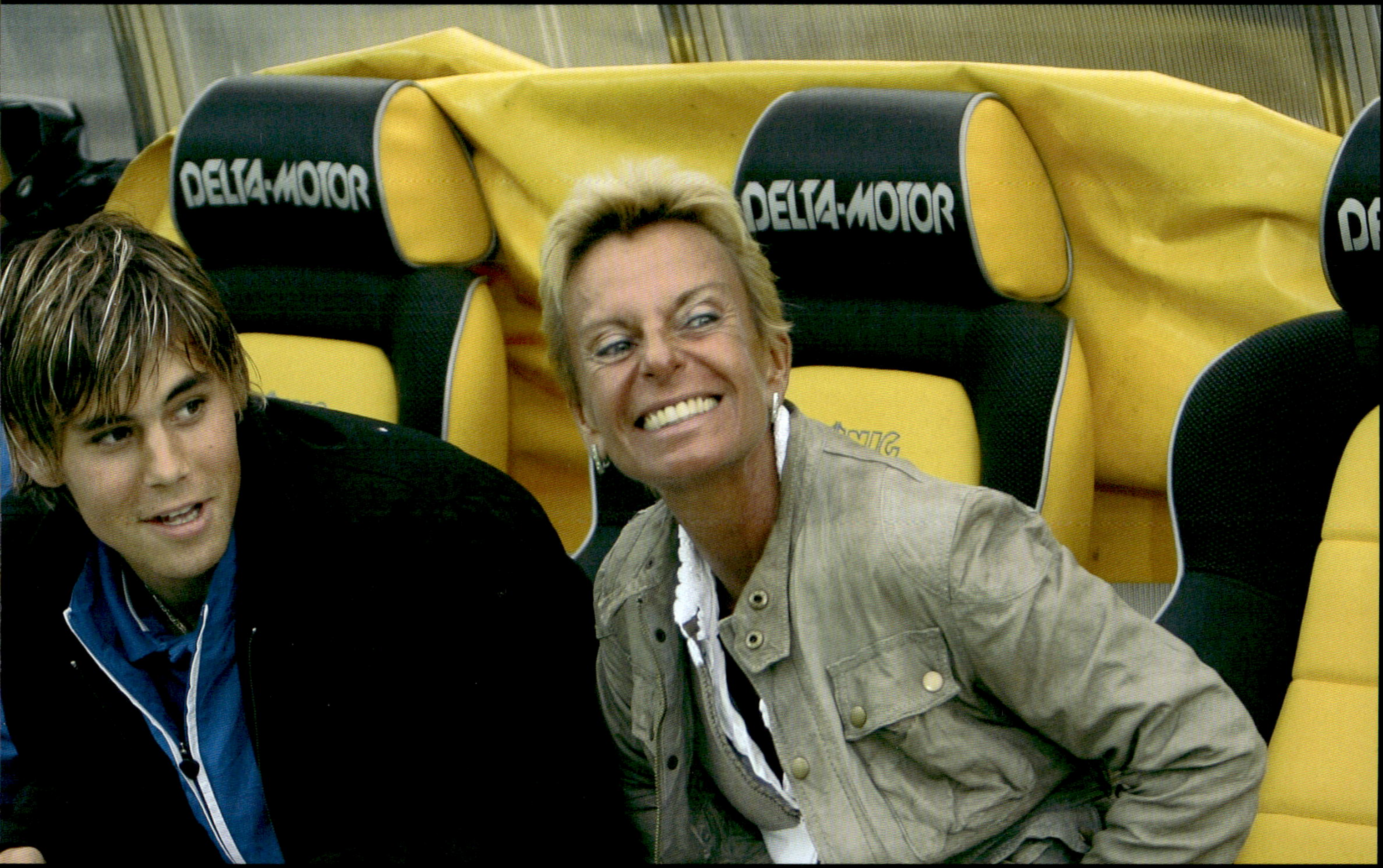

84

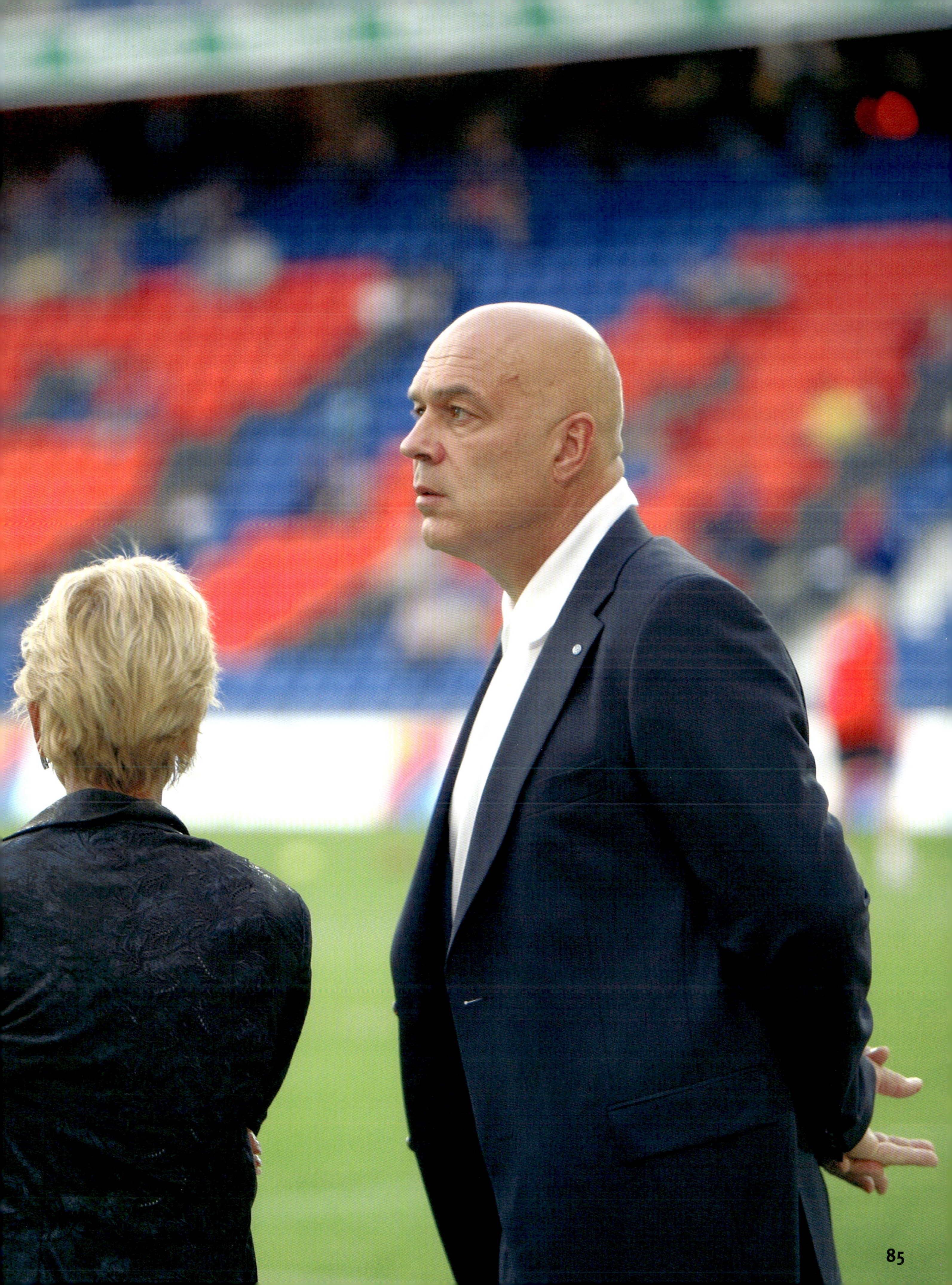

86

87

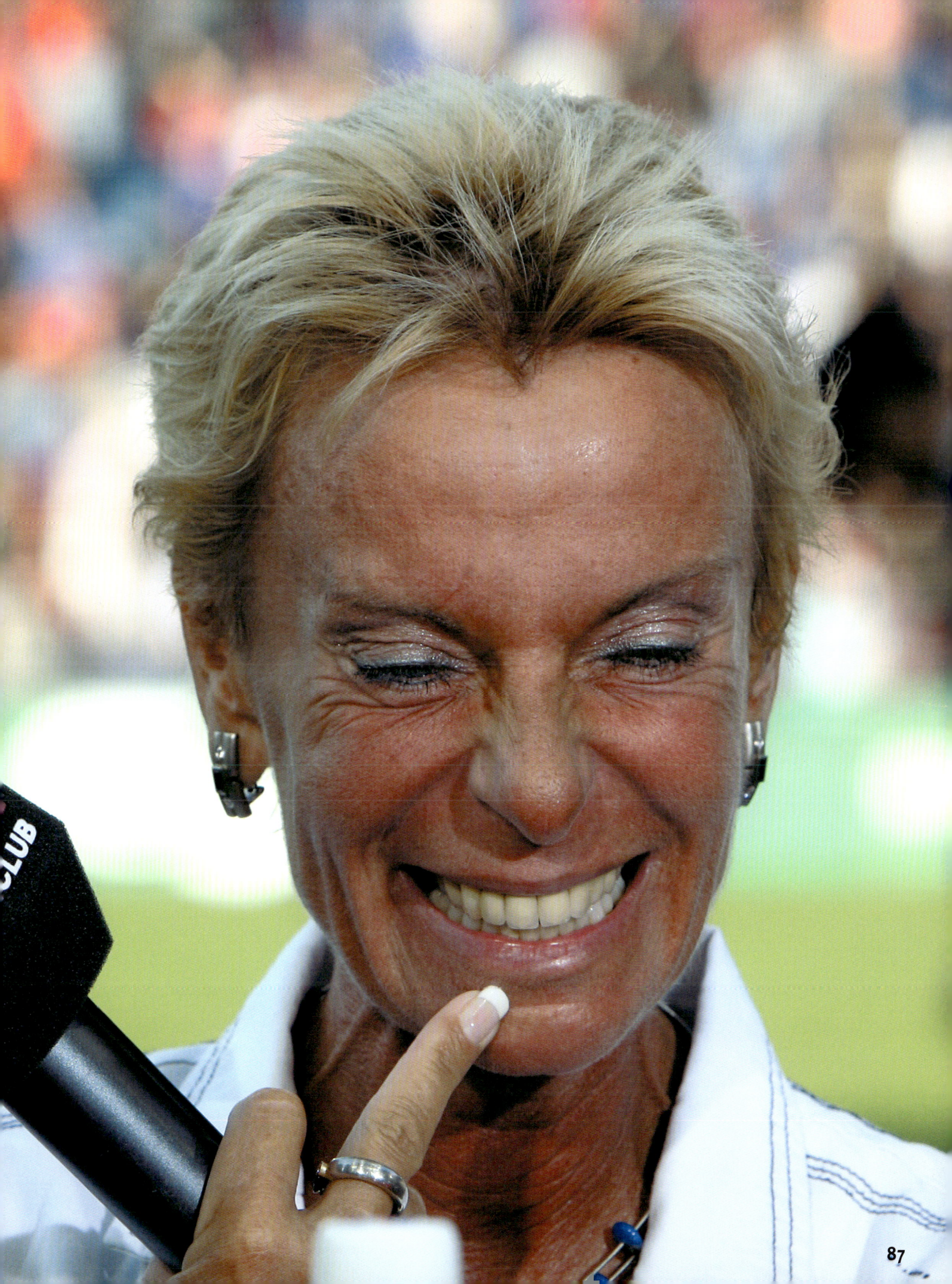

88

89

Christian Gross. 400 Wettbewerbsspiele für den FC Basel – Christian Gross ist mit Abstand der dienstälteste Trainer der Schweizer Super League. Als Zeichen der Anerkennung überreichte ihm Präsidentin Gigi Oeri Anfang September eine überdimensionale Visitenkarte und ein Trikot mit der Nummer 400.

FC Basel 1893

Christian Gross

Gellertstrasse 235 (St. Jakob-Park)

92

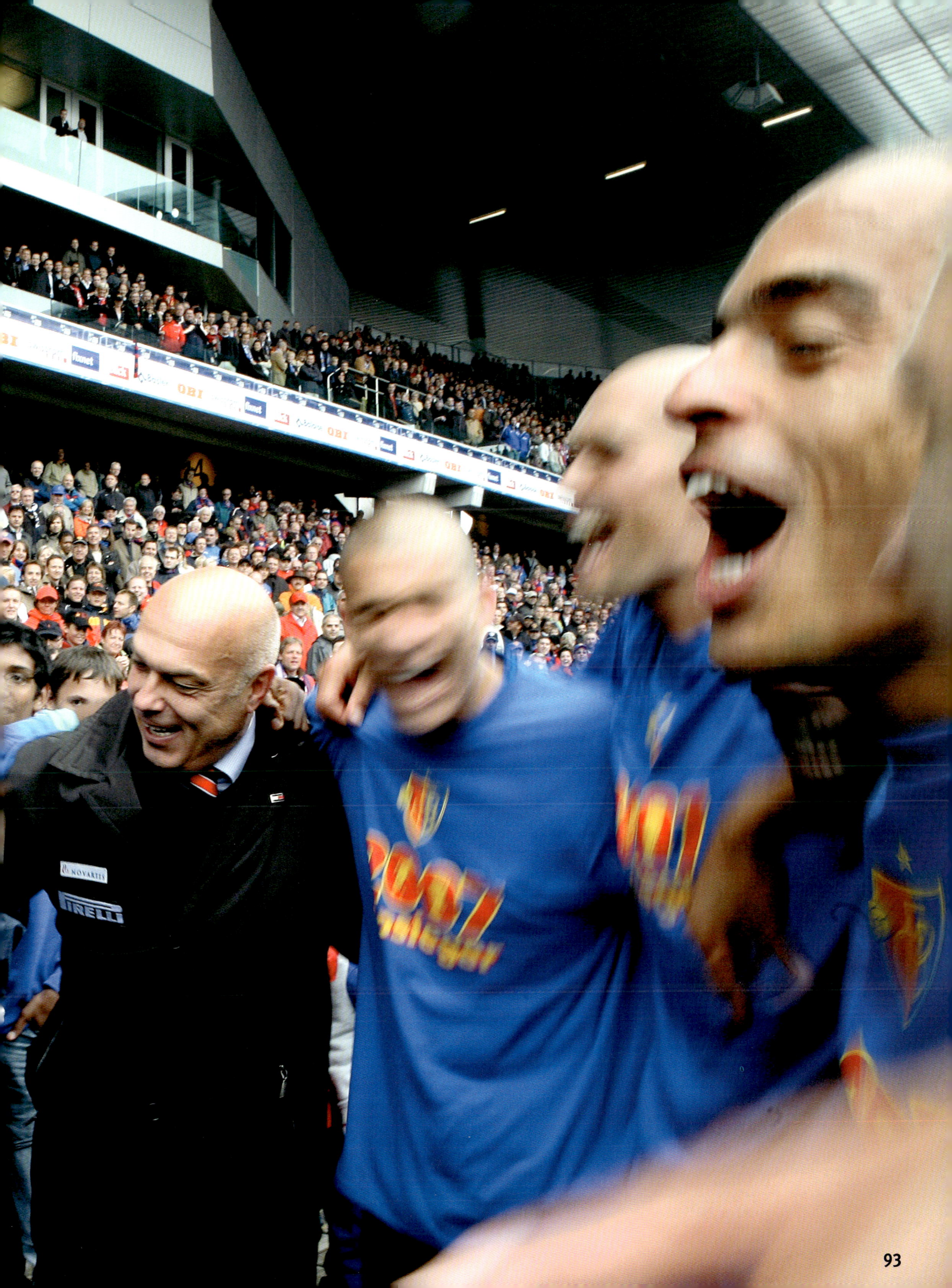
OBI
NOVARTIS
PIRELLI

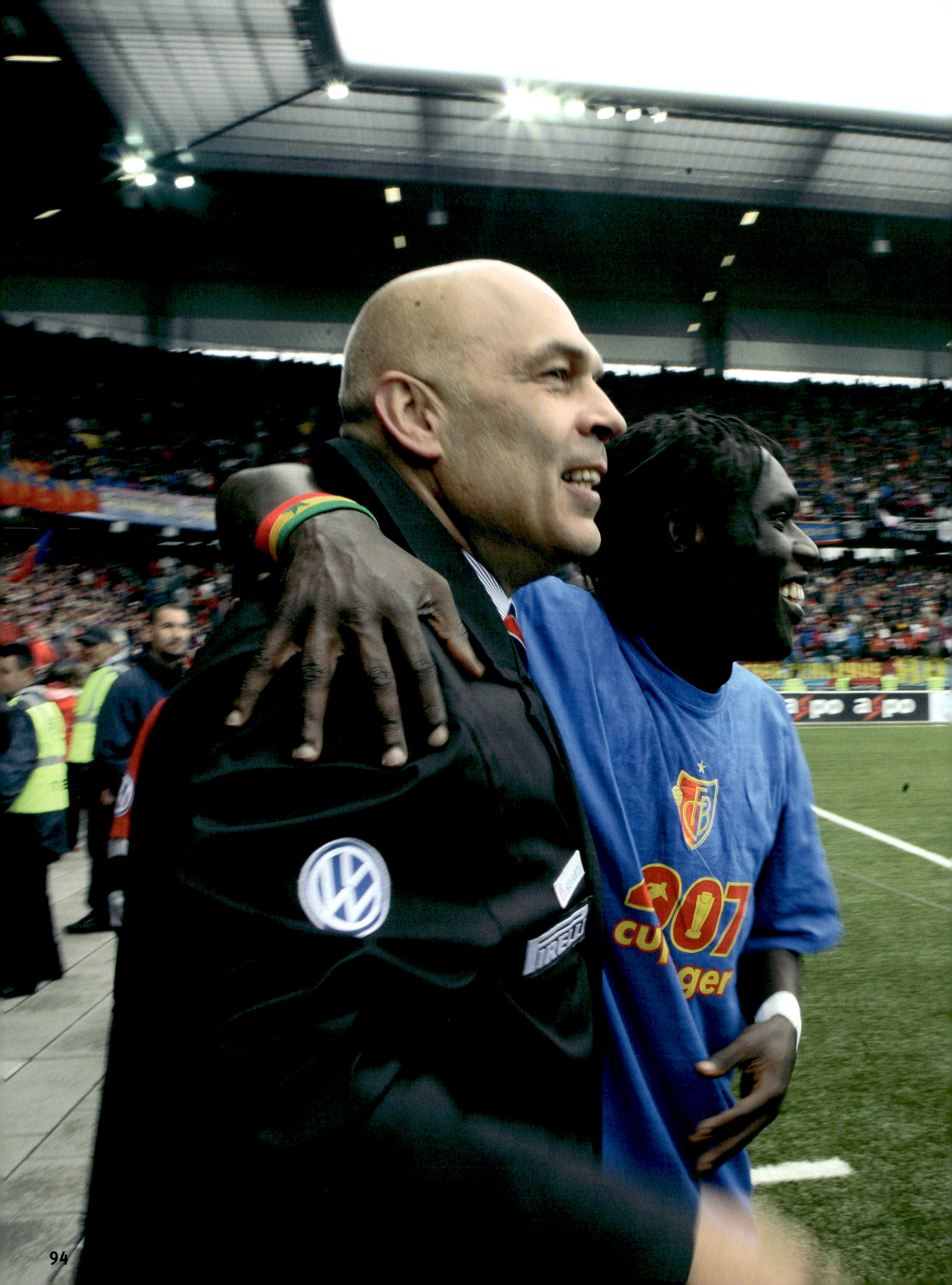

Mit Christian Gross als Trainer feierte der FC Basel im Jahr 2002 den ersten Meistertitel nach einer Durststrecke von 22 Jahren. In der Stadt herrschte Ausnahmezustand, als die Mannschaft den Meisterpokal auf dem Balkon des Stadtcasinos präsentierte. Der Zürcher Christian Gross, heute 53-jährig, wurde im Sommer 1999 vom FCB engagiert. Die Früchte seiner bisherigen Arbeit sind je drei Meistertitel (2002, 2004, 2005) und Cupsiege (2002, 2003, 2007). Den (bisherigen) Höhepunkt erlebte Gross in der Saison 2002/2003, als sich der FC Basel in Europa mit seinen verblüffenden Auftritten in der Champions League gegen Teams wie Manchester United, Liverpool und Juventus Turin einen Namen machte. Auch nach dem Tiefpunkt des verlorenen und von Ausschreitungen begleiteten Saisonfinals am 13. Mai 2006 in Basel blieb Christian Gross mit dem FCB an der nationalen Spitze.

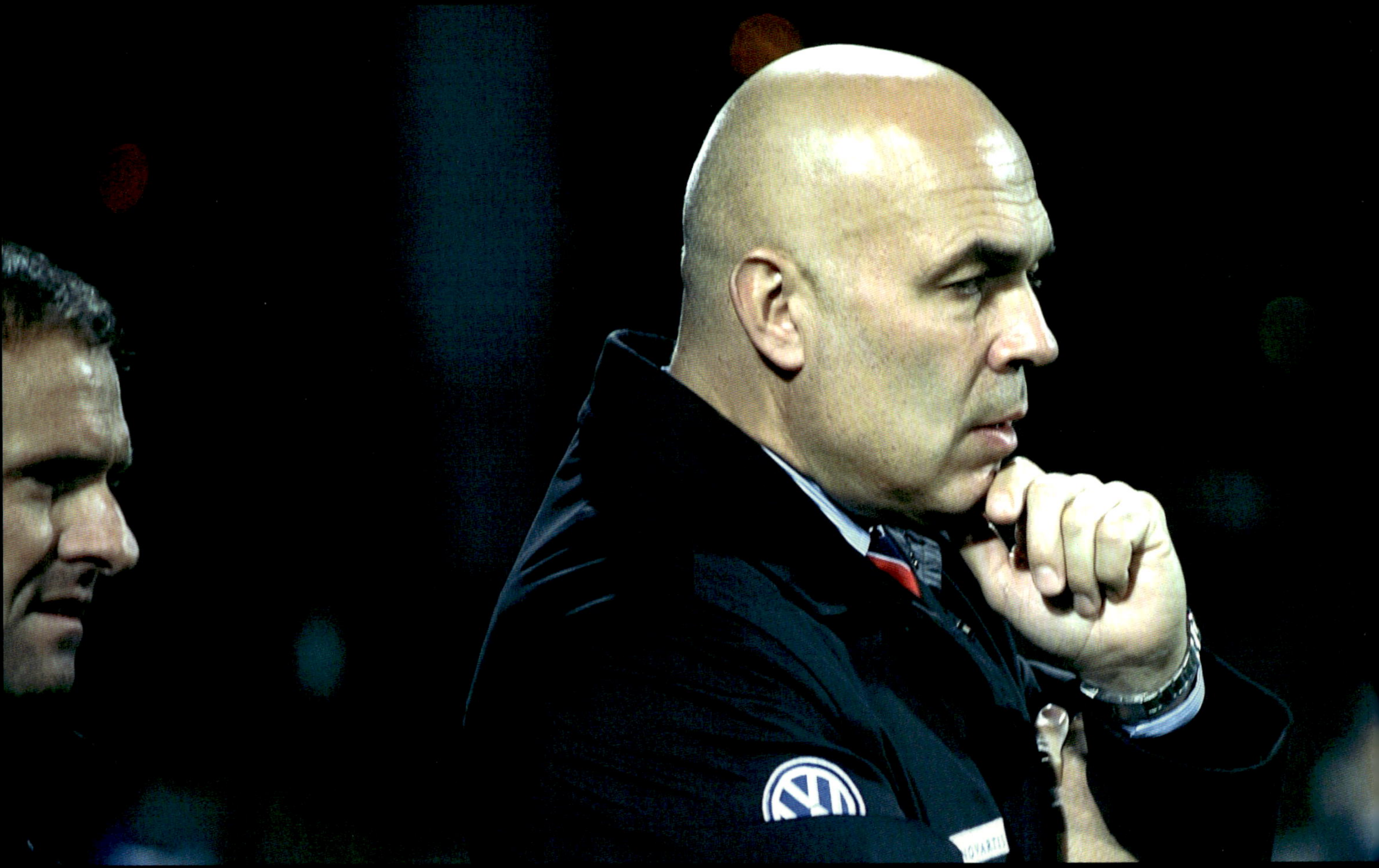

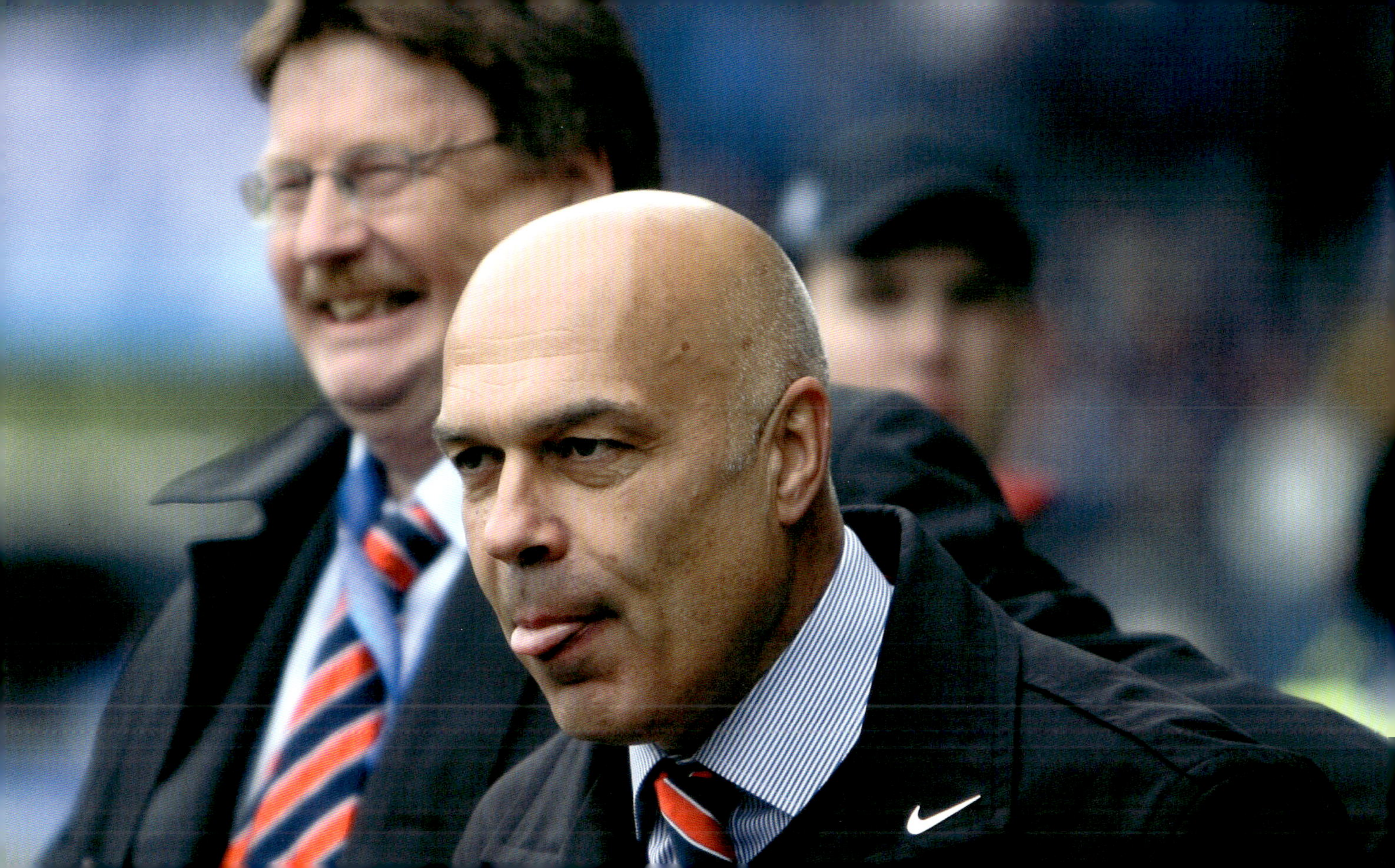

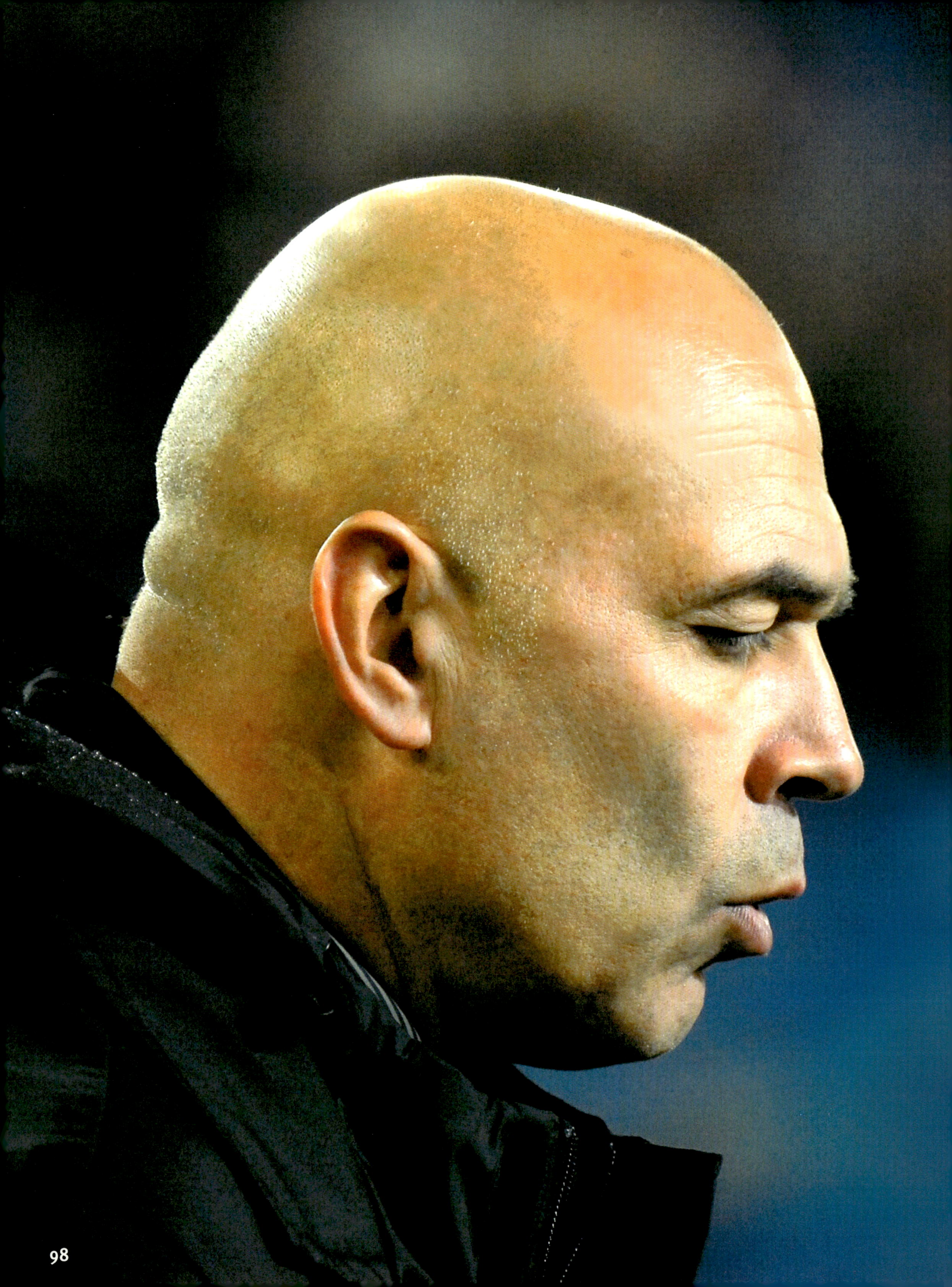

99

100

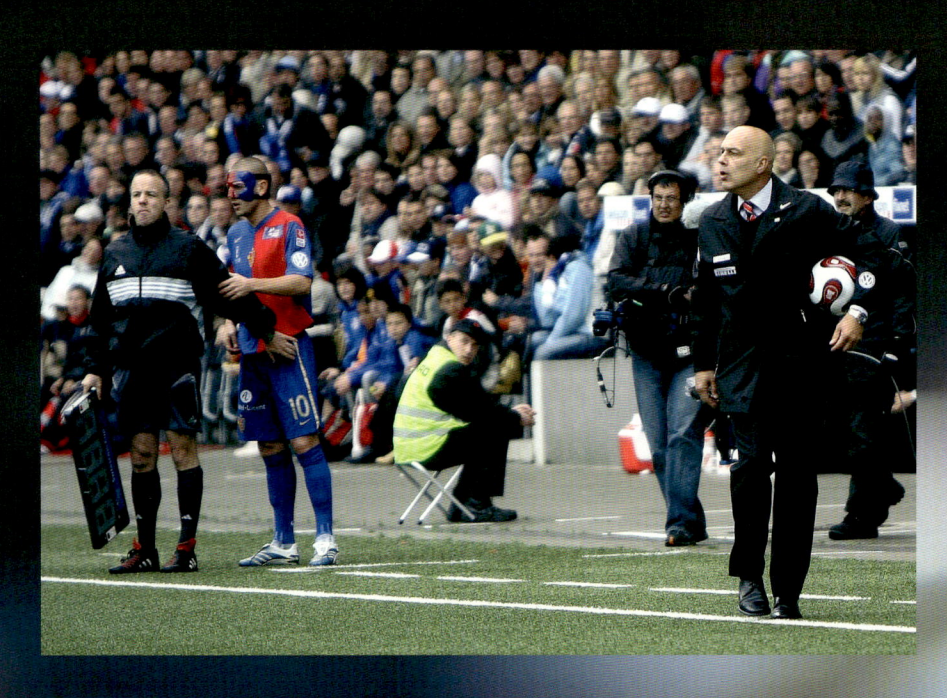

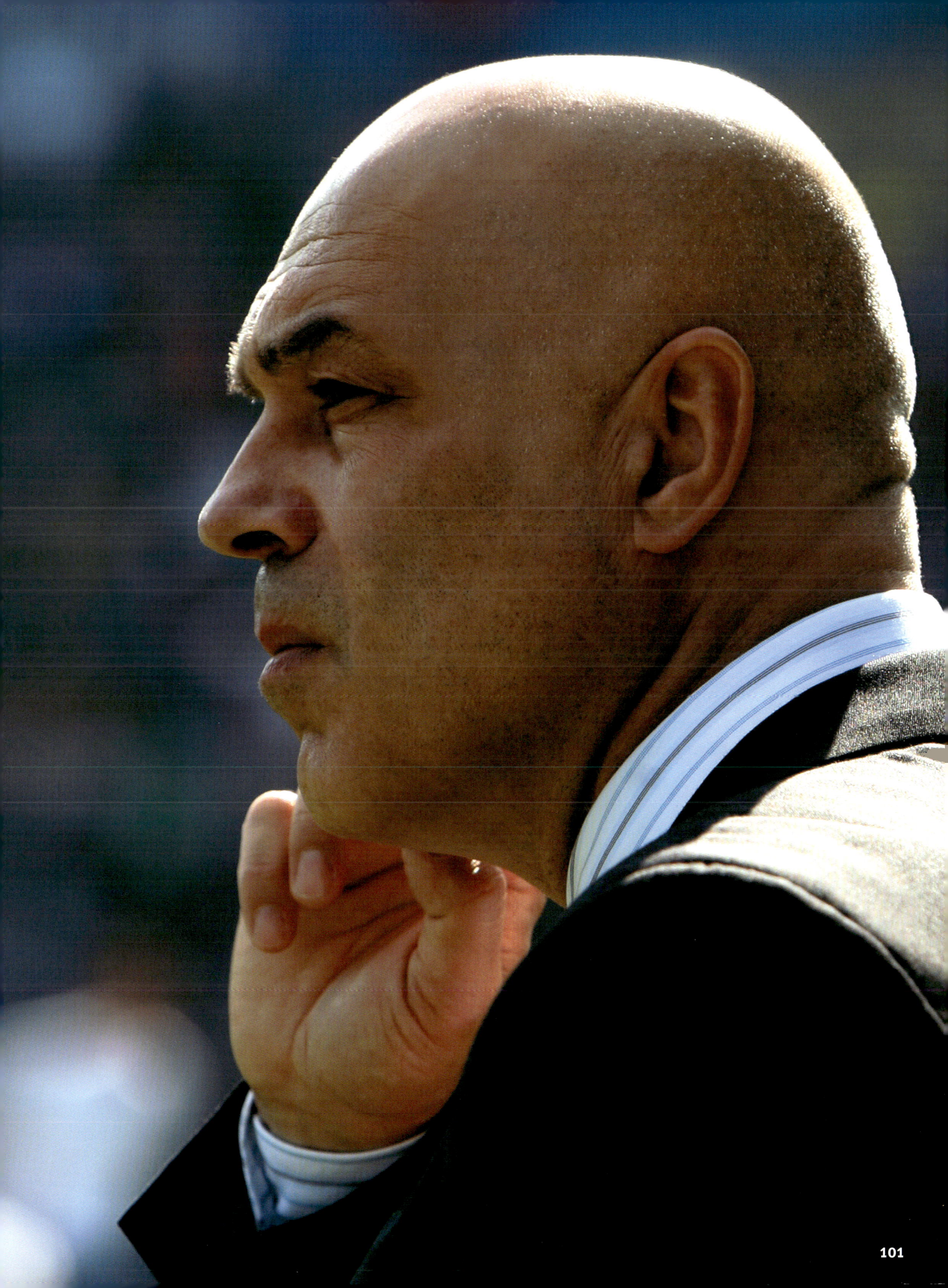

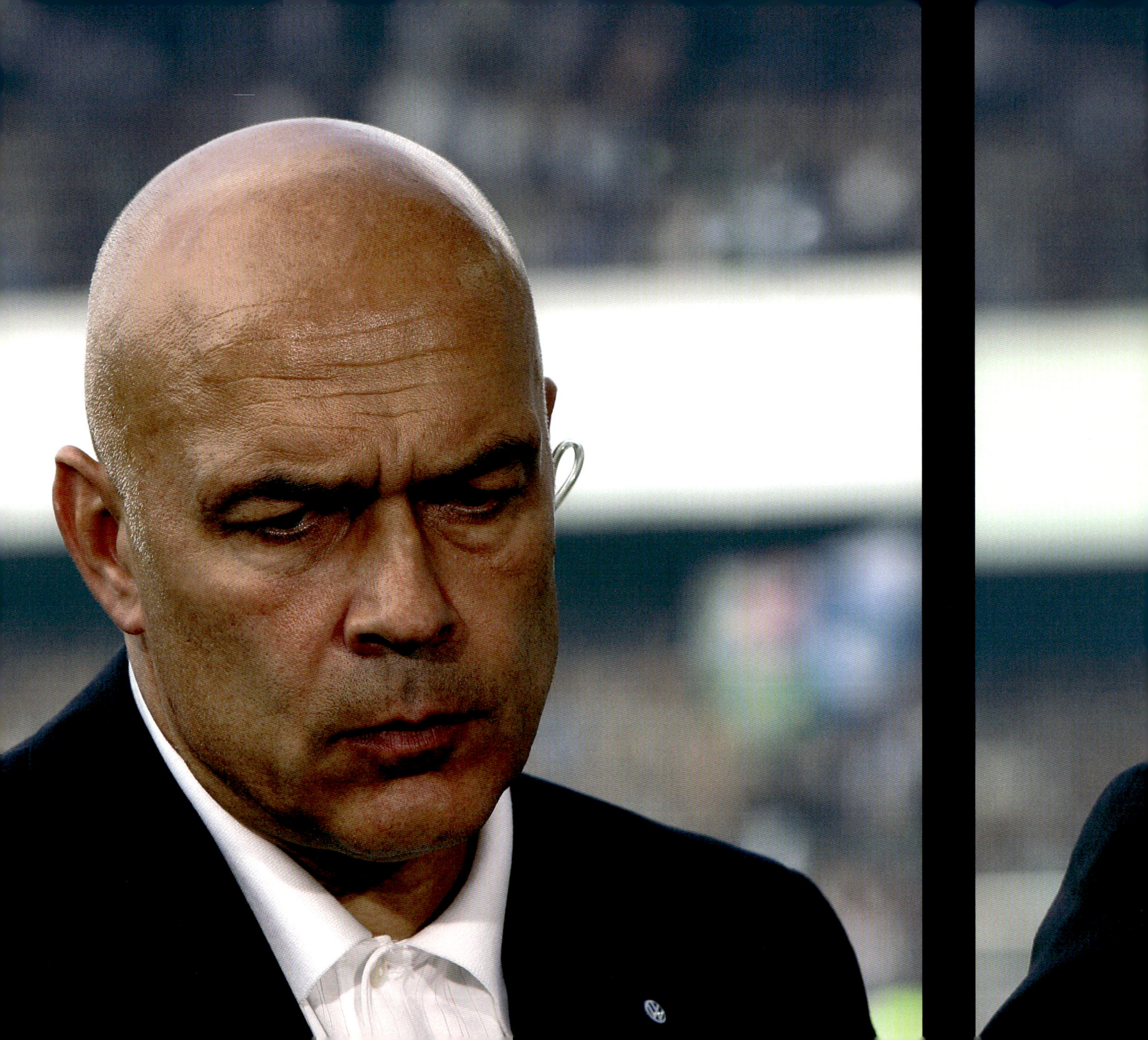

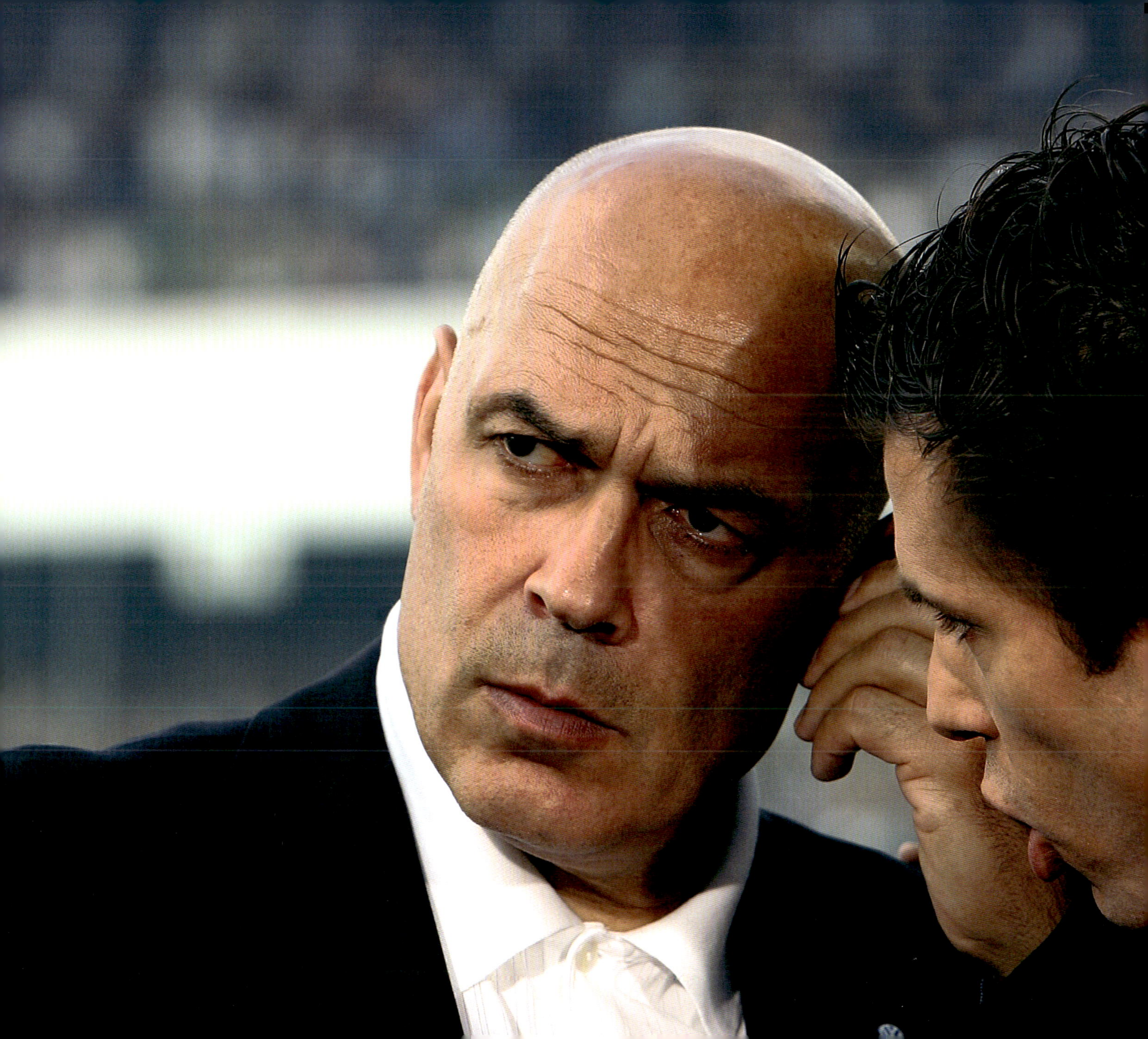

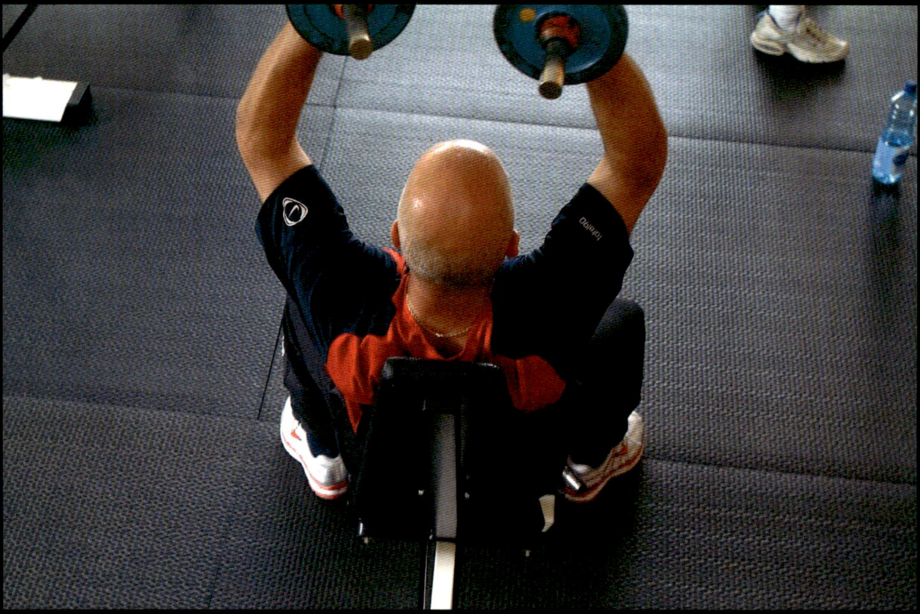
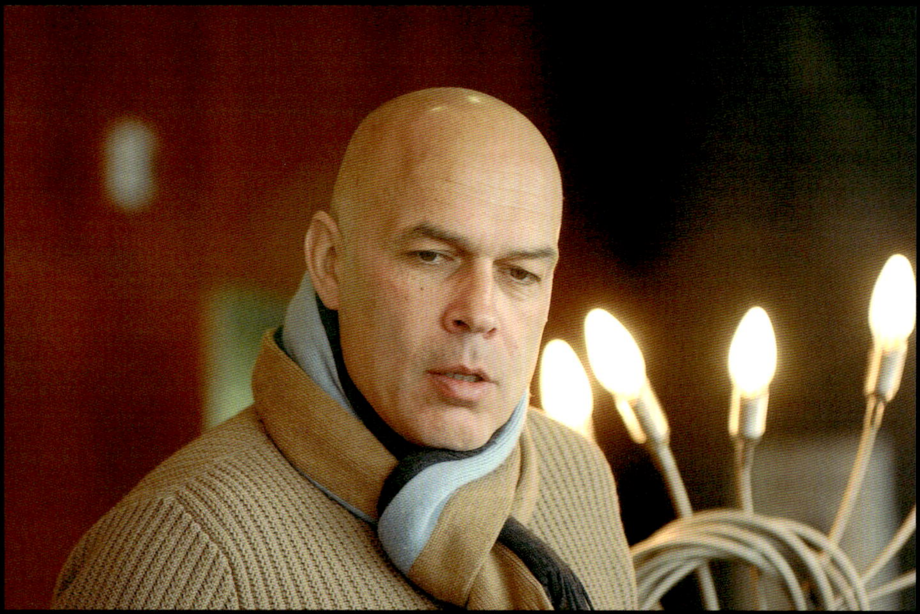
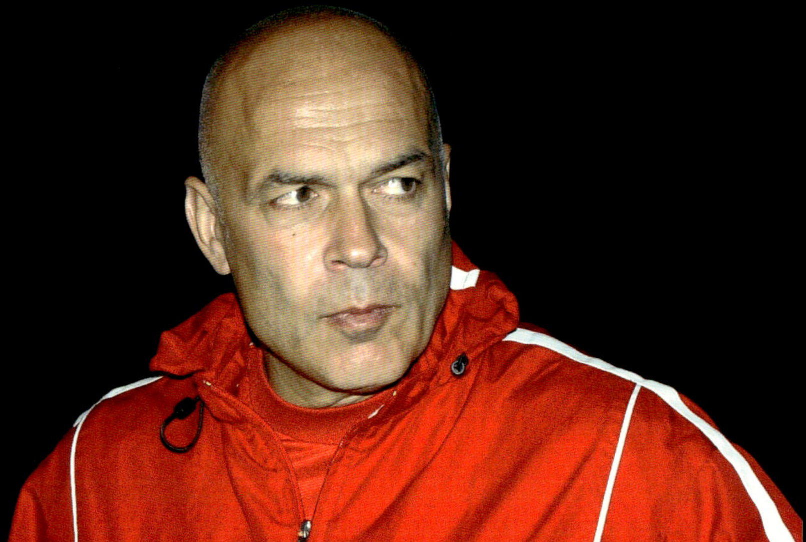
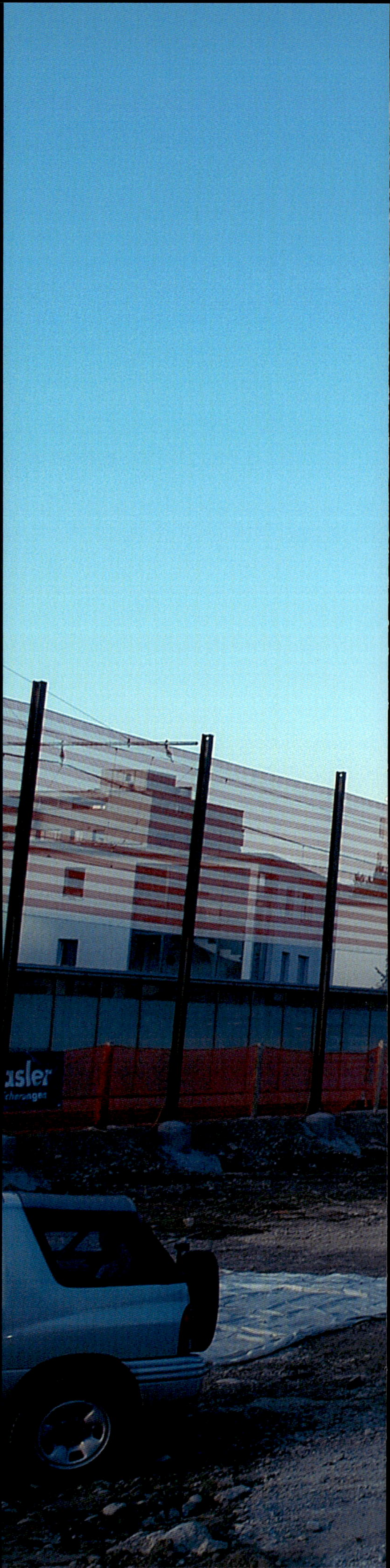

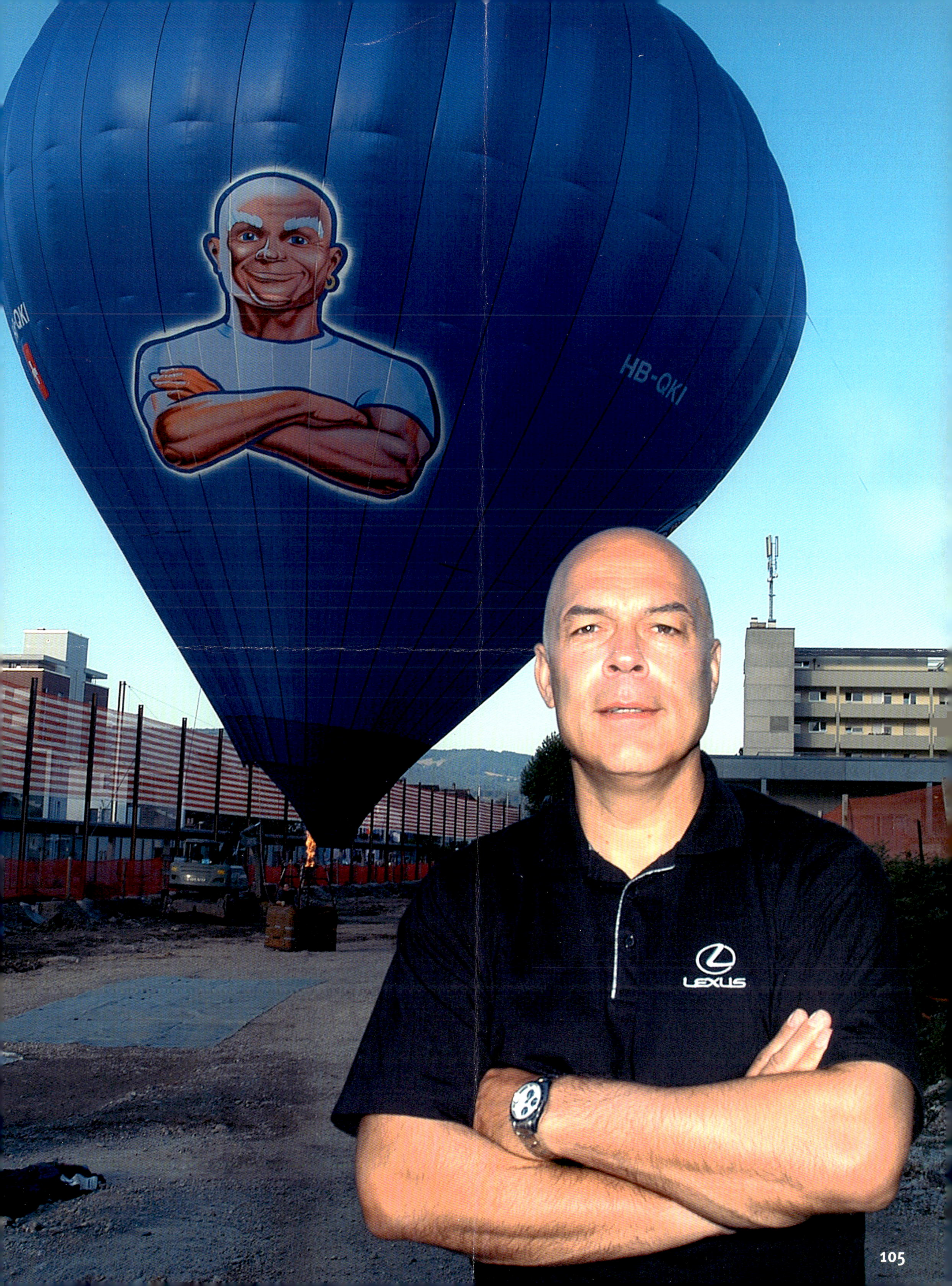
HB-QKI
LEXUS

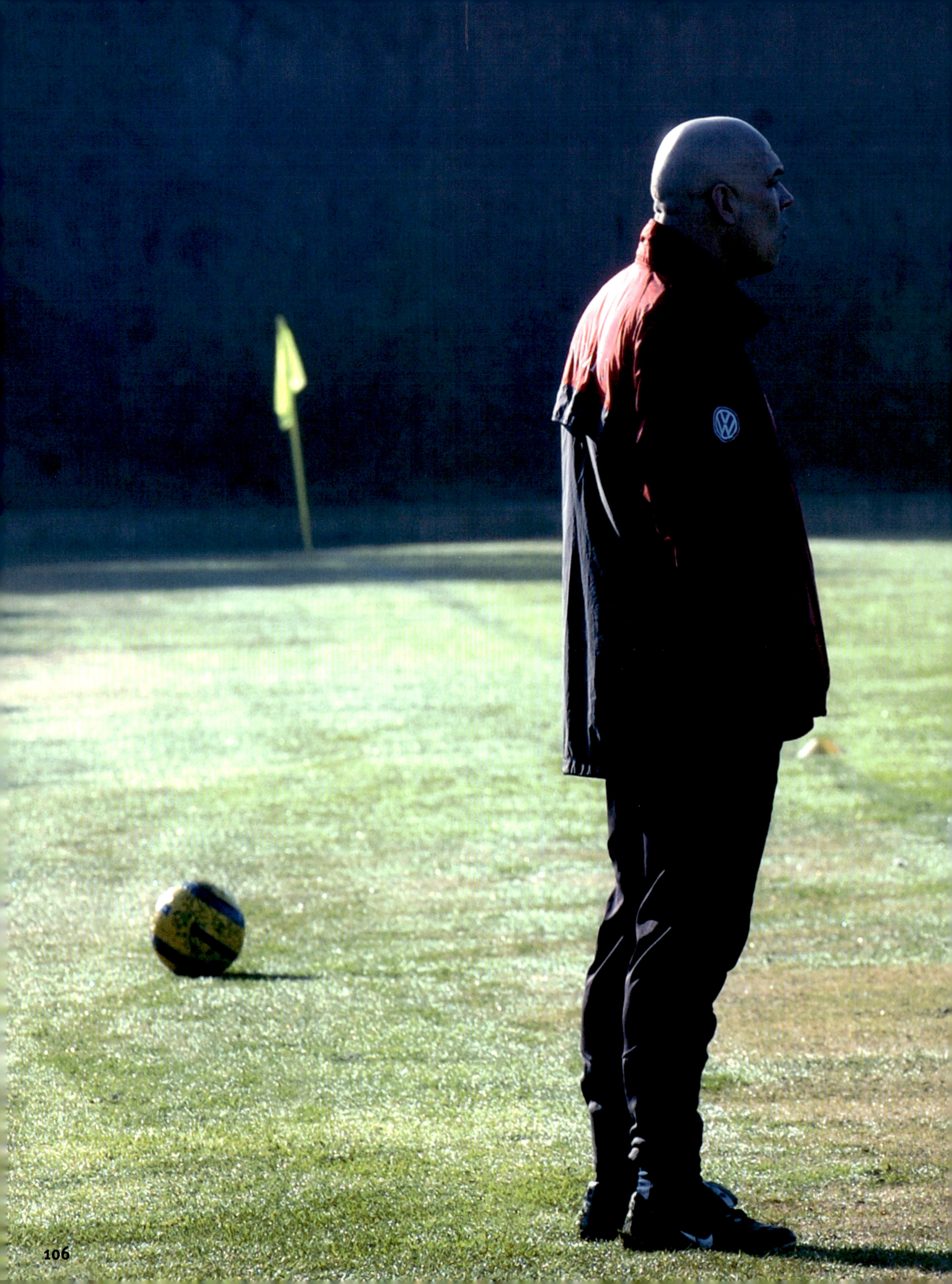

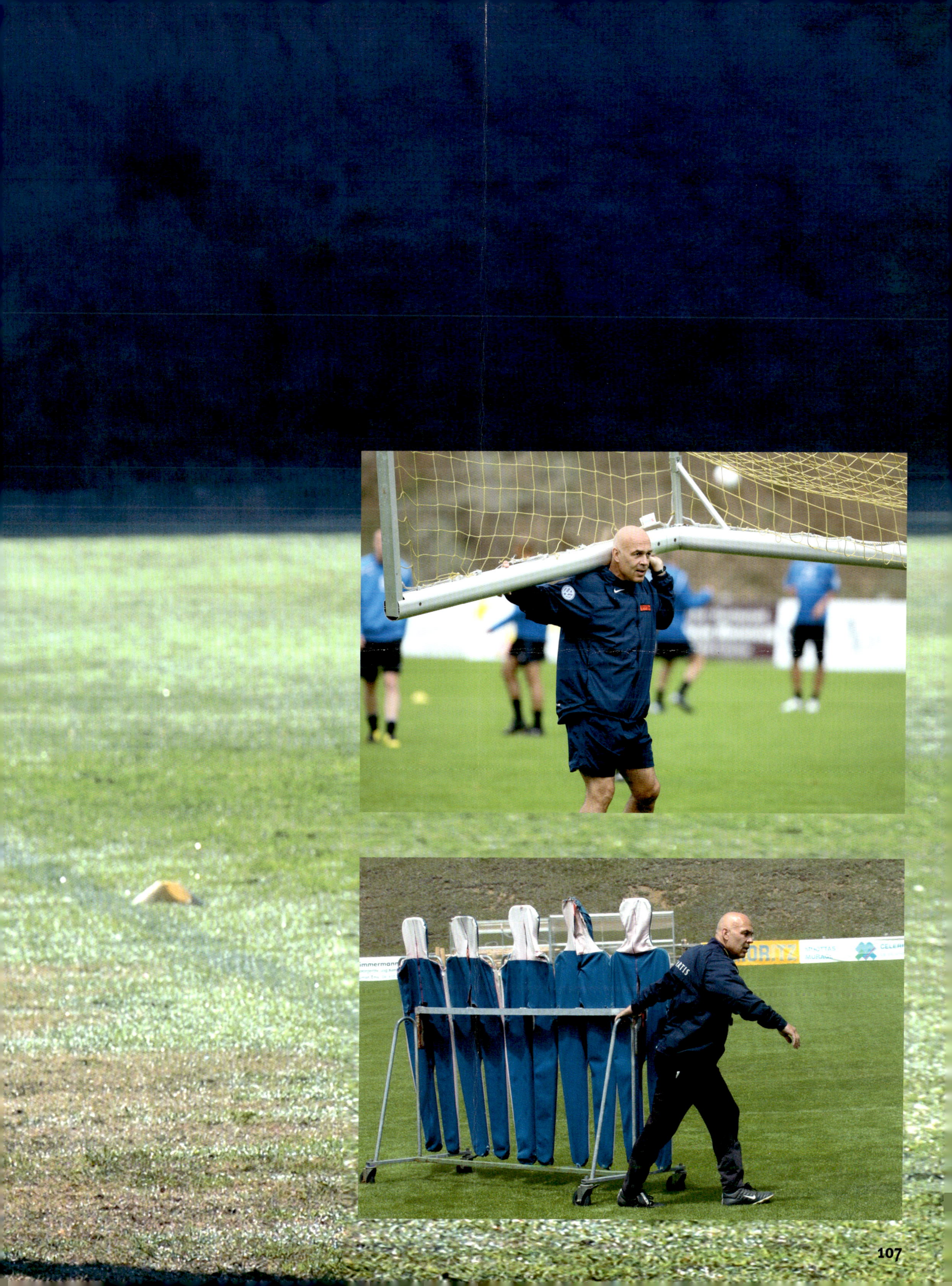

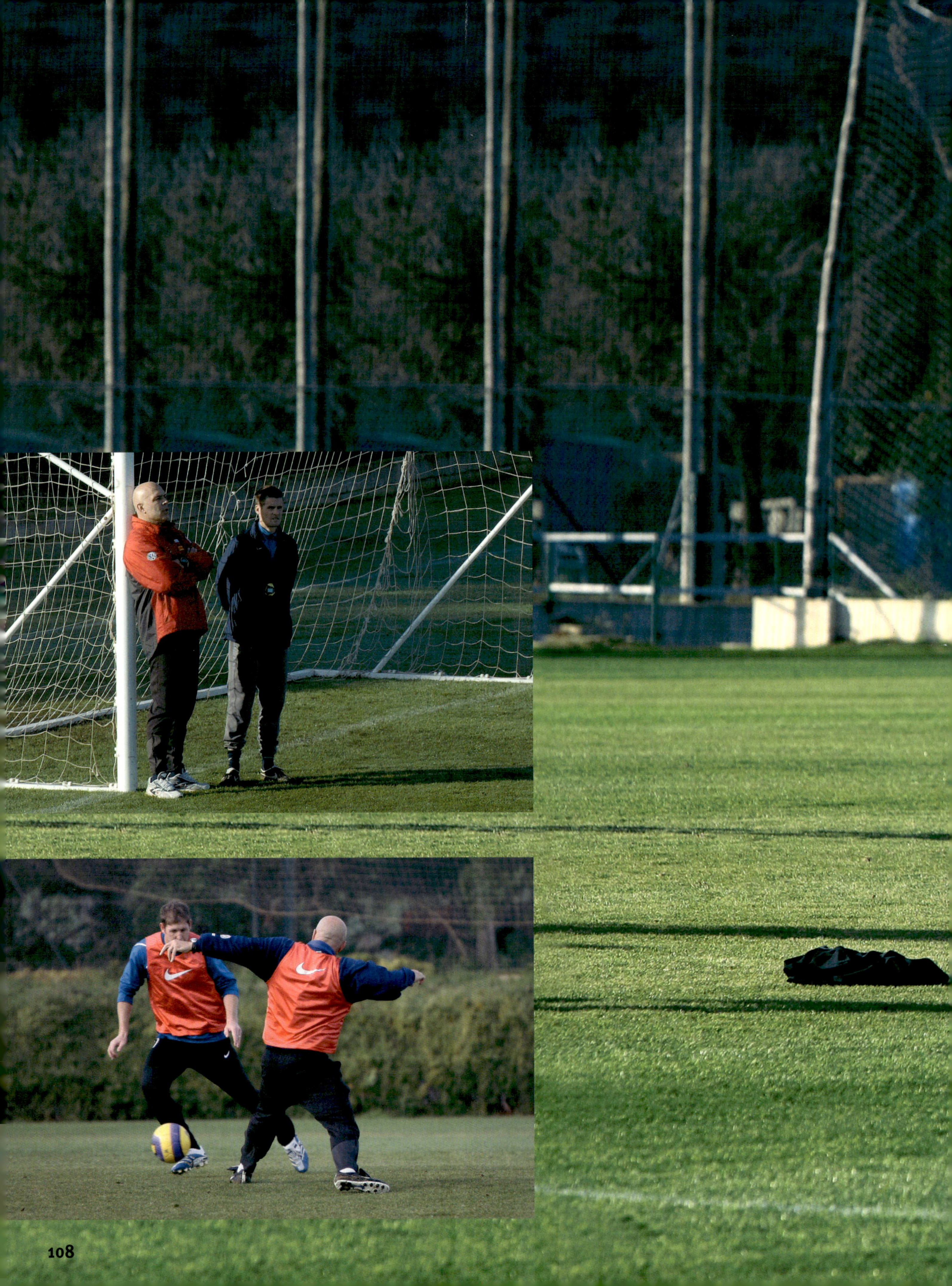

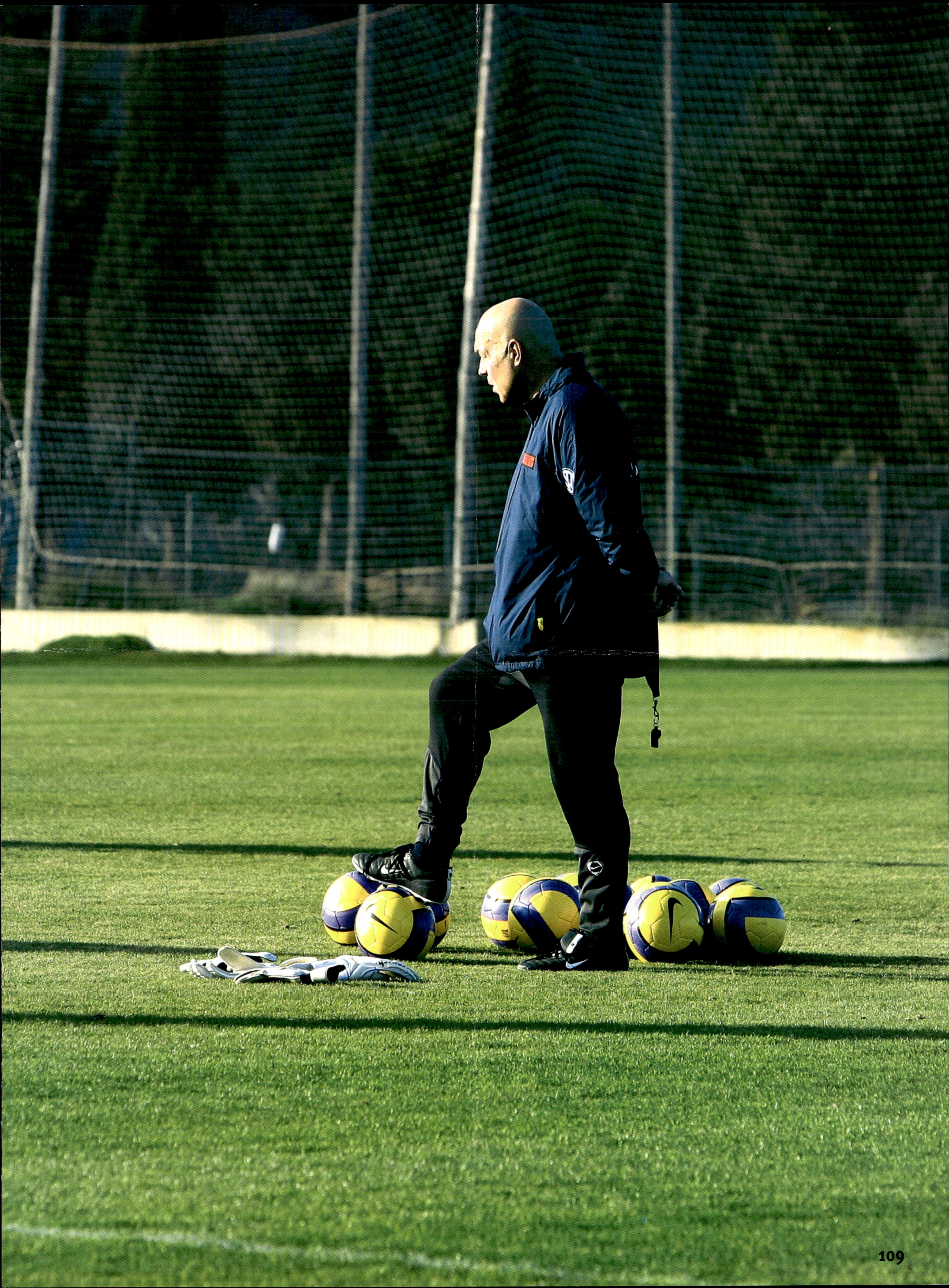

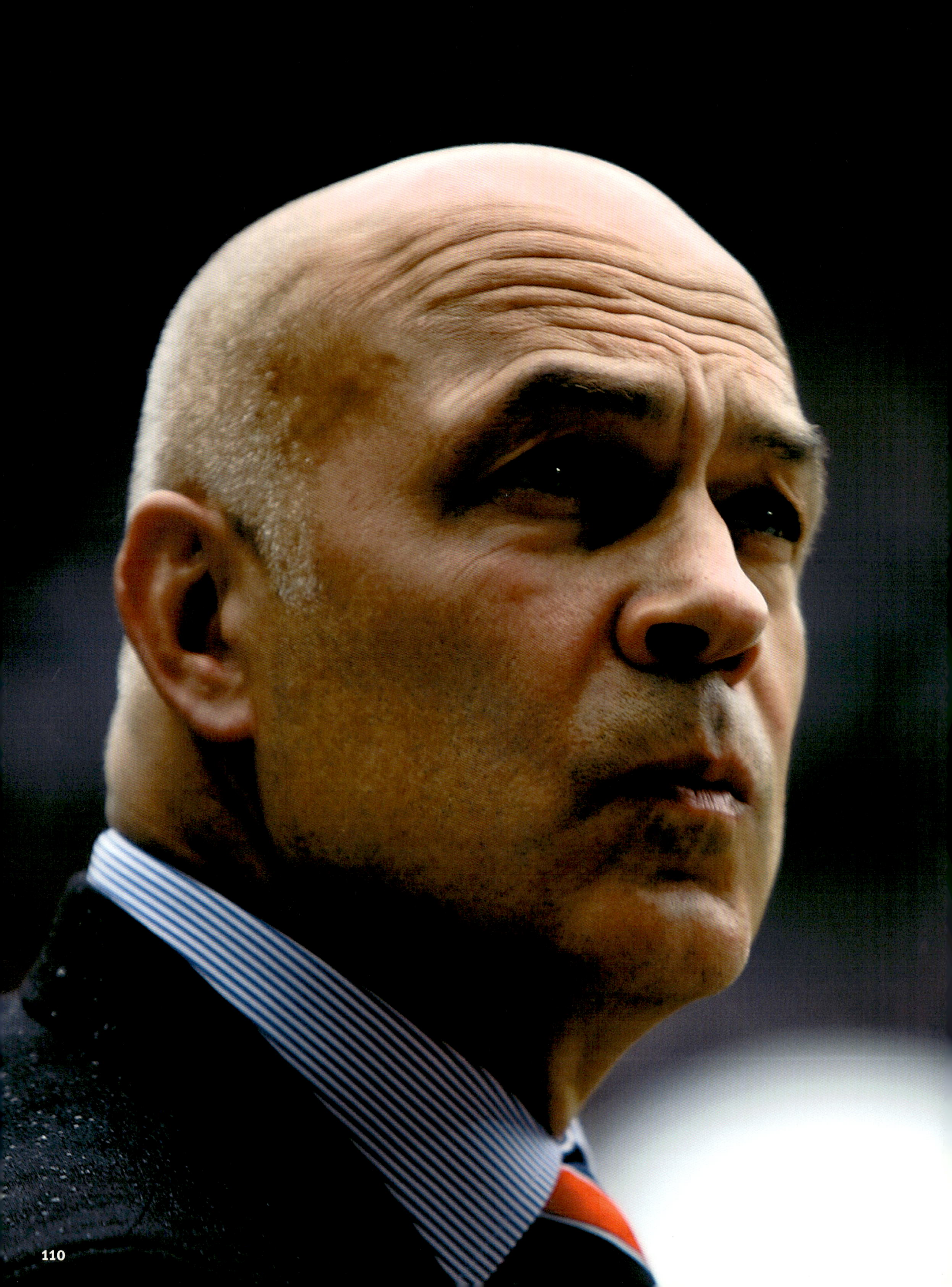

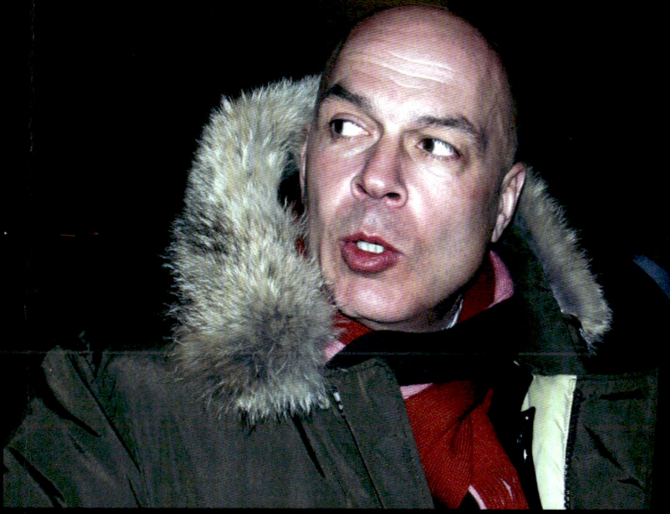

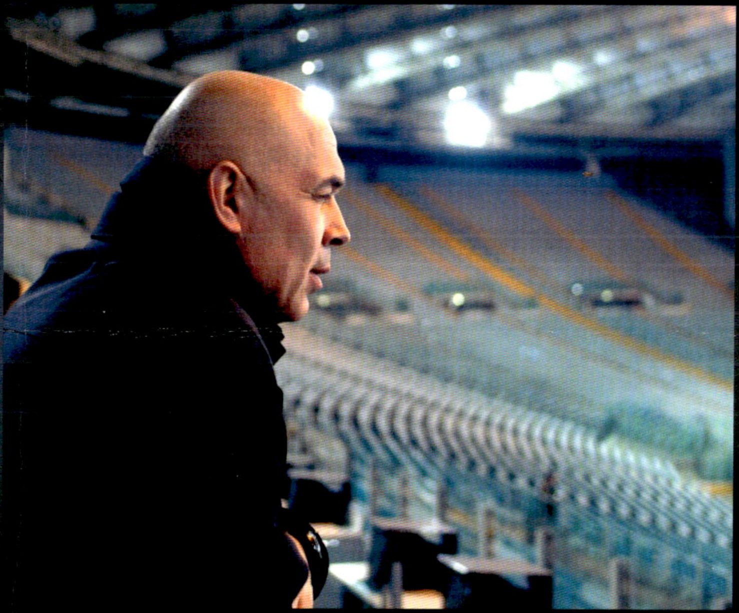

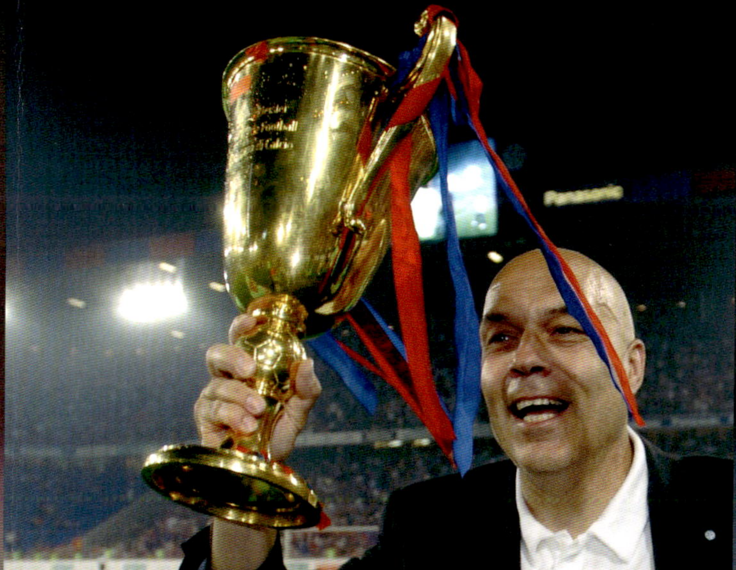
Panasonic

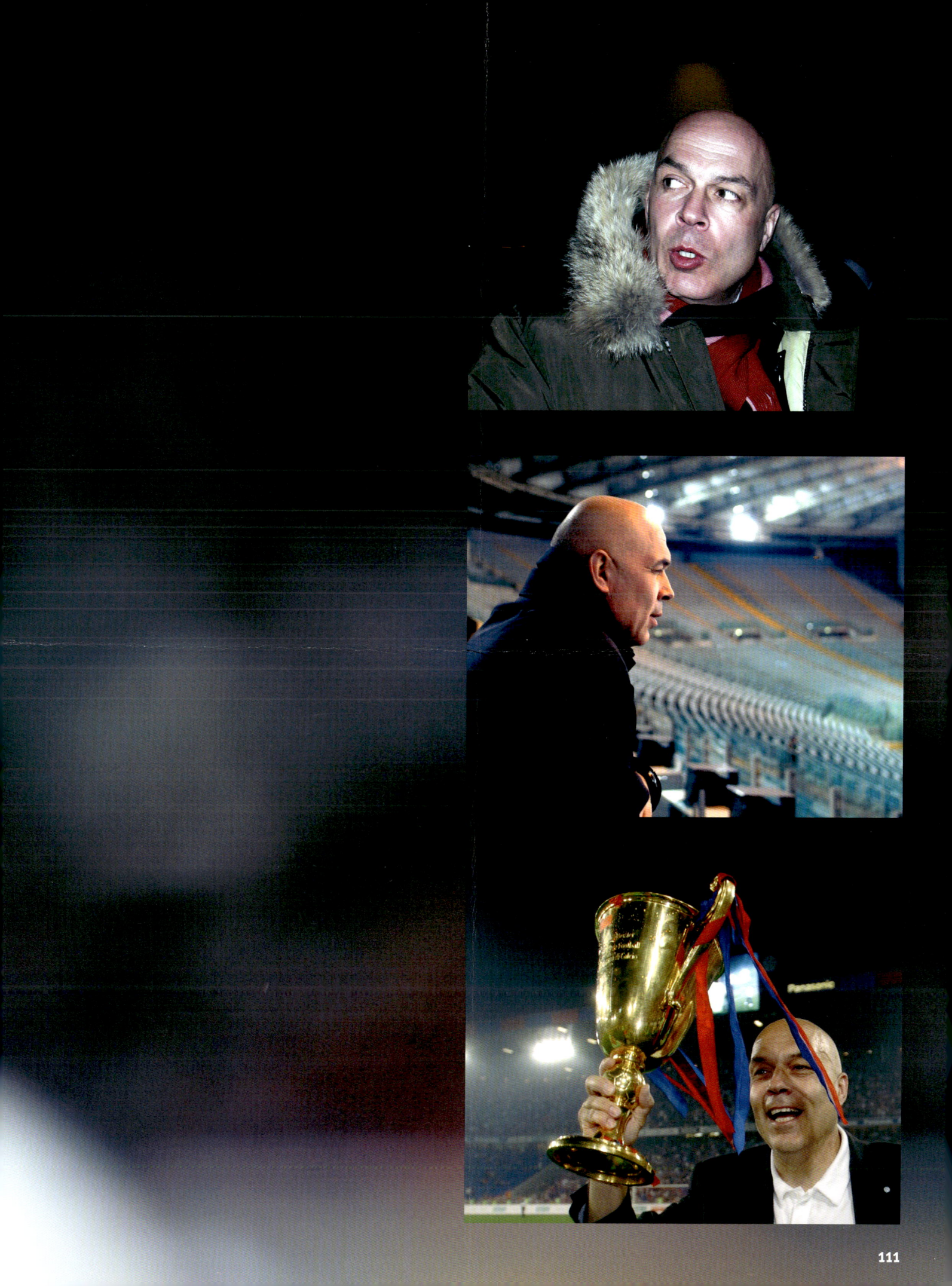

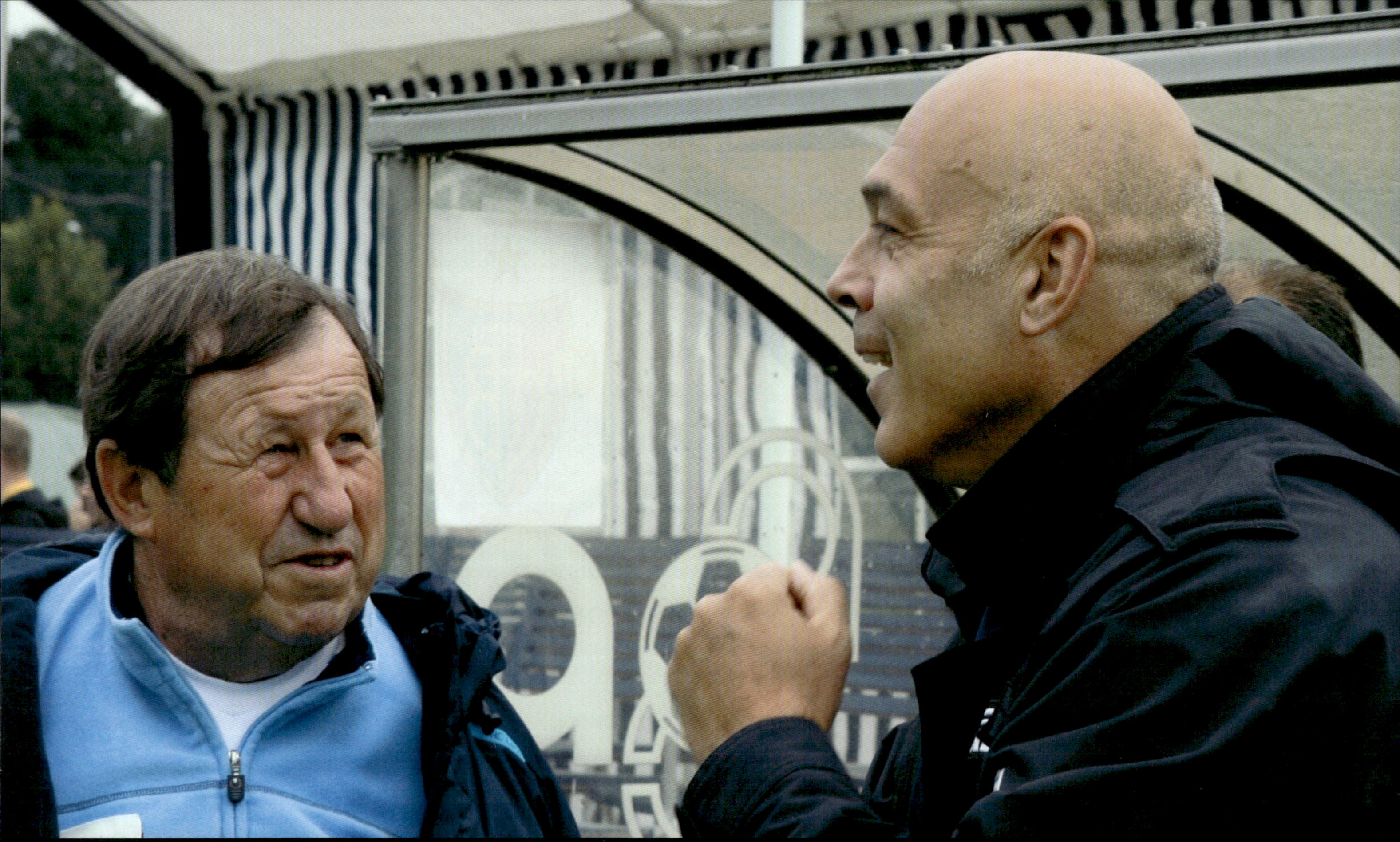

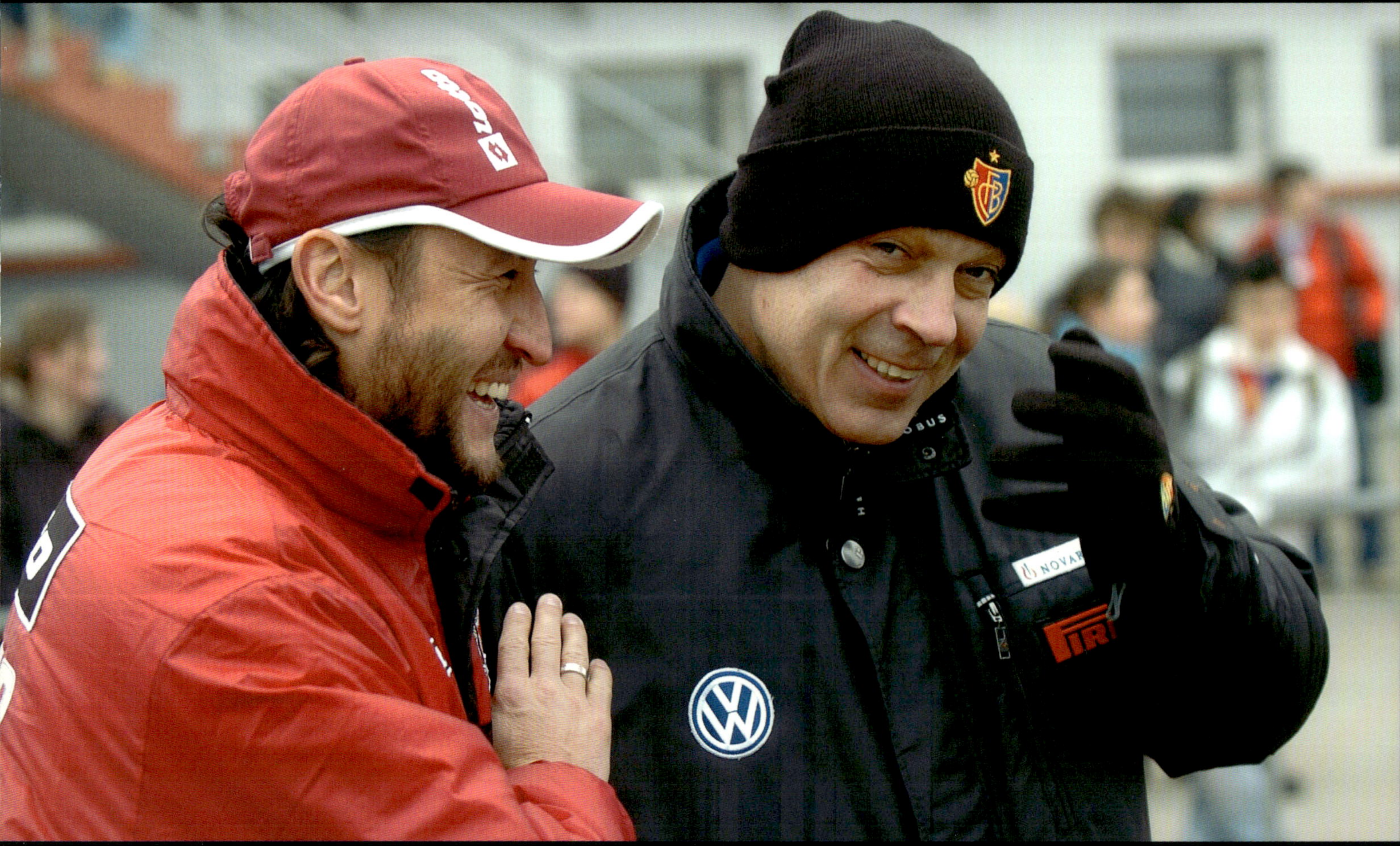

113

114

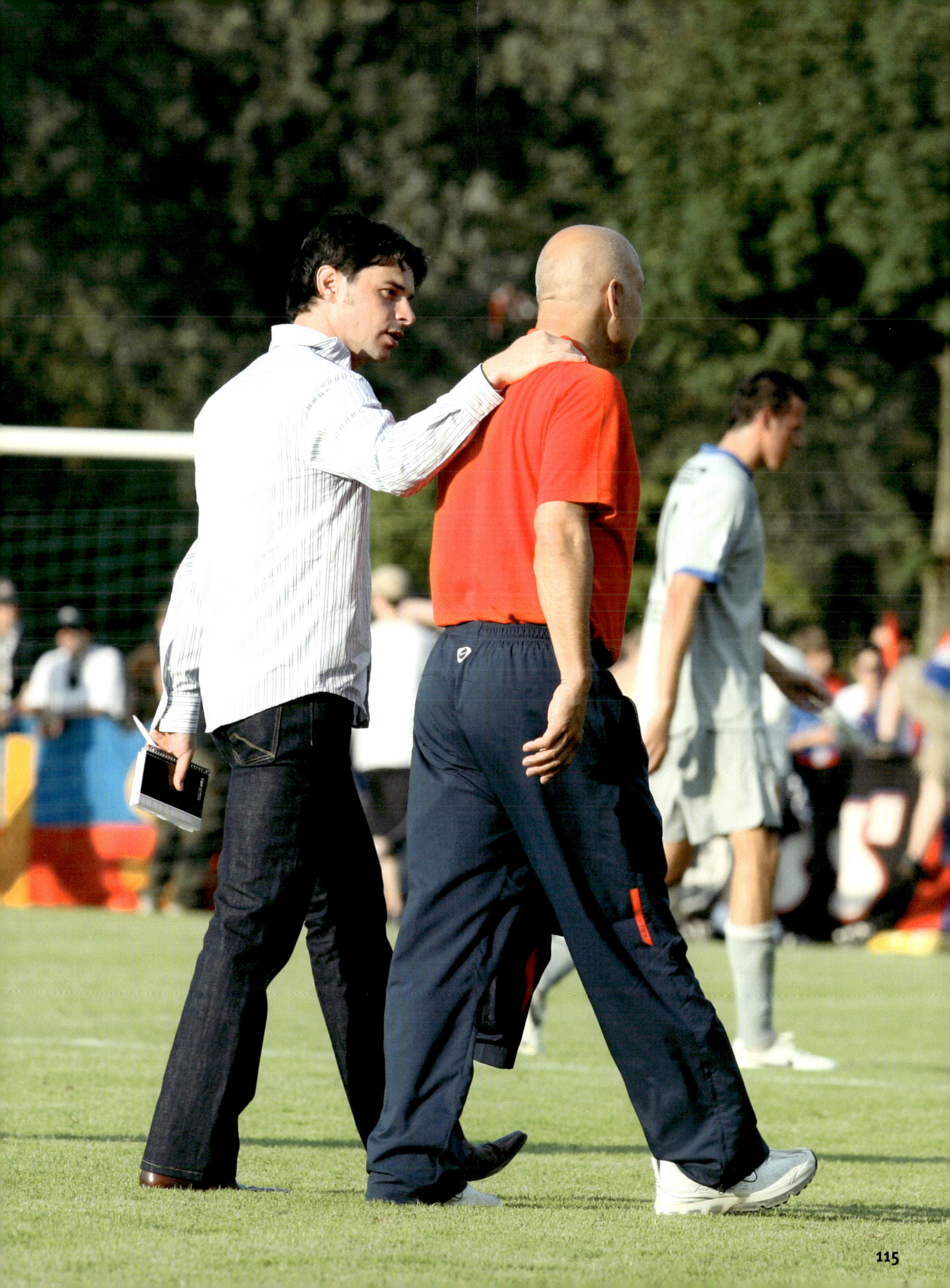

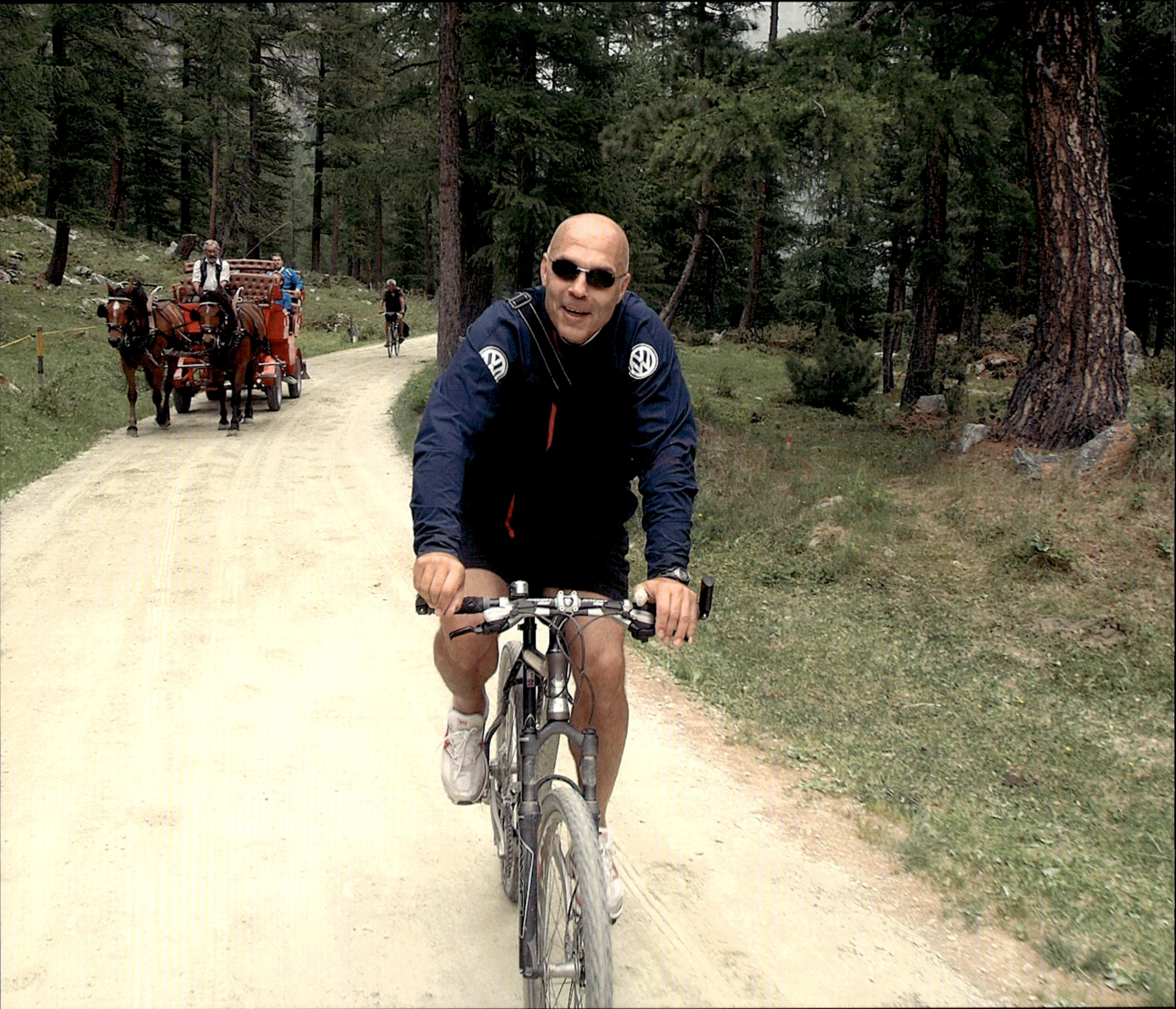

Scala di servizio vietato l'accesso!
Défense de marcher sur l'escalier de service!
Keep off the service-stairway!
Dienstrap betreden verboden!

Fritz Schmid. Der Assistenzcoach von Cheftrainer Christian Gross ist seit dem 1. Januar 2002 beim FC Basel engagiert. Der gelernte Sportlehrer ist heute 48-jährig.

Ein Spieltag des FC Basel, rund eine Dreiviertelstunde vor dem Anpfiff. Assistenztrainer Fritz Schmid, normalerweise stets im Hintergrund, macht die FCB-Spieler heiss auf die bevorstehende Partie – im wahrsten Sinne des Wortes. Eine Sprintübung hier, eine Anordnung zum Stretching dort; in der Ecke Muttenzer Kurve/Gegentribüne versammelt Schmid die Basler Akteure zur physischen Vorbereitung unmittelbar vor dem Spiel. Der 48-Jährige assistierte Christian Gross bereits zu dessen GC-Zeiten Mitte der 90er-Jahre. Später wirkte er als Assistenz- und Nachwuchstrainer in Aarau und Zürich, im Jahr 2000 wurde er beim NLB-Club Kriens erstmals Cheftrainer eines Nationalliga-Vereins. Seit Januar 2002 ist Fritz Schmid beim FCB, wo er nebst dem Konditionstraining auch für allerlei statistische Erhebungen zuständig ist.

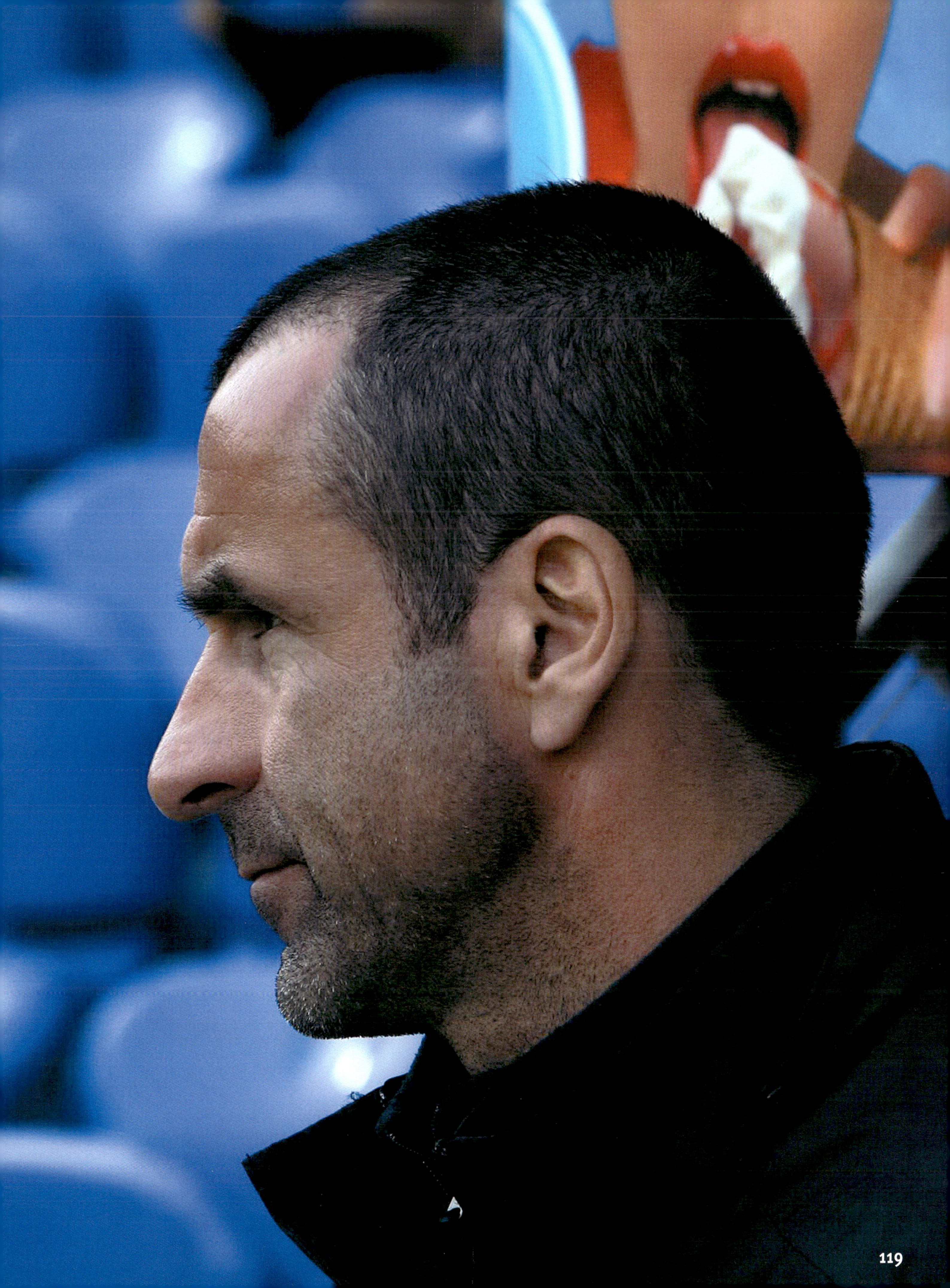

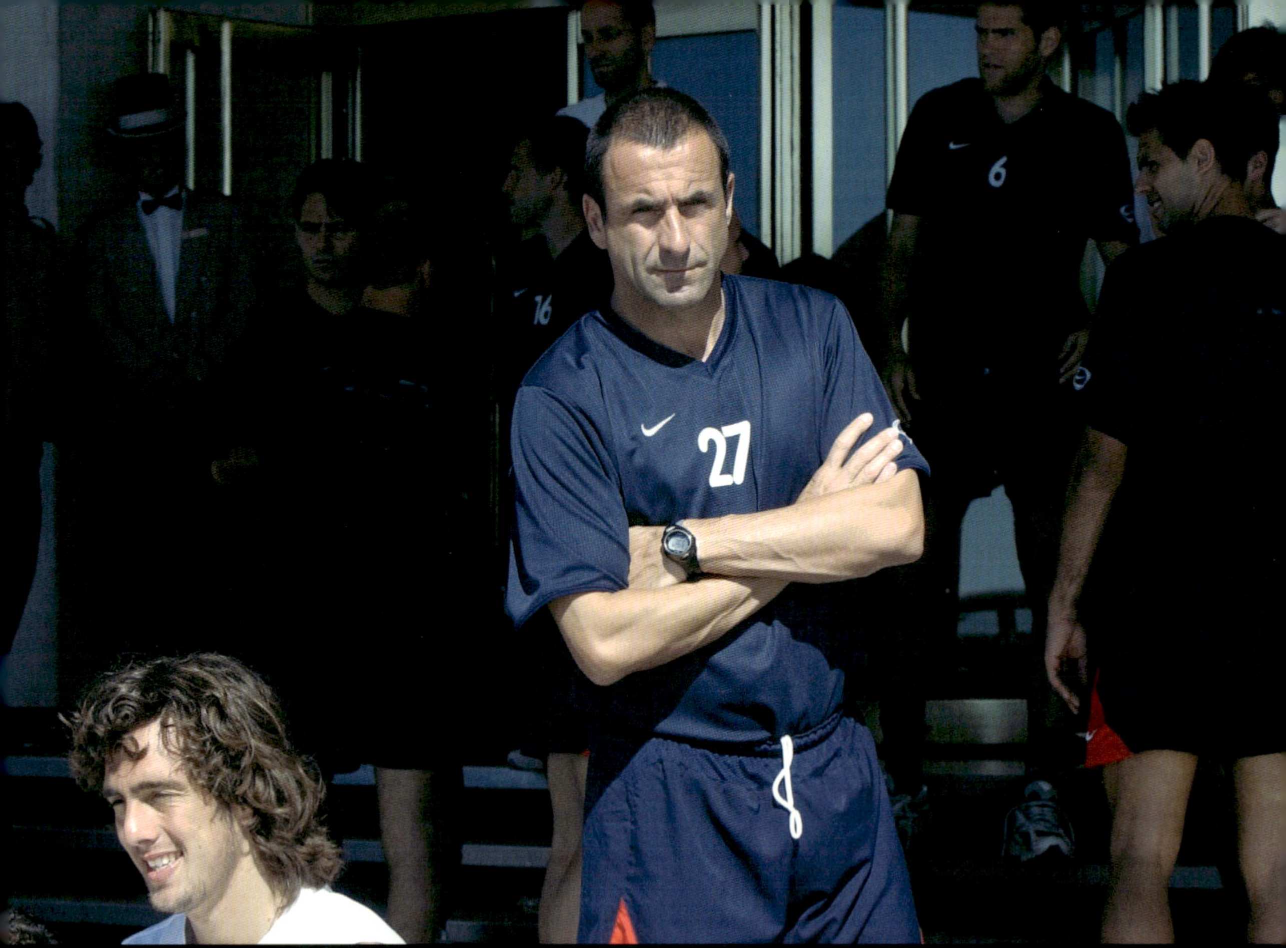

27

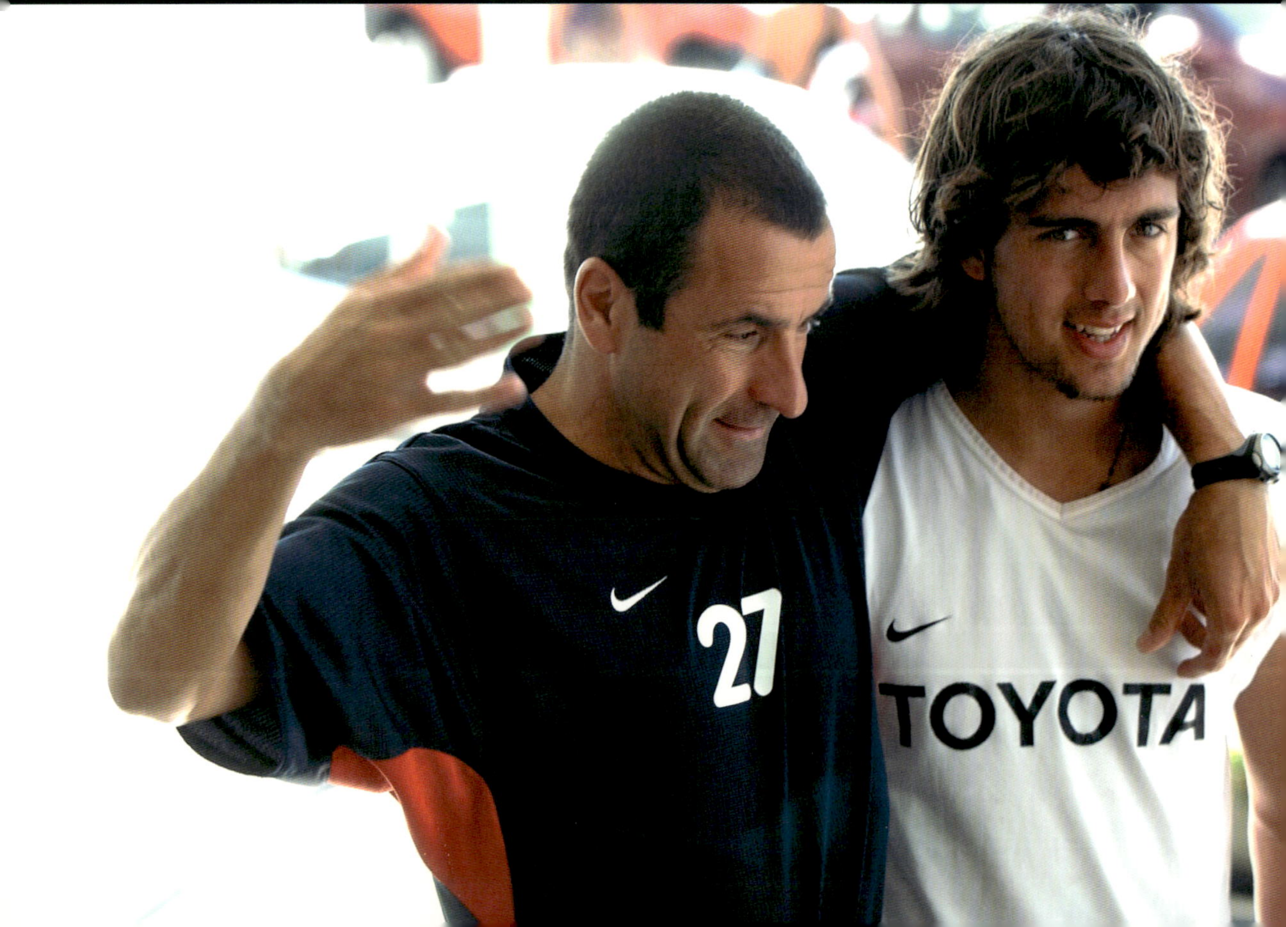

27
TOYOTA

121

Trainingslager. In den Meisterschaftspausen zieht es den FC Basel jeweils in die Ferne. Im Winter geht die Reise südwärts, wie hier, ins spanische La Manga.

123

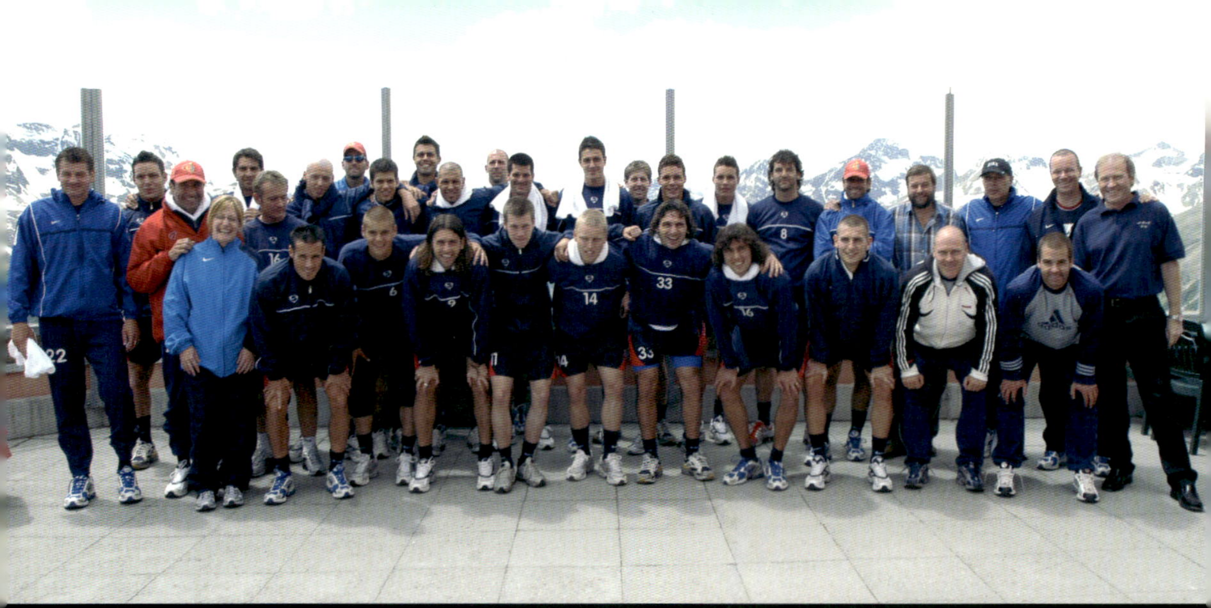

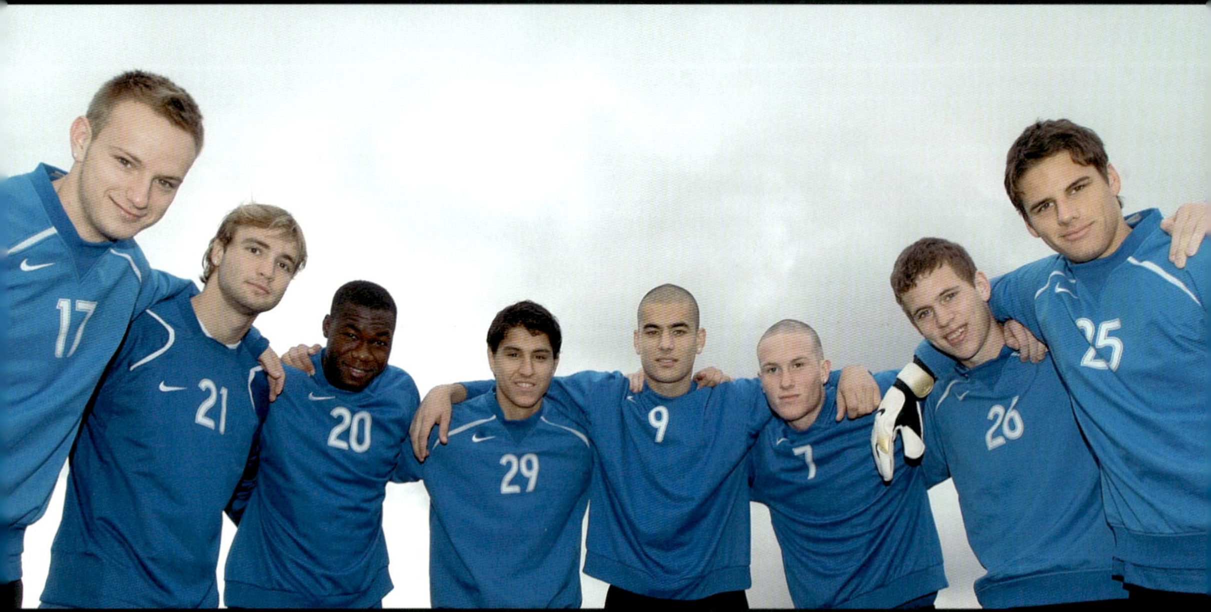

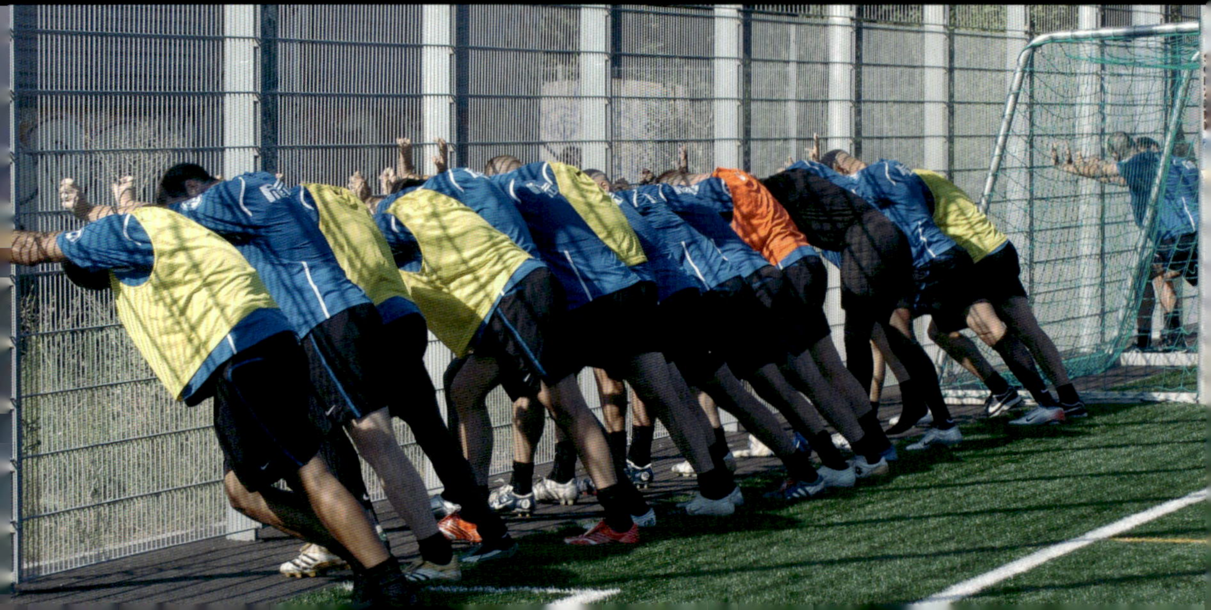

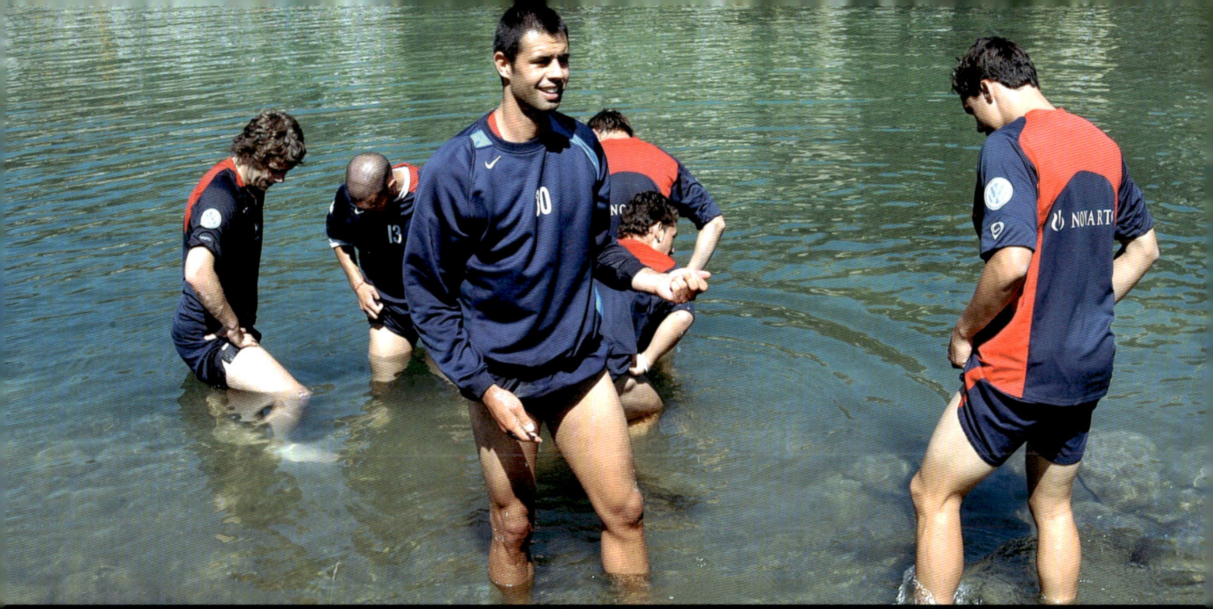

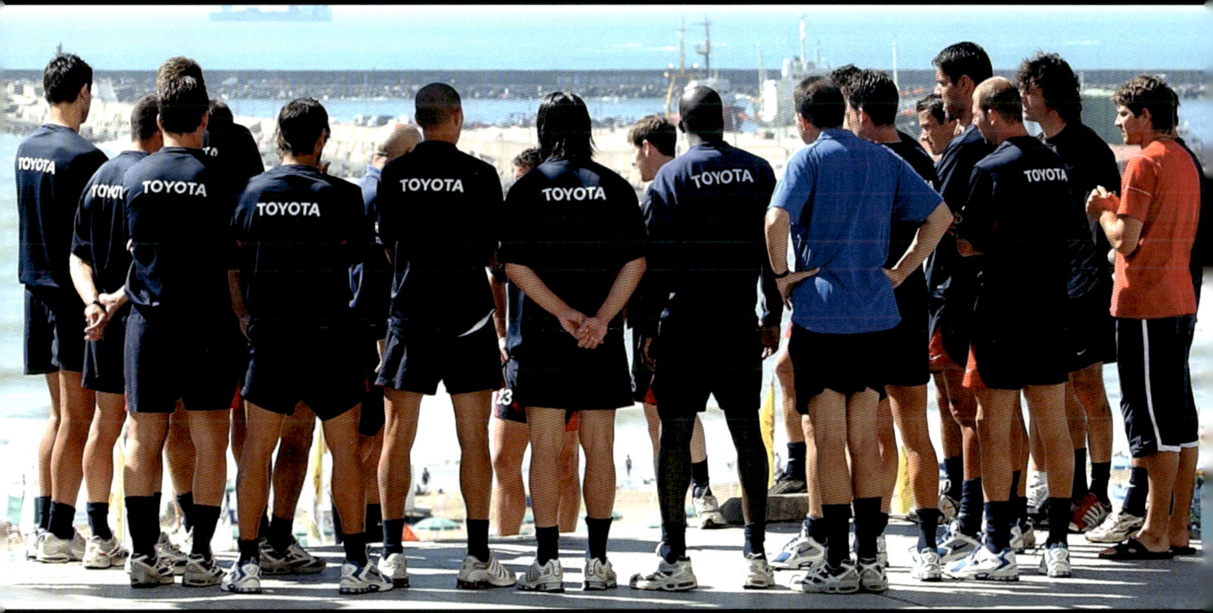
TOYOTA

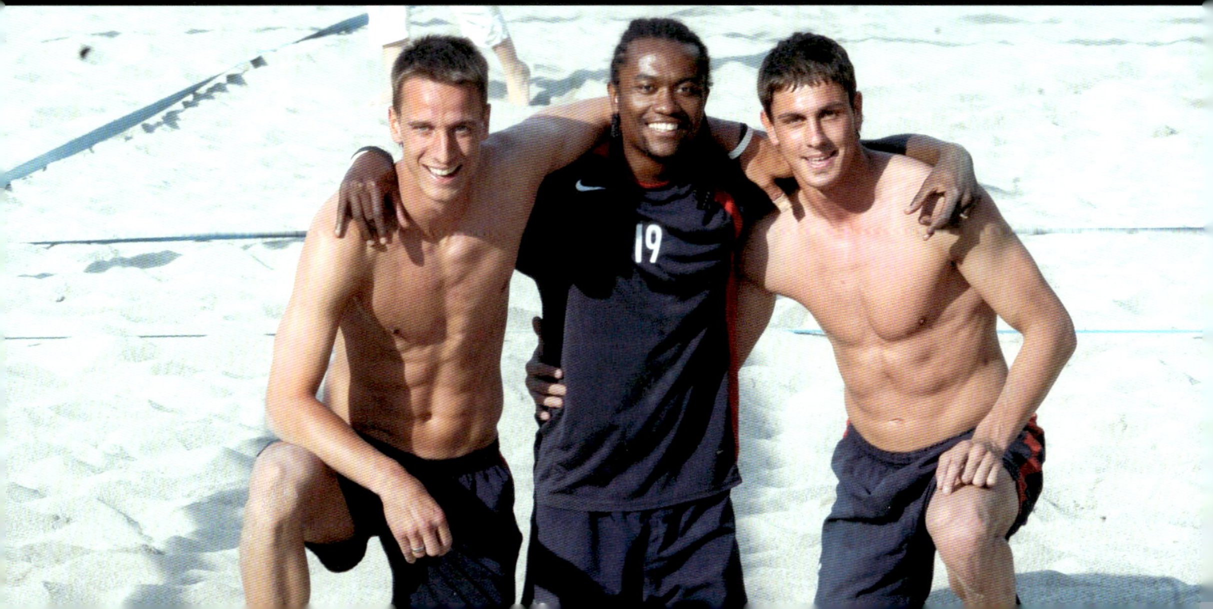

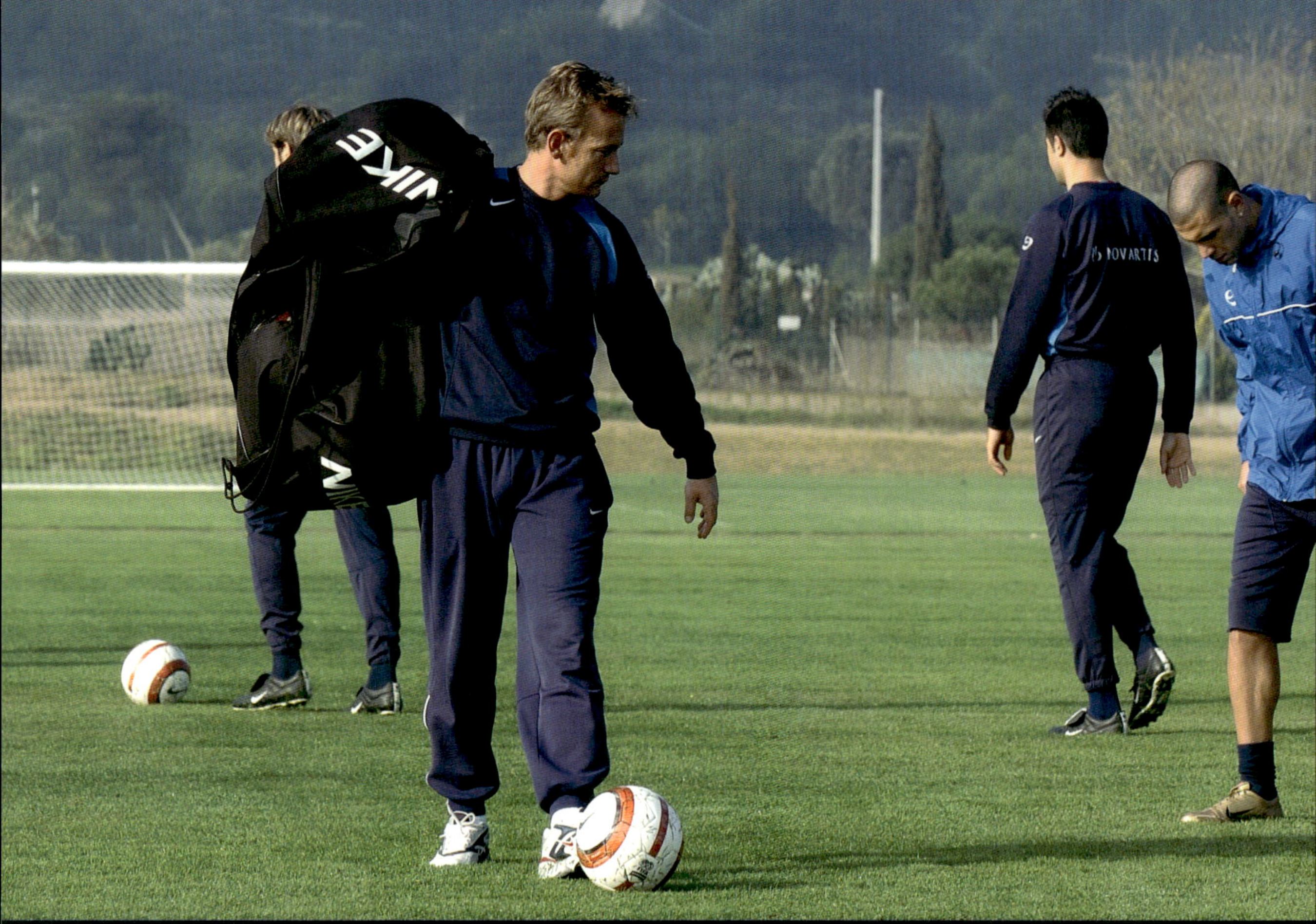

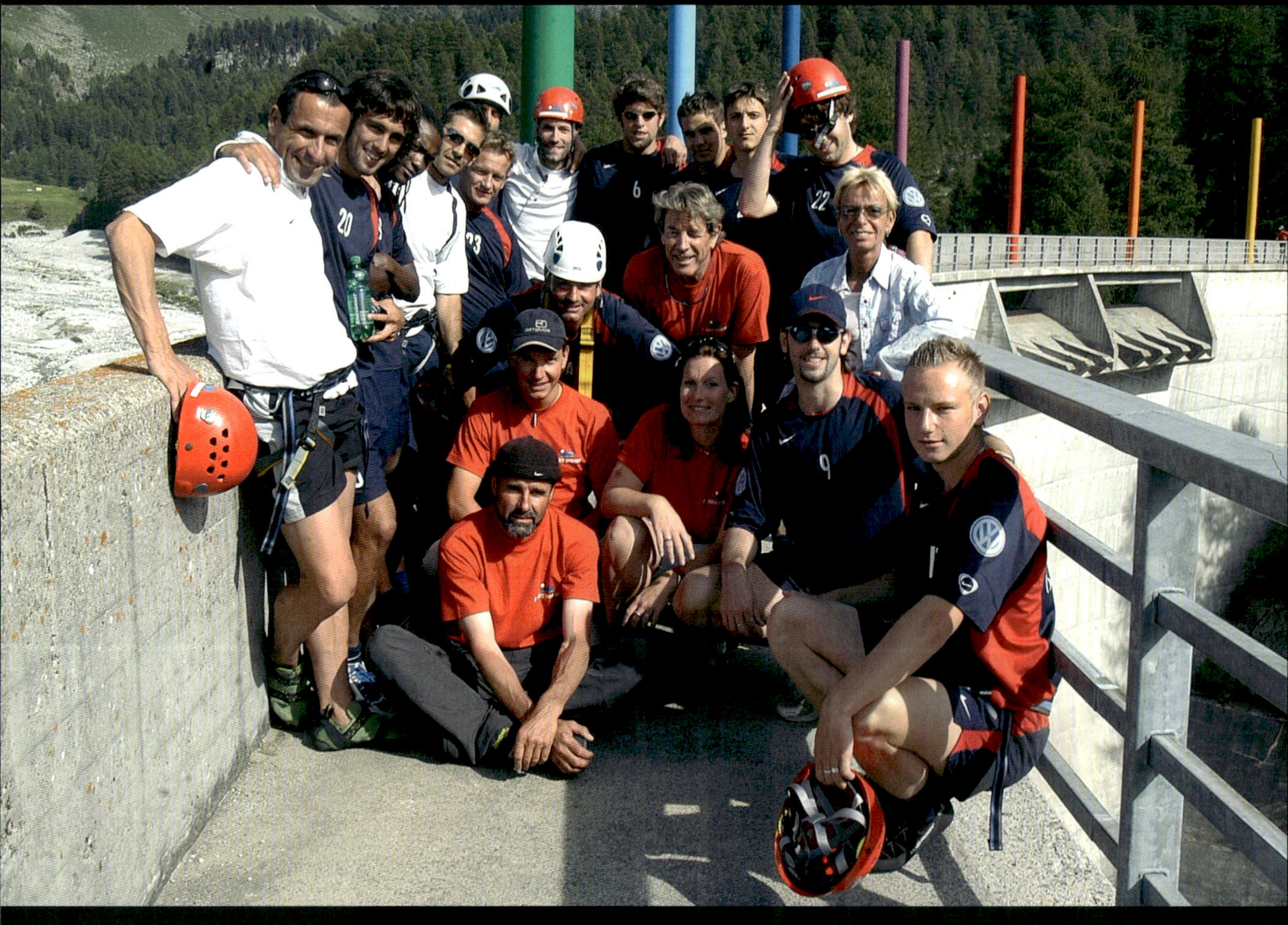

127

Hat der FC Basel ein paar Wochen Pause, packt er in der Regel seine Siebensachen und verreist. Während mindestens einer Woche hat Trainer Christian Gross seine Mannschaft dann ganz für sich. Die Destinationen der letzten Jahre: Malta, La Manga (Sp), Buenos Aires und Mar del Plata (Arg), Antalya (Türkei) sowie St. Moritz. In den Trainingslagern geht es für die Spieler darum, die physische Grundlage für die Meisterschaft zu erarbeiten. Allerdings sind die Teamverantwortlichen auch dafür besorgt, dass der Spassfaktor und damit das Teambuilding nicht zu kurz kommt.

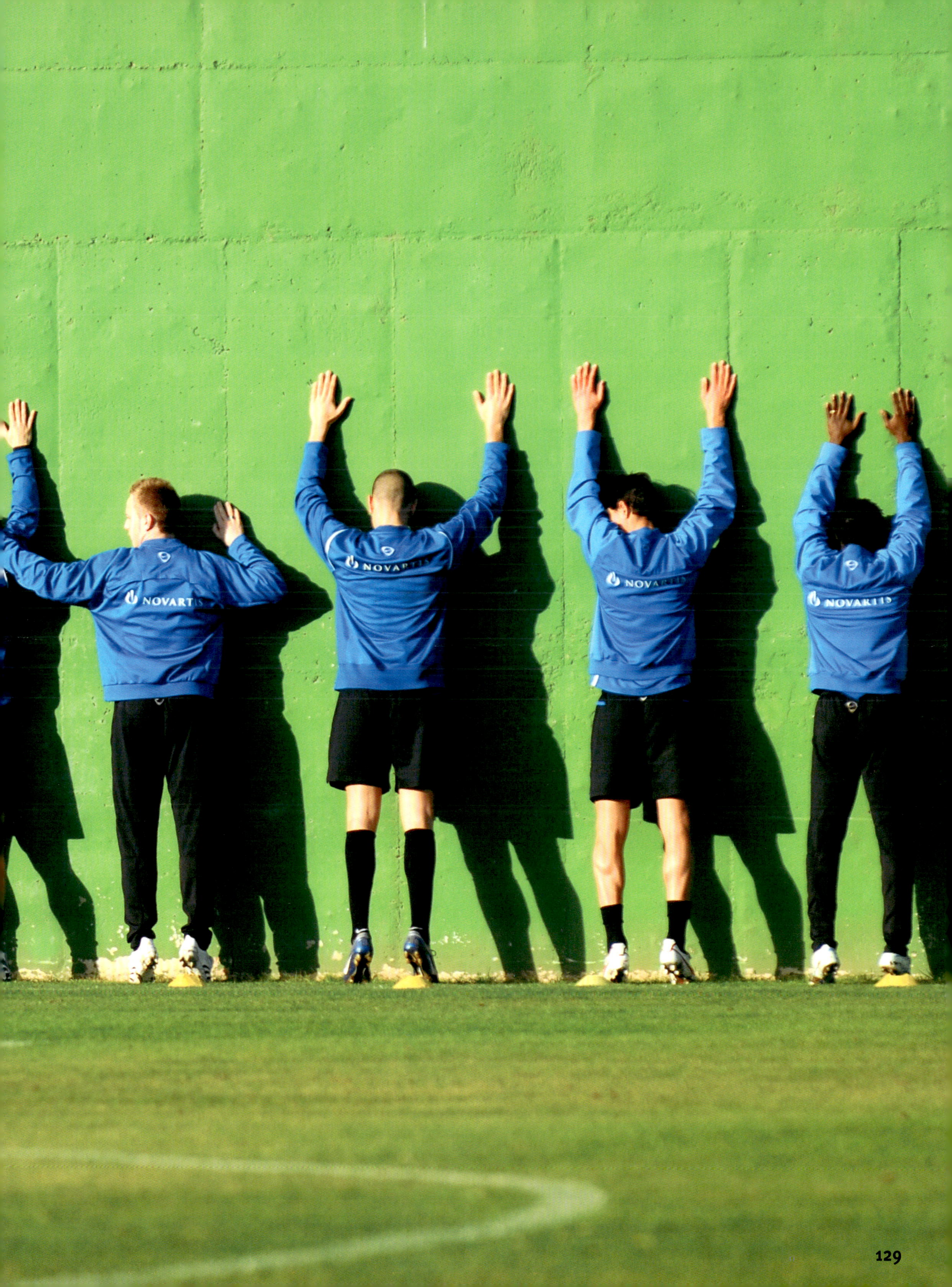
NOVARTIS

130

131

Zwei Spassvögel am Werk – FCB-Captain Ivan Ergic und Torhüter Luis Crayton sind immer für einen Scherz zu haben. Sei es, dass die beiden zwischenzeitlich die Arbeit der Journalisten übernehmen. Oder sei es, dass den Journalisten plötzlich ihr Equipment fehlt. Passiert auf einer FCB-Reise etwas Ungewöhnliches, liegt der Verdacht nahe, dass einer dieser beiden die Finger im Spiel hat.

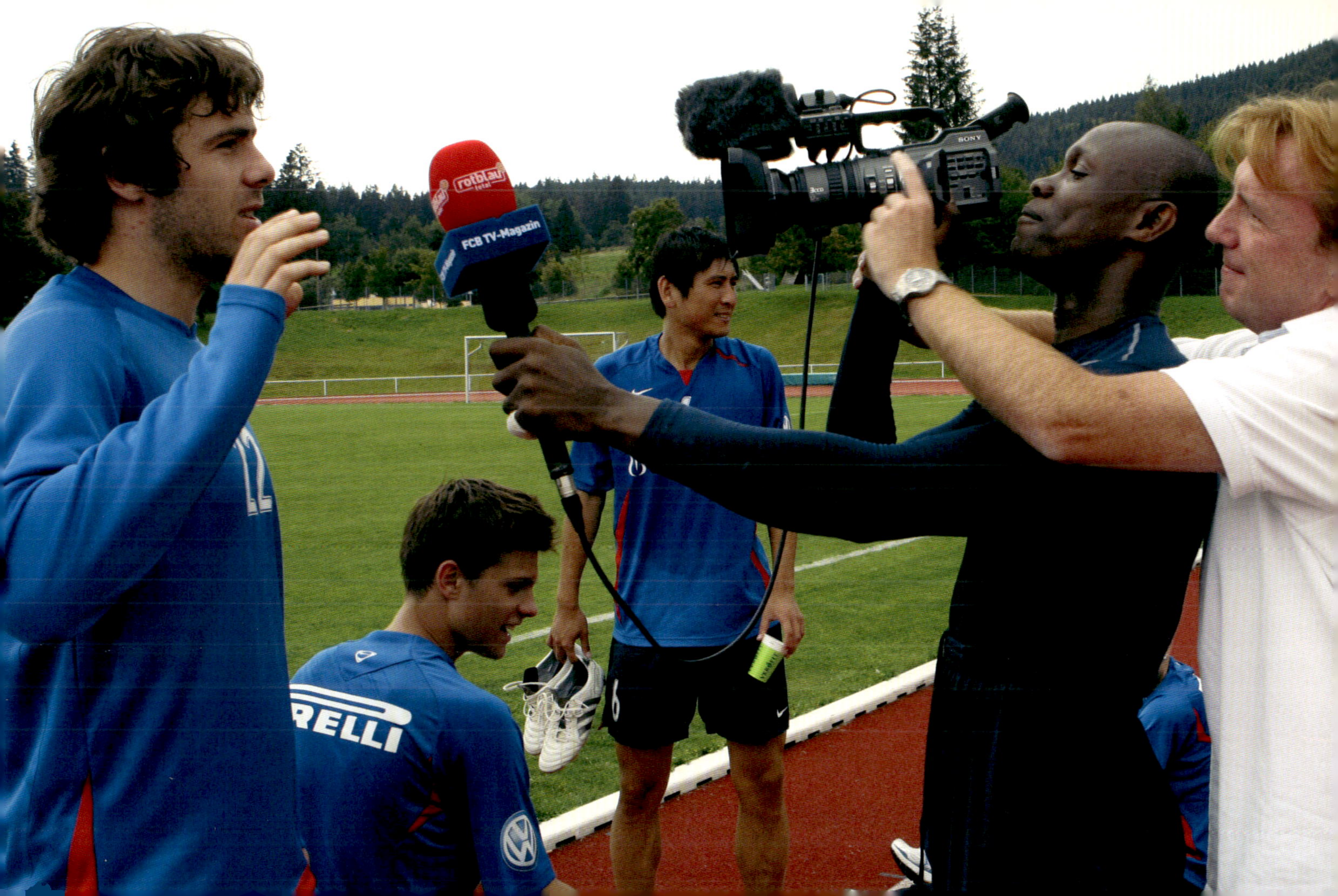
rotblau
FCB TV-Magazin

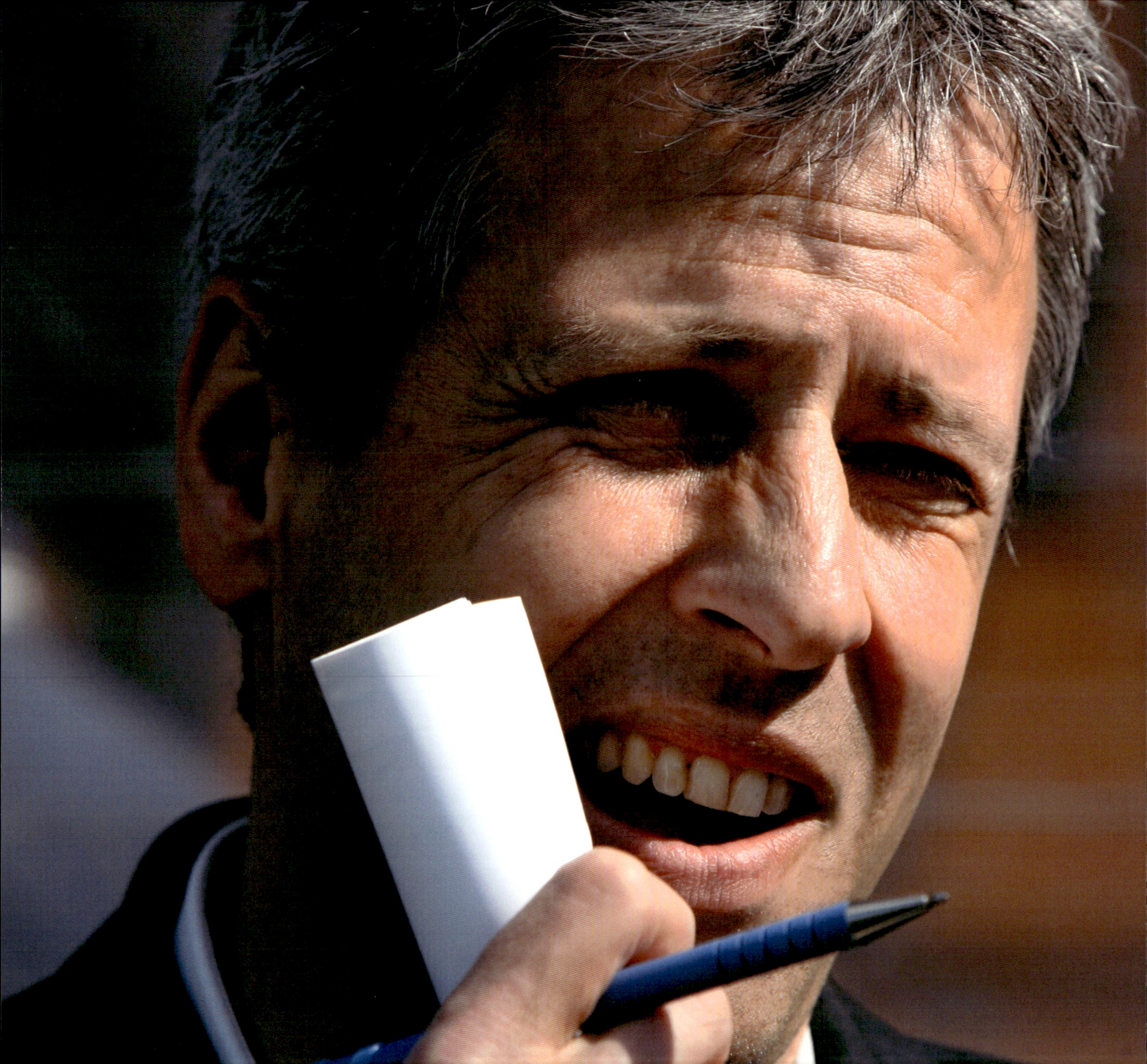

Trainer. Organisieren, diskutieren, zuschauen, überlegen, notieren, handeln – der Beruf des Fussballtrainers ist vielseitig und fordernd ...

... und er ist schnelllebig, nicht alle arbeiten so lange an derselben Stätte wie Christian Gross beim FC Basel. Der Trainer ist meist auf sich alleine gestellt, muss einschneidende Entscheidungen treffen und diese verantworten. Um den Druck zu erkennen, der auf den Schultern eines manchen Fussballtrainers lastet, genügt bisweilen ein Blick in dessen Gesicht während einer Partie.

Lucien Favre war als Fussballer nicht nur ein begnadeter Techniker, auch als Trainer machte er sich spätestens mit den zwei Meistertiteln mit dem FC Zürich einen sehr guten Namen. Im Sommer 2007 hat er den Sprung in die Deutsche Bundesliga zu Hertha BSC Berlin geschafft.

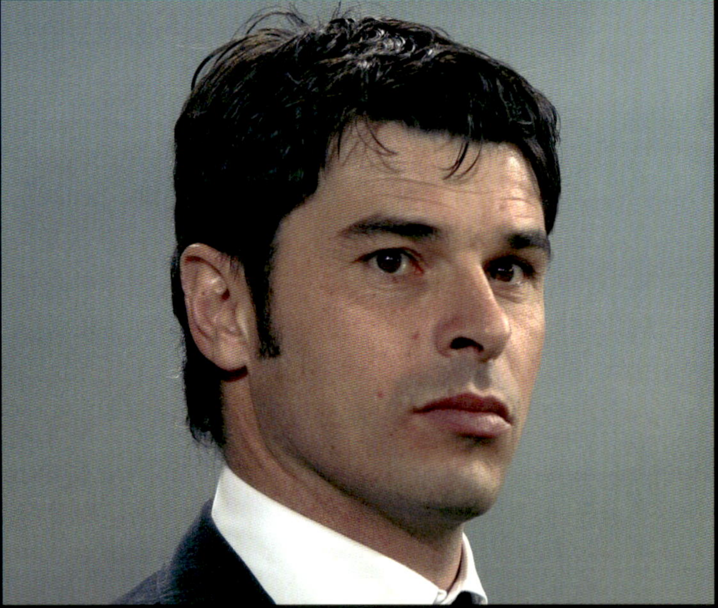
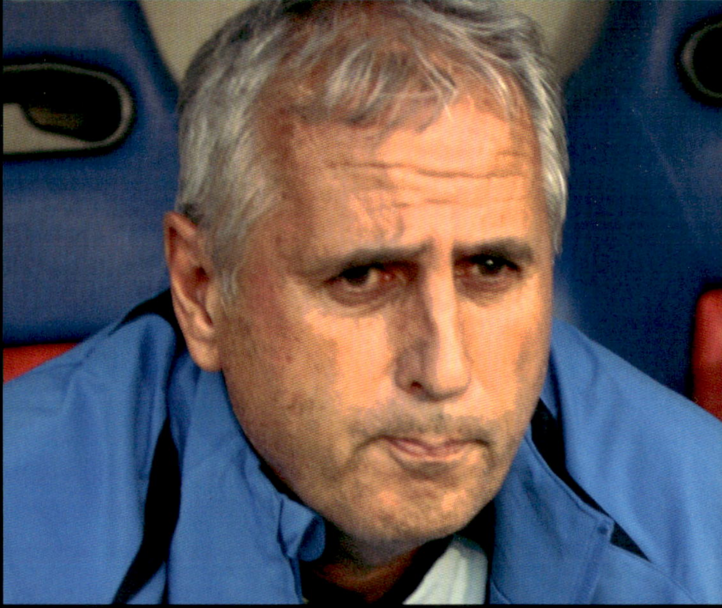
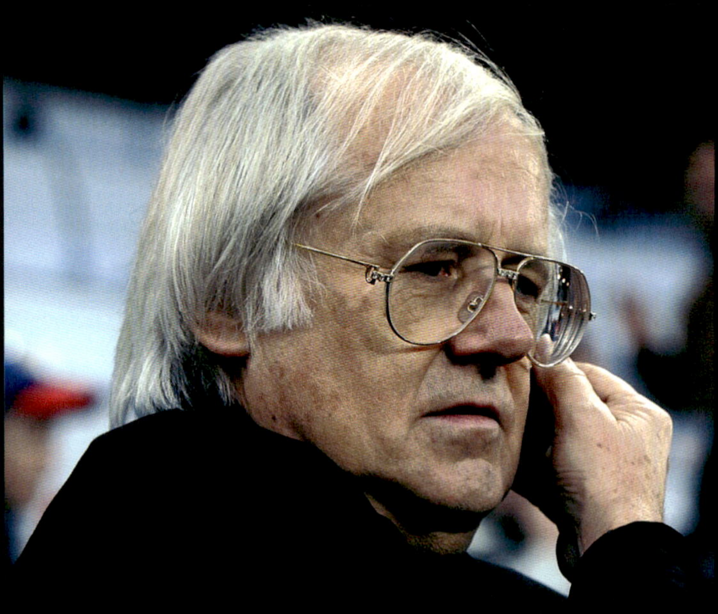
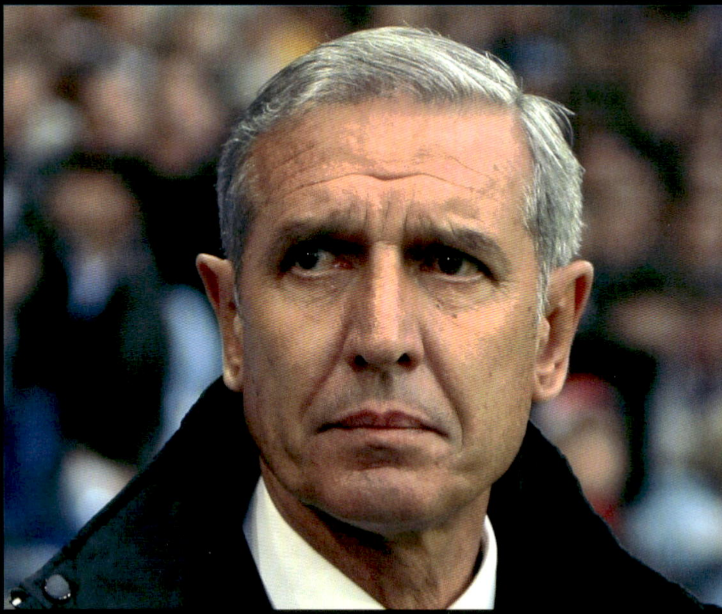
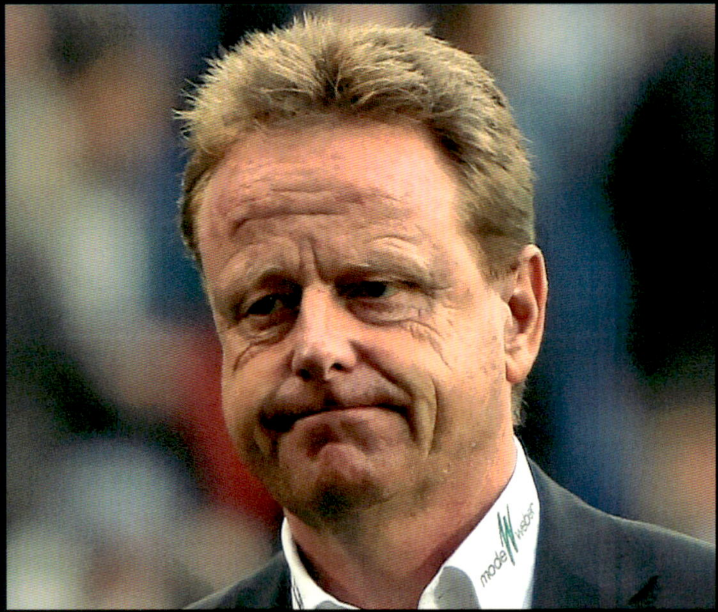
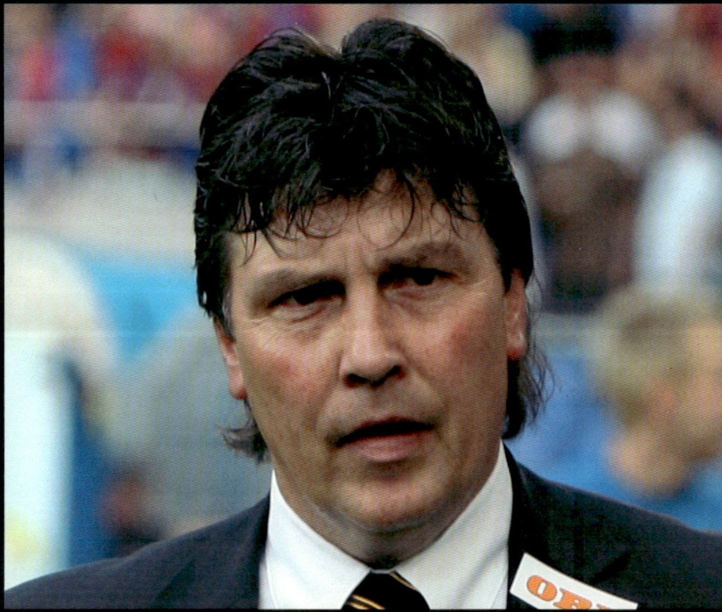

137

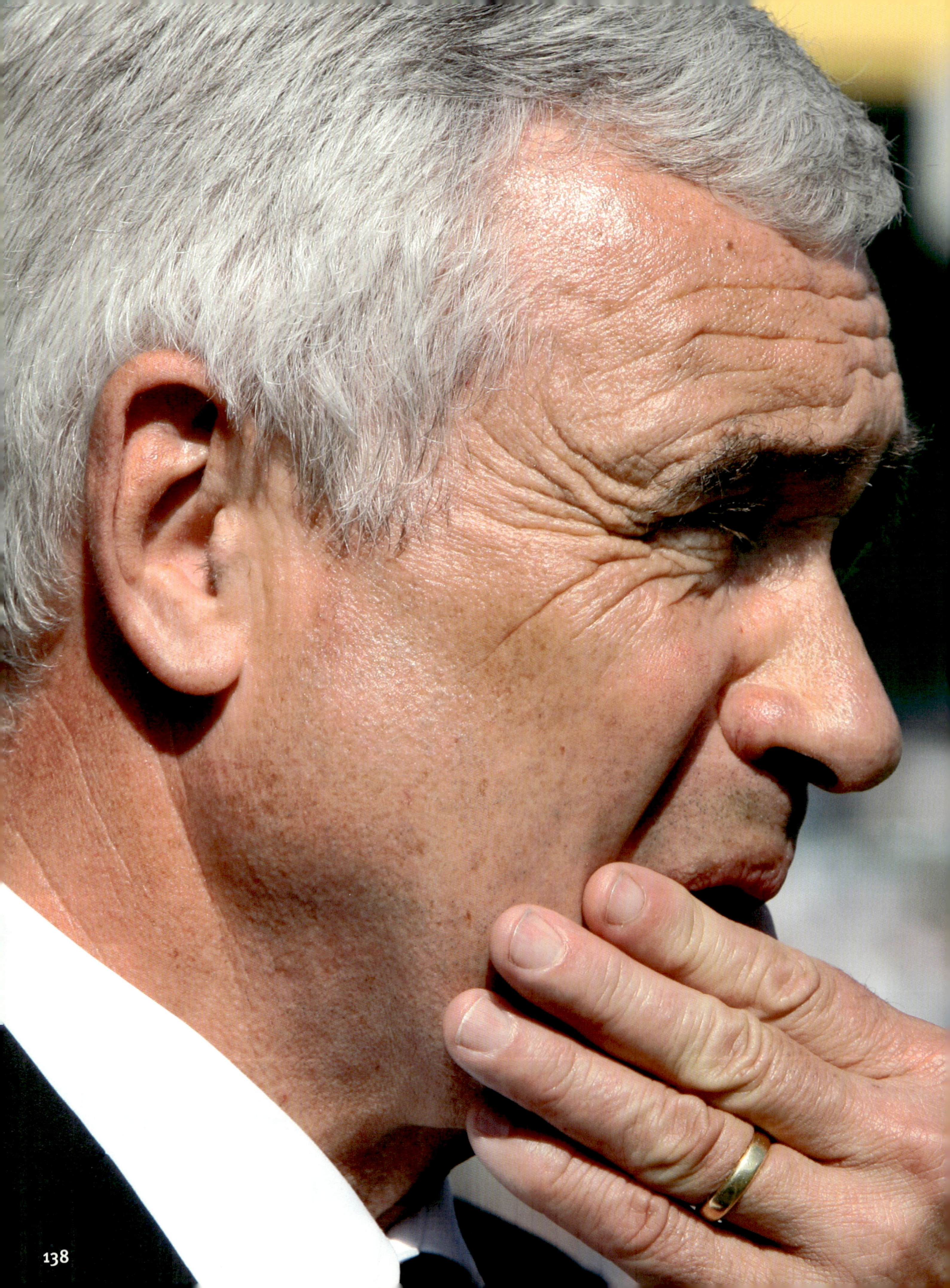

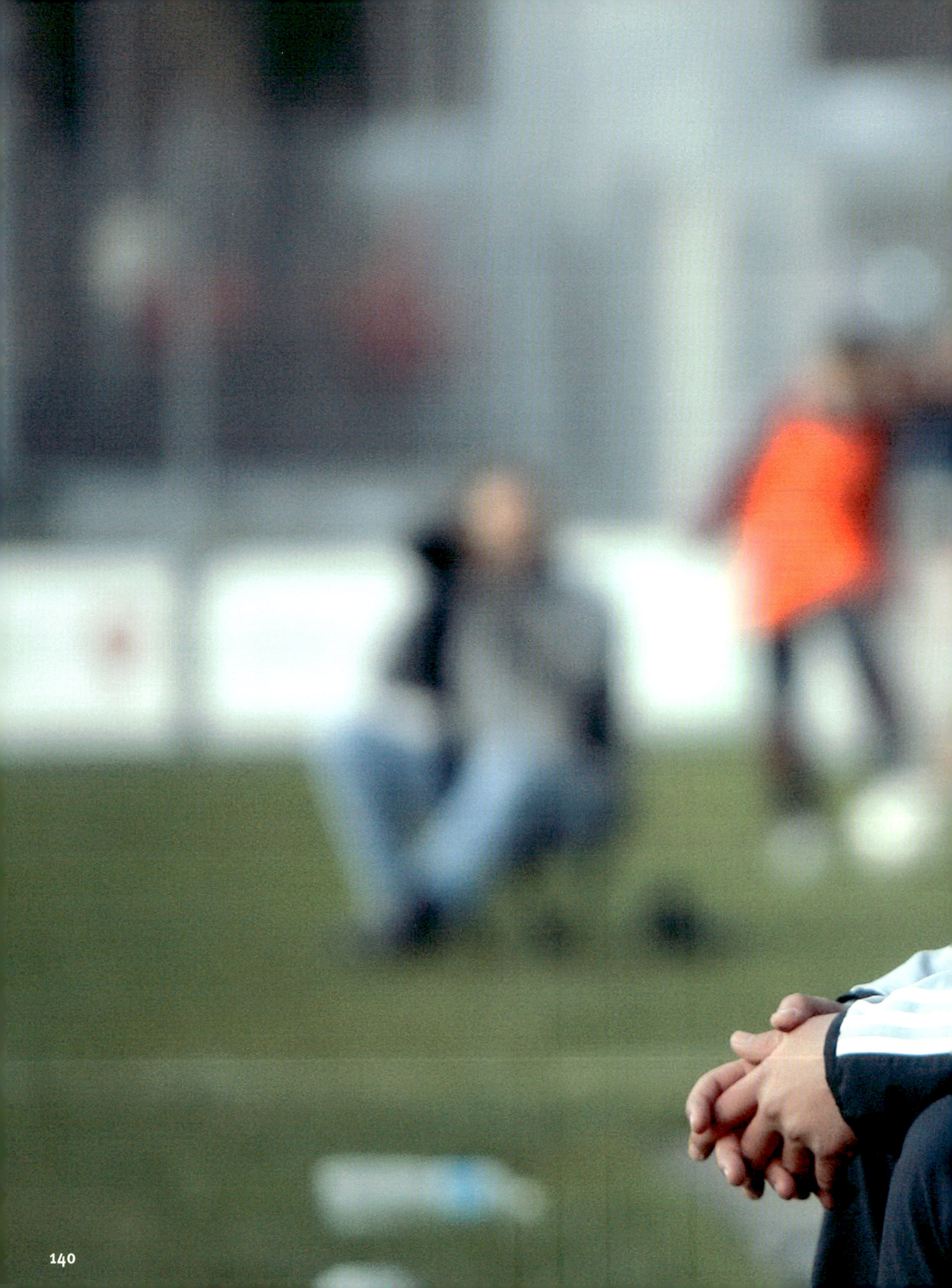

141

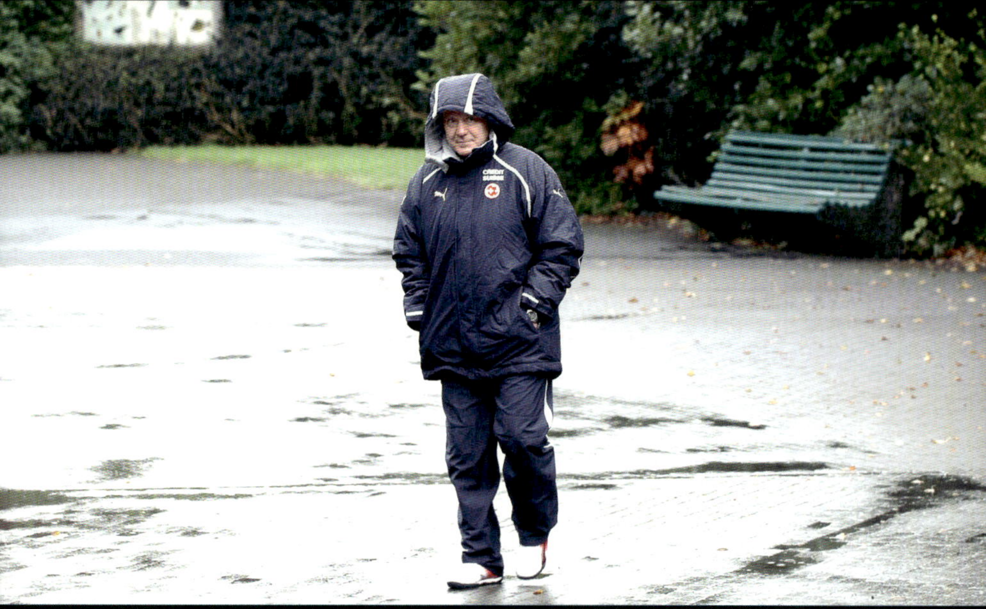

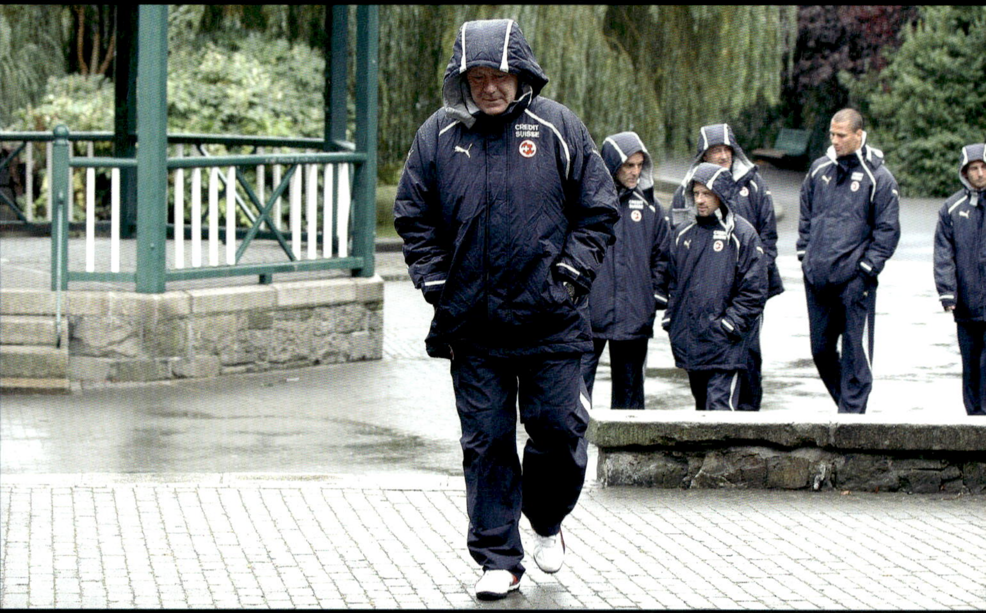

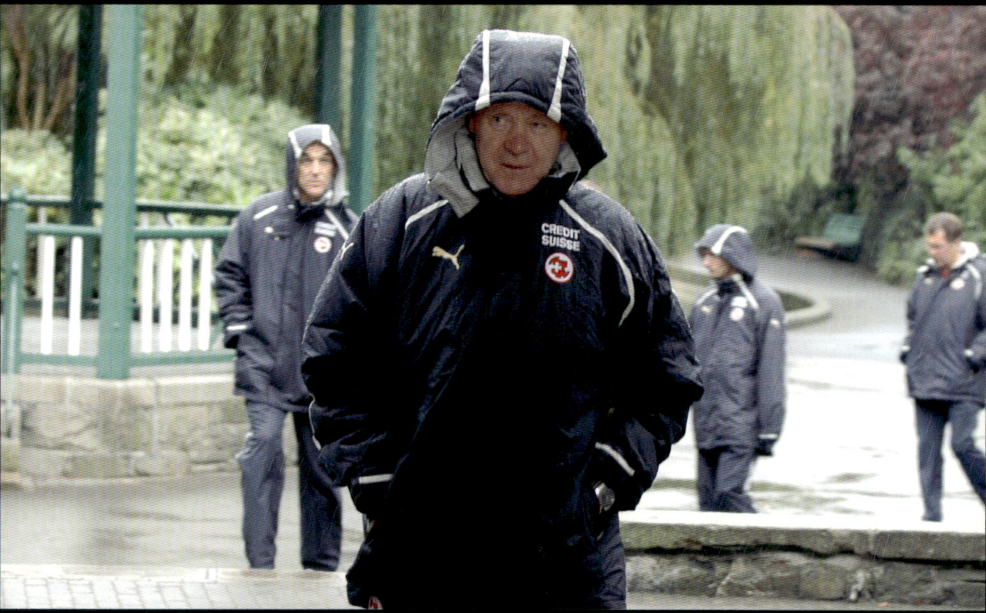
CREDIT
SUISSE

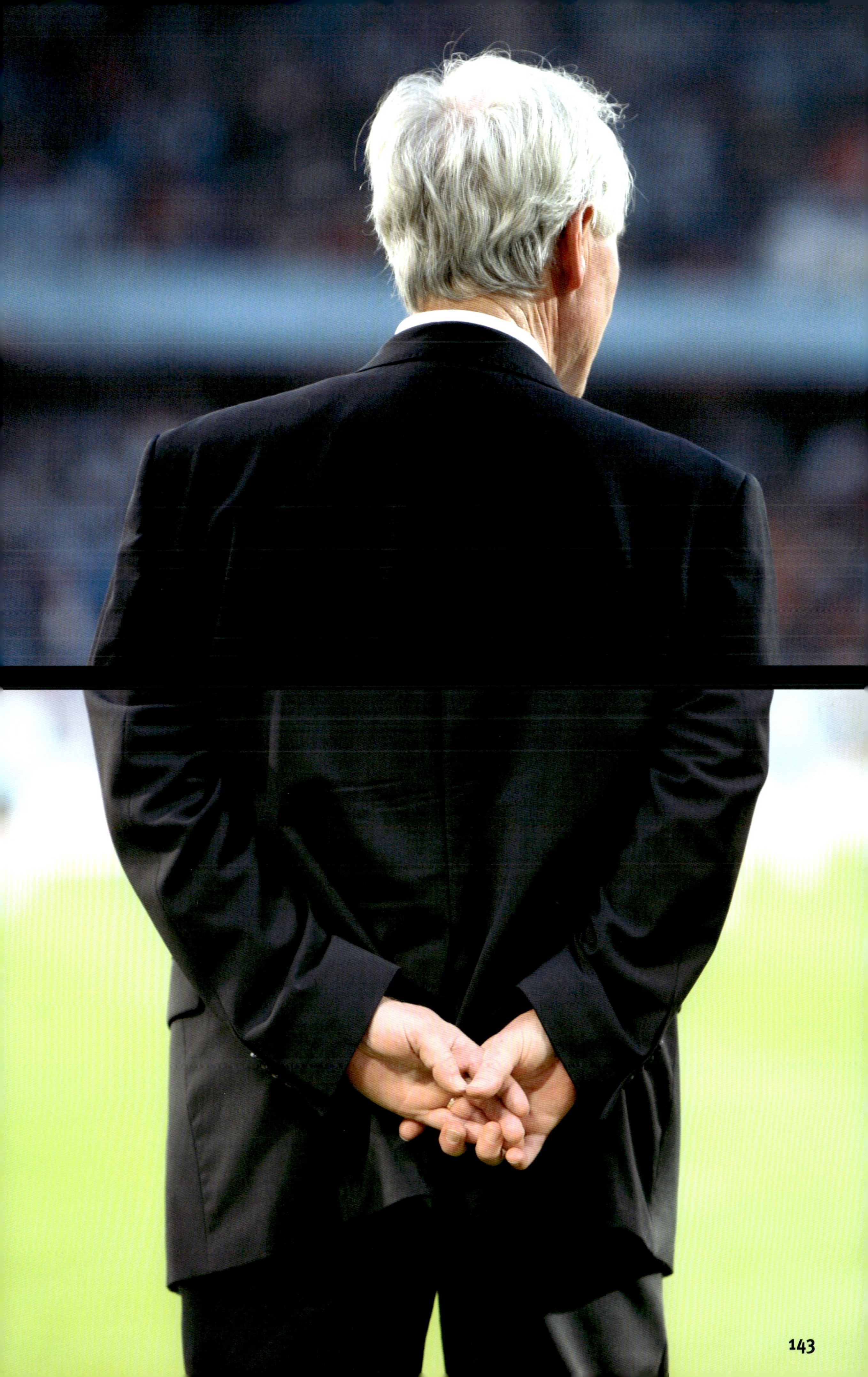

144

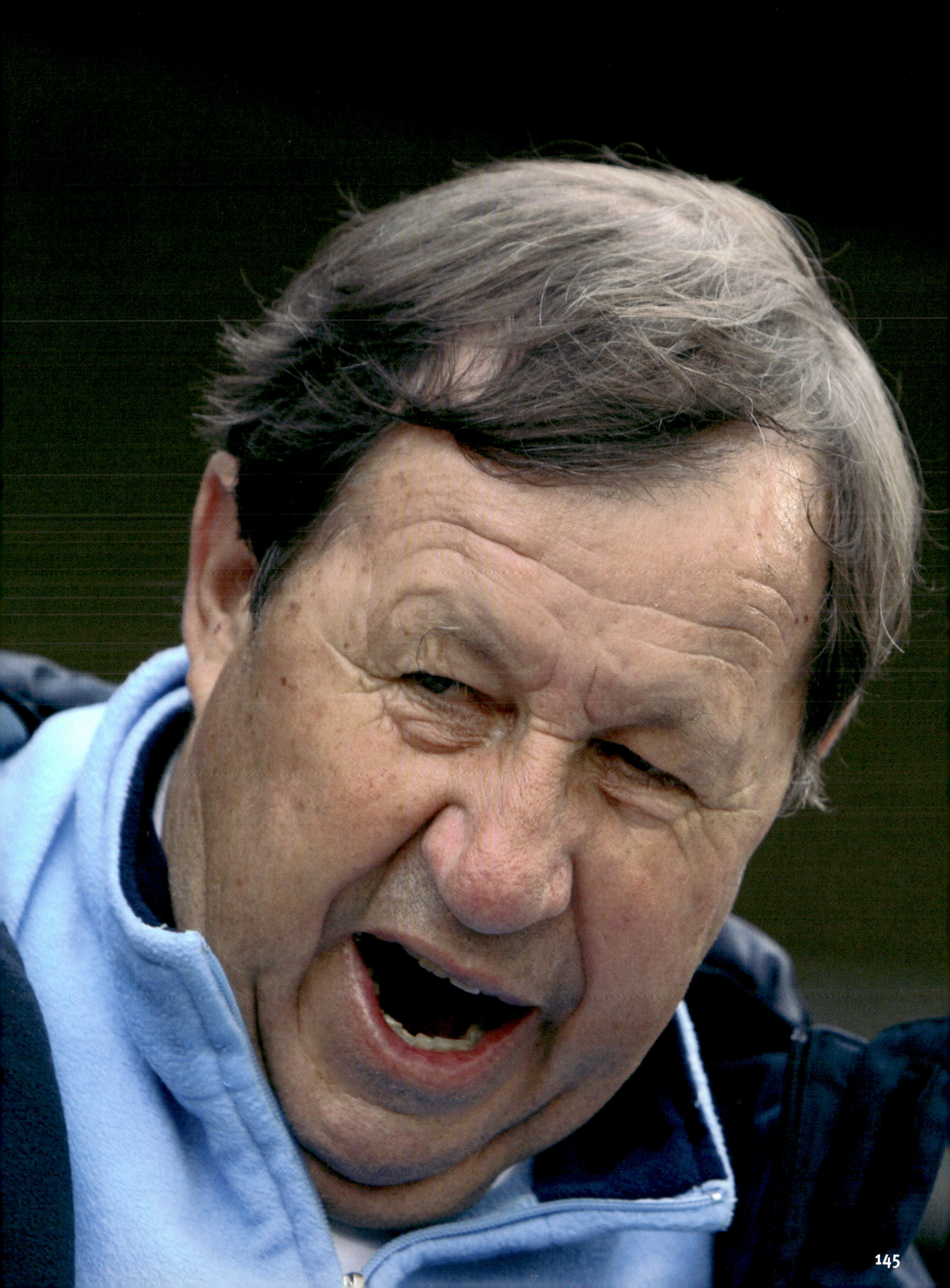

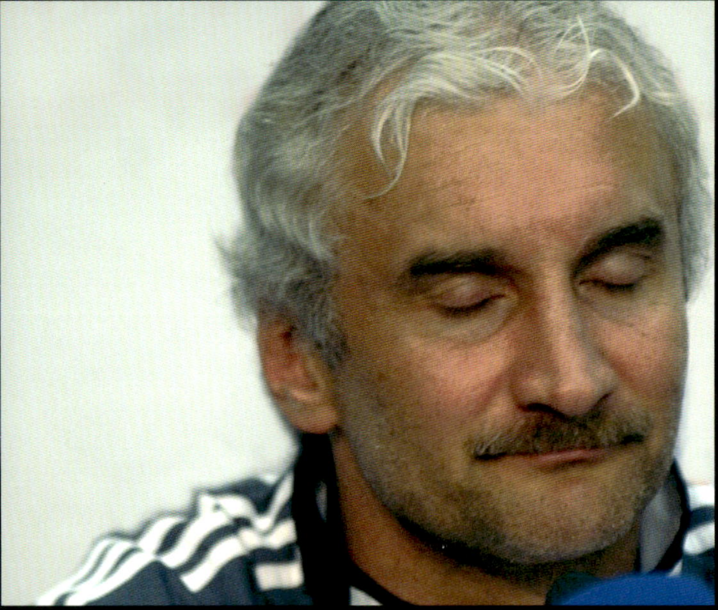
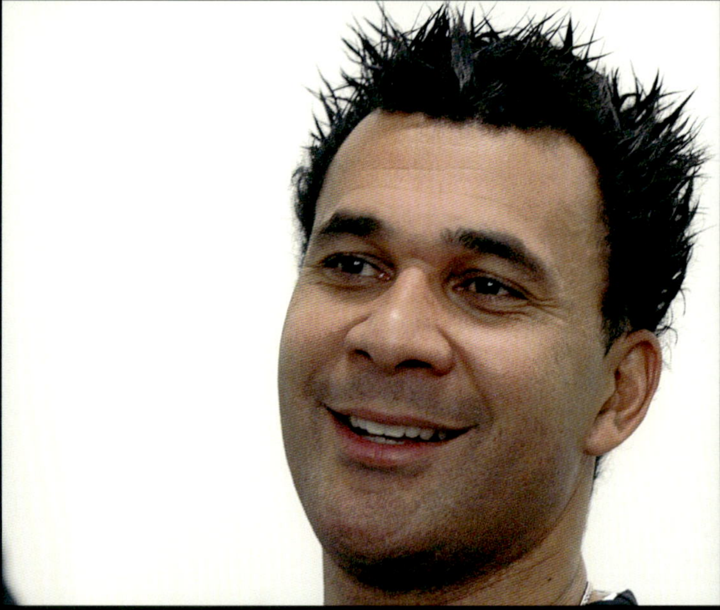
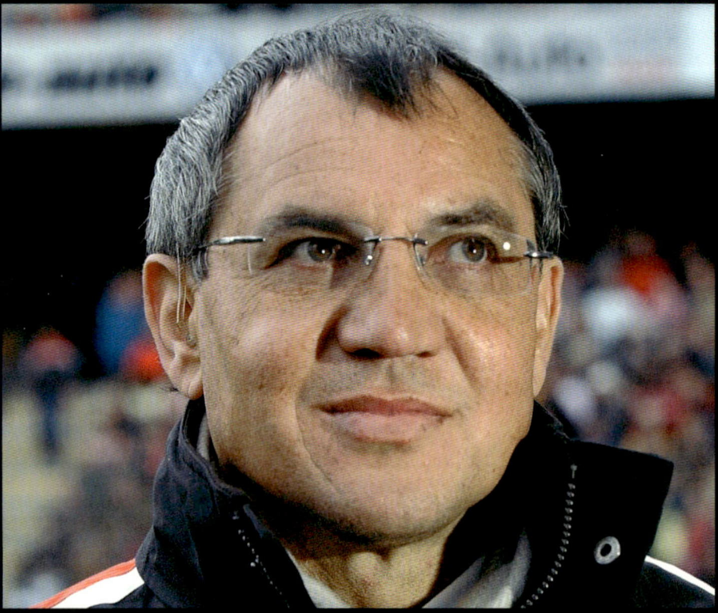
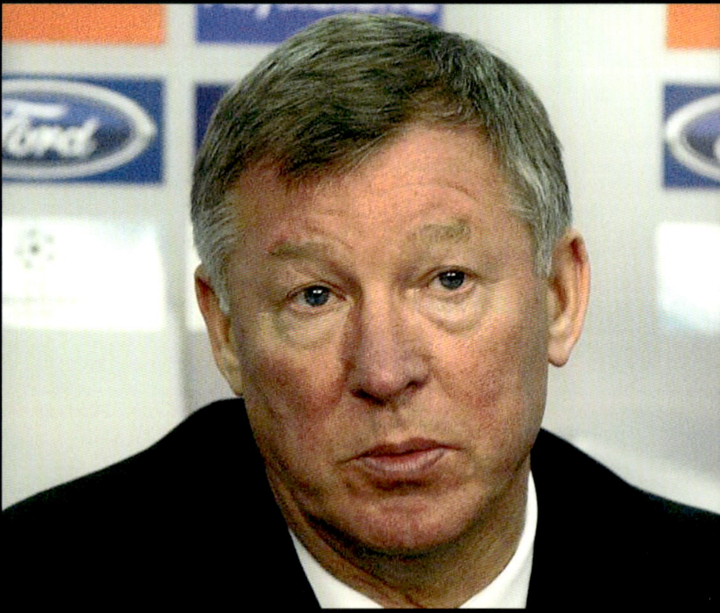
Ford
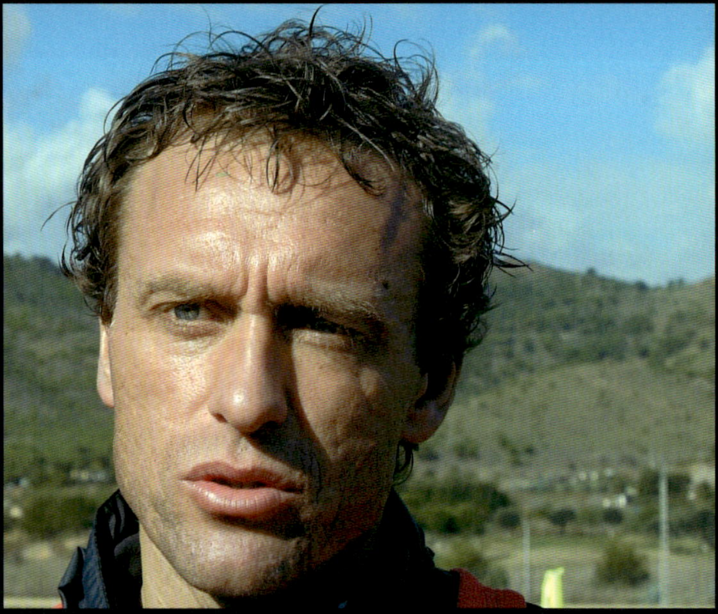
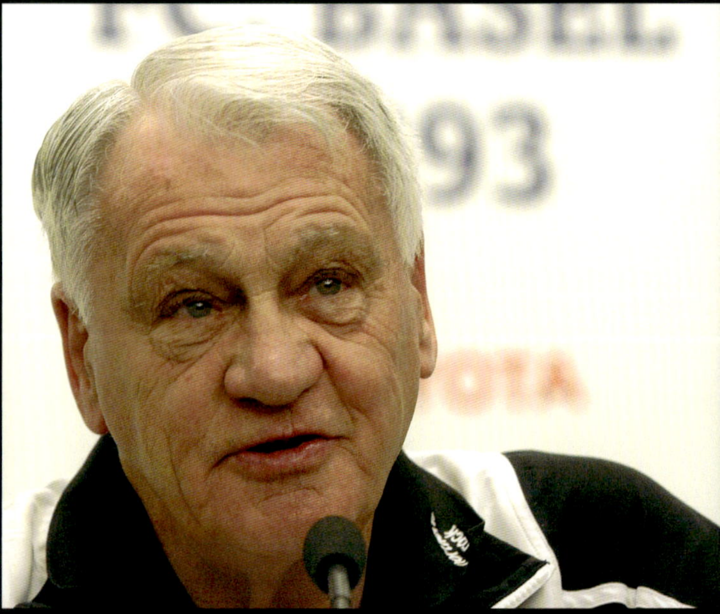
BASEL
93

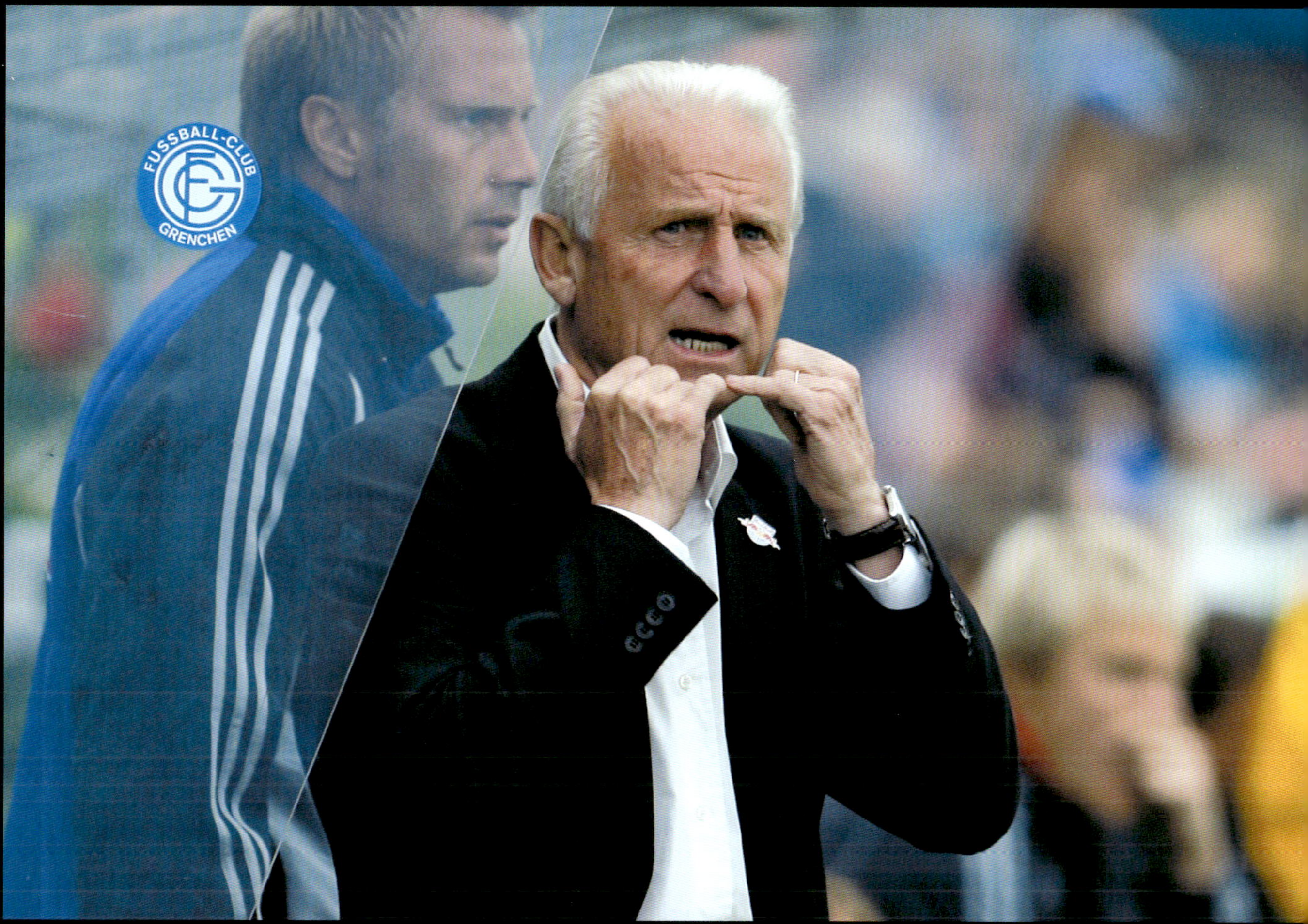
FUSSBALL-CLUB
GRENCHEN

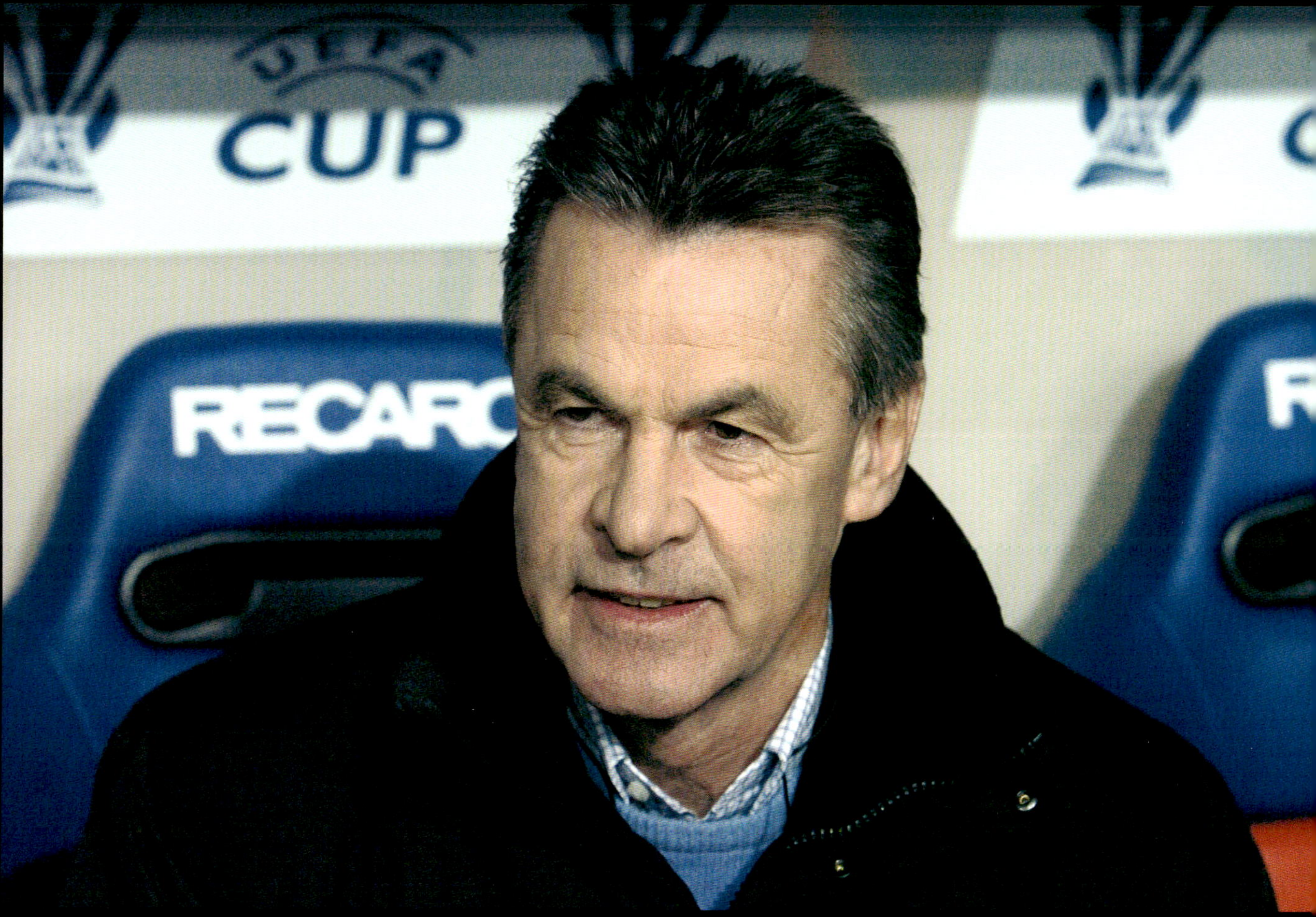
UEFA
CUP
RECARO

Spielszenen. Die Jungen drängen beim FC Basel in die erste Mannschaft und sorgen für Konkurrenz, einer davon ist Valentin Stocker. Aktuelle Spielszenen und solche aus vergangenen Tagen.

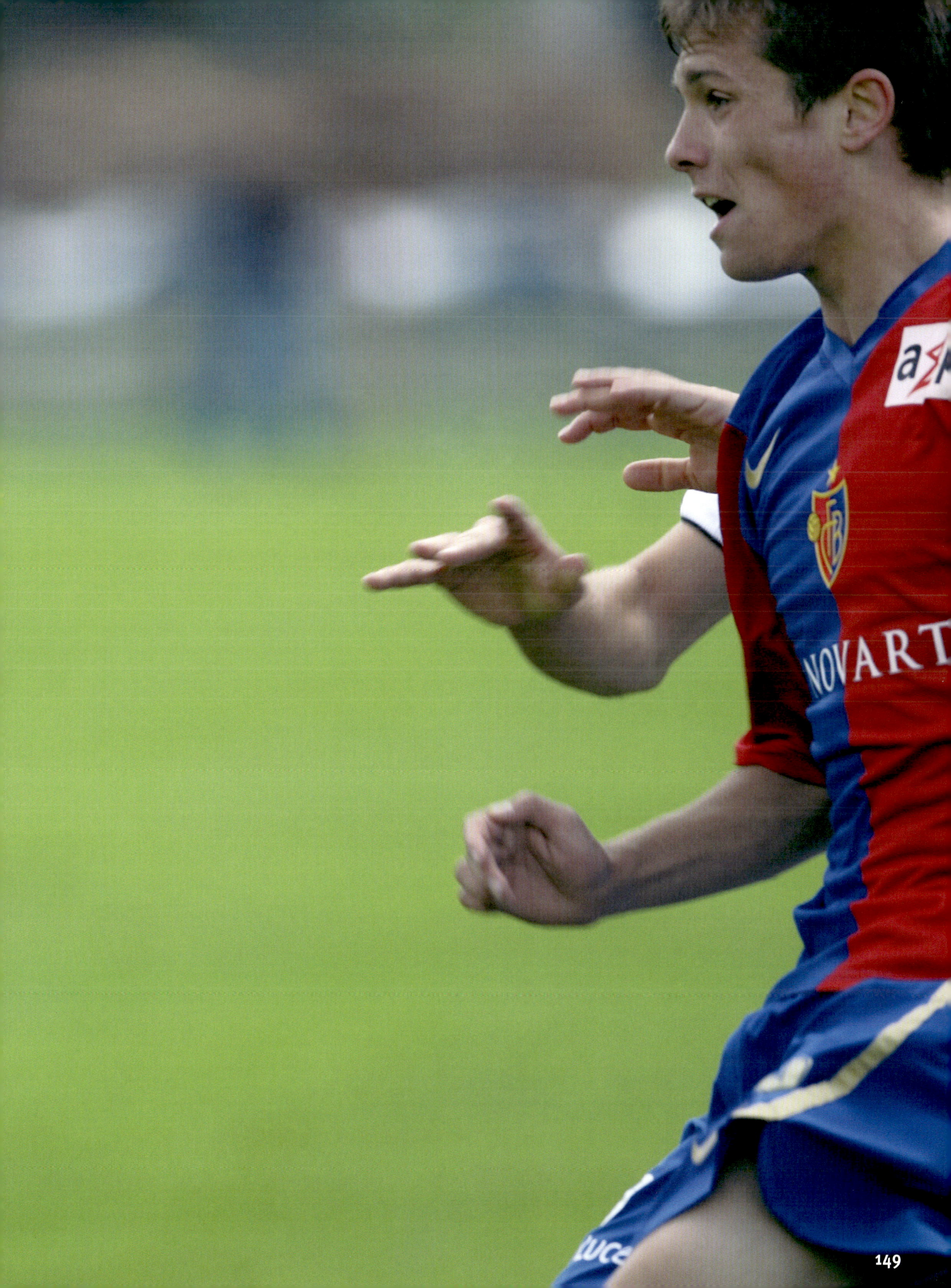

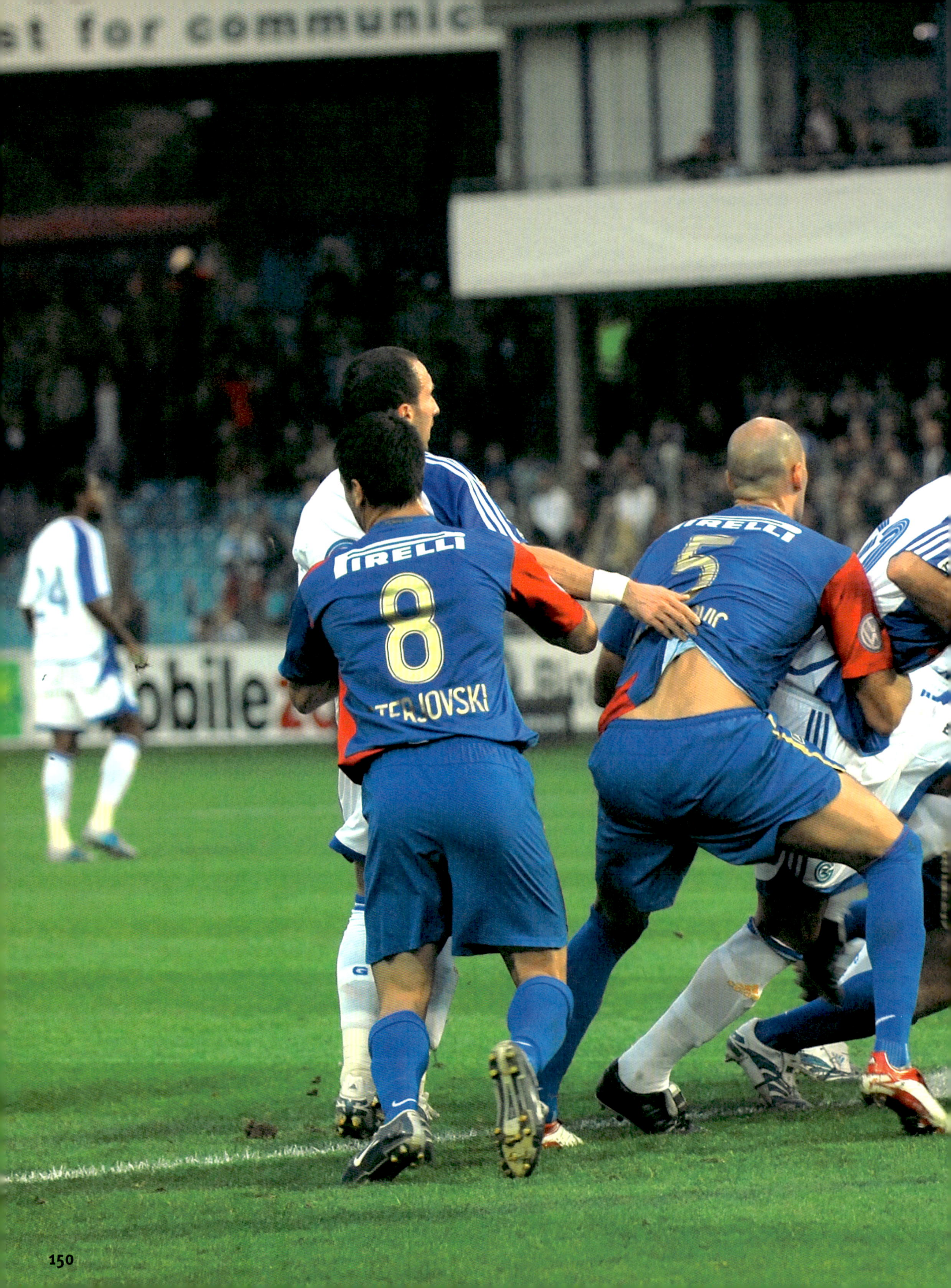

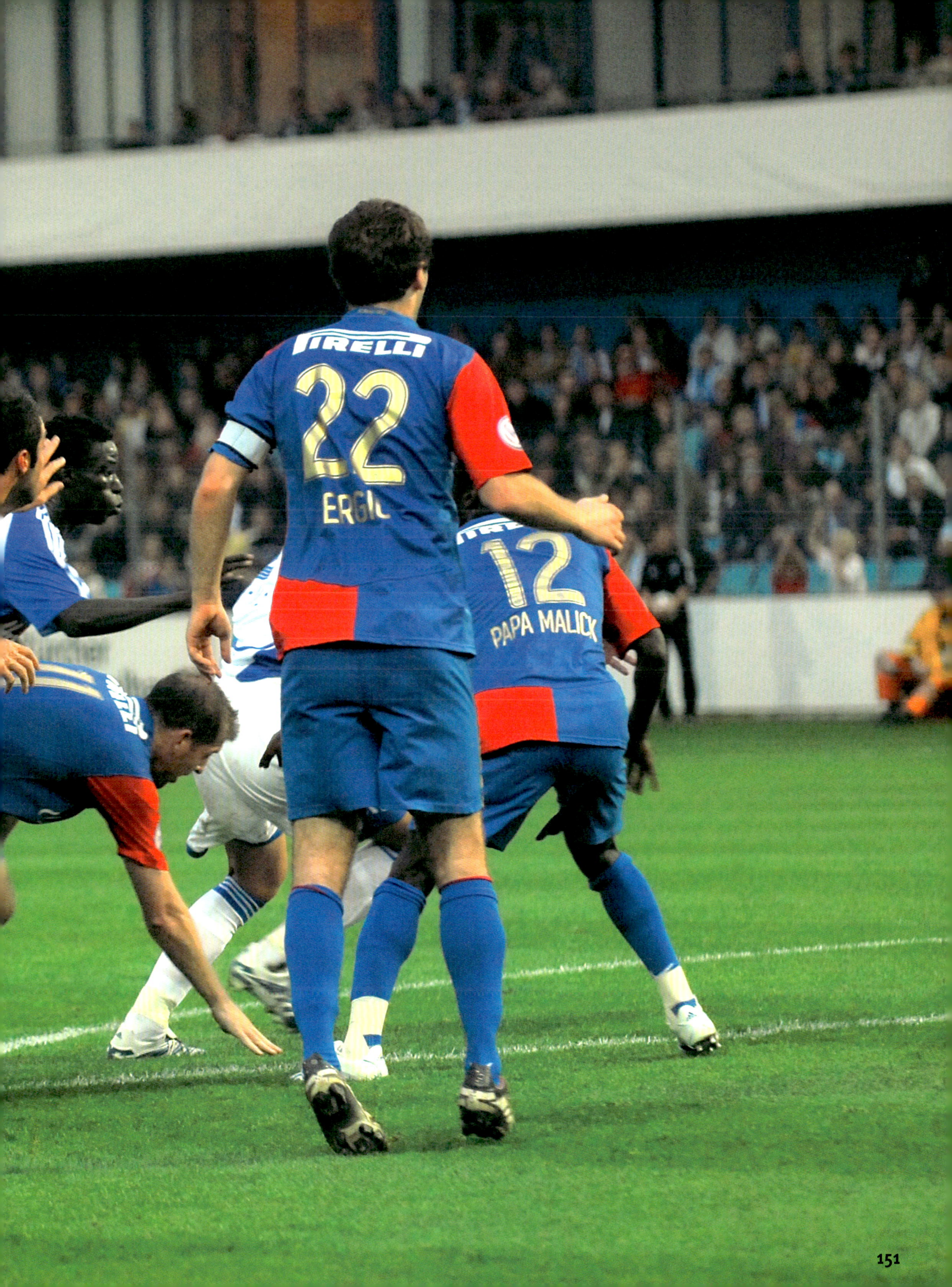
PIRELLI
22
ERGIC
12
PAPA MALICK

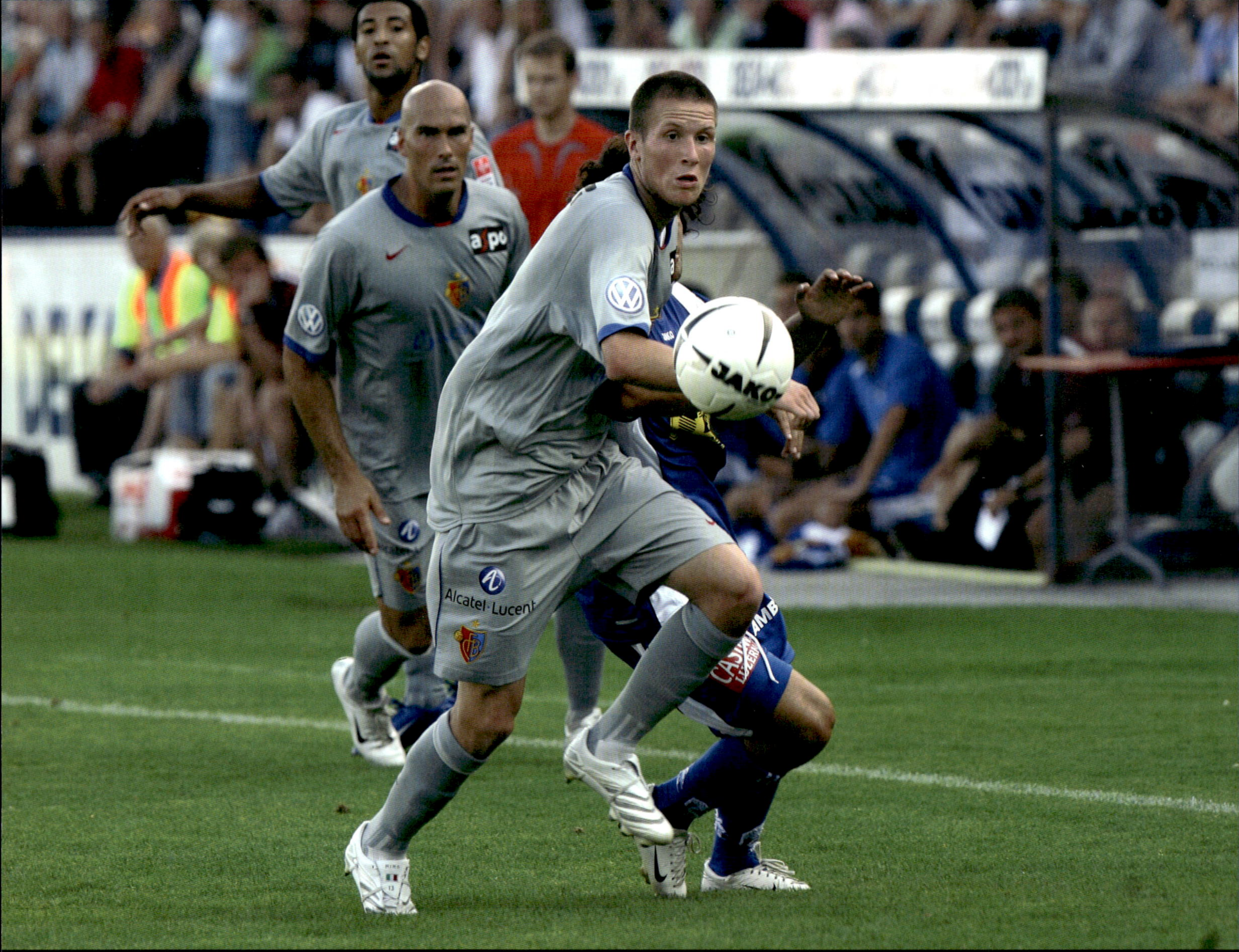
JAKO
Alcatel·Lucent

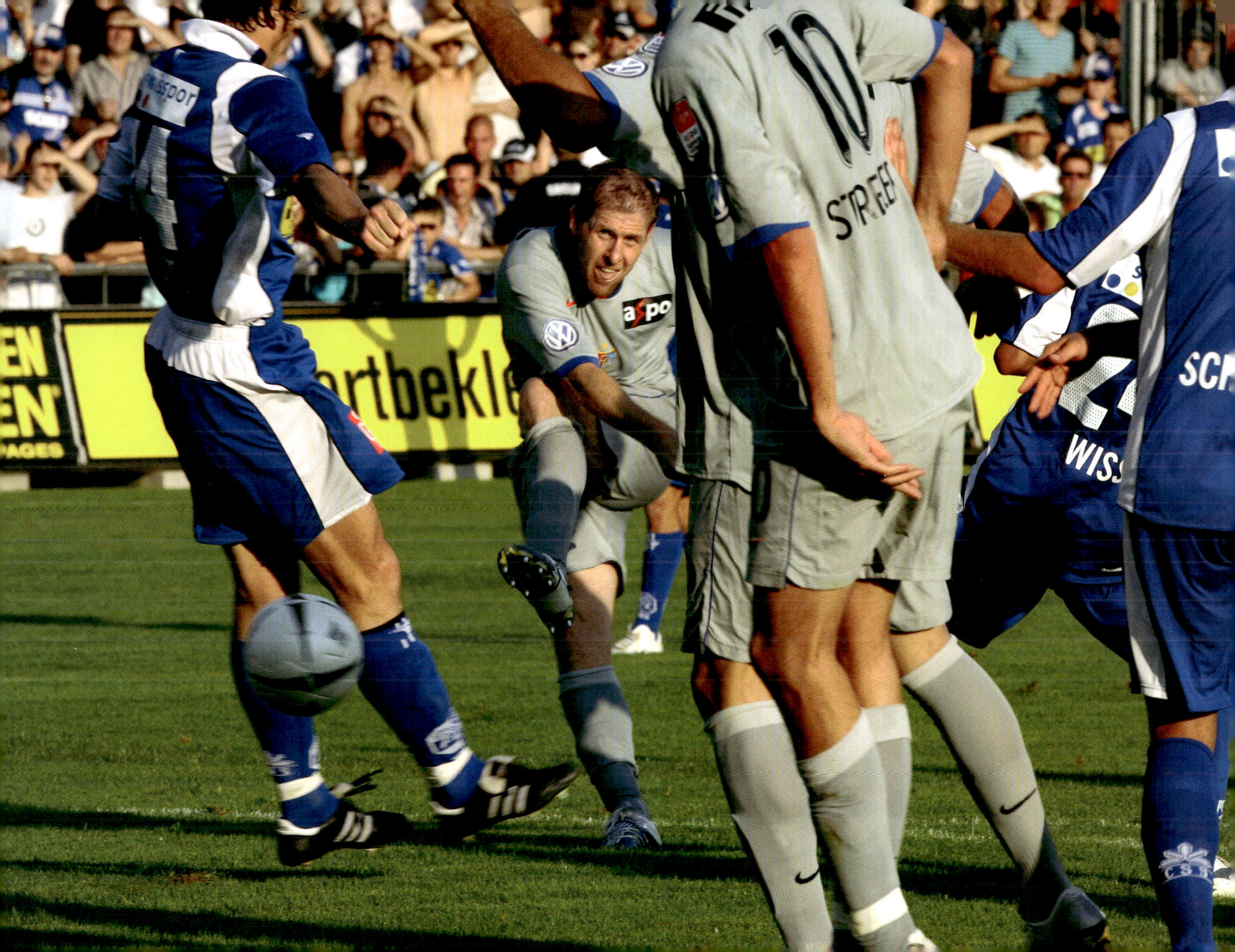

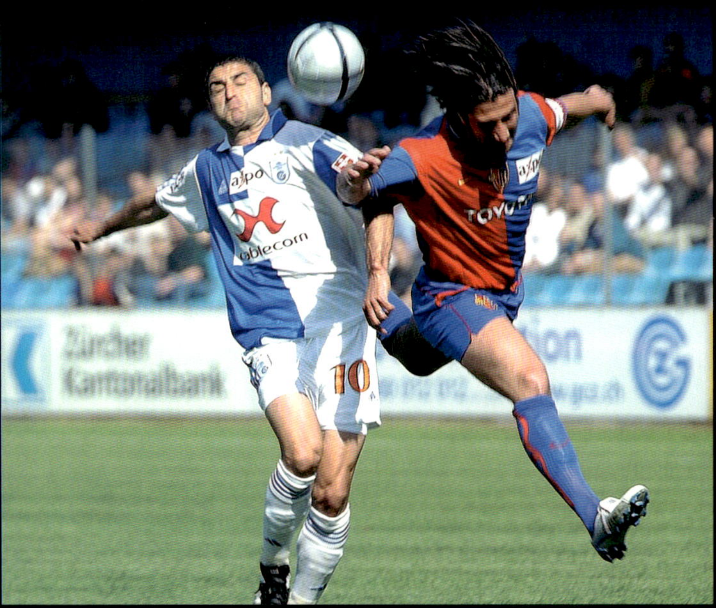
Zürcher
Kantonalbank

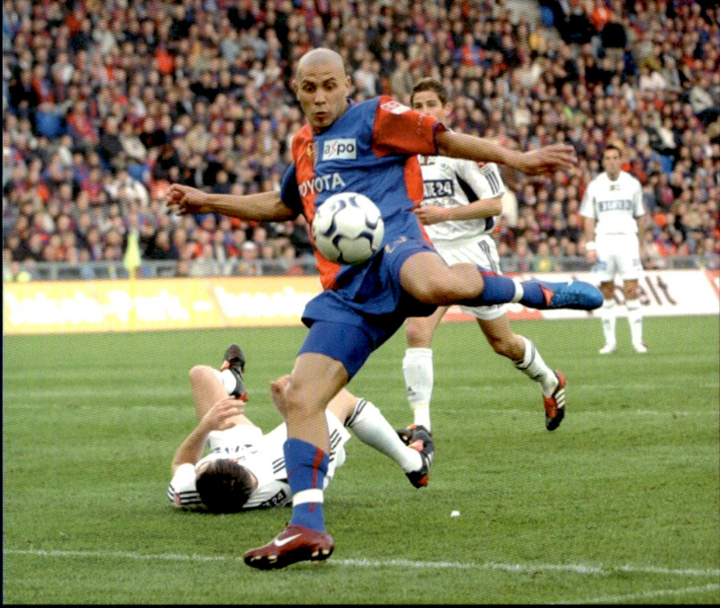
TOYOTA

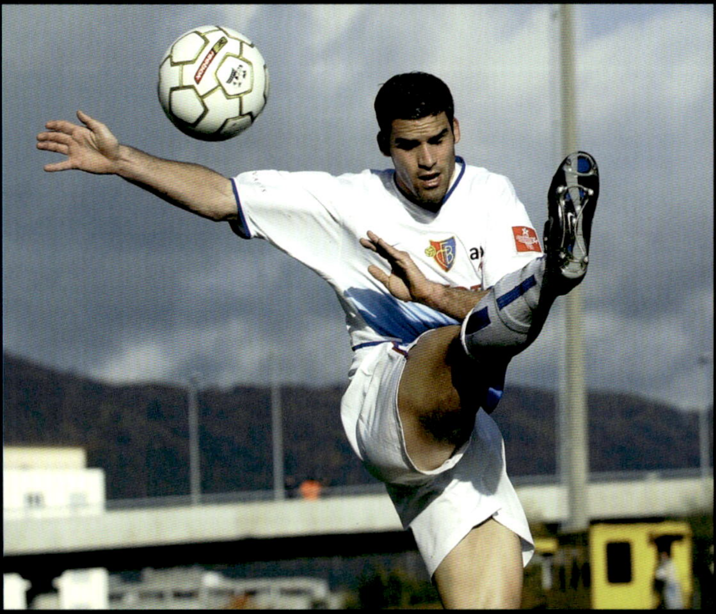

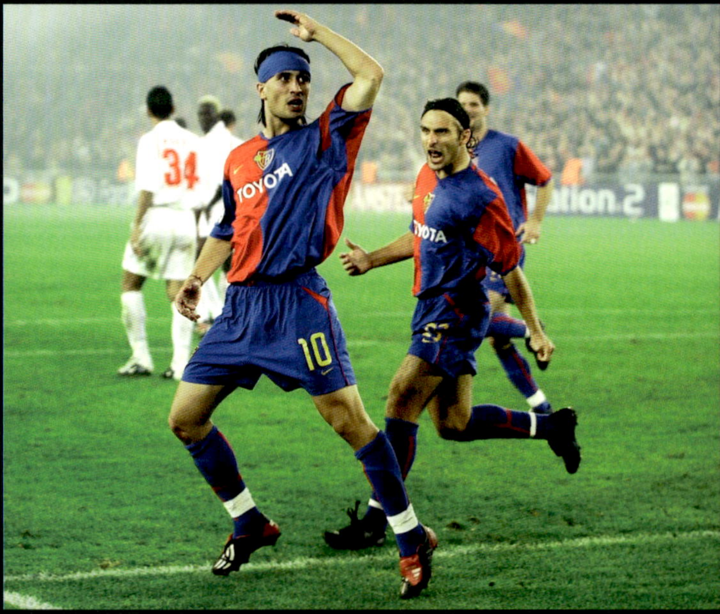
TOYOTA
10

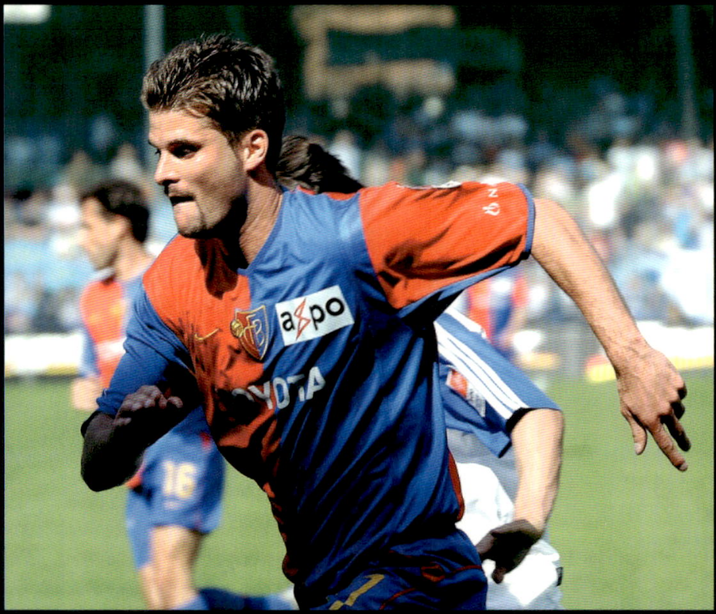
TOYOTA

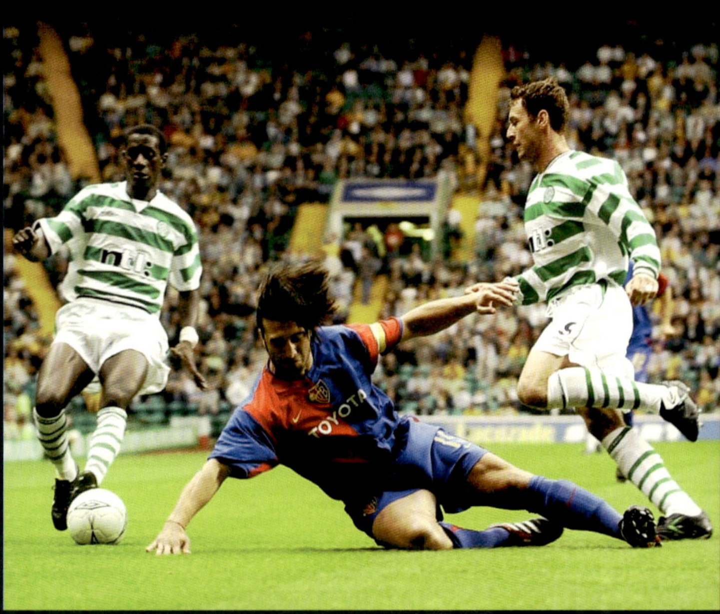
TOYOTA

LOMB
NOVARTIS

tesa
NOVARTIS

NOVARTIS
Gatorade

NOVARTIS

NOVARTIS

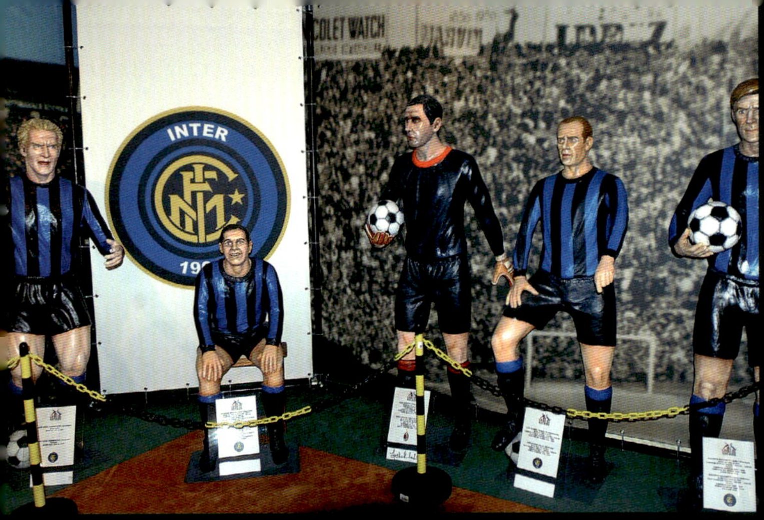
INTER
COLET WATCH
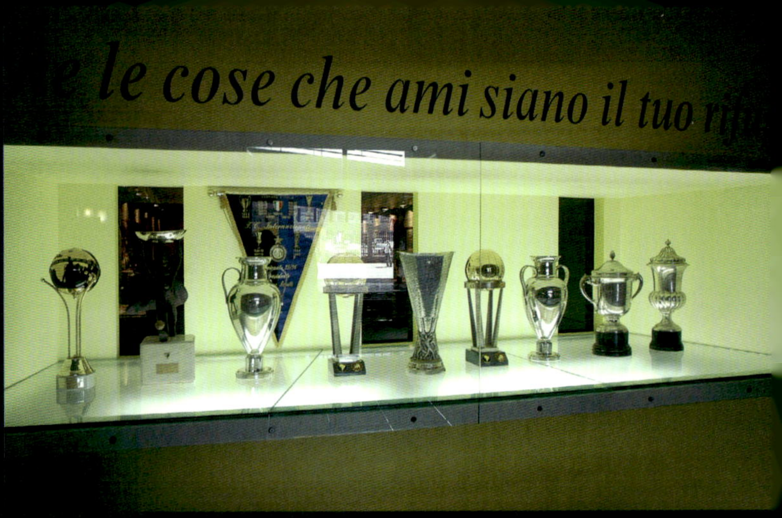
le cose che ami siano il tuo
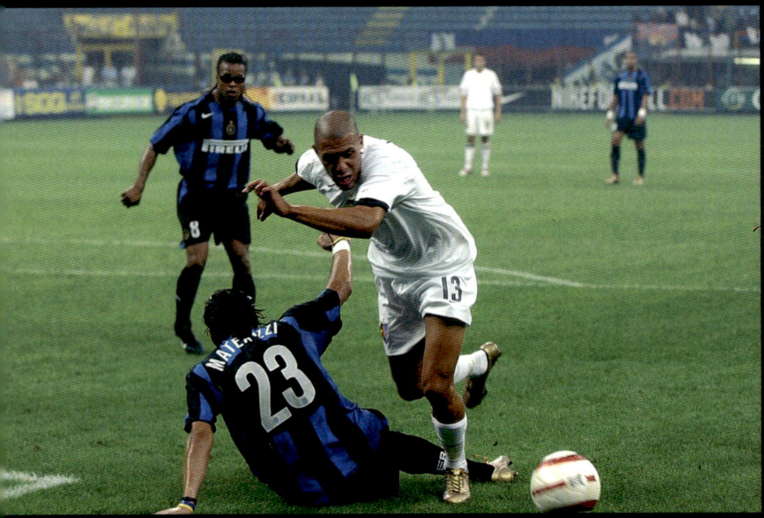
MATERAZZI
23
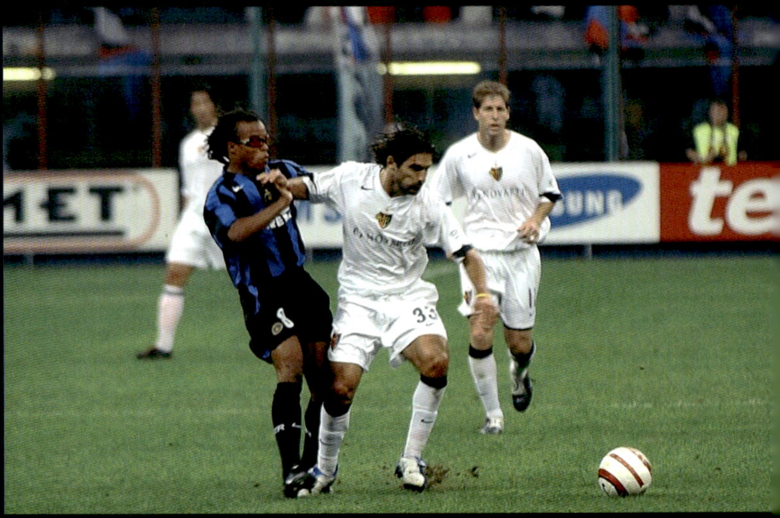
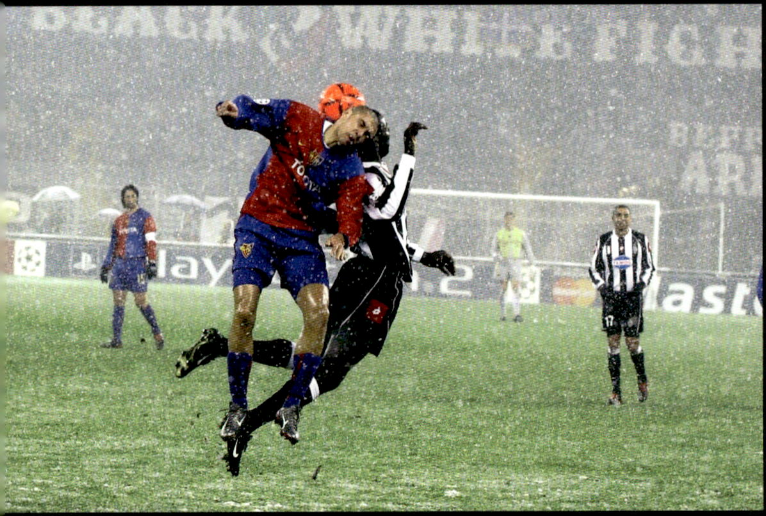
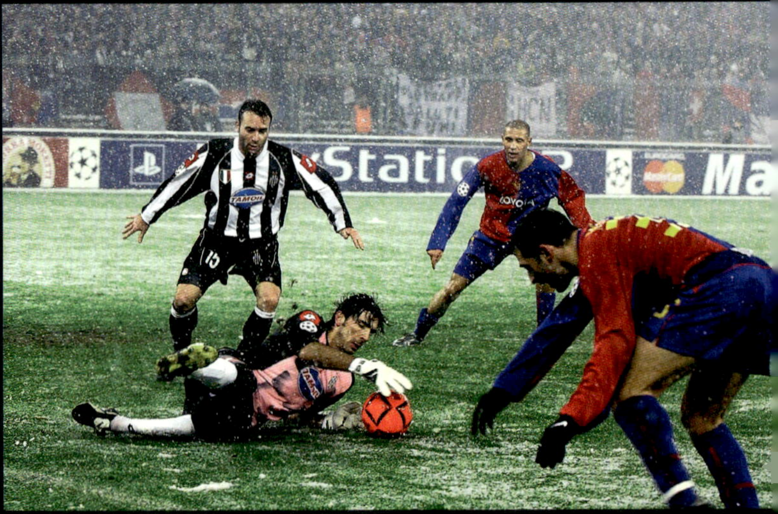
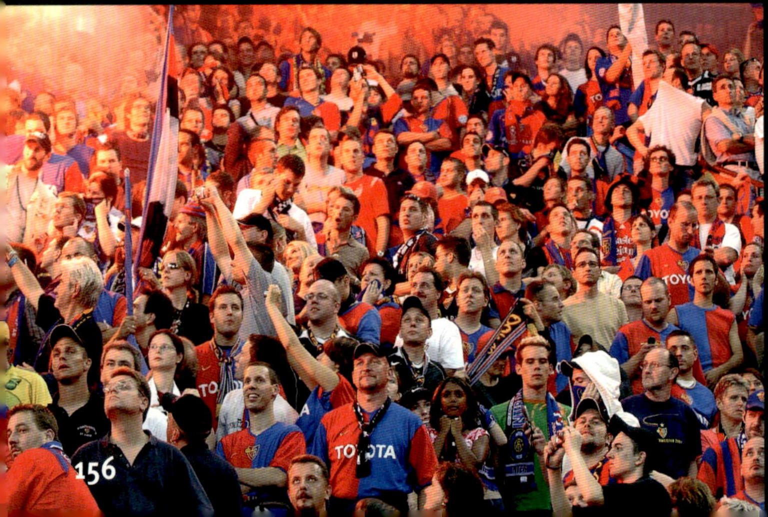
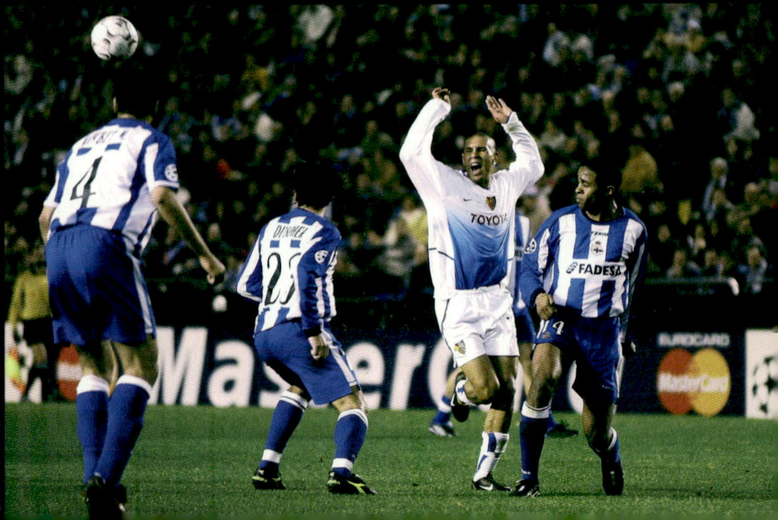

157

Matias Delgado – ihn hatten die FCB-Fans ganz besonders in ihr Herz geschlossen. Der Argentinier brauchte zwar eine gewisse Anlaufzeit in Basel, spielte dann aber immer wieder seine grosse Klasse aus. Delgado ist torgefährlich und Standardspezialist, hat ein gutes Auge und entzückte mit seiner temperamentvollen Spielart nicht nur das Publikum im St.-Jakob-Park, sondern wurde auch zur Attraktion der Schweizer Liga. In 33 Super-League-Spielen erzielte er 18 Tore und 11 Assists. Davon nahm unter anderen auch Besiktas Istanbul Kenntnis – 2006 wechselte Matias Delgado für 7,5 Millionen Franken in die Türkei.

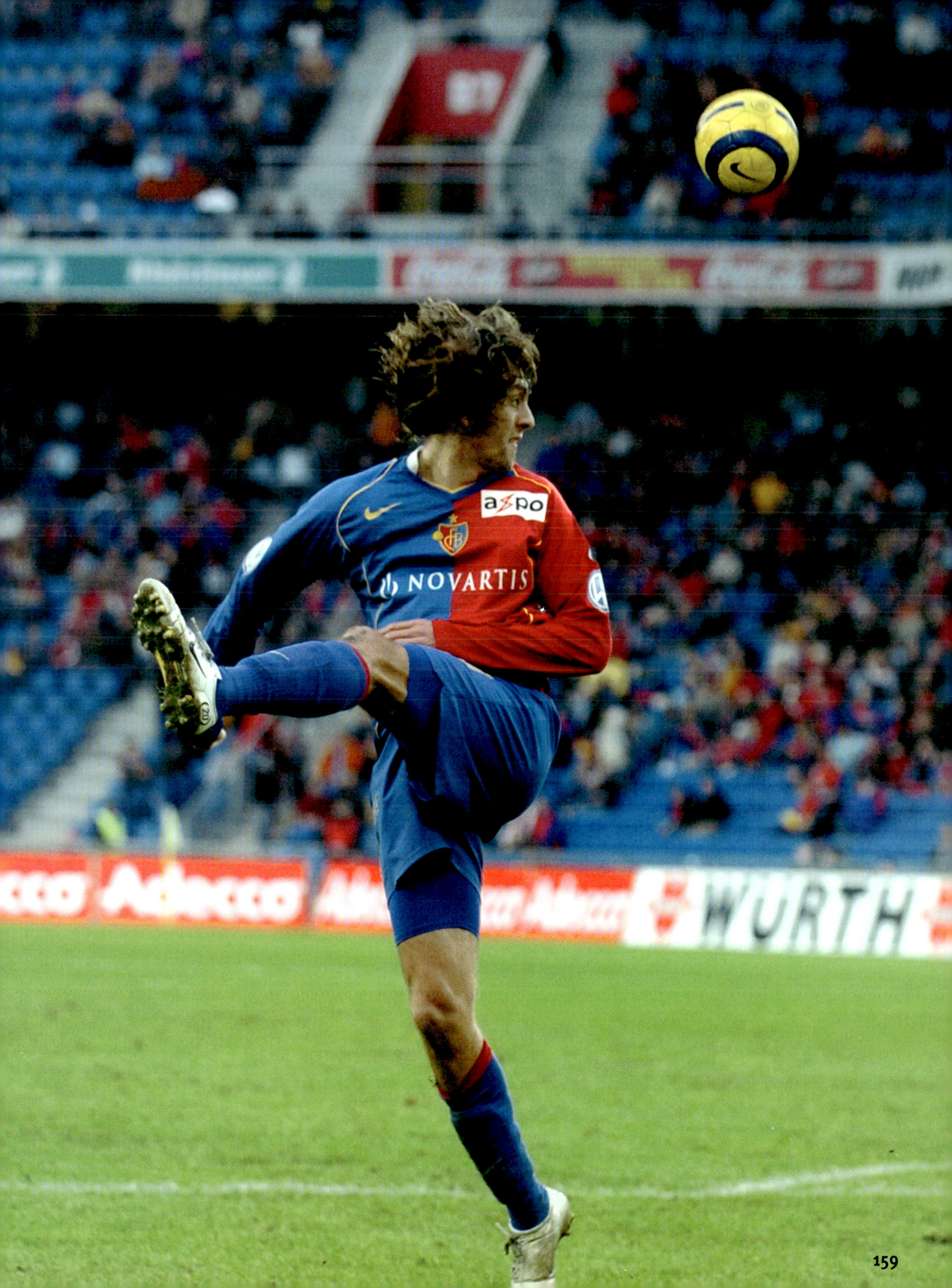
NOVARTIS
Adecco
WURTH

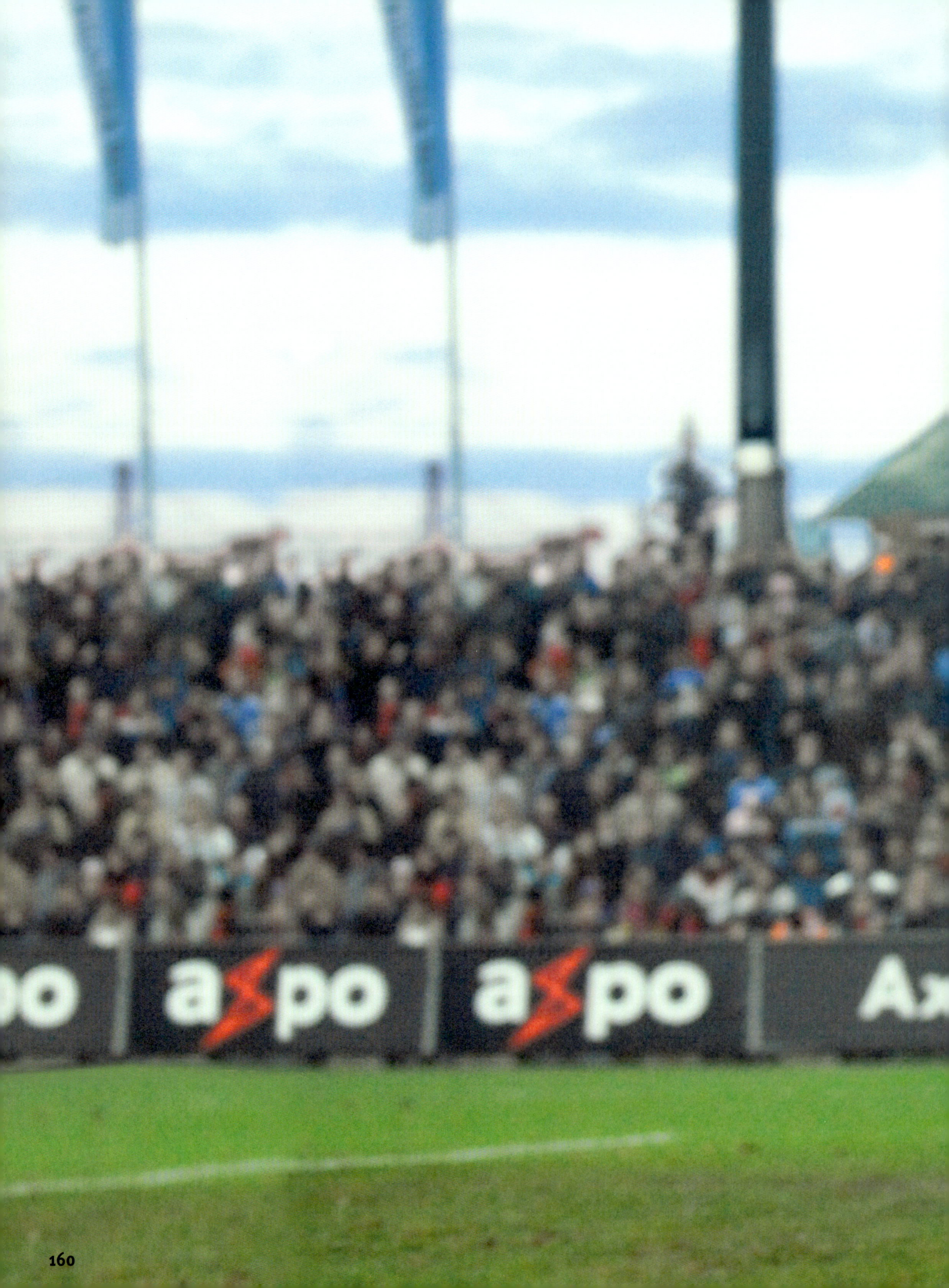
axpo
axpo

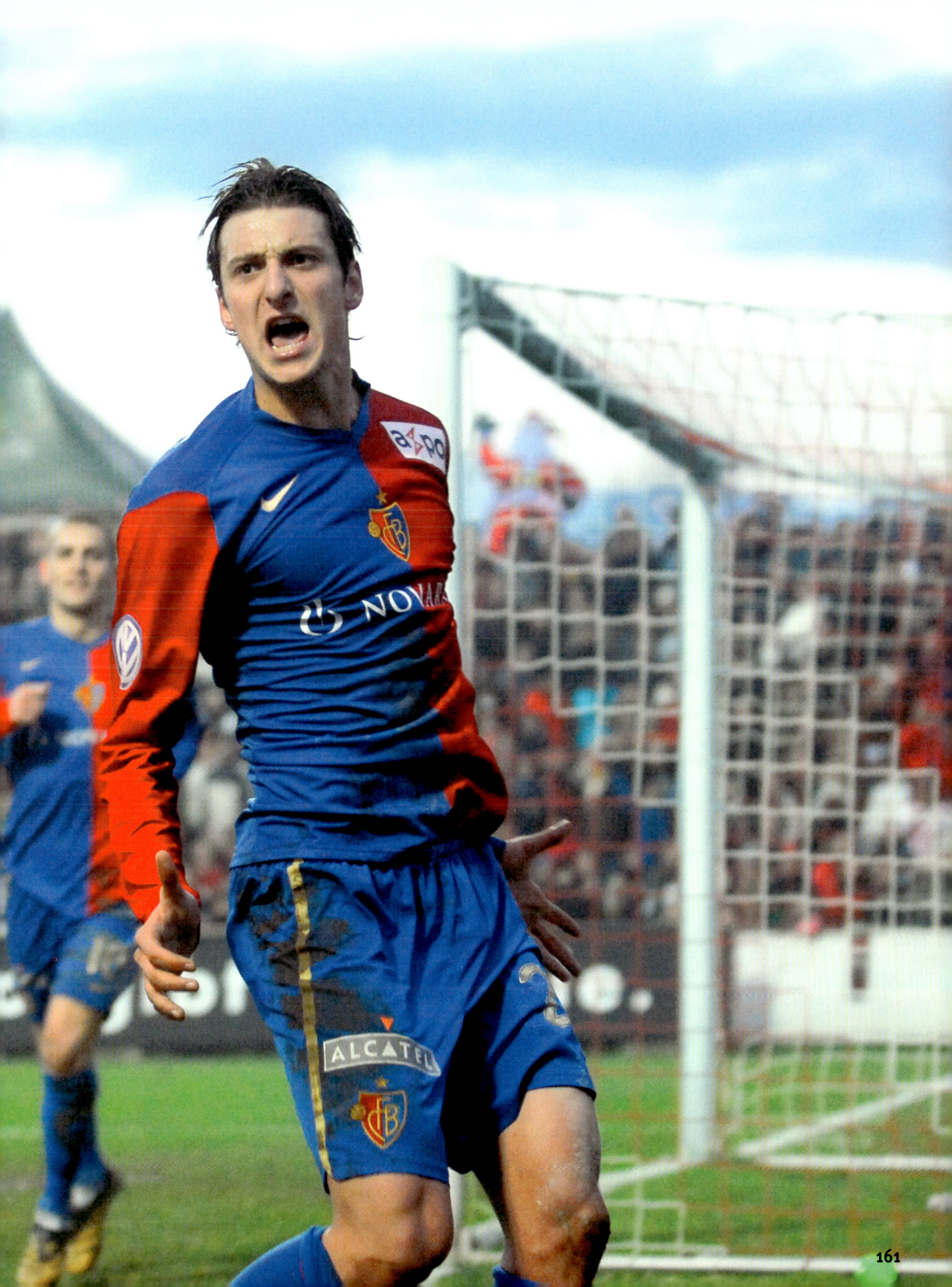
ALCATEL

162

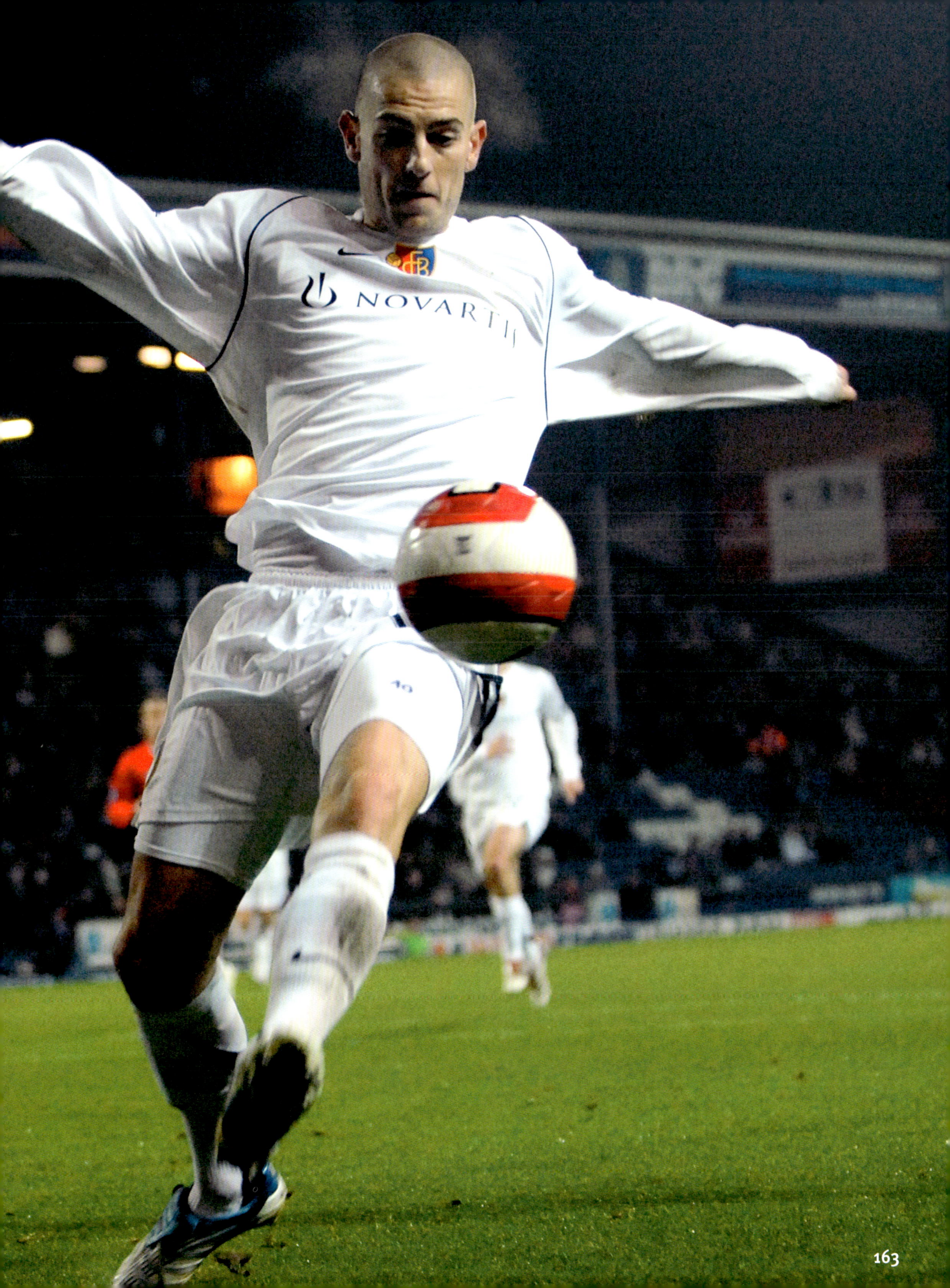

164

165

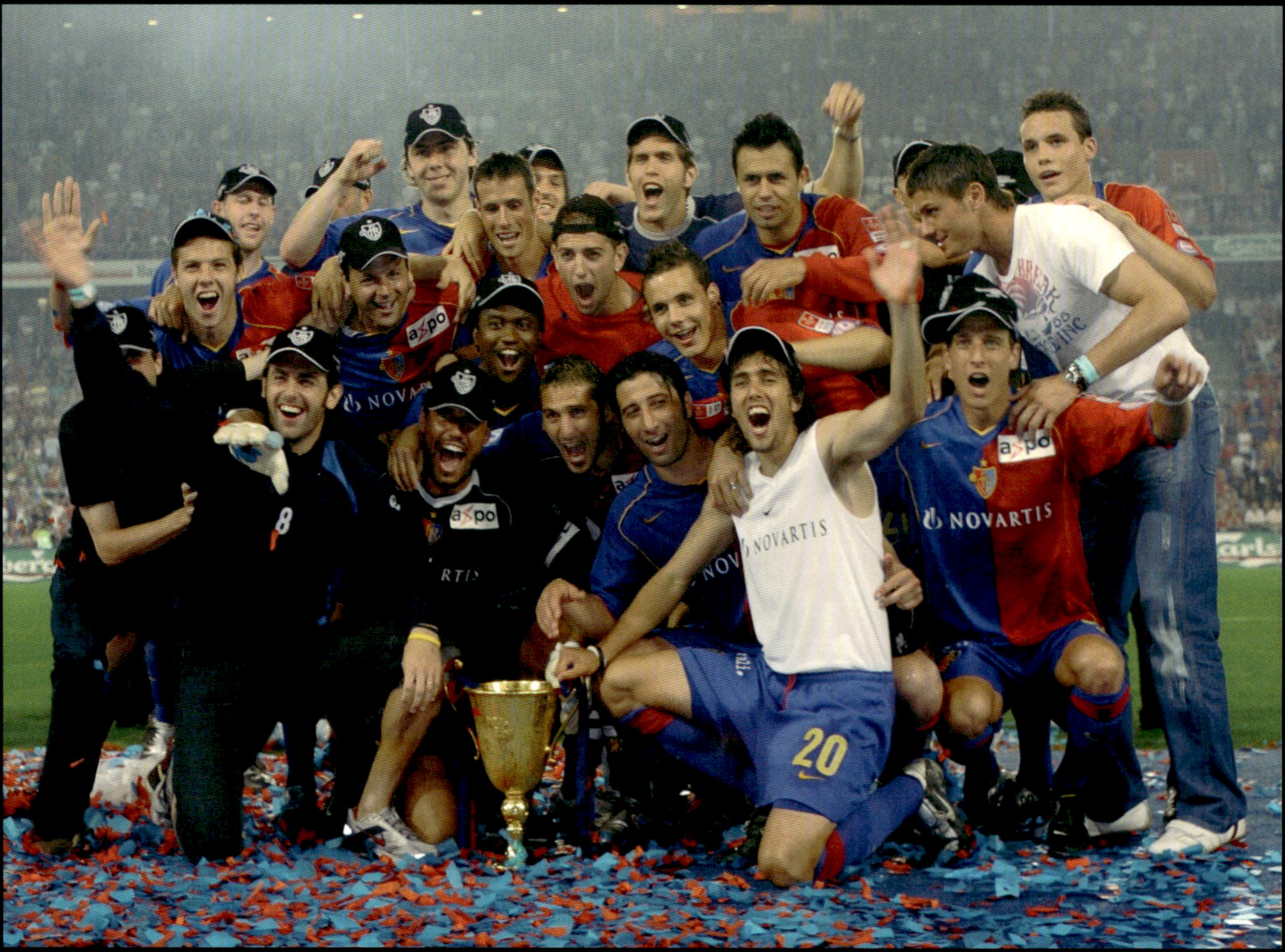
NOVARTIS
NOVARTIS
20

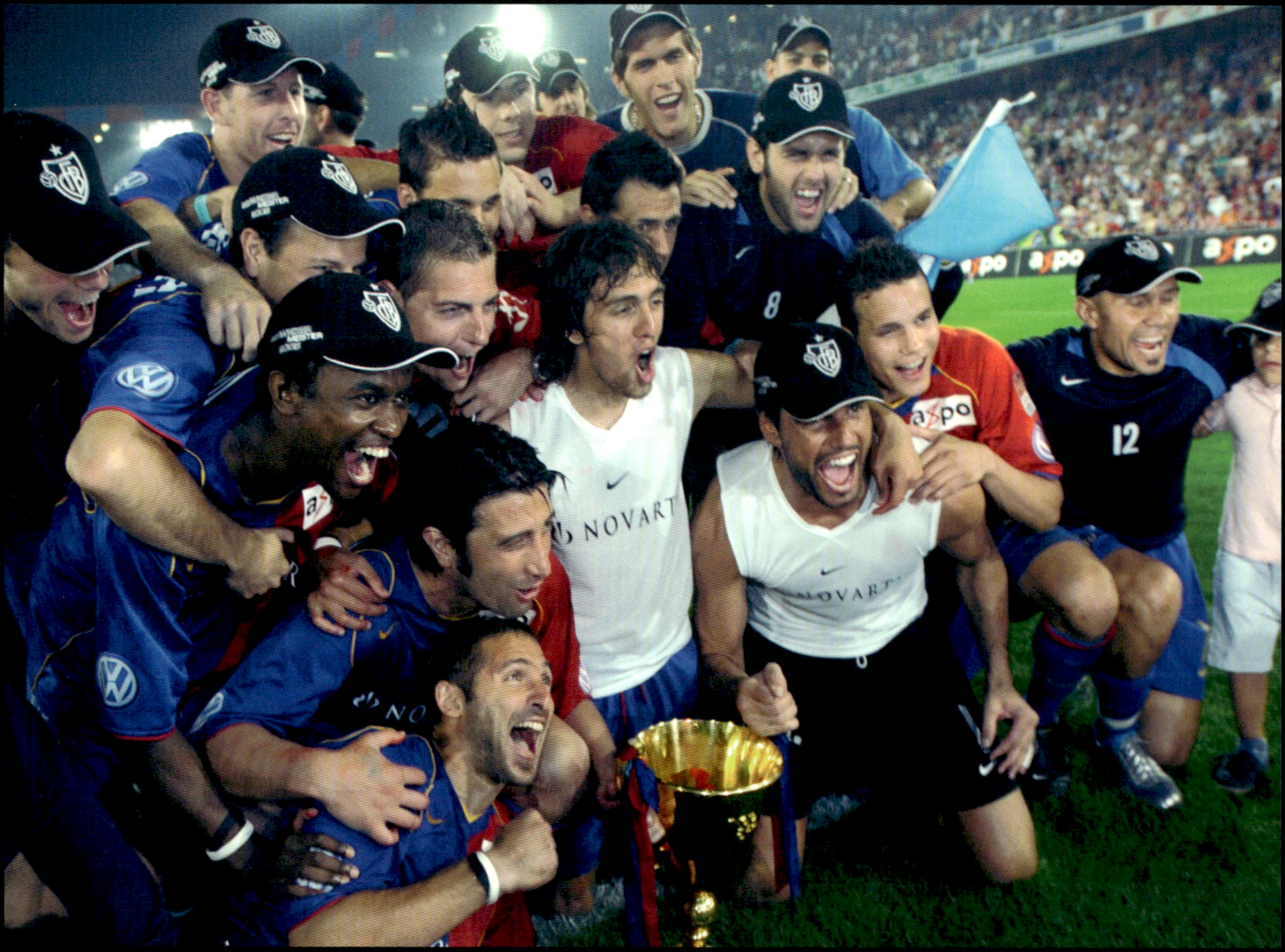
NOVARTIS
NOVARTIS
12

167

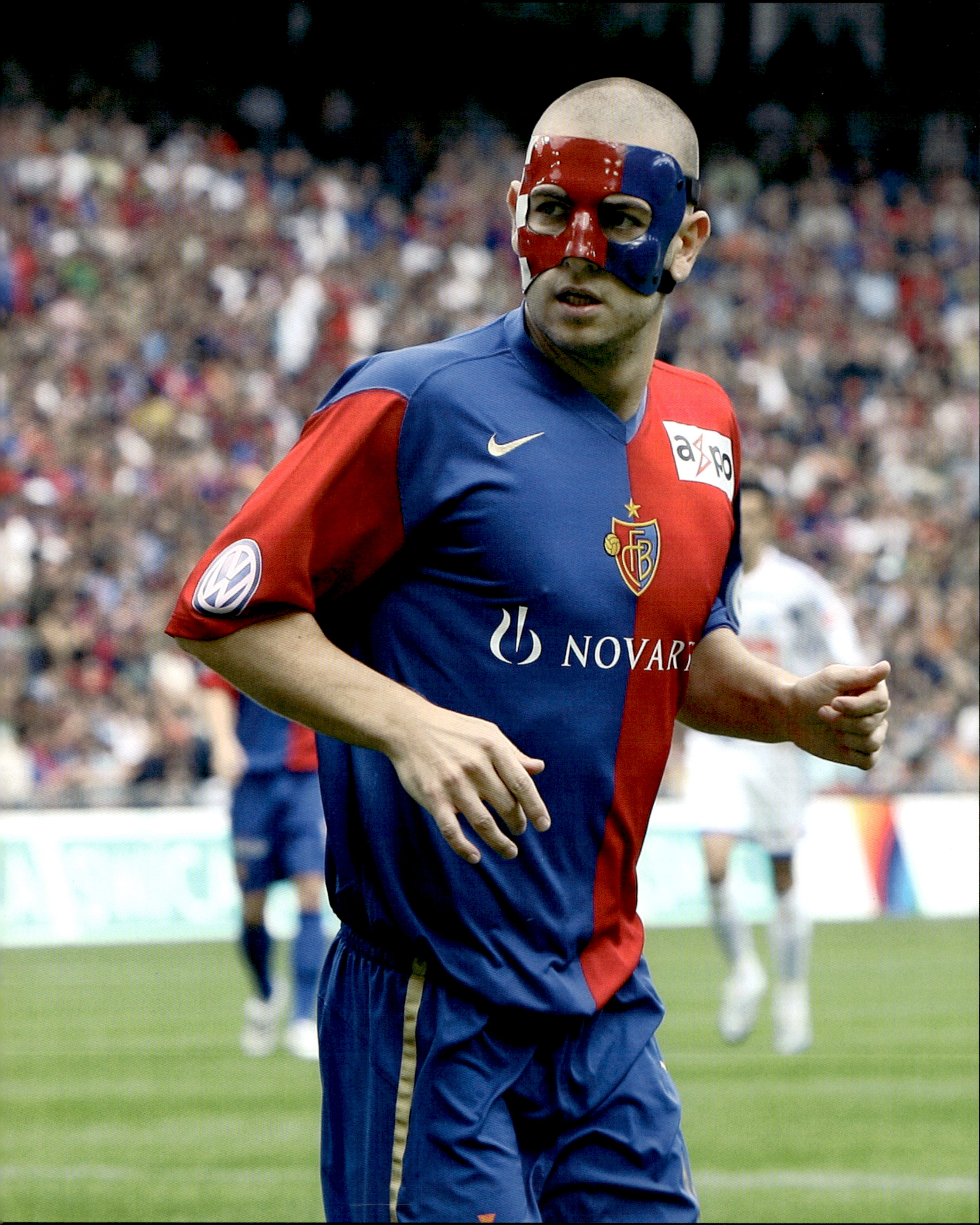
NOVART

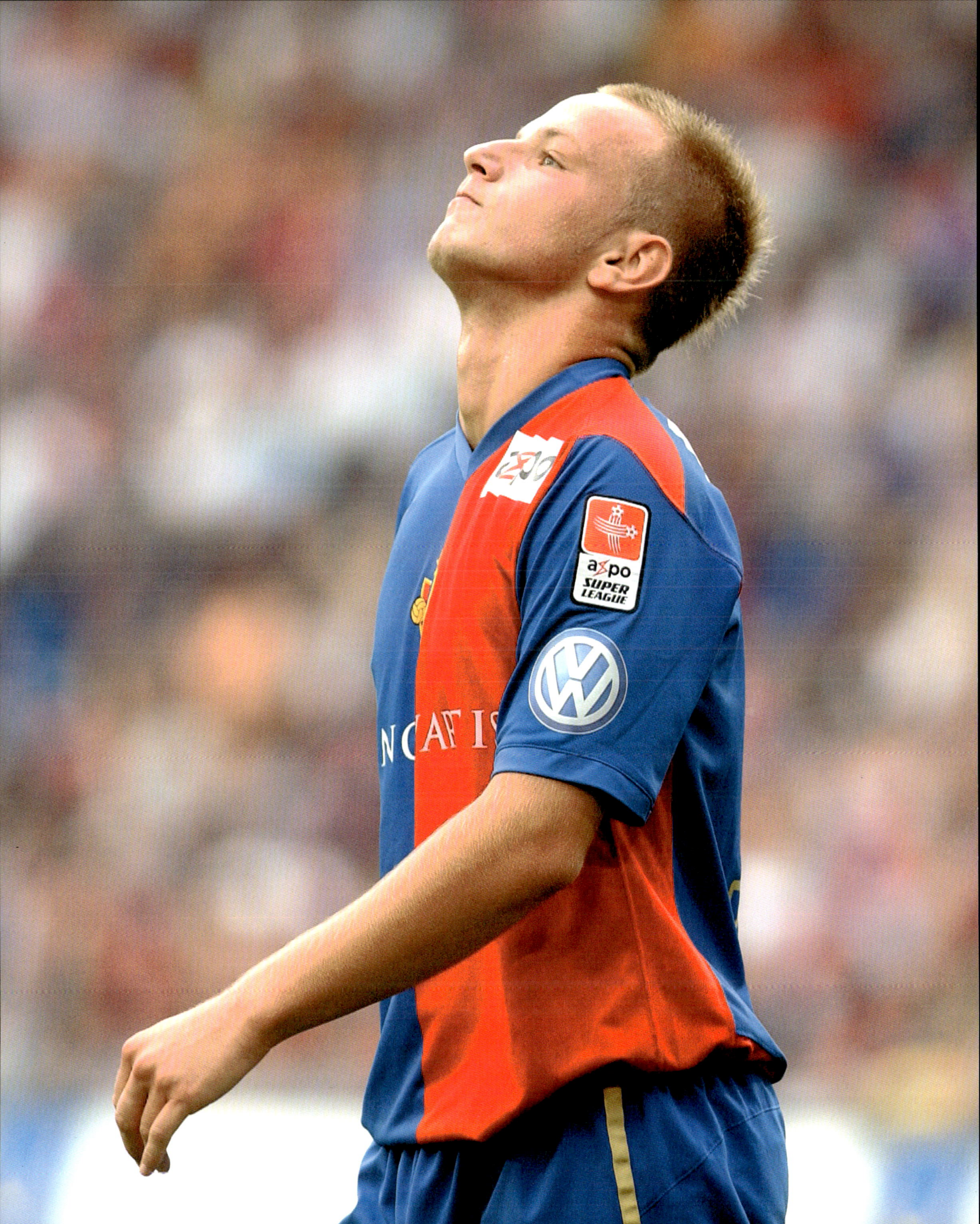
axpo
SUPER
LEAGUE

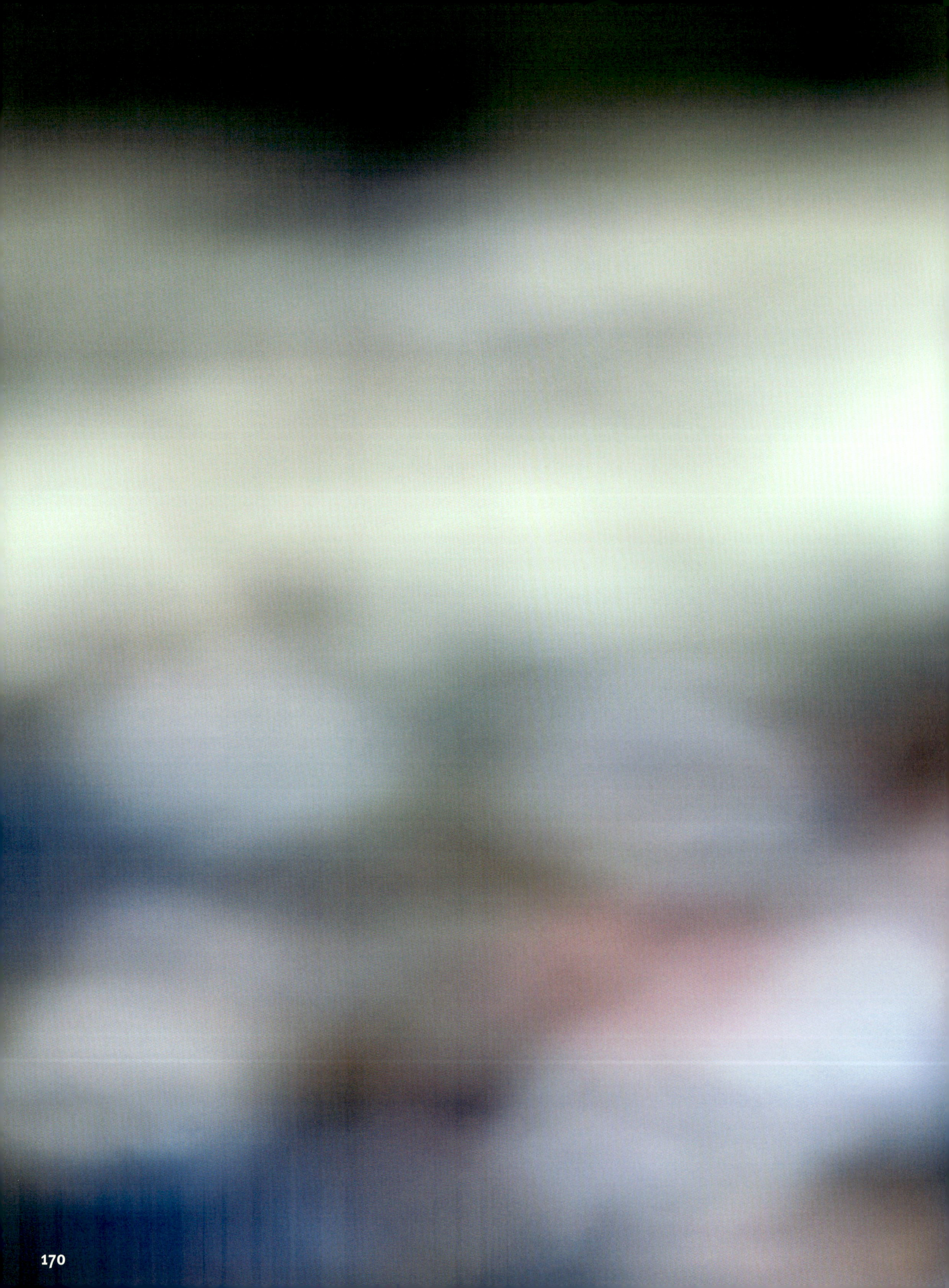

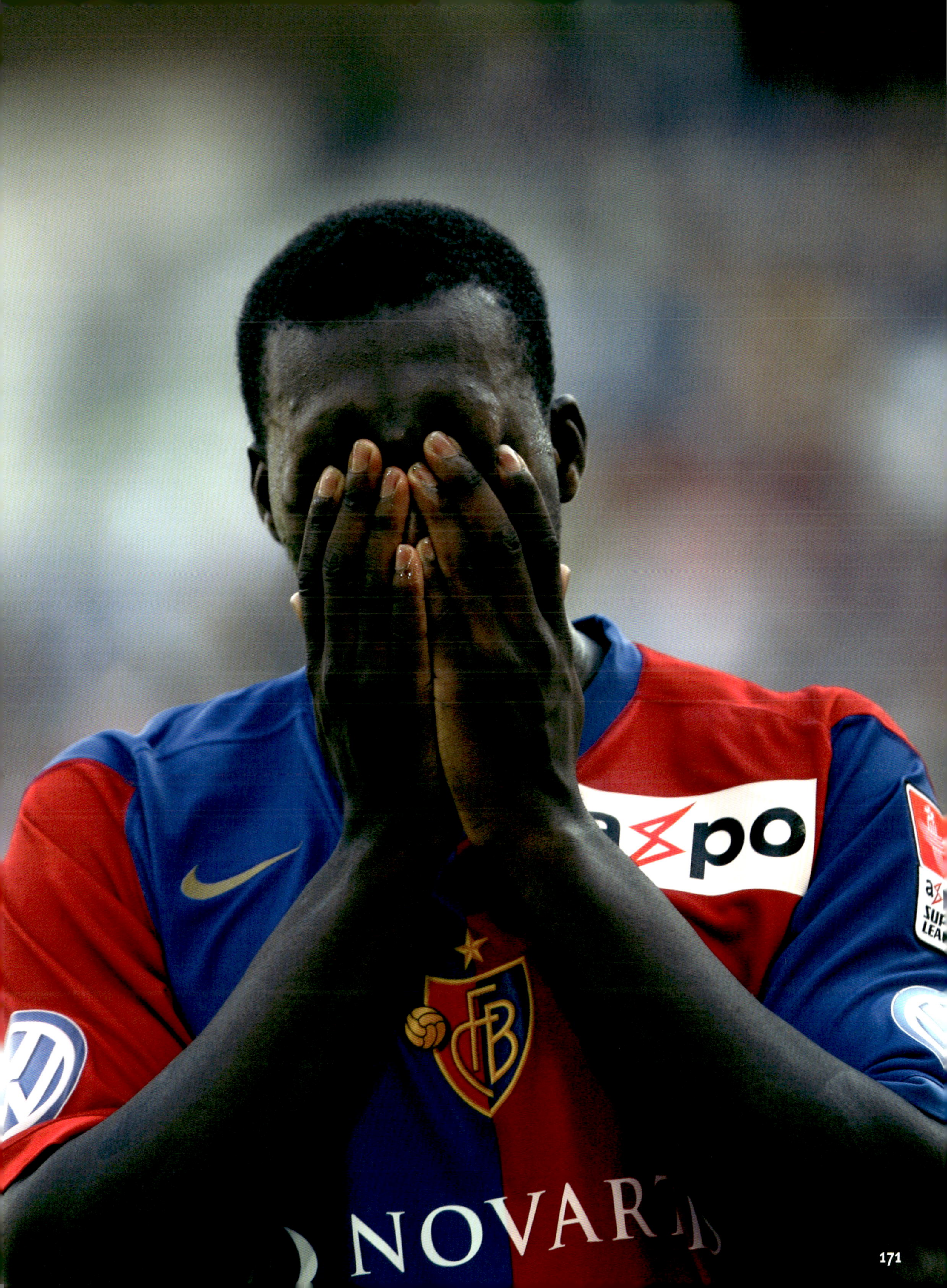

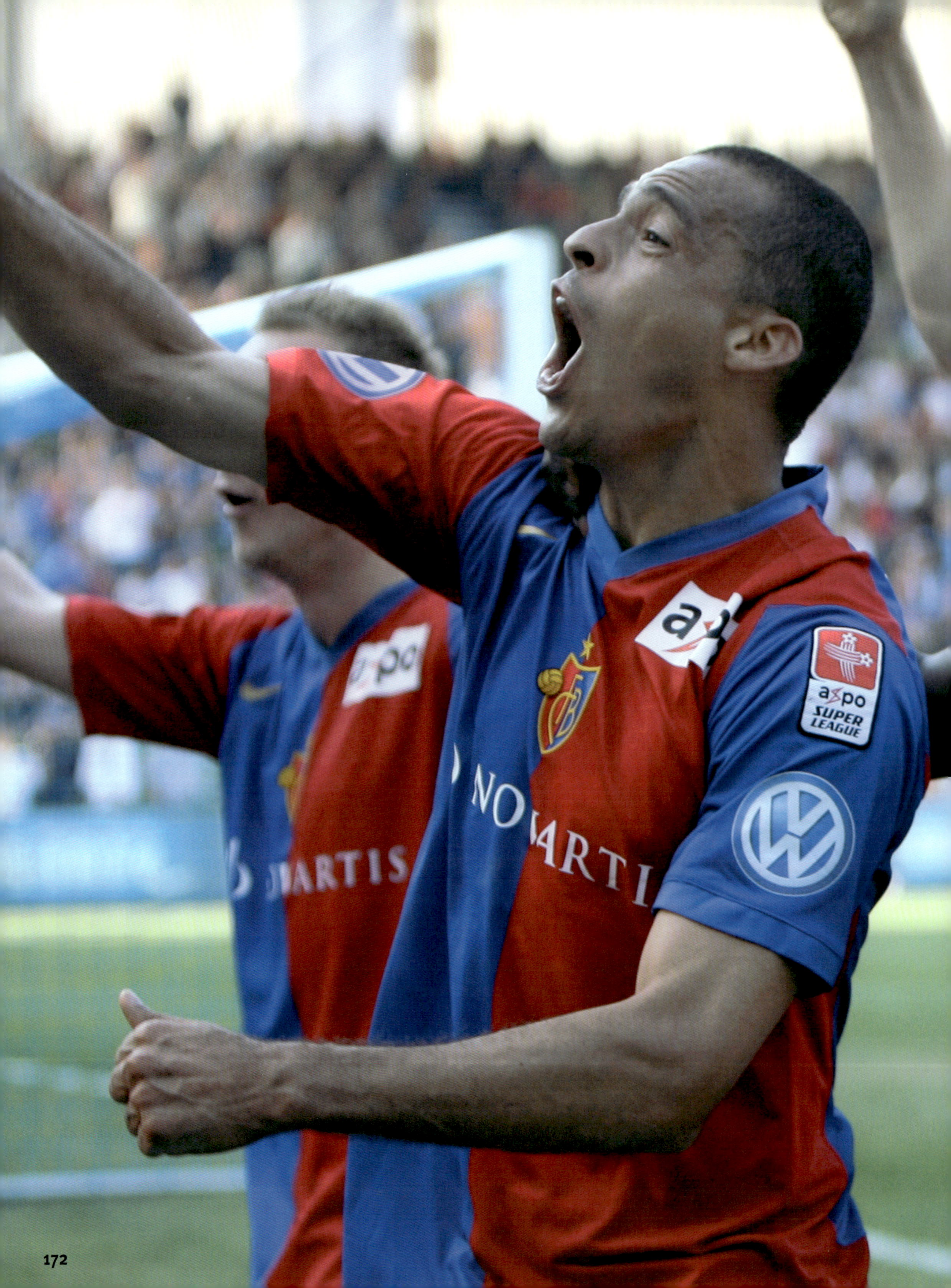
axpo
SUPER LEAGUE

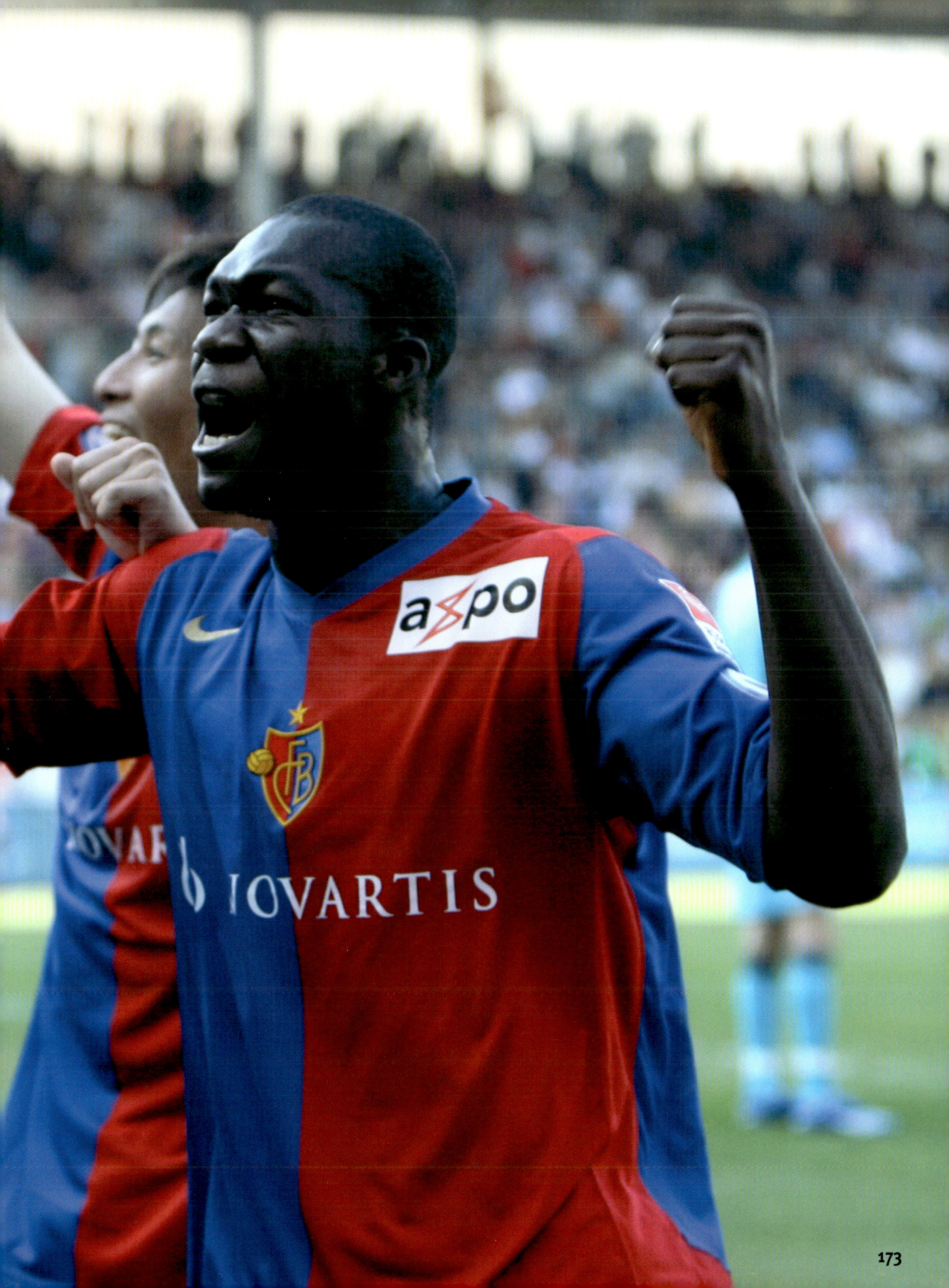

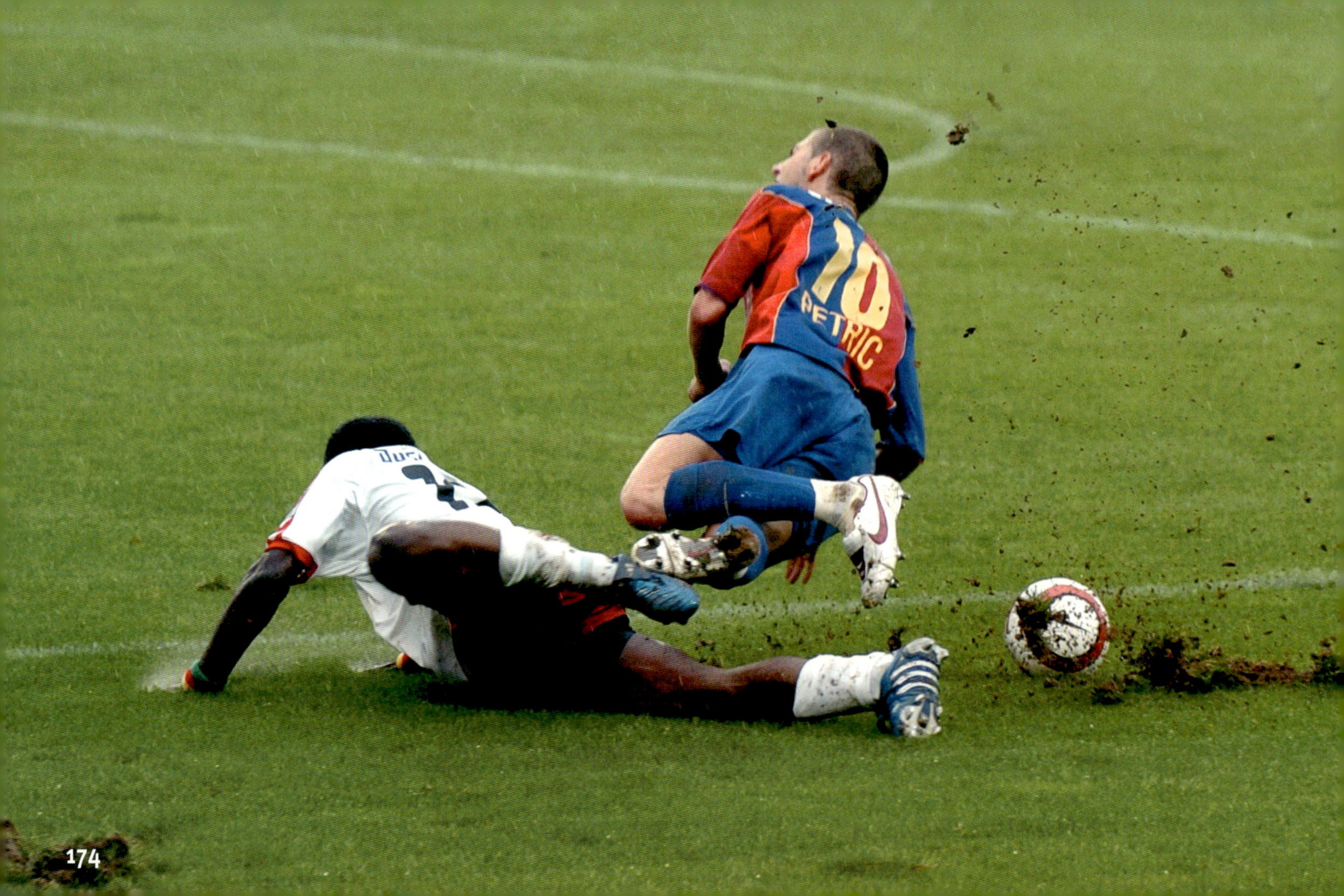
10
PETRIC

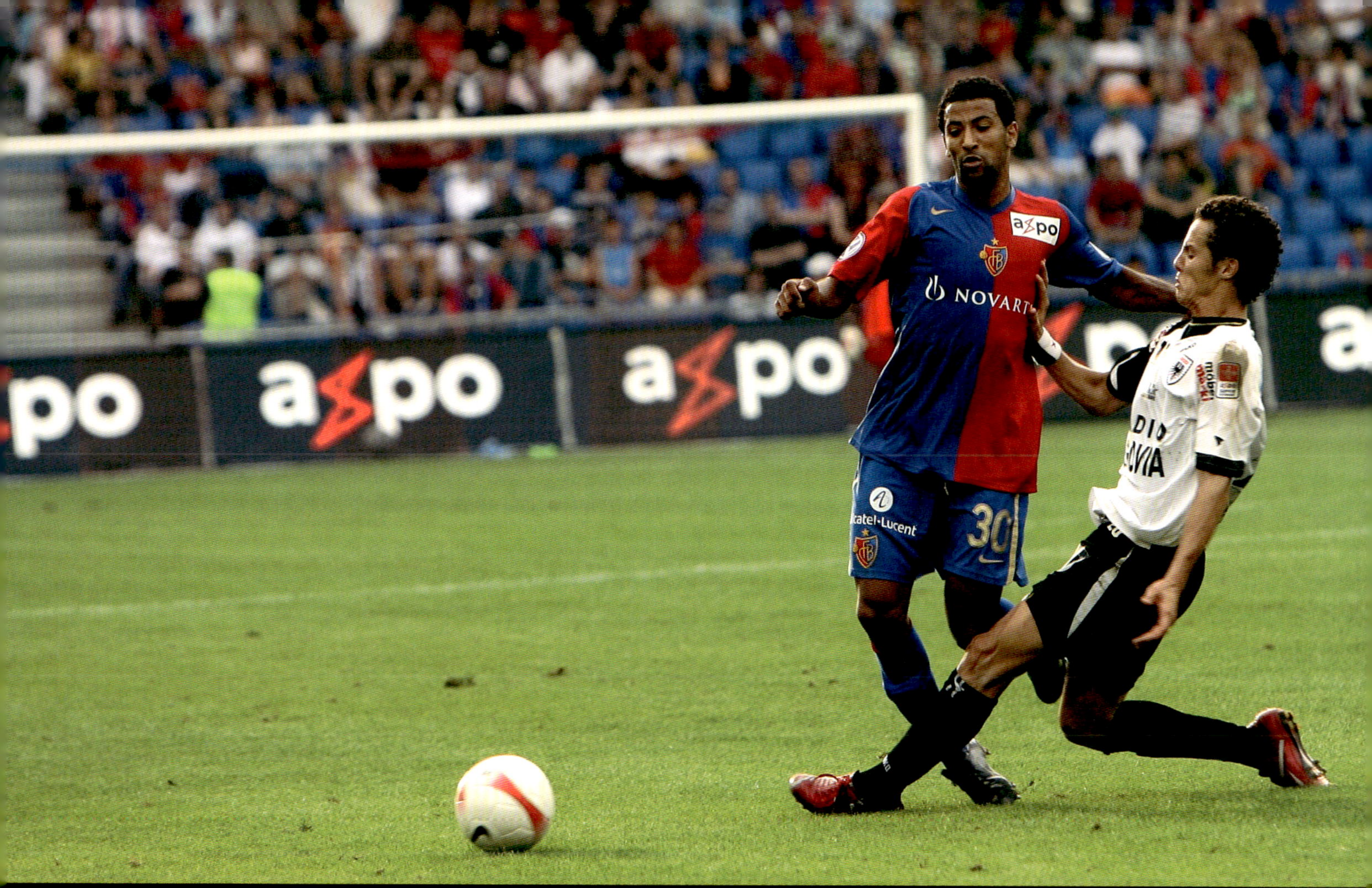
alcatel-Lucent

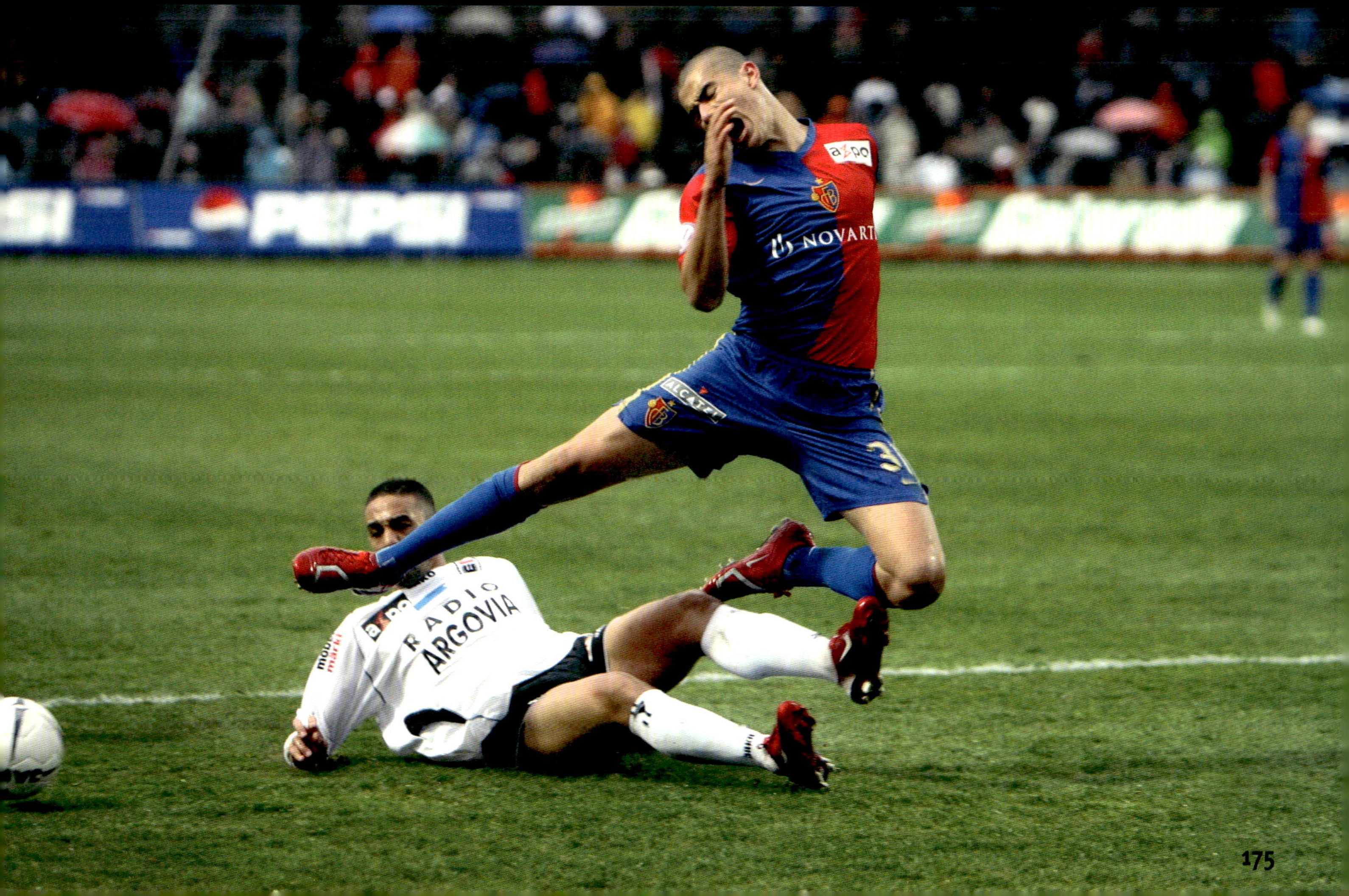
PEPSI
RADIO
ARGOVIA

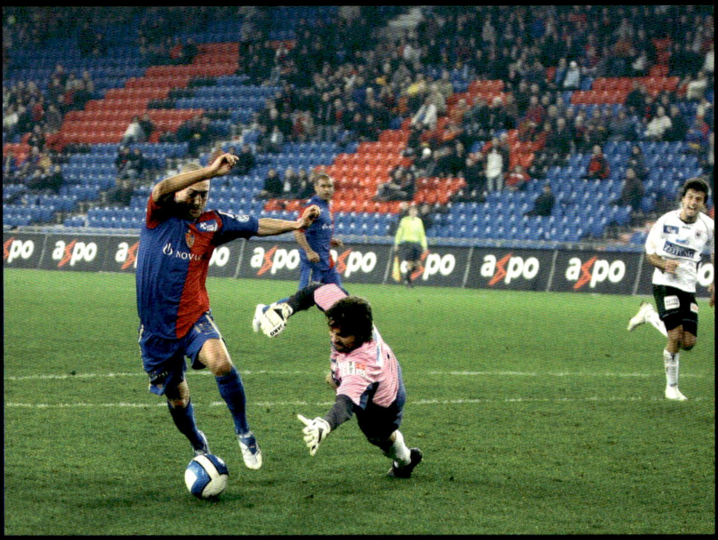

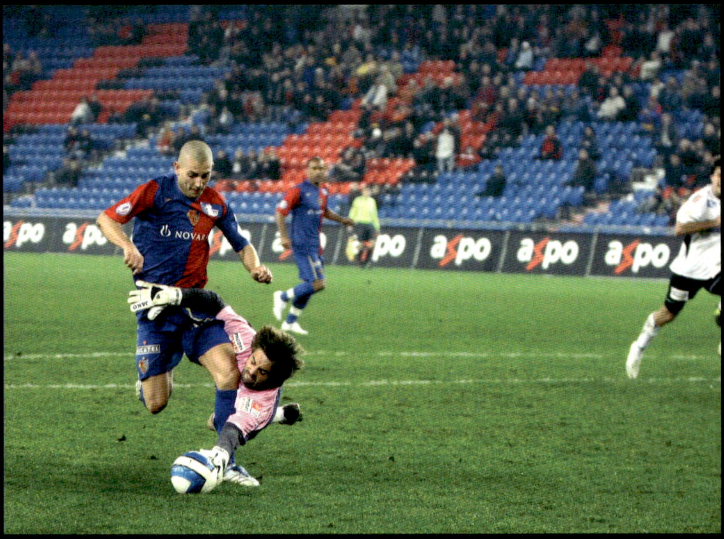

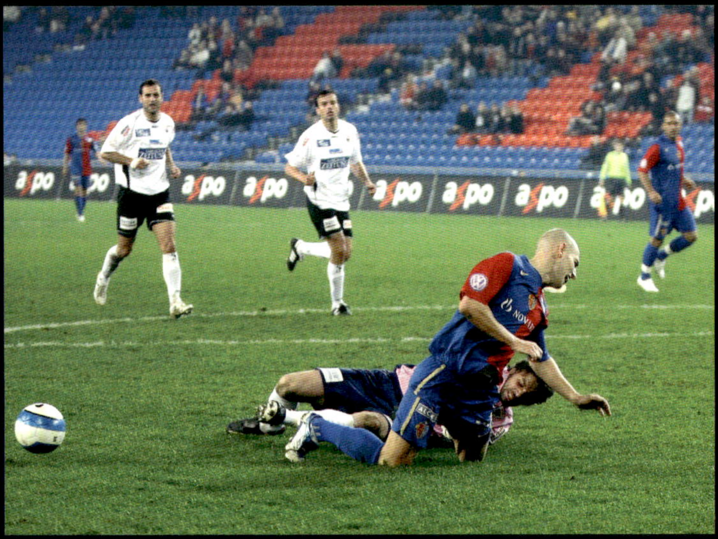

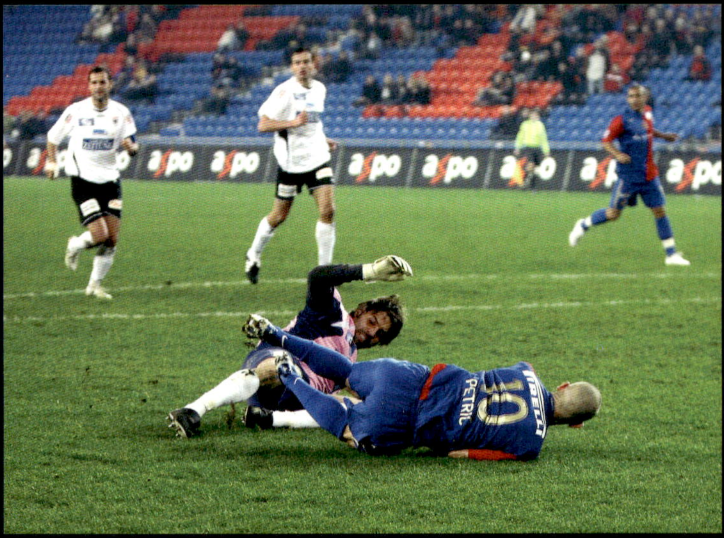
10
PETRIC

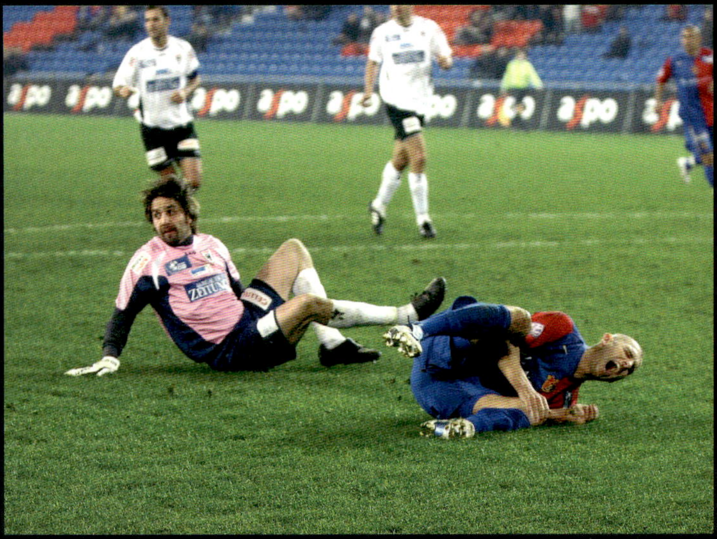

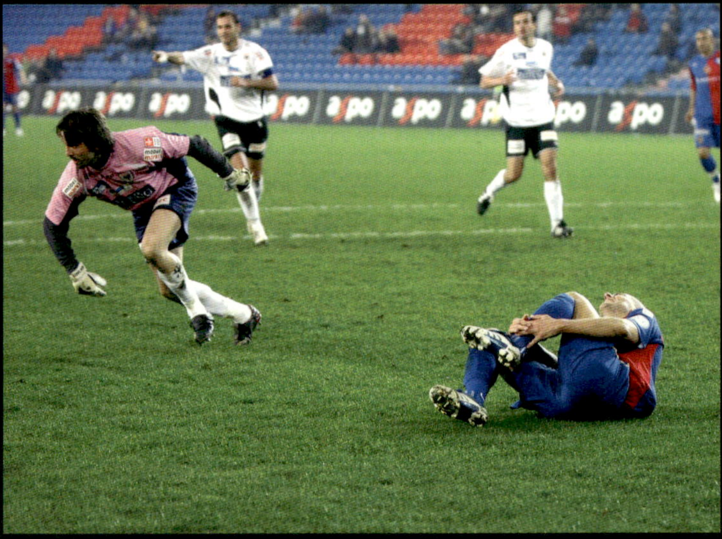

177

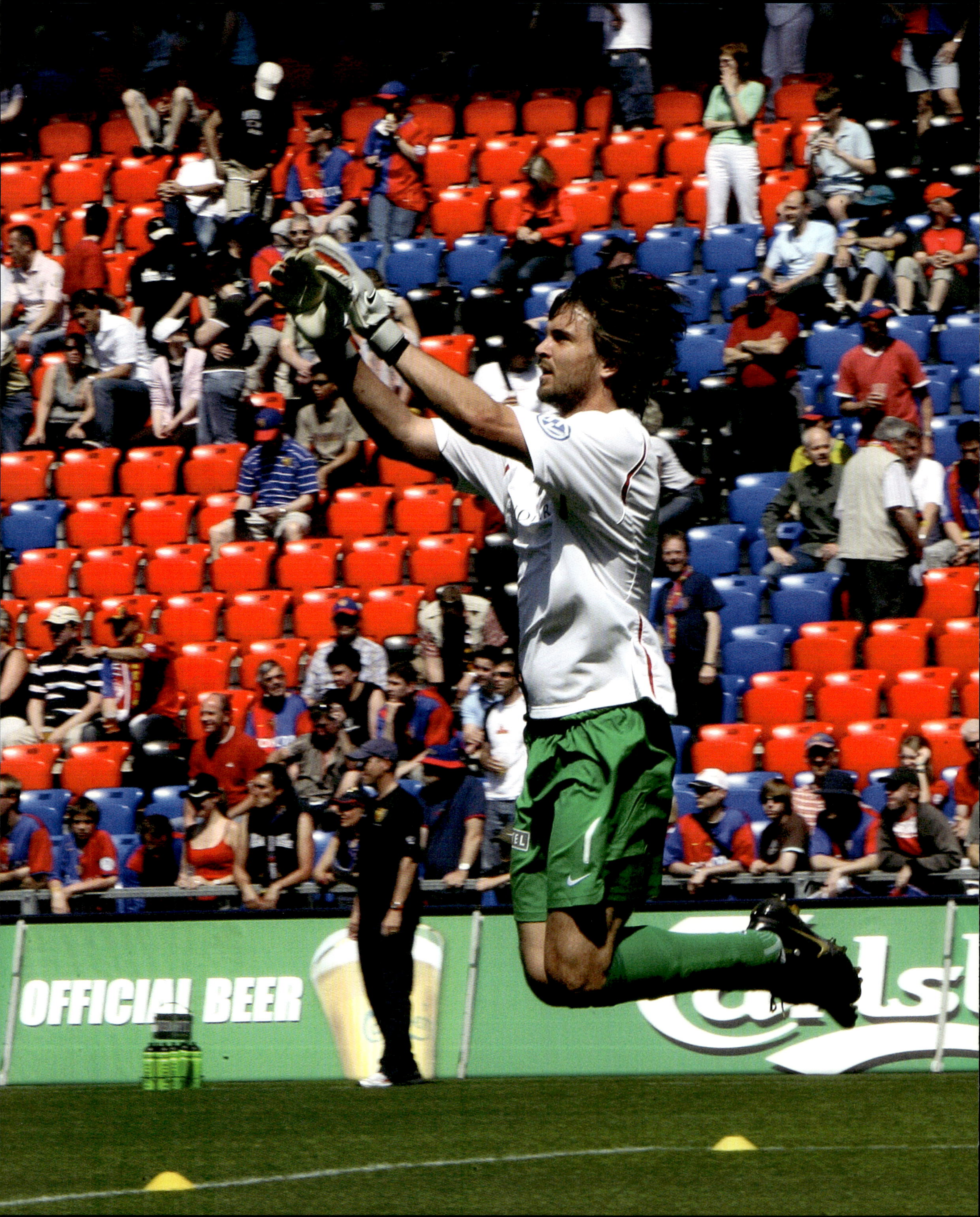
OFFICIAL BEER

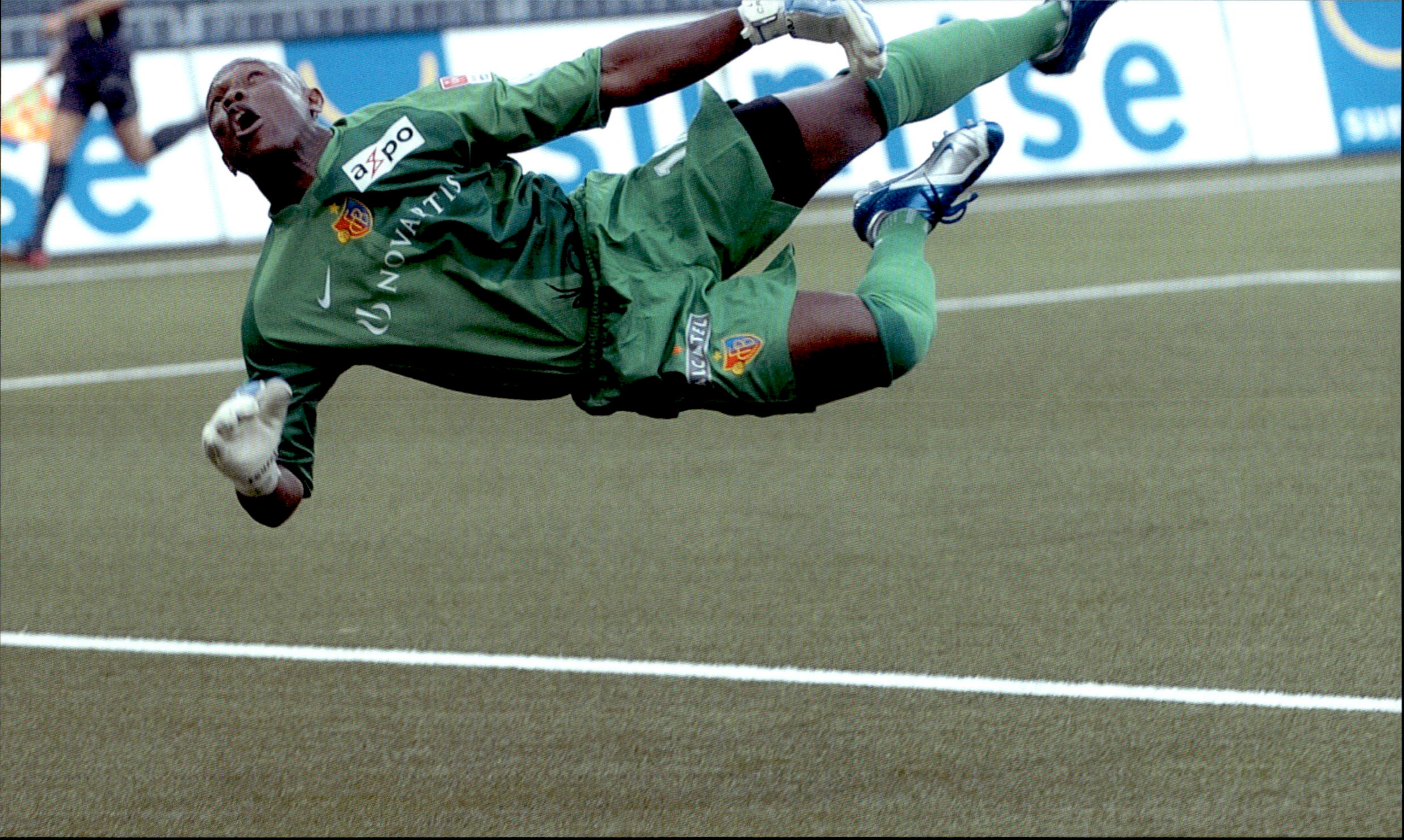
NOVARTIS

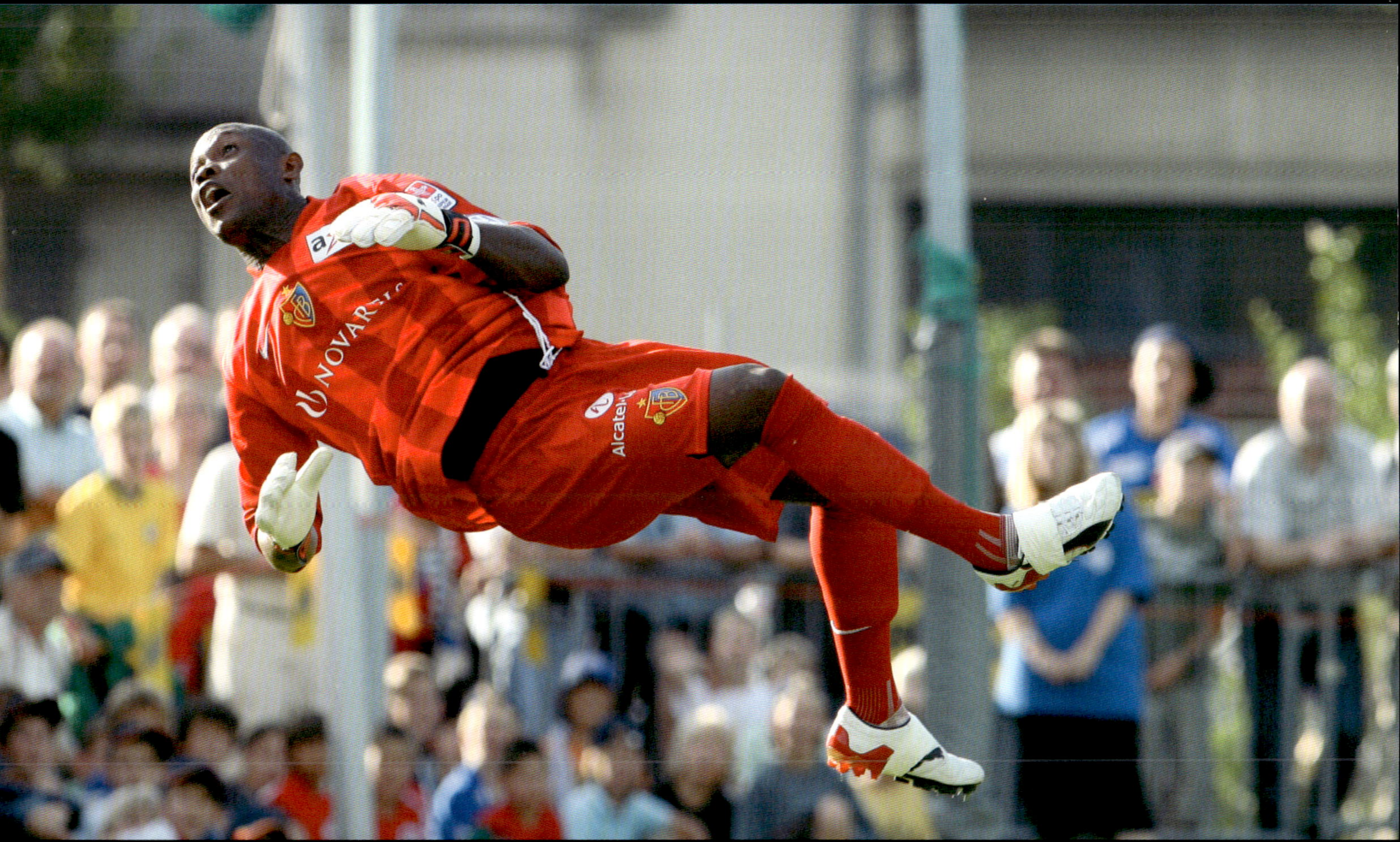
Alcatel

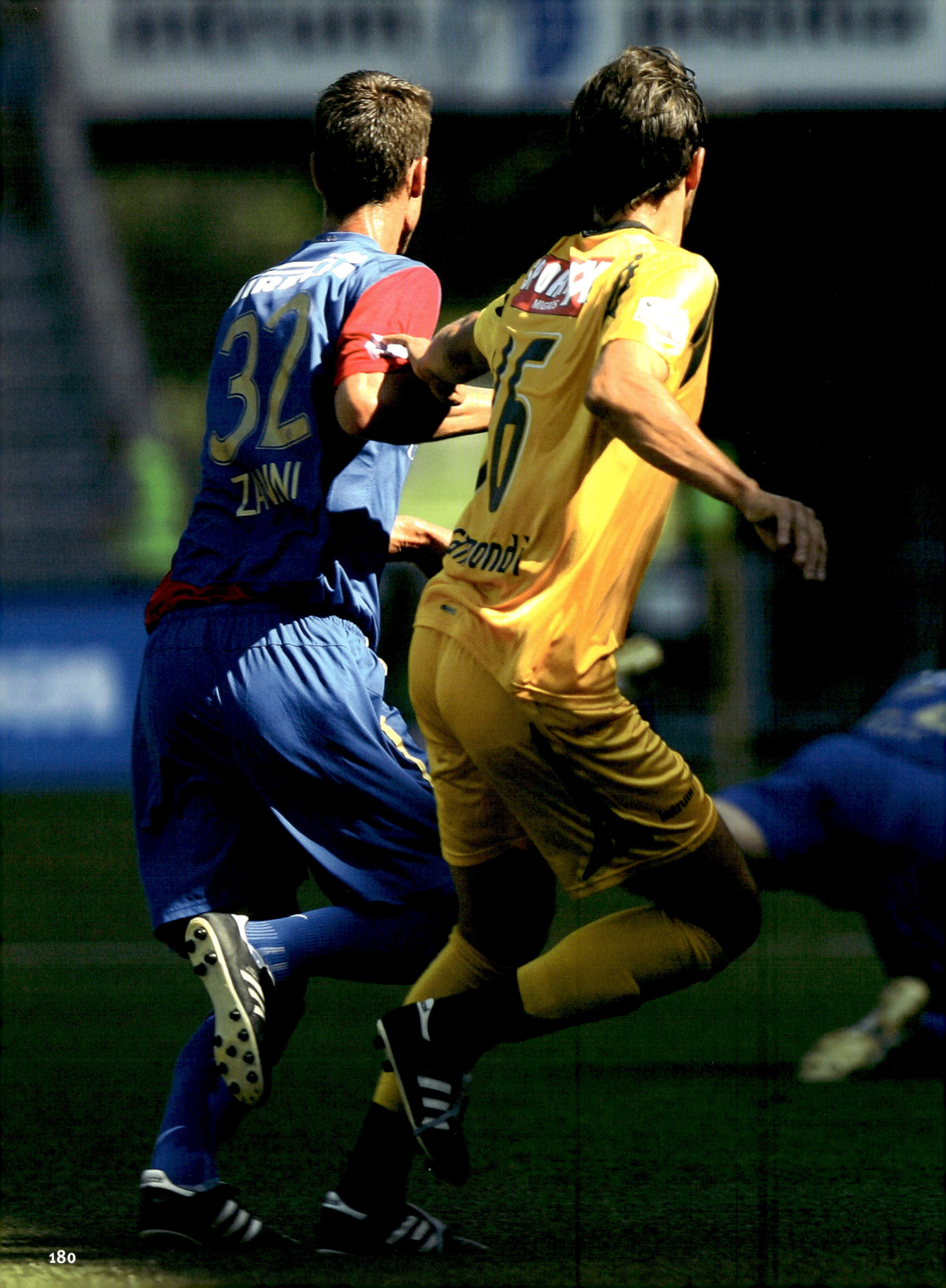
32
ZANNI

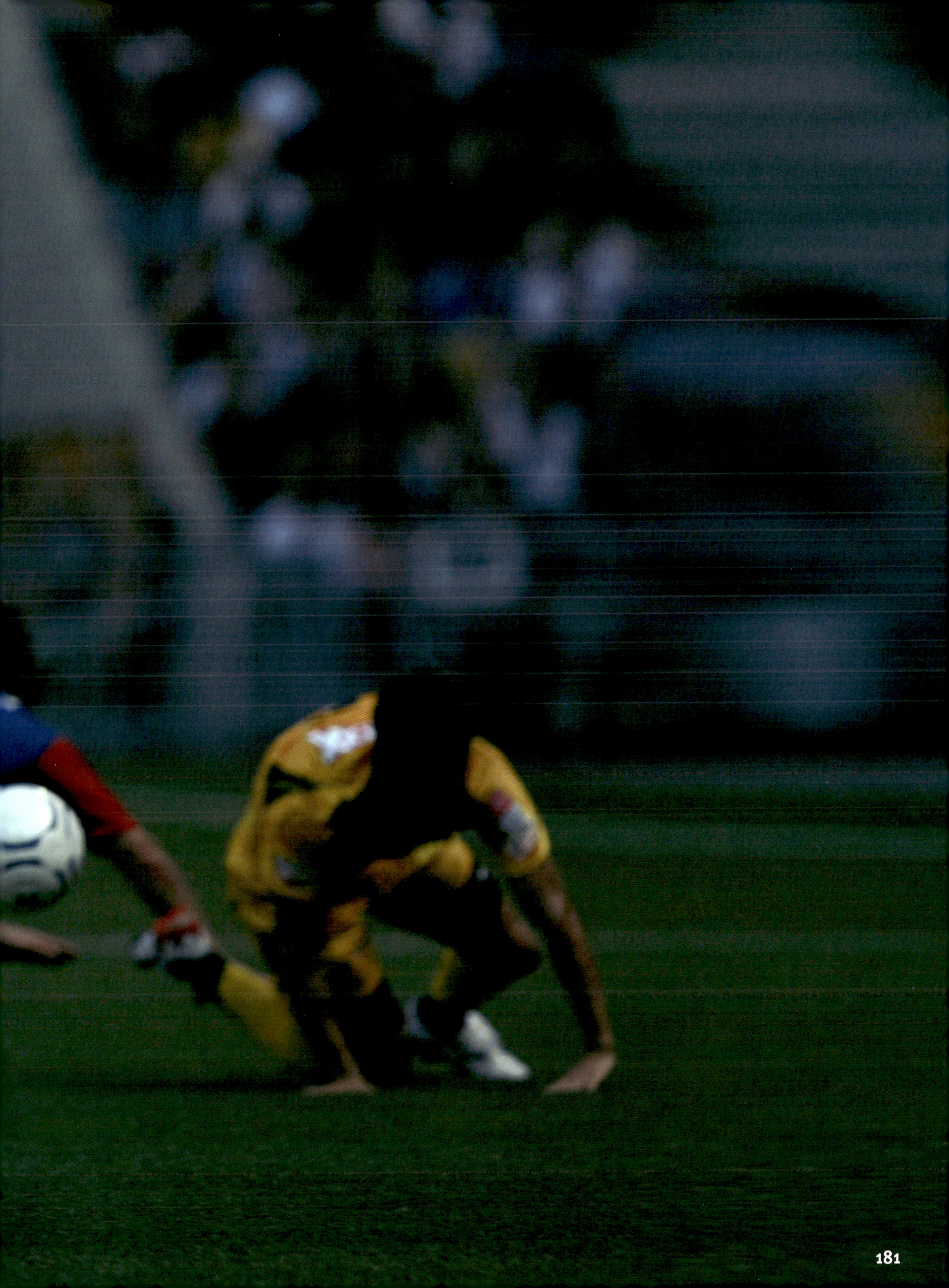

Spielerporträts. Ein Abend im Trainingslager in La Manga (Sp) mit Papa Malick Ba, Eduardo, Franco Costanzo und Patrick Baumann (v.l.).

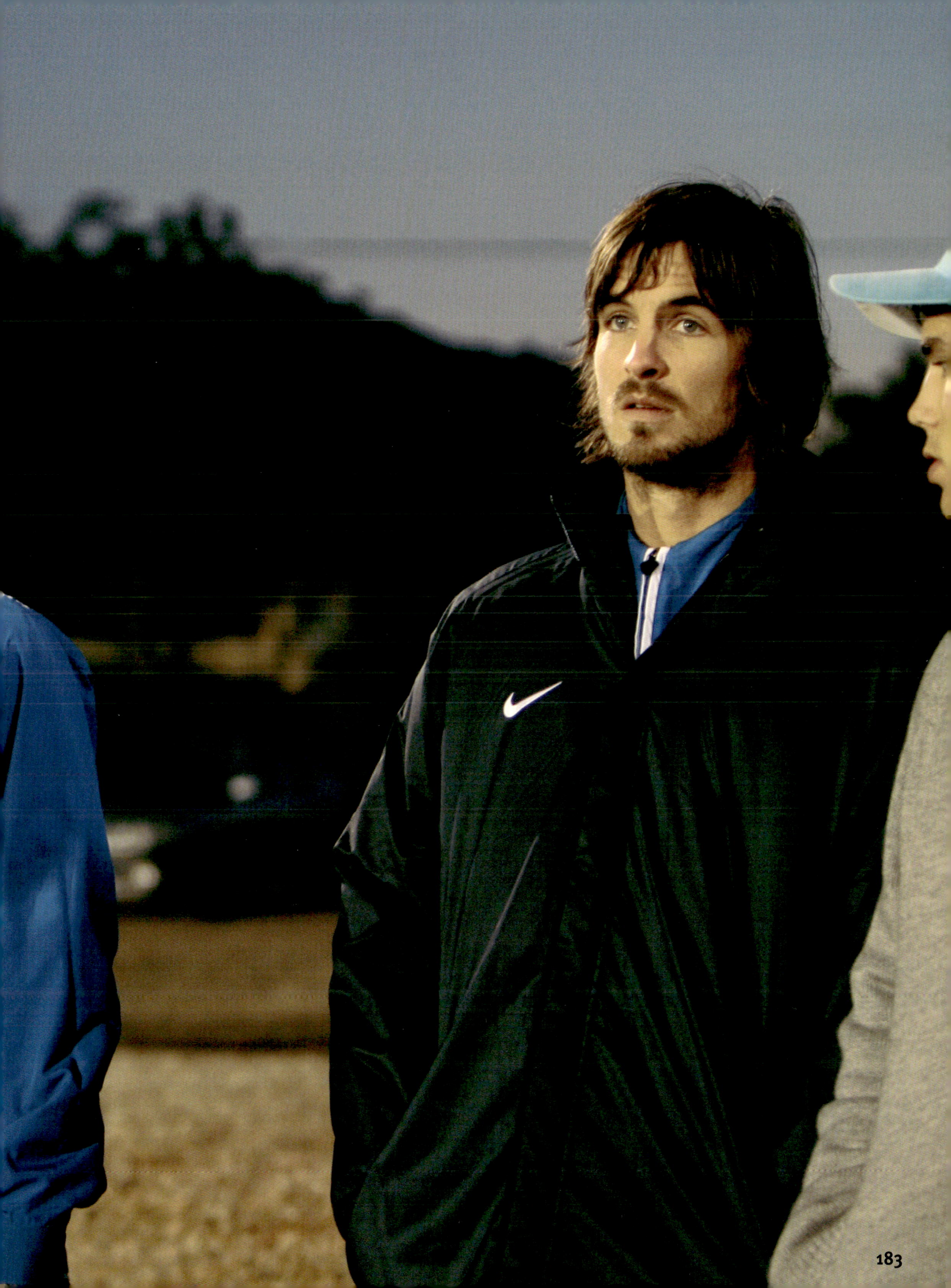

184

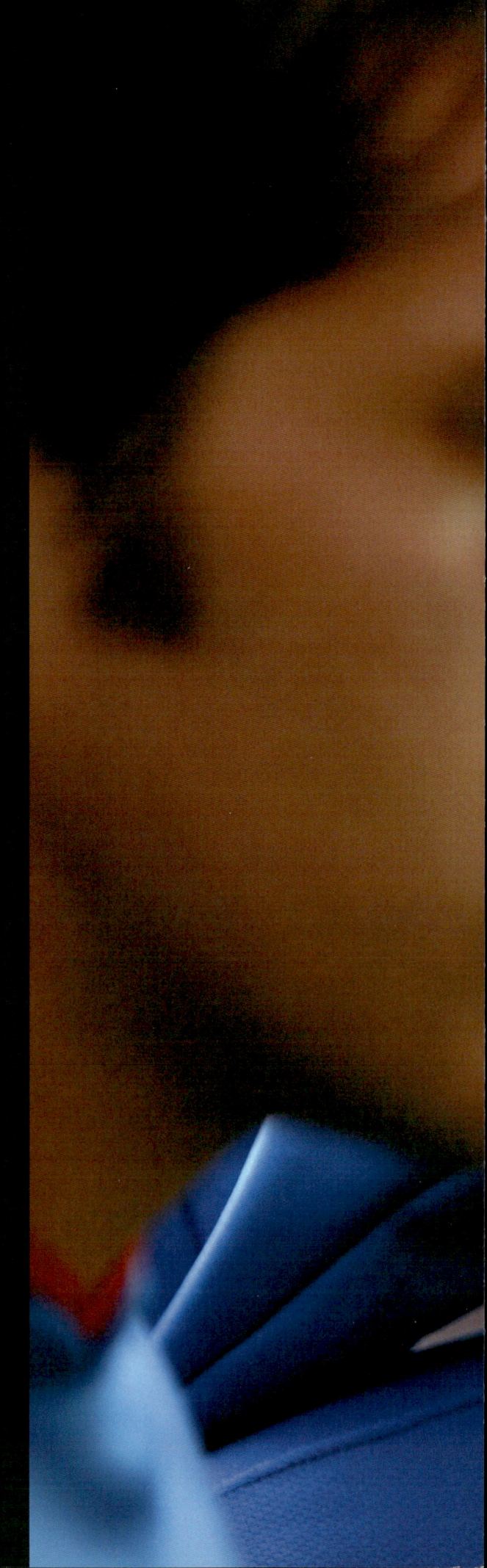

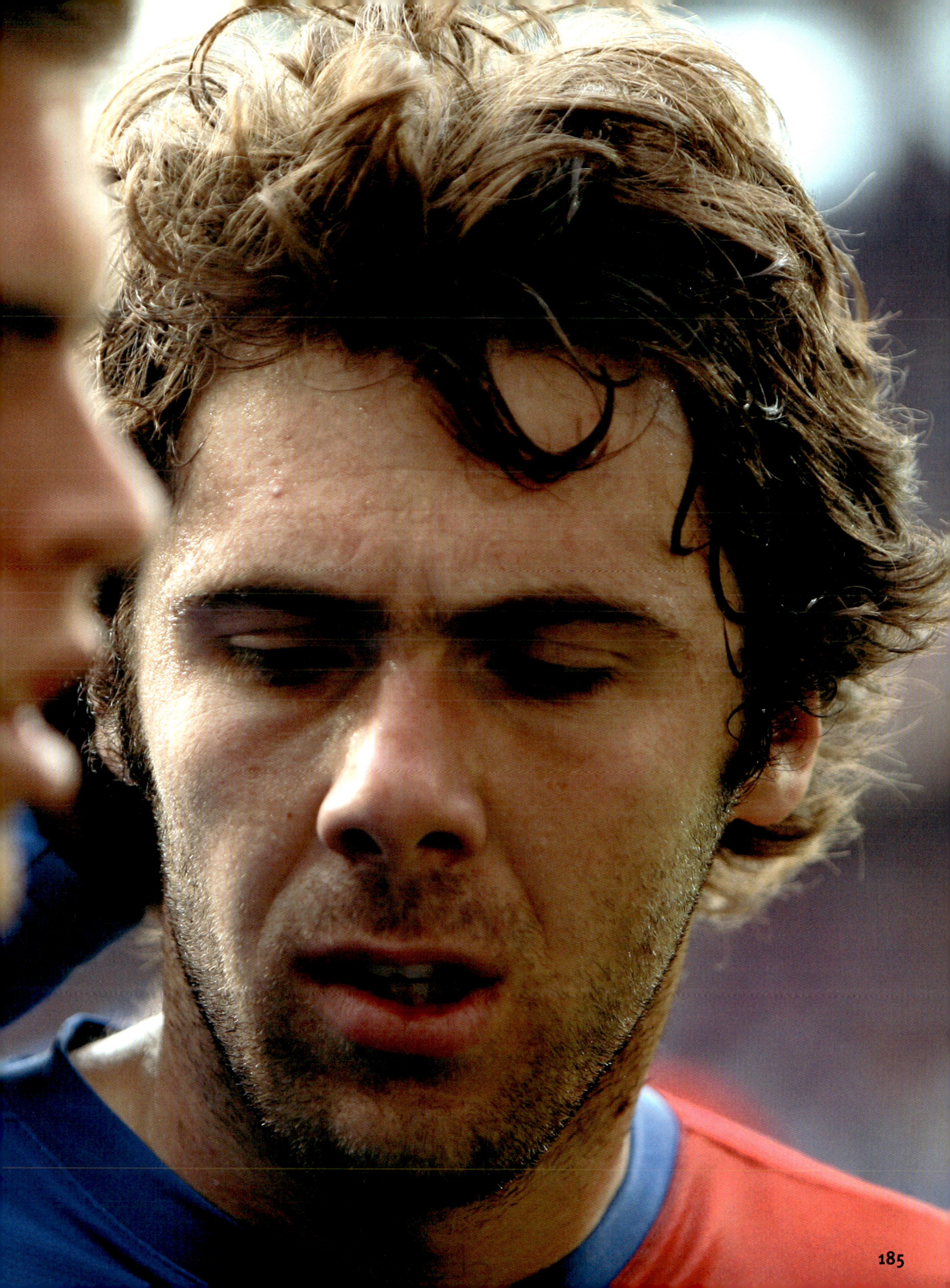

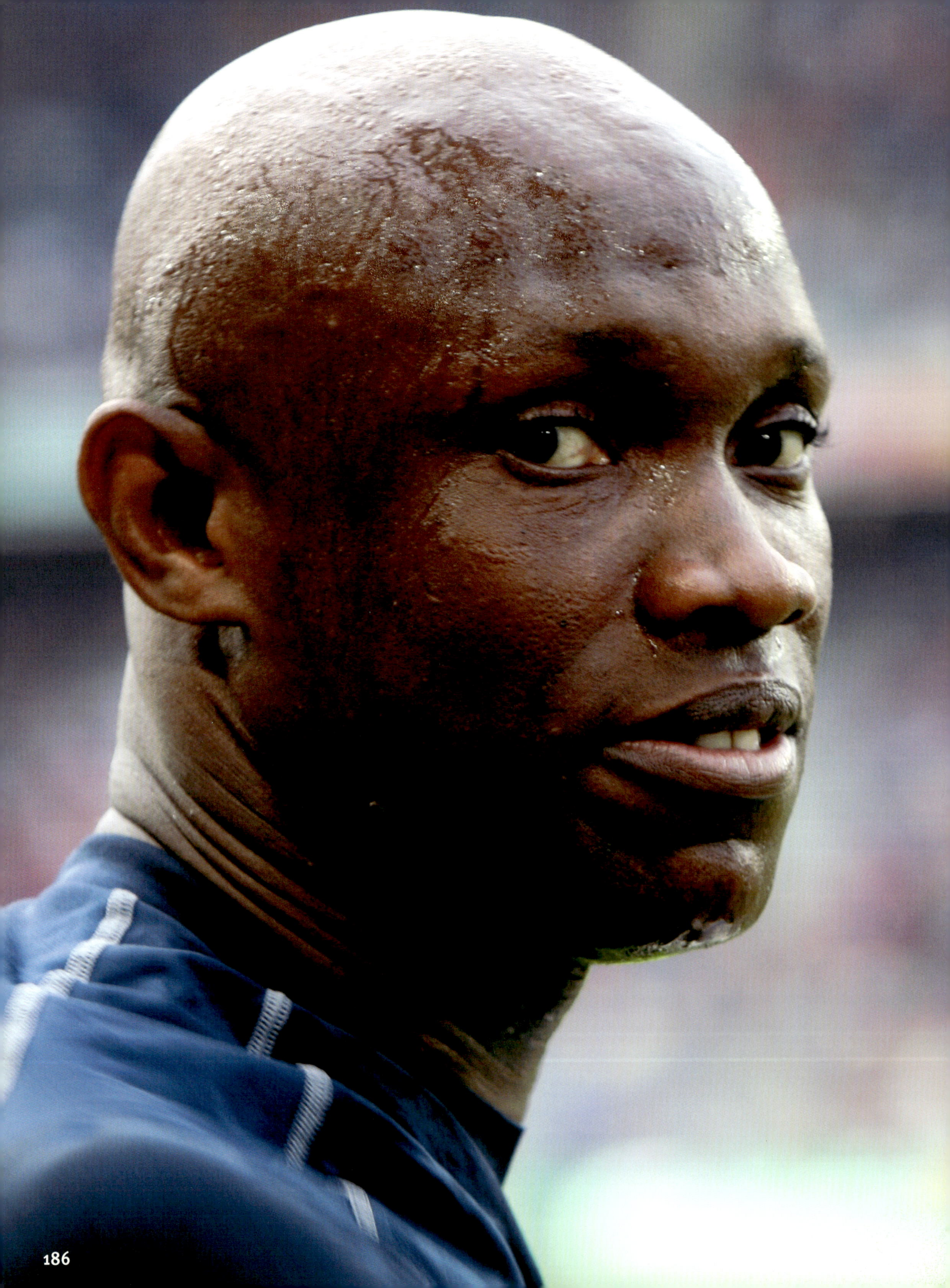

187

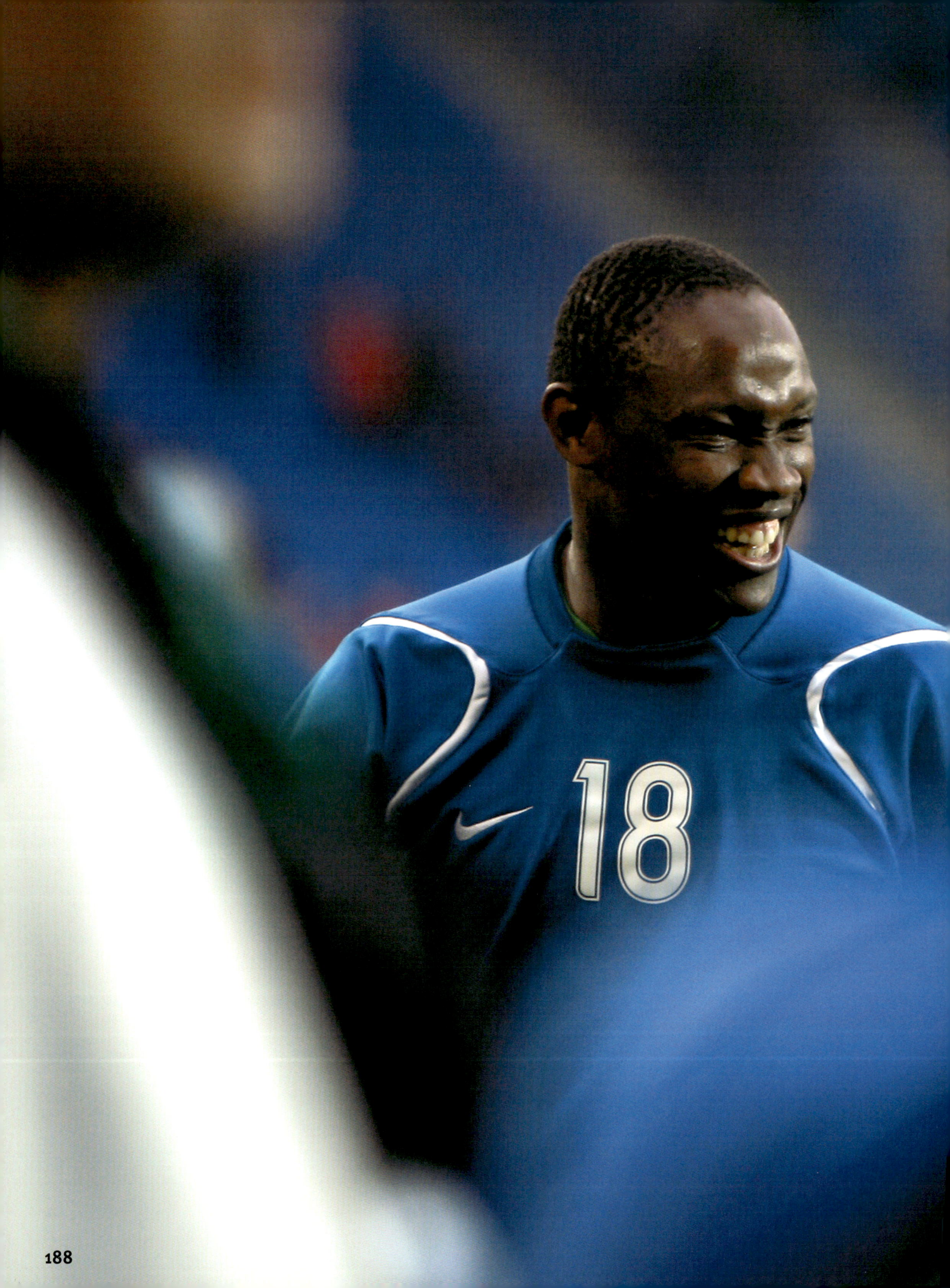
18

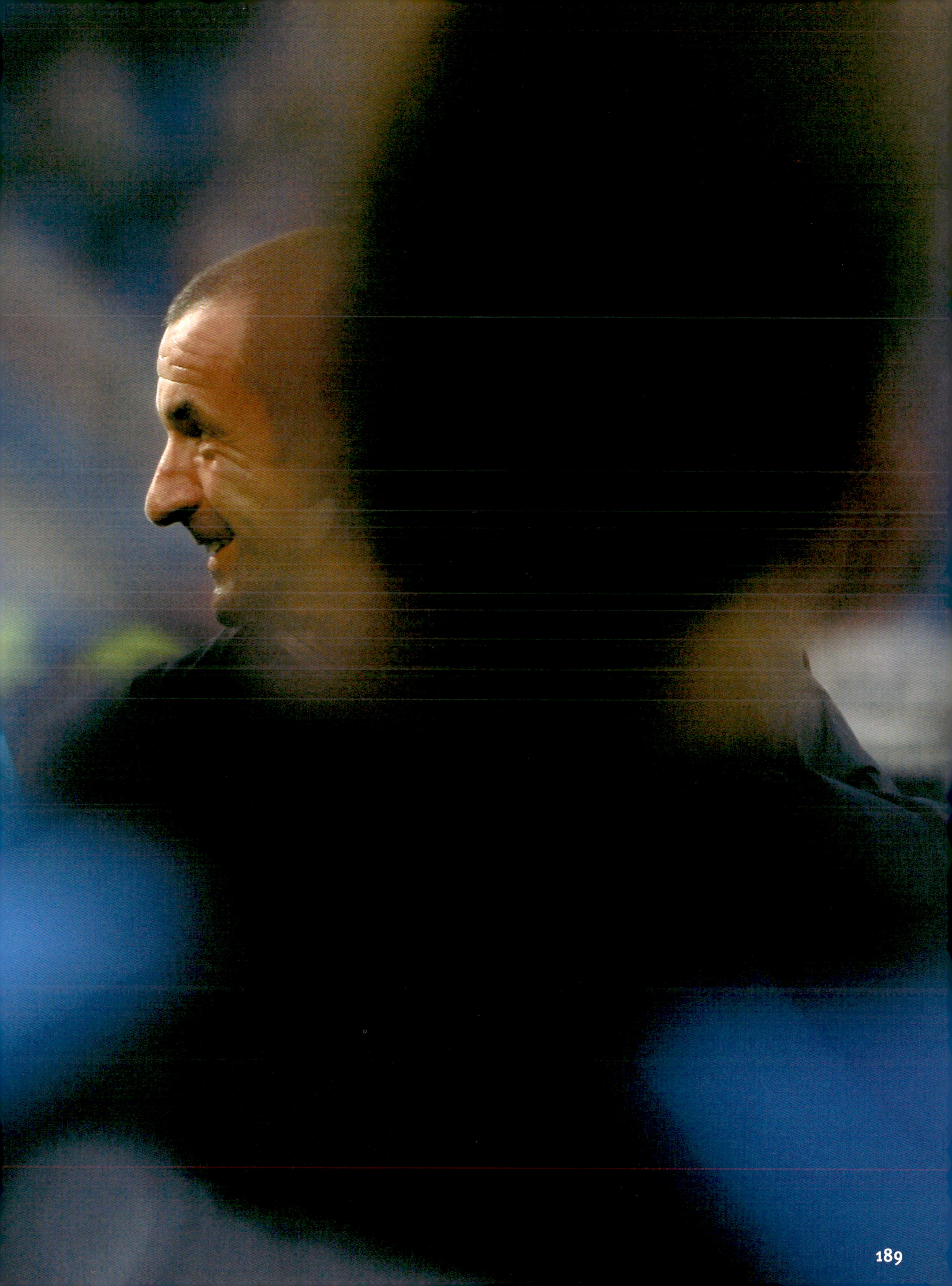

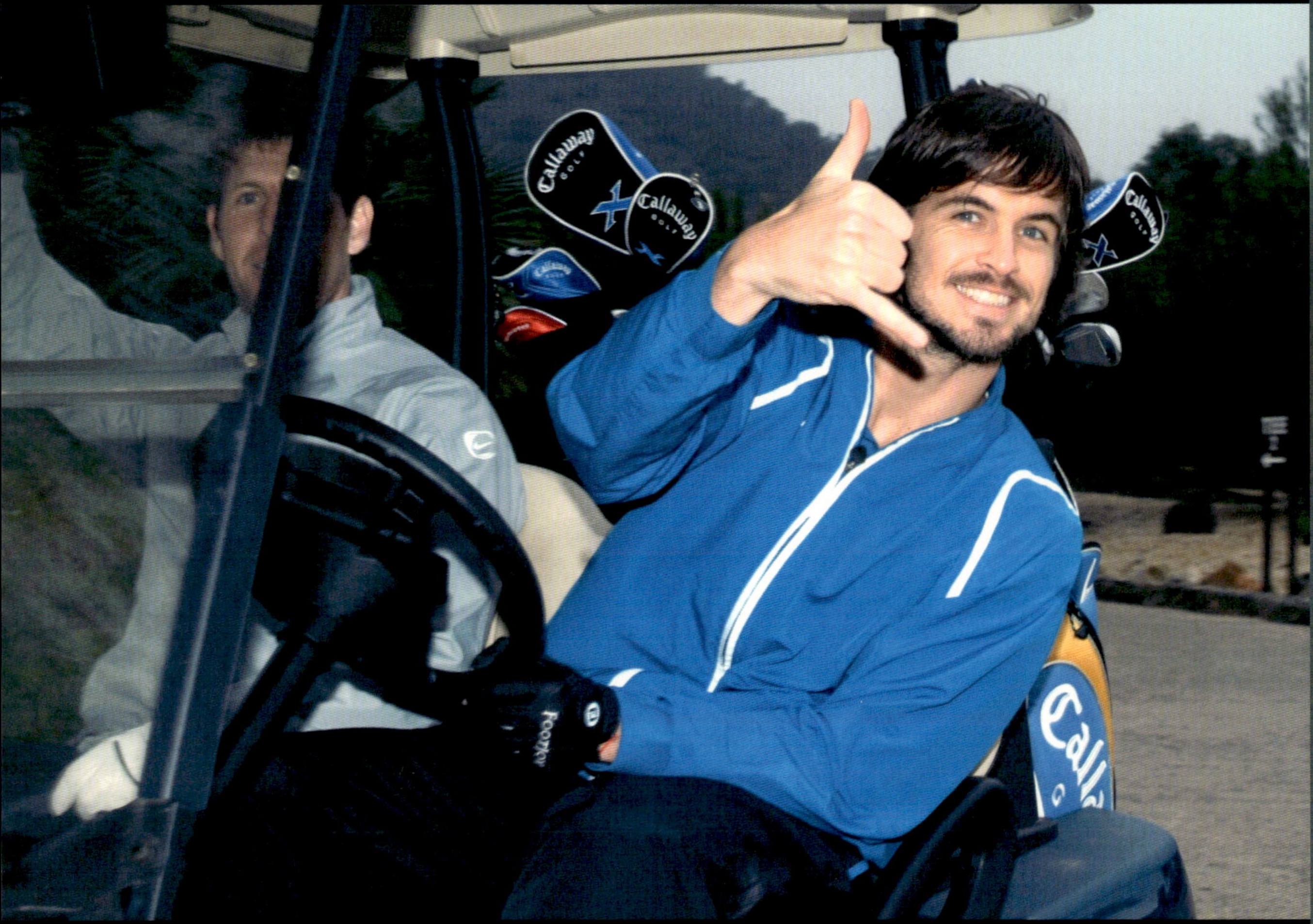
Callaway
GOLF

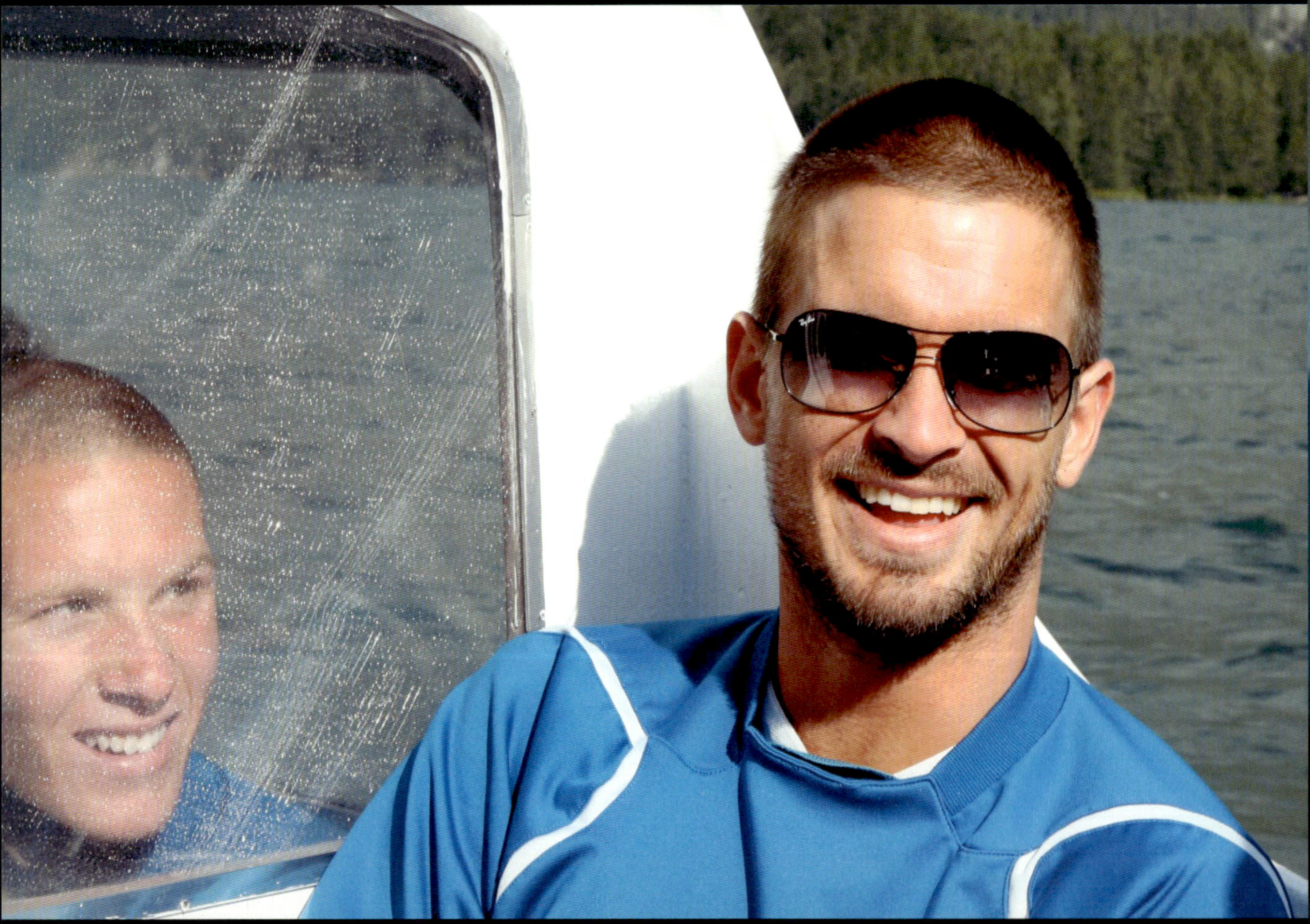

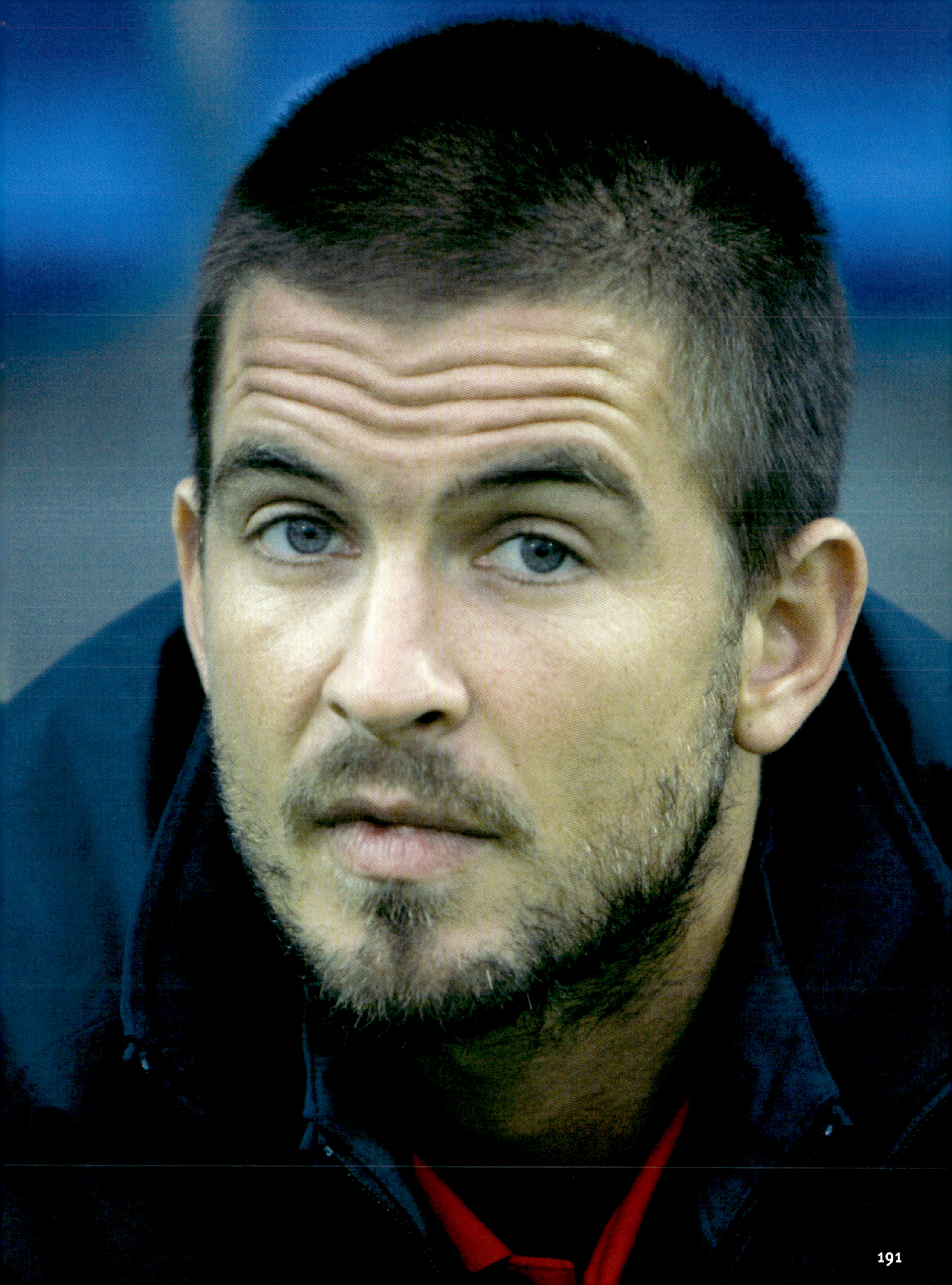

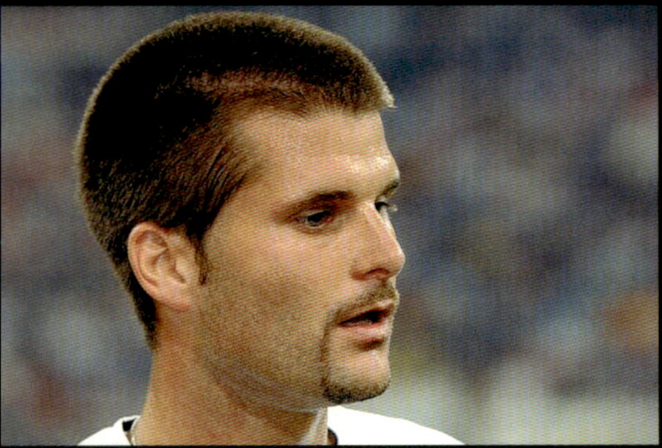
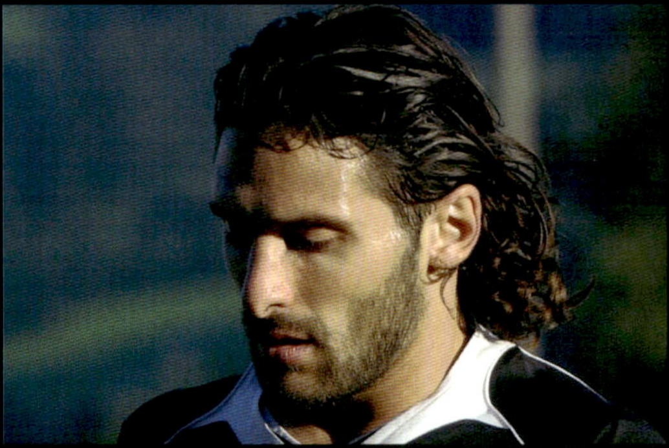
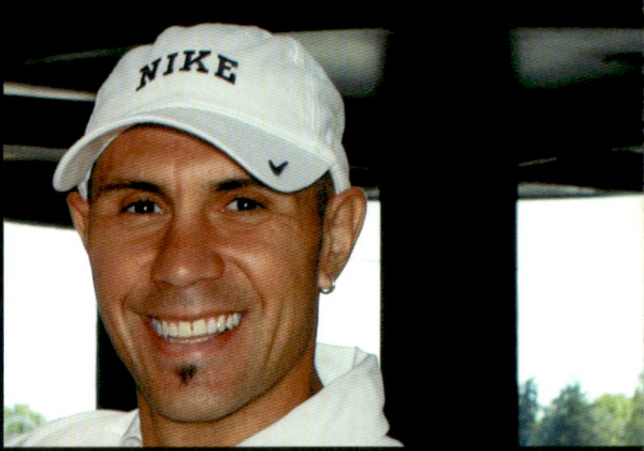
NIKE
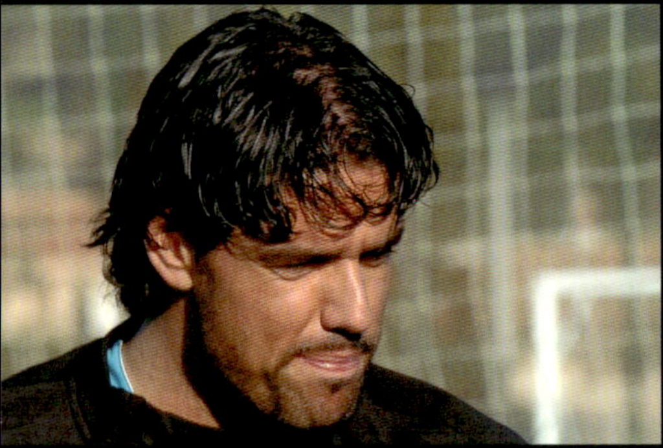
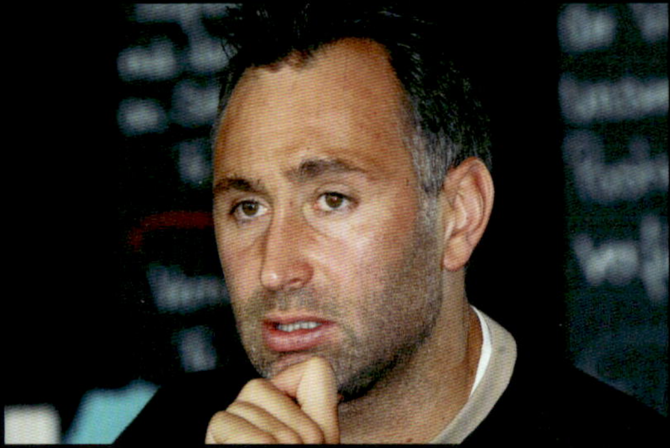
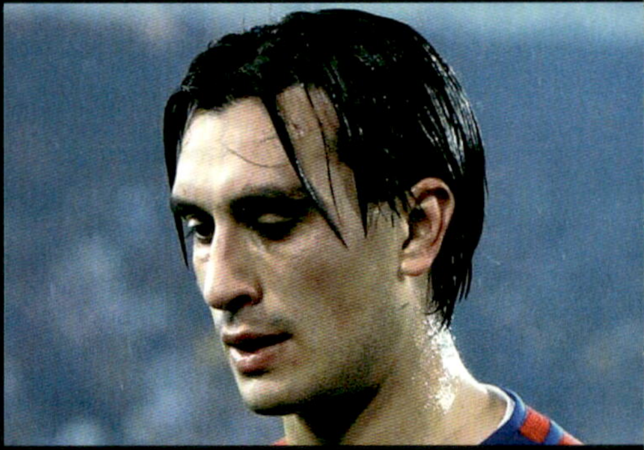
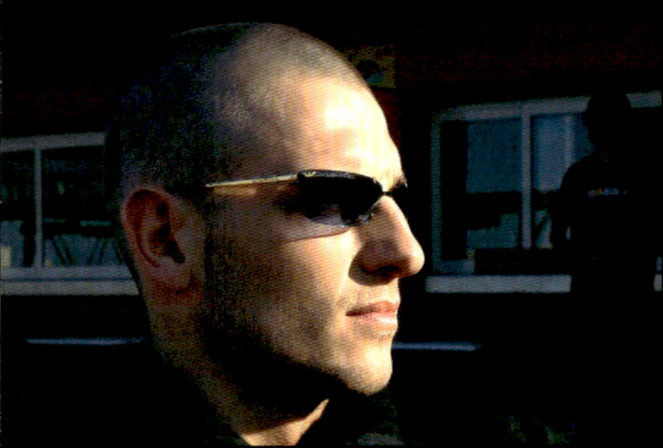
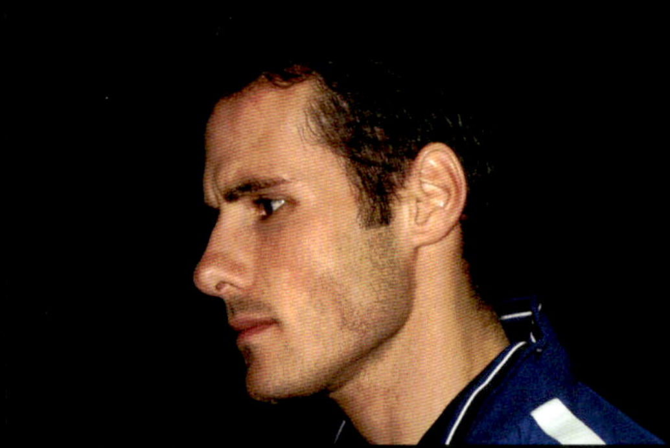
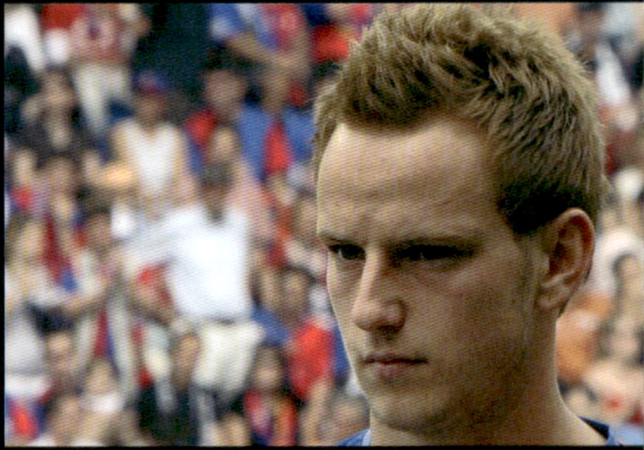
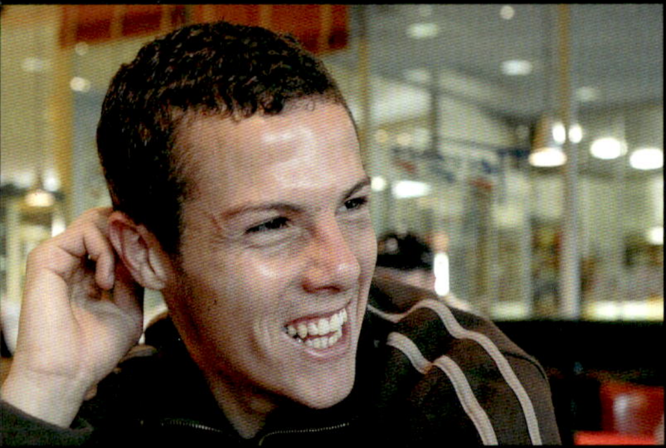
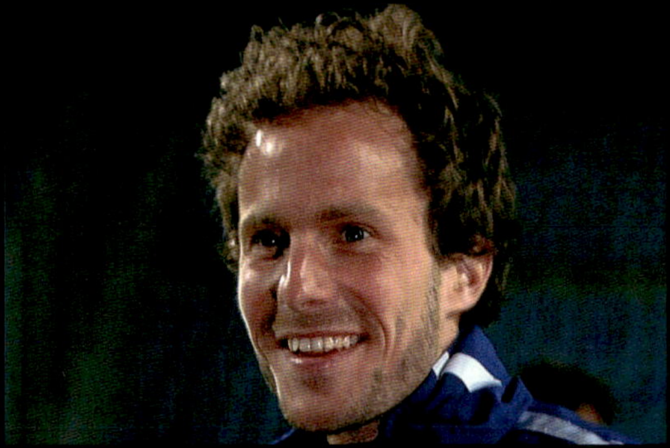
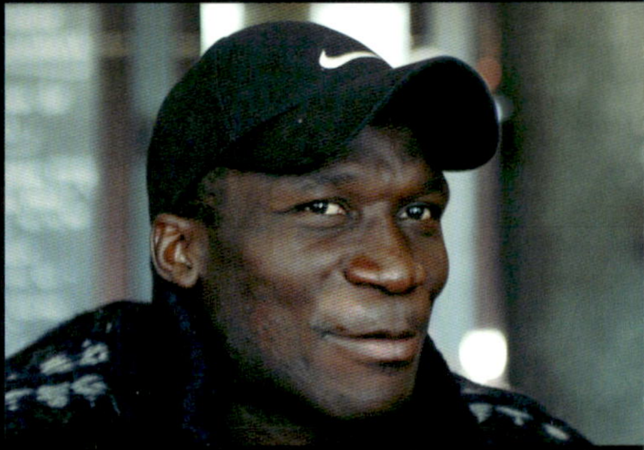
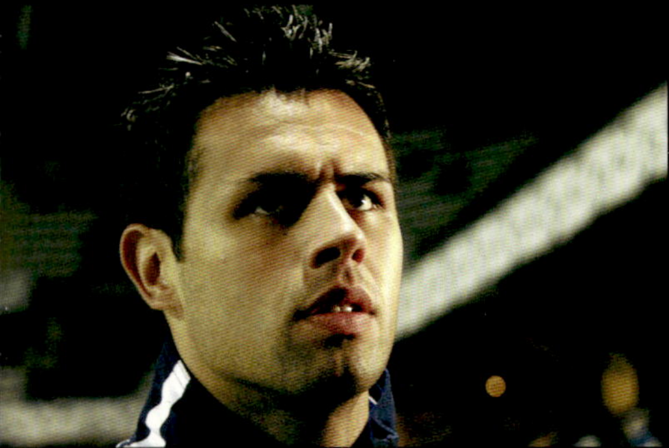
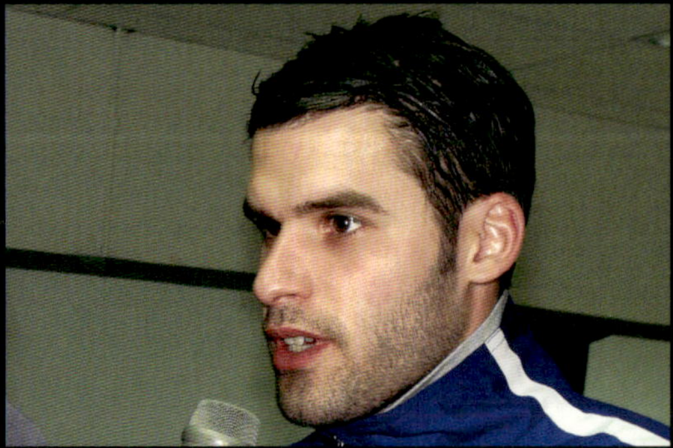
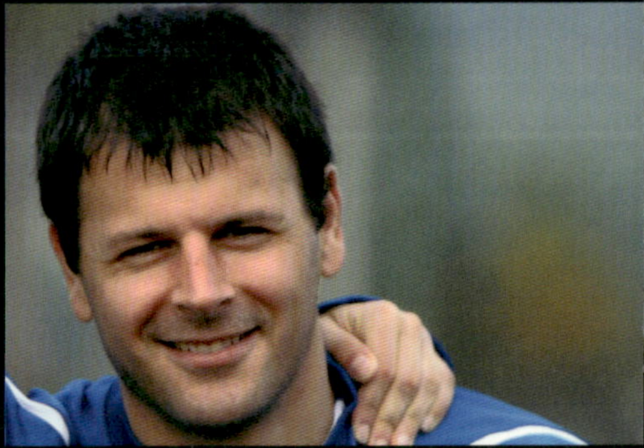

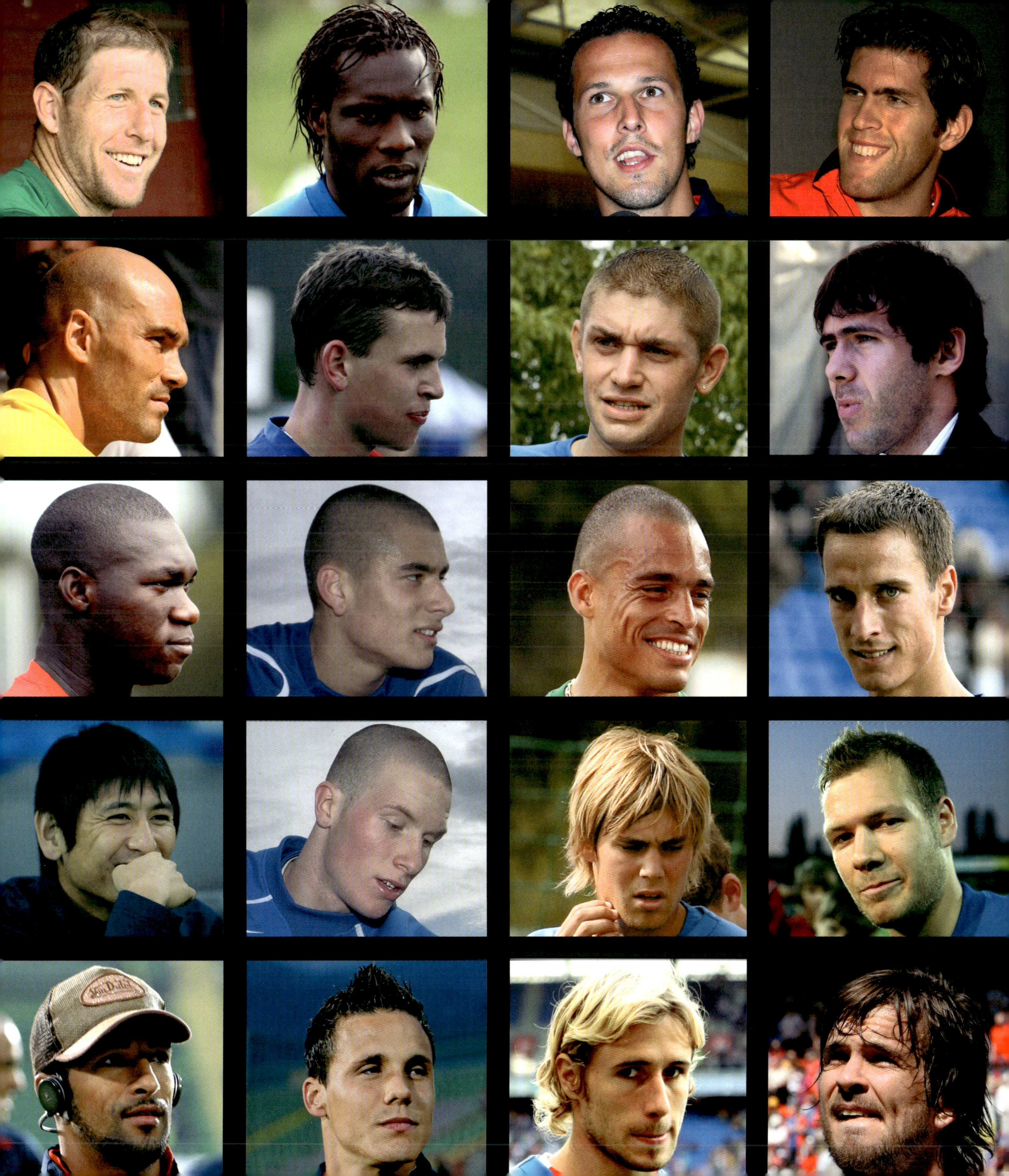

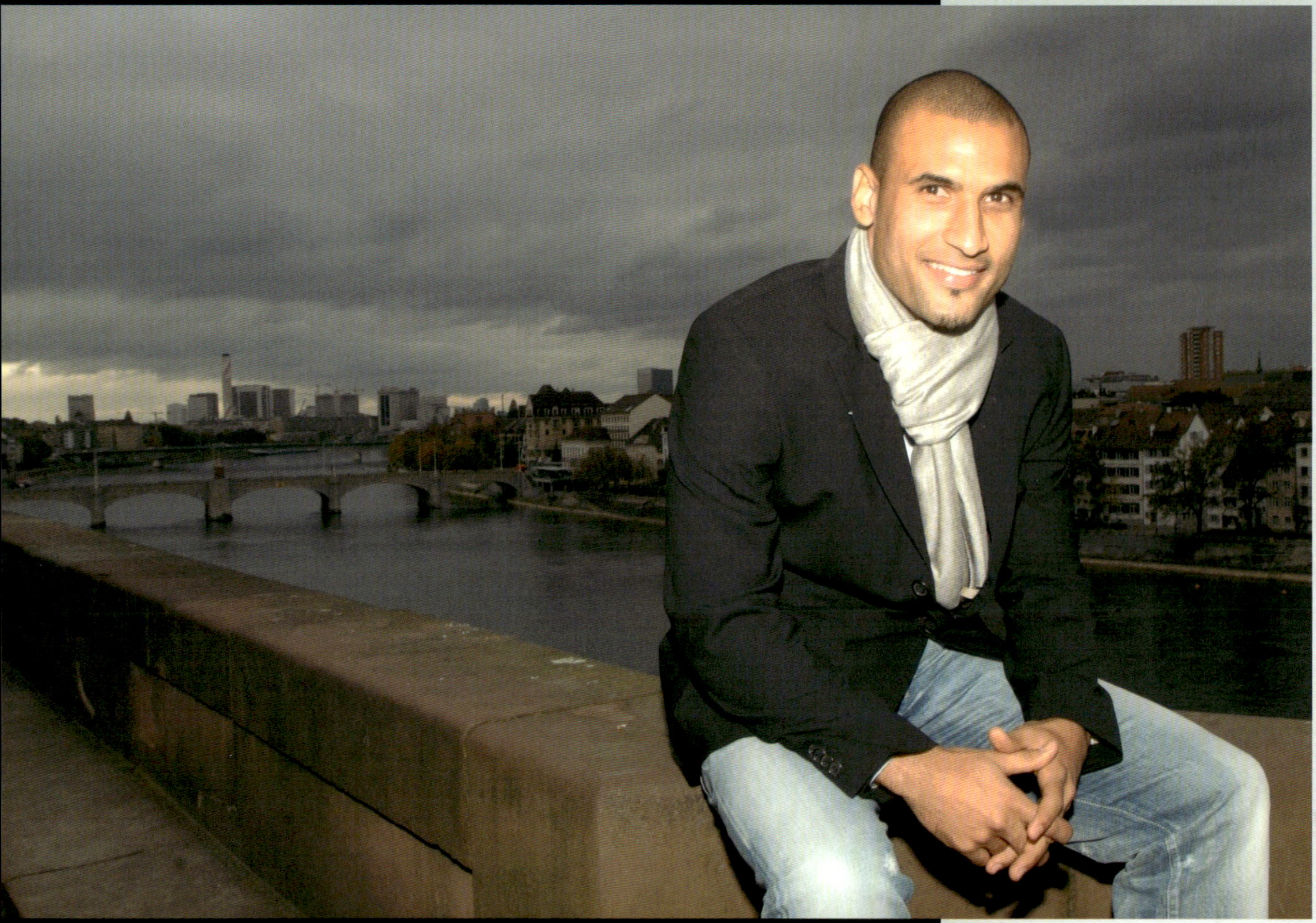

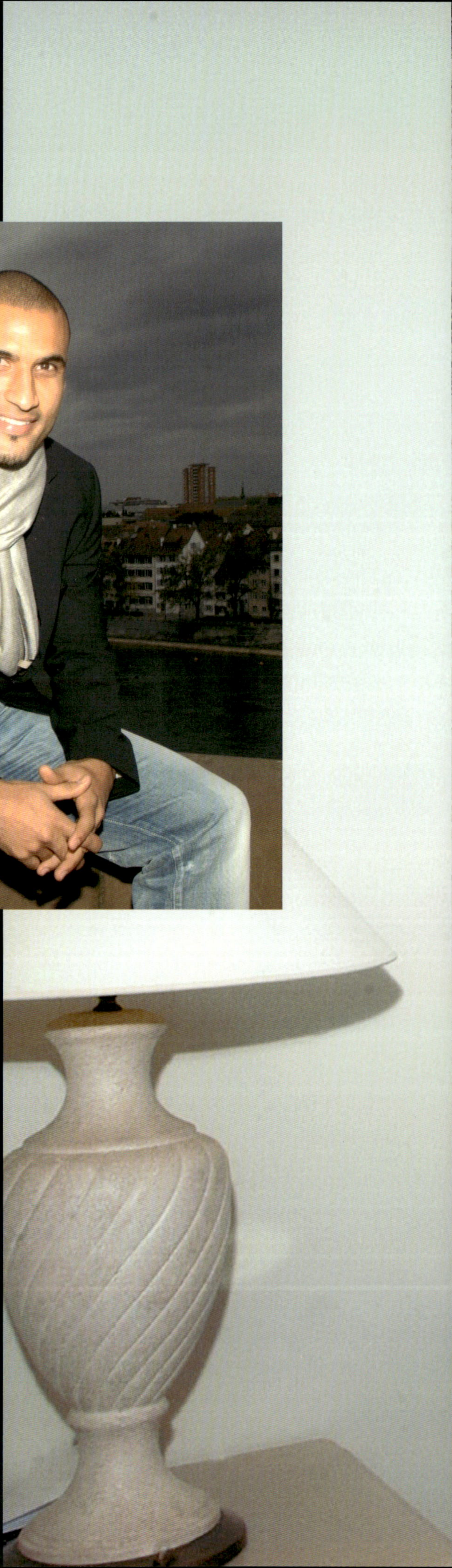

195

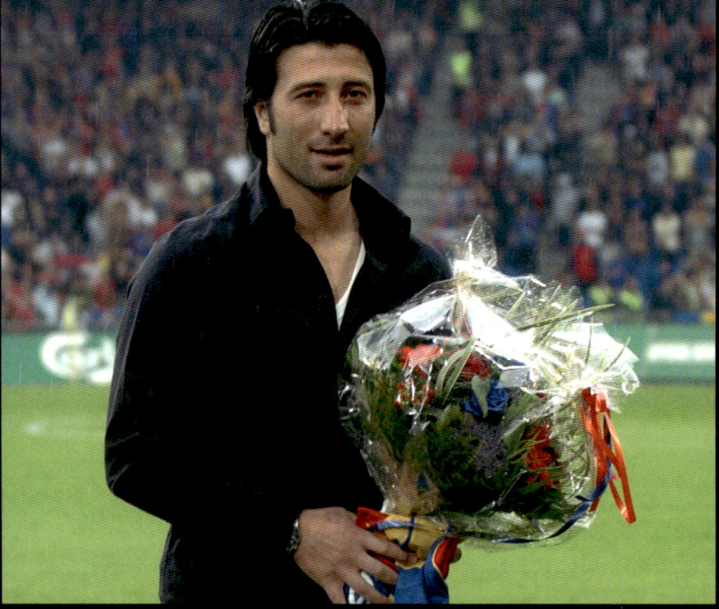

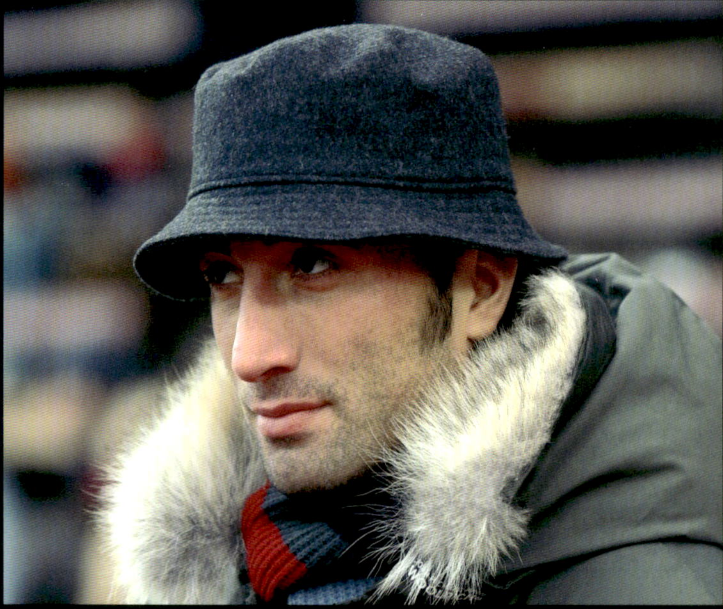

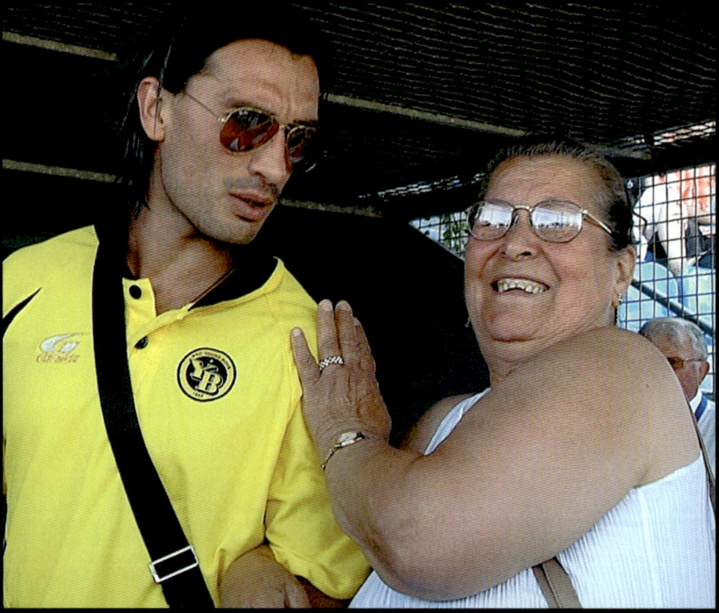

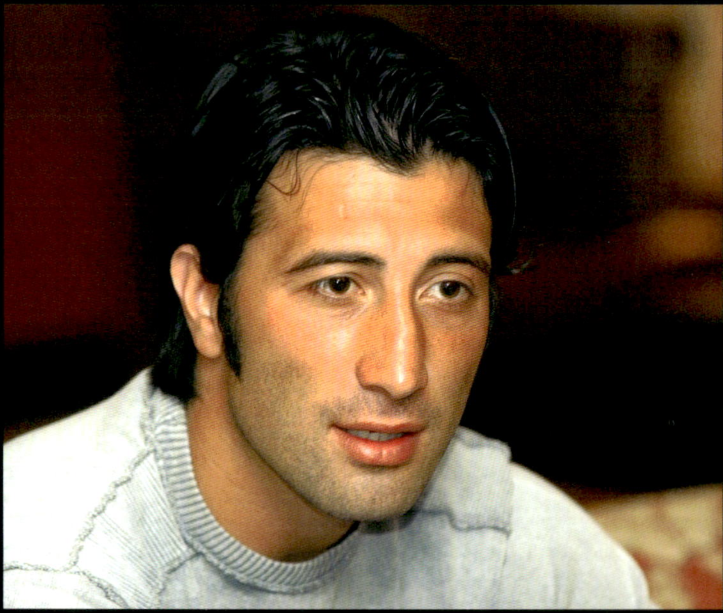

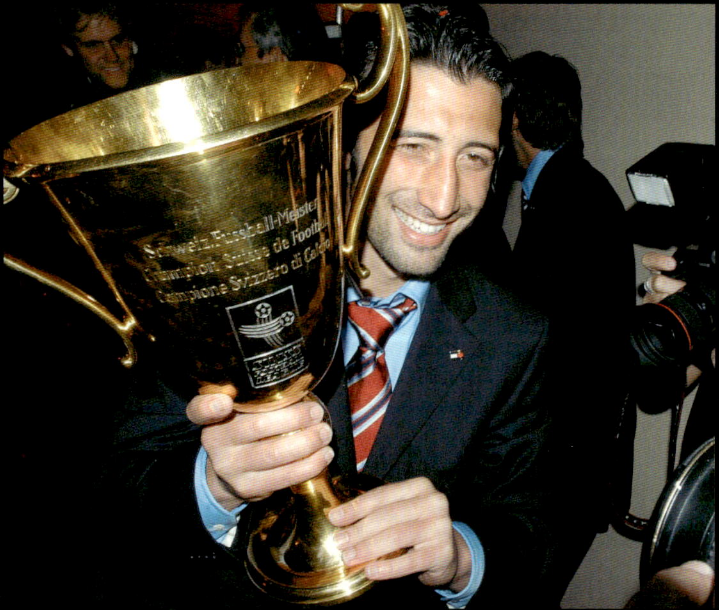
Fussball-Meister
Svizzero di Calcio

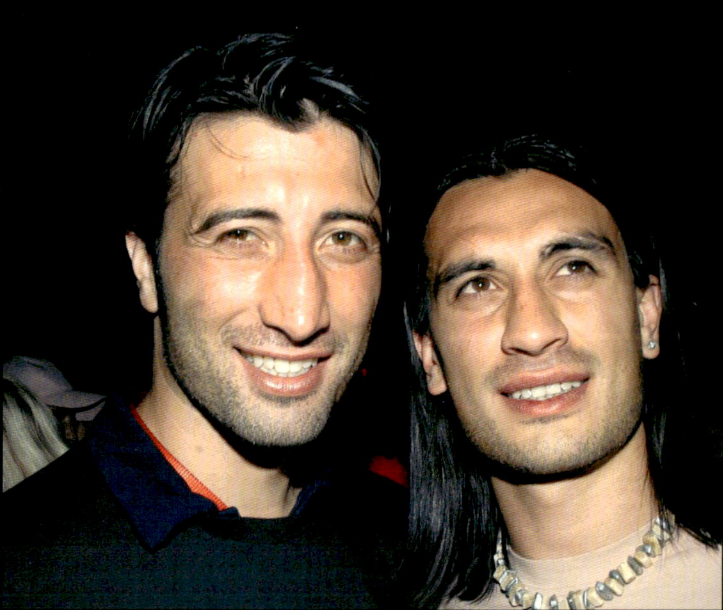

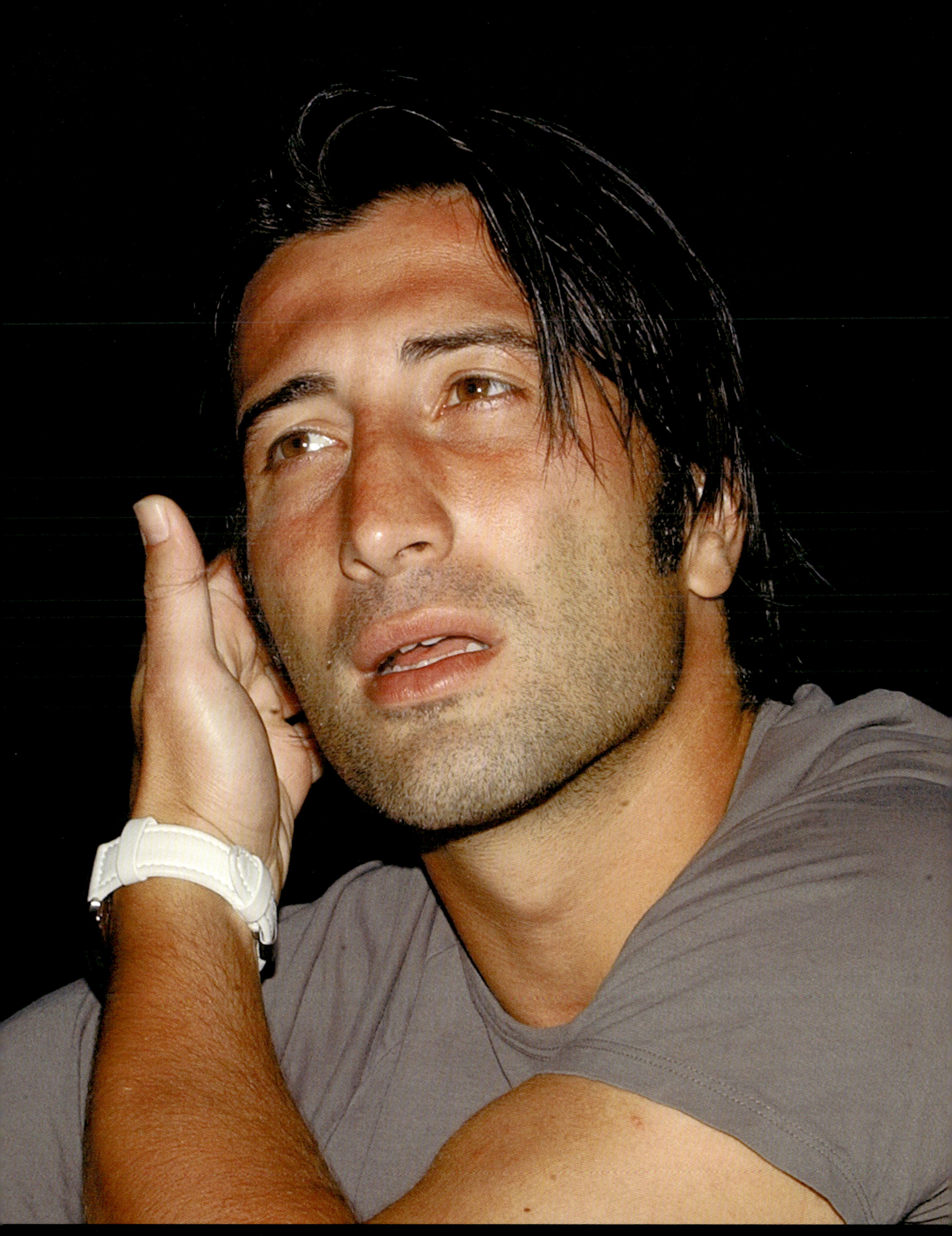

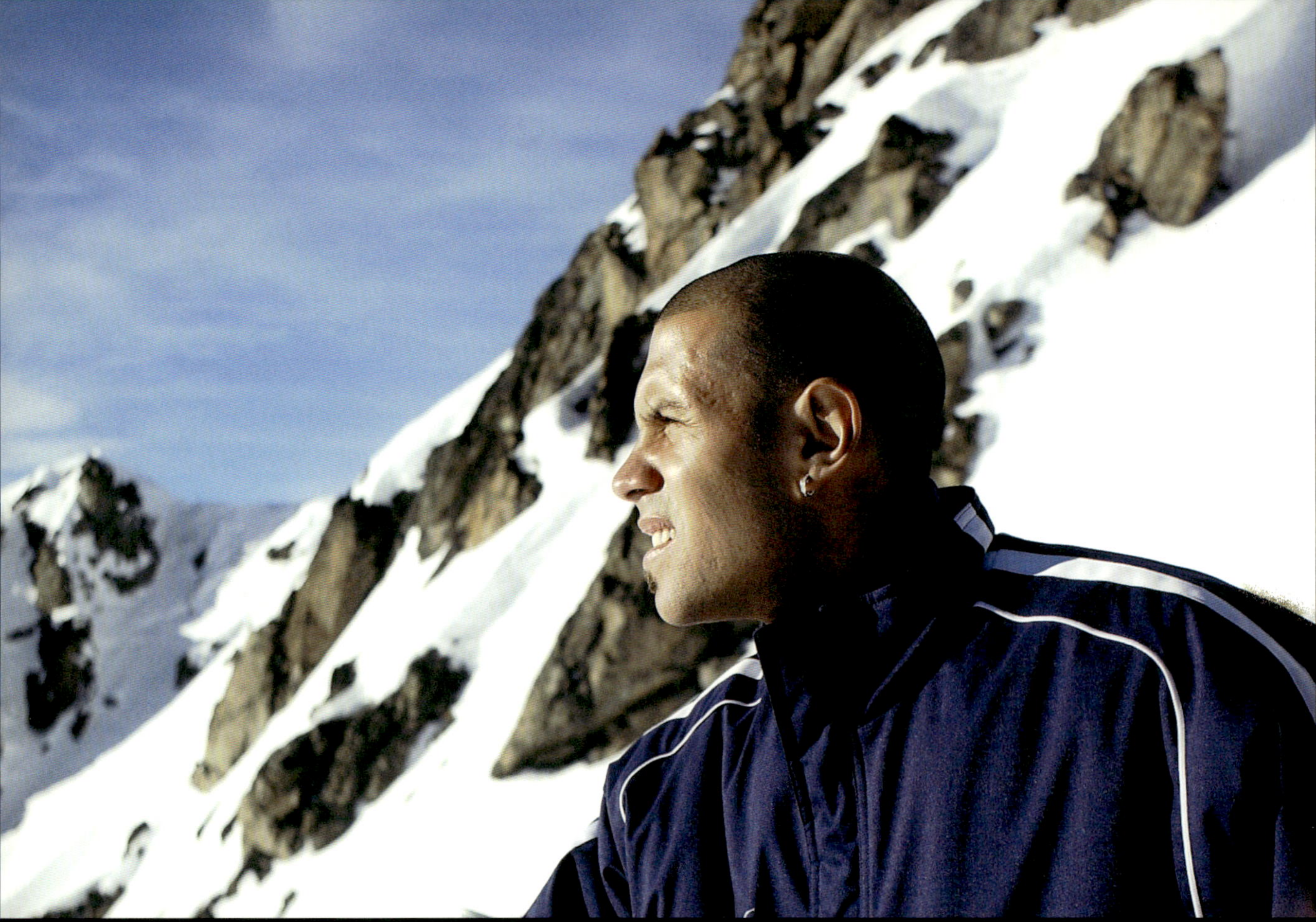

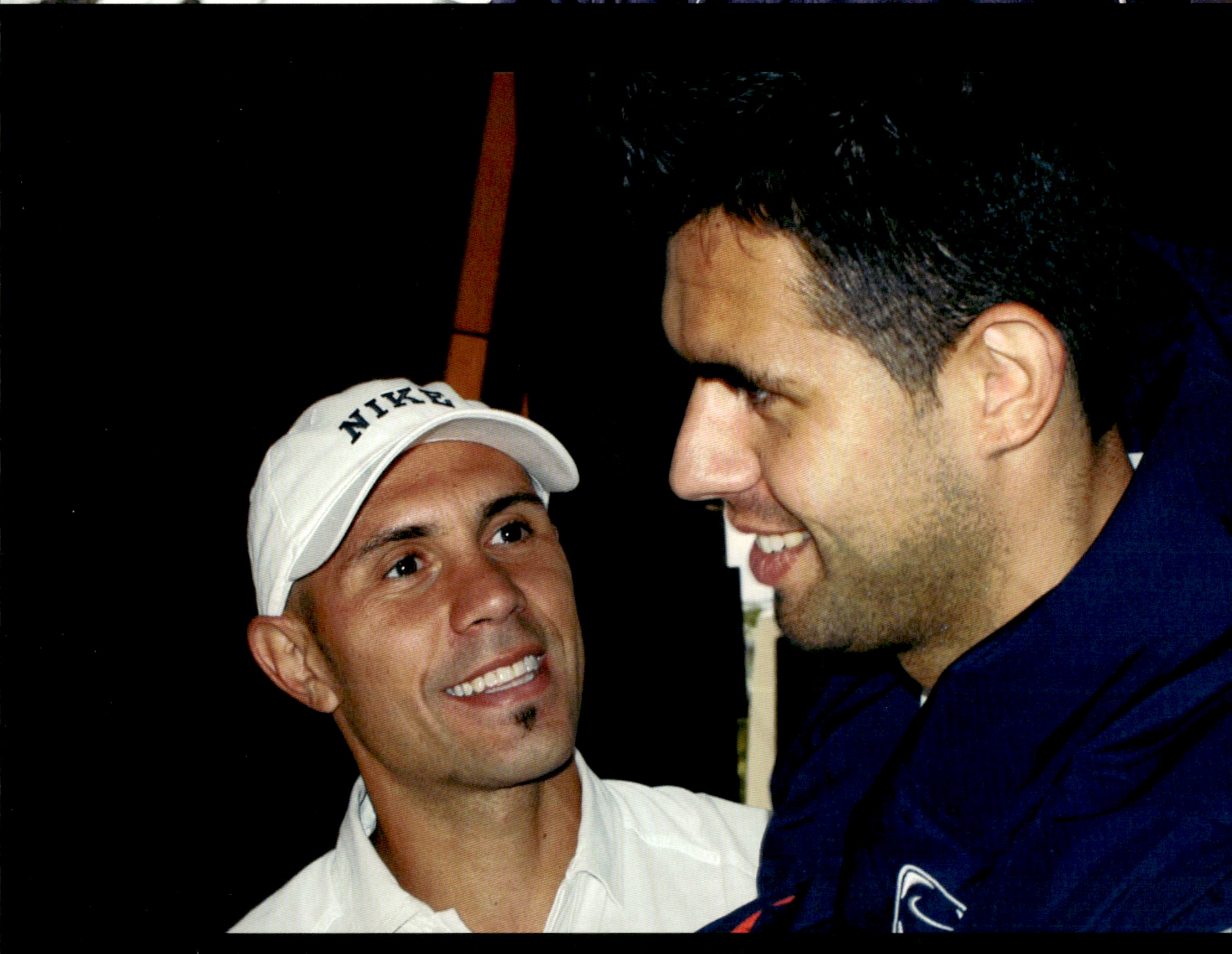
NIKE

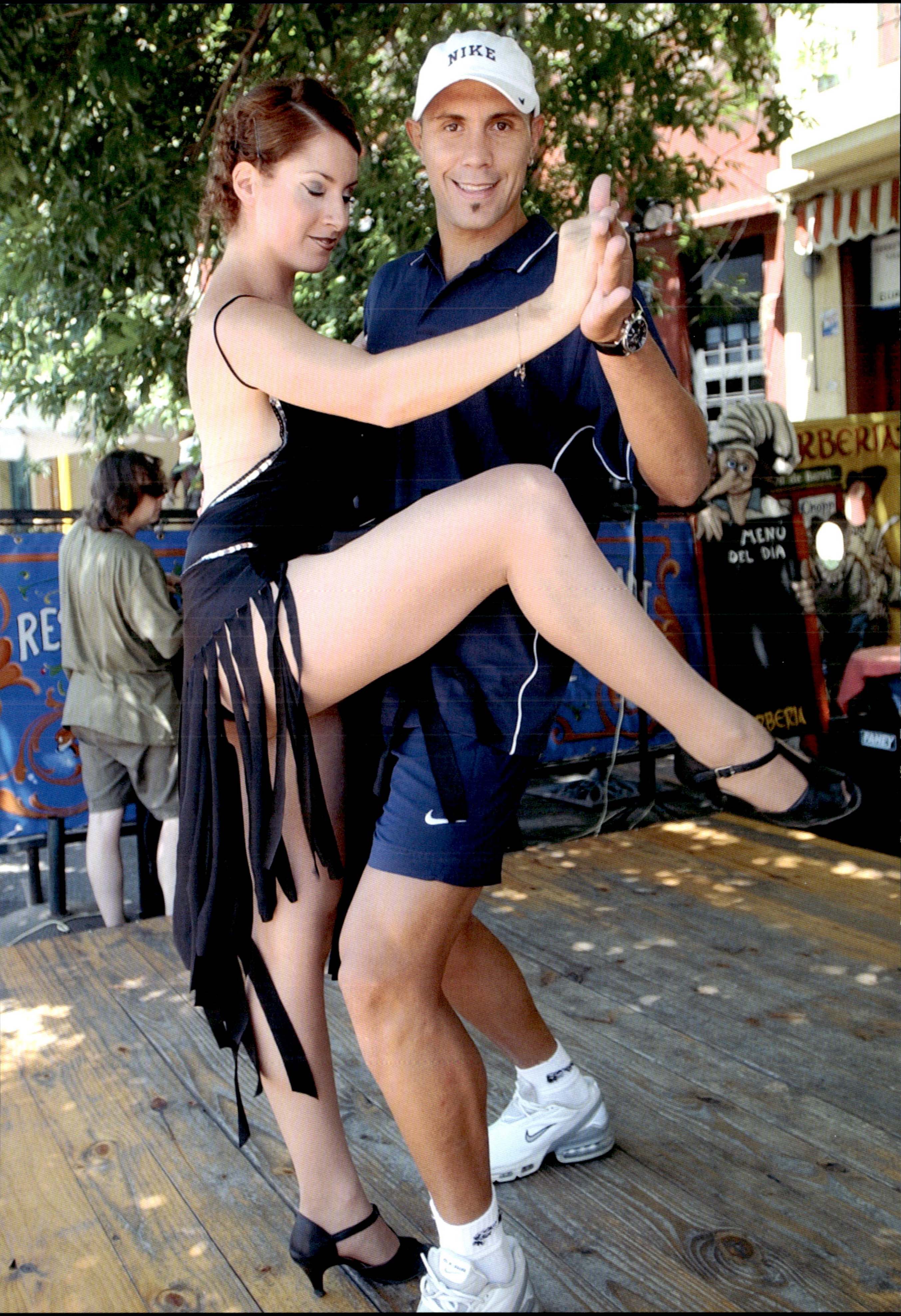
NIKE
MENU
DEL DIA

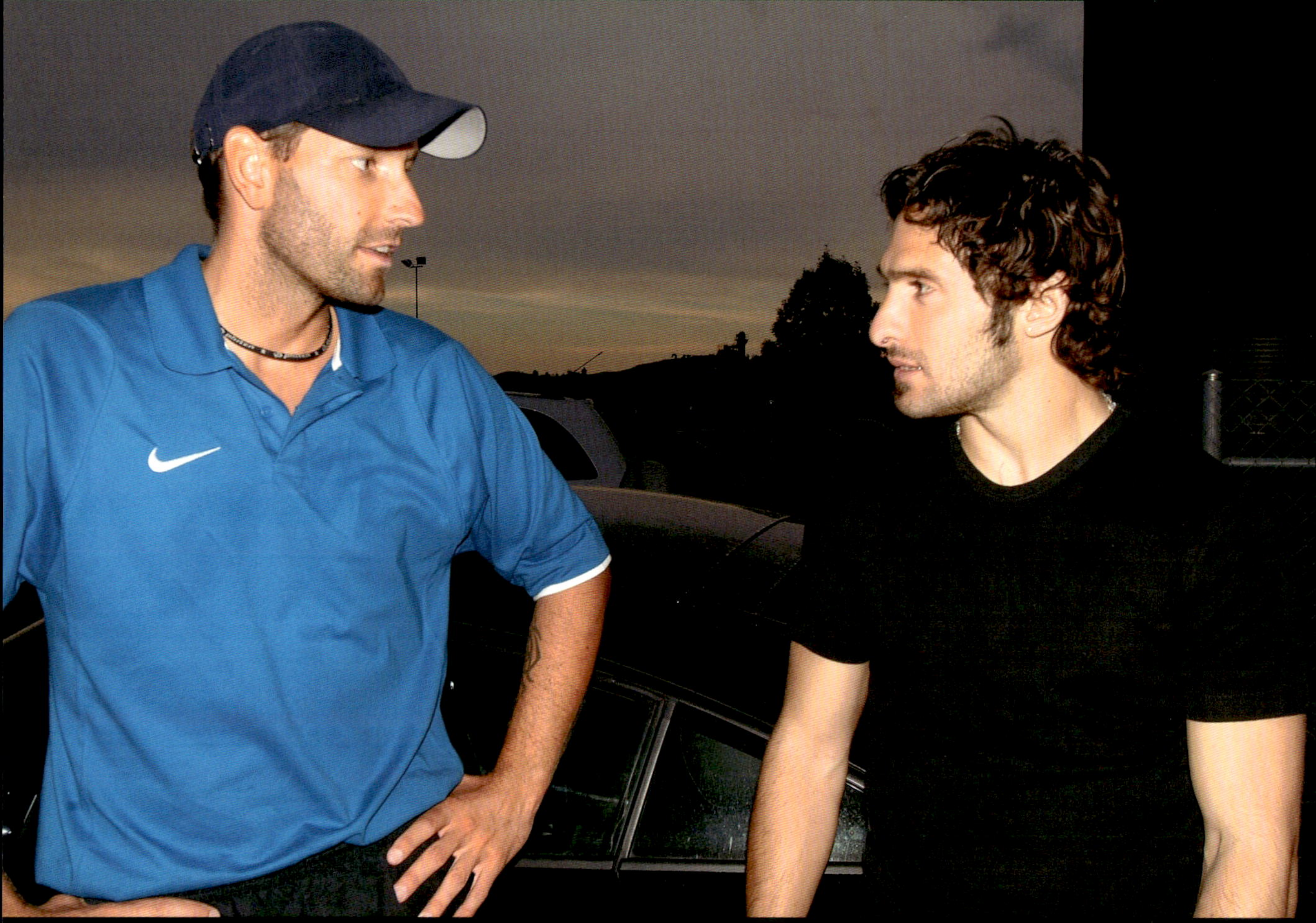

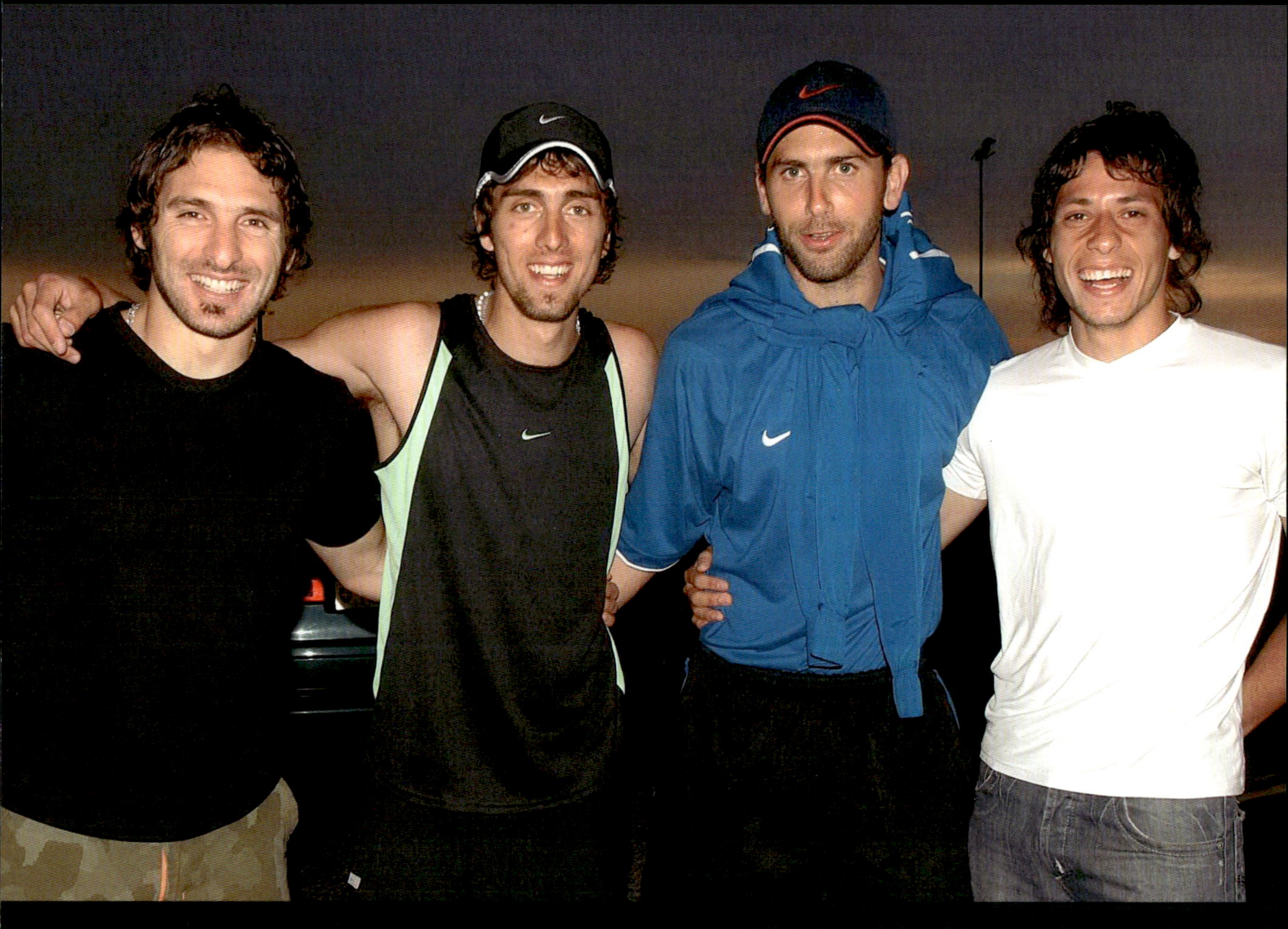

201

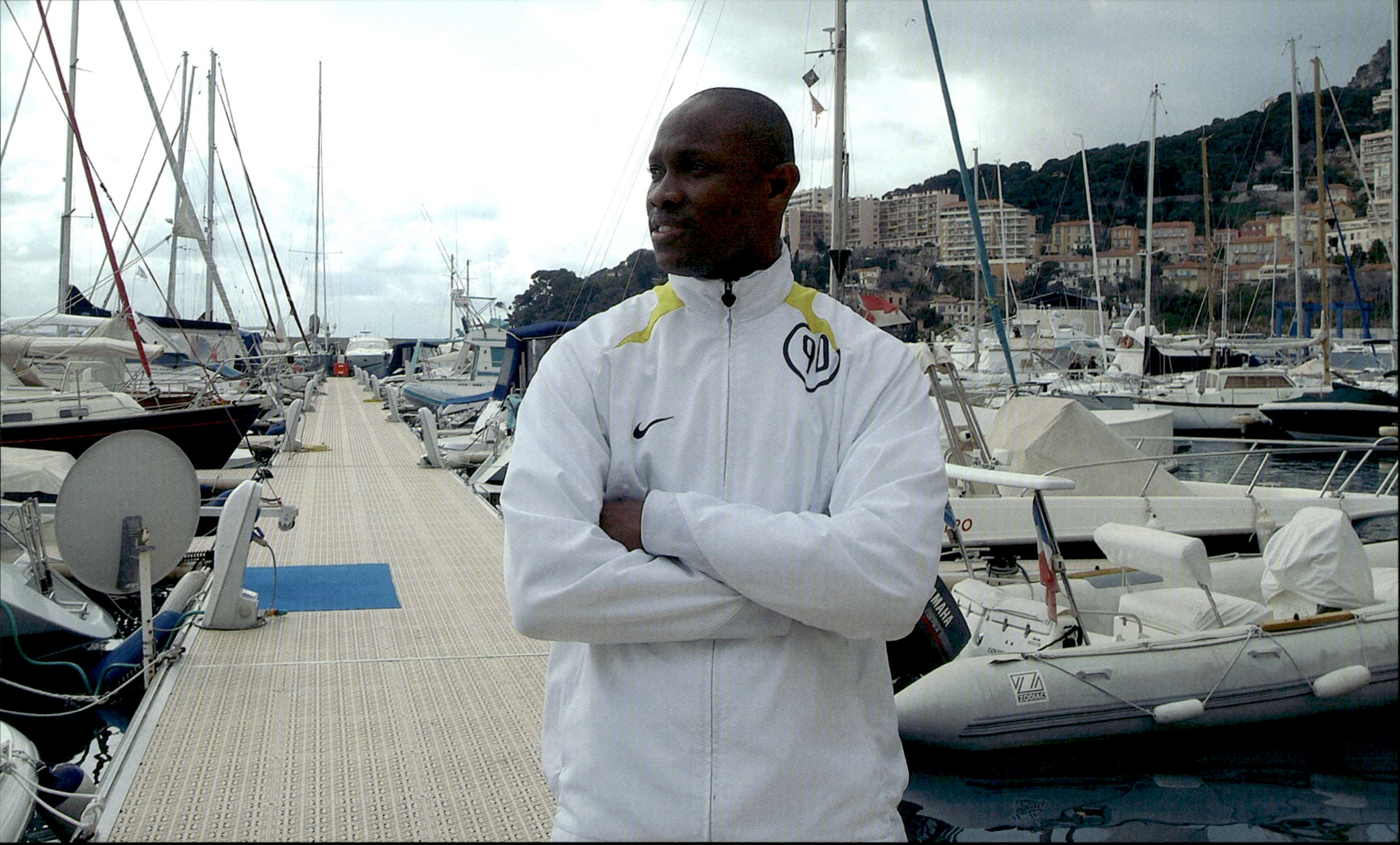

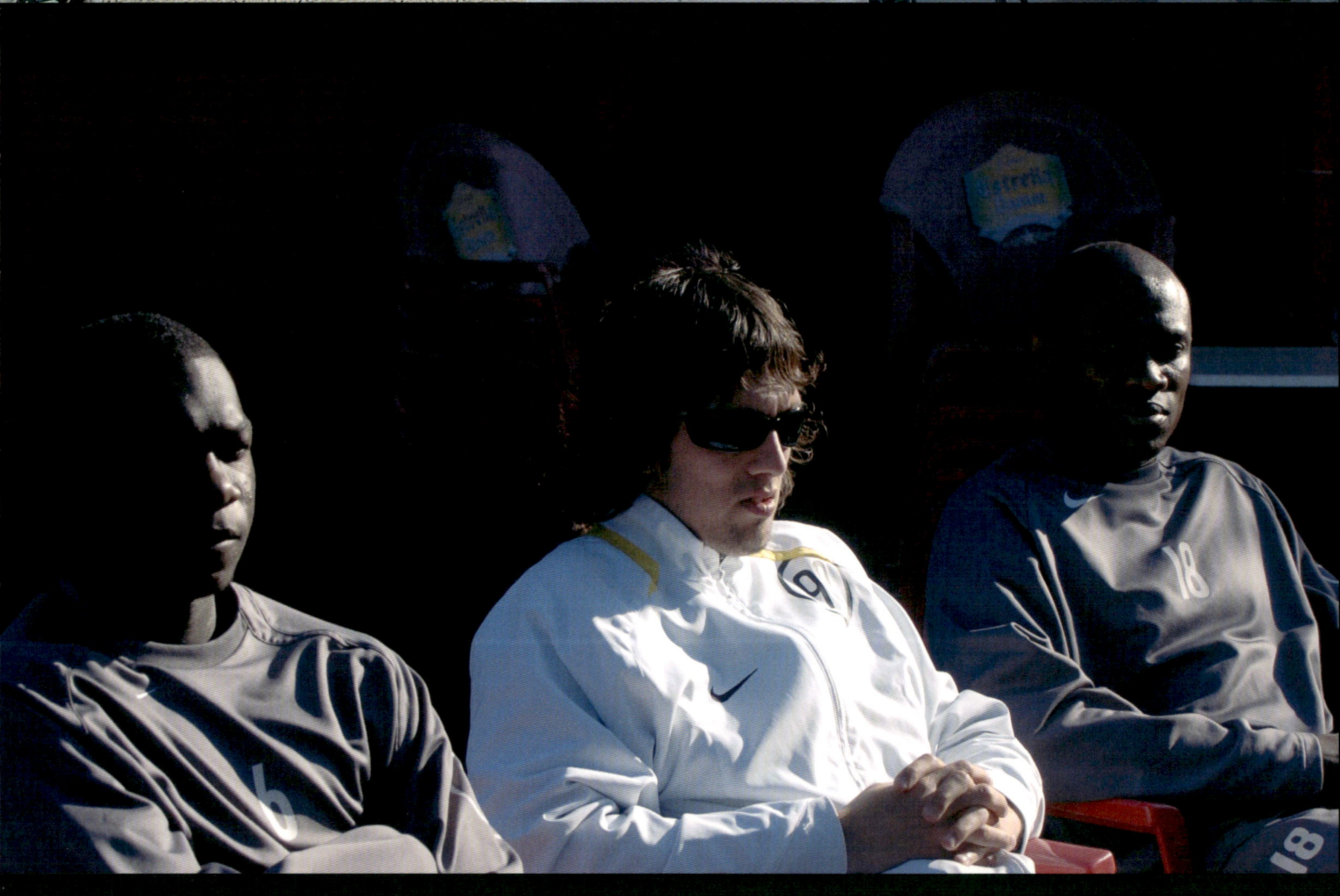

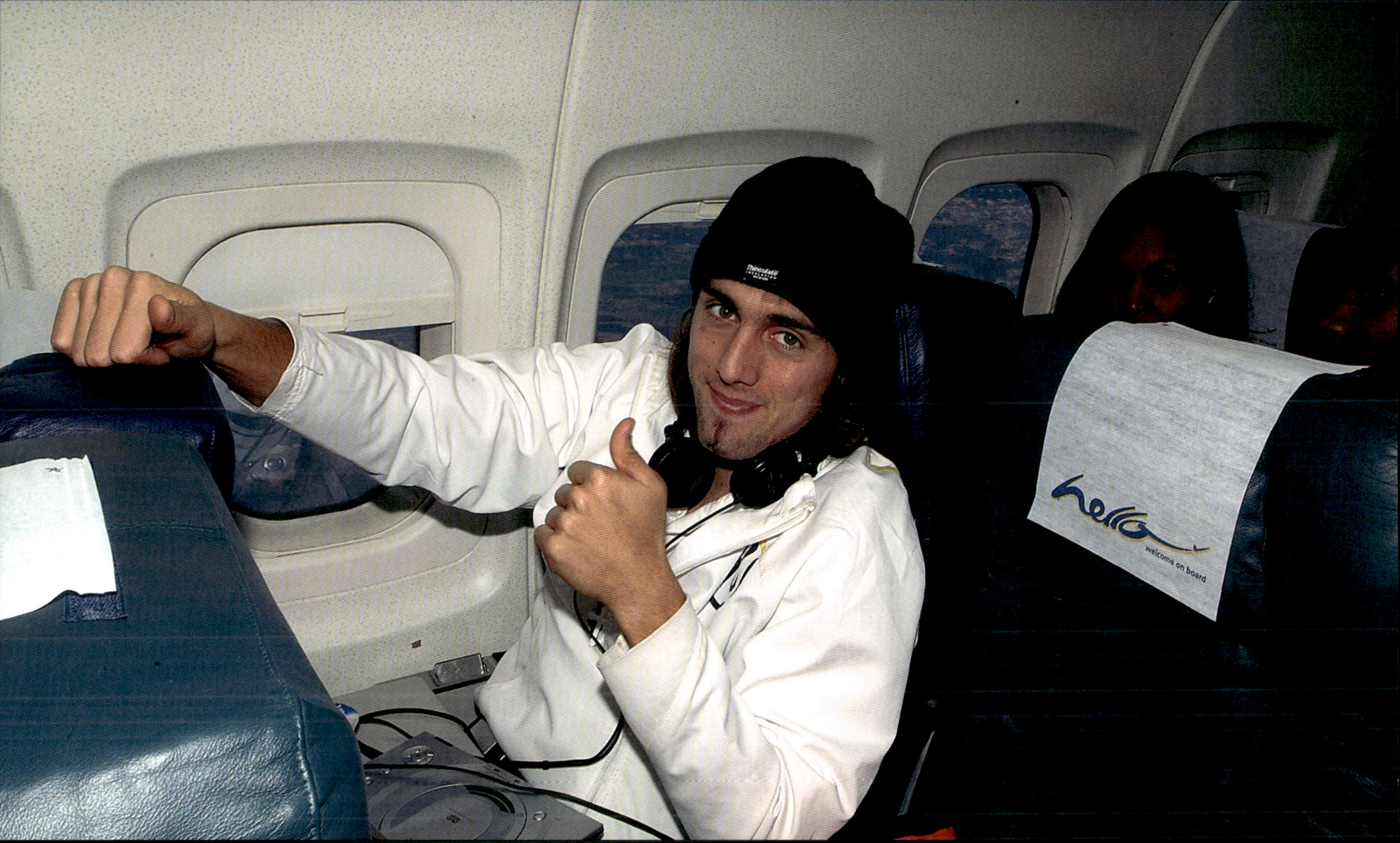
welcome on board

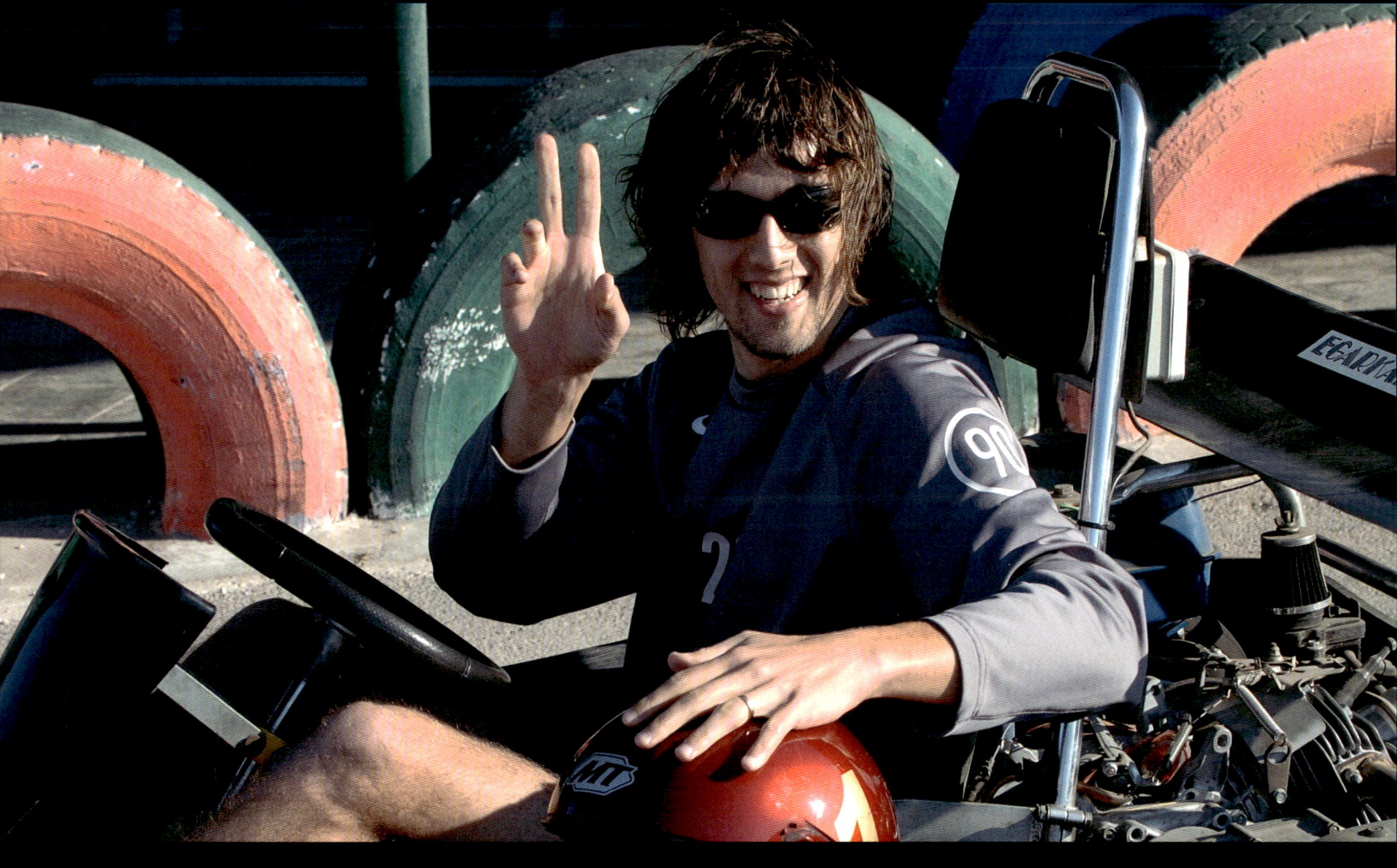

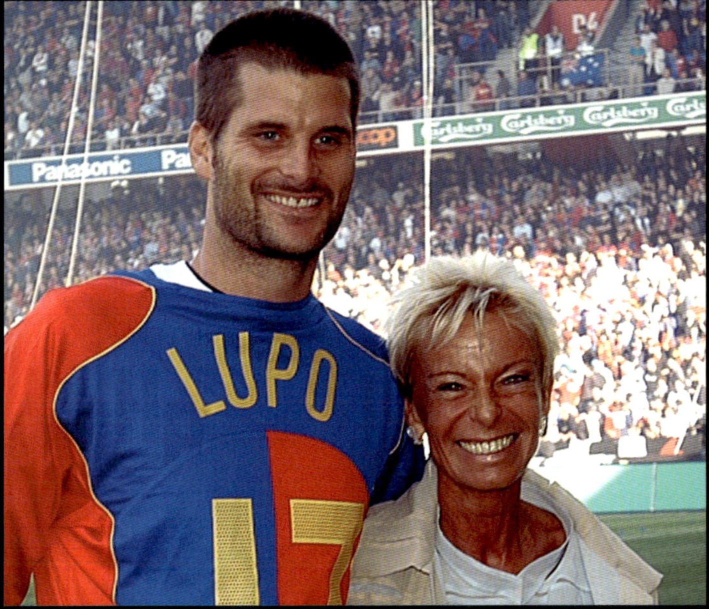
Panasonic
Carlsberg
LUPO
17
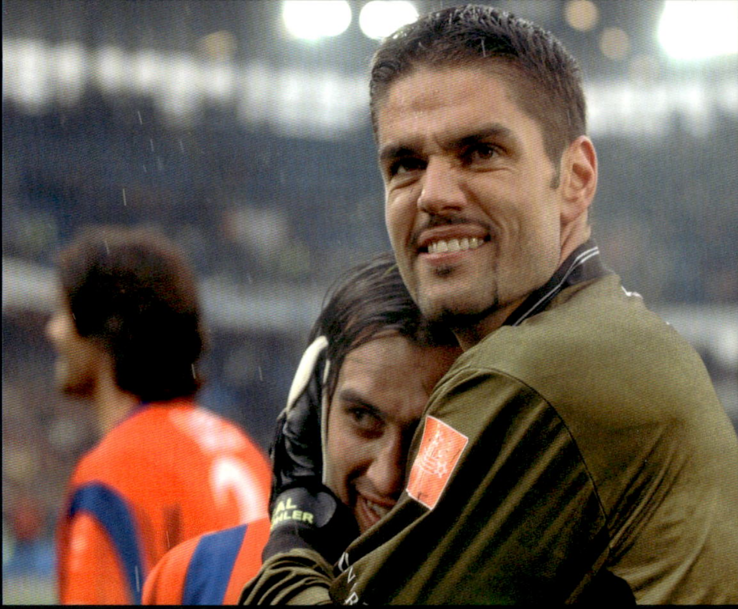
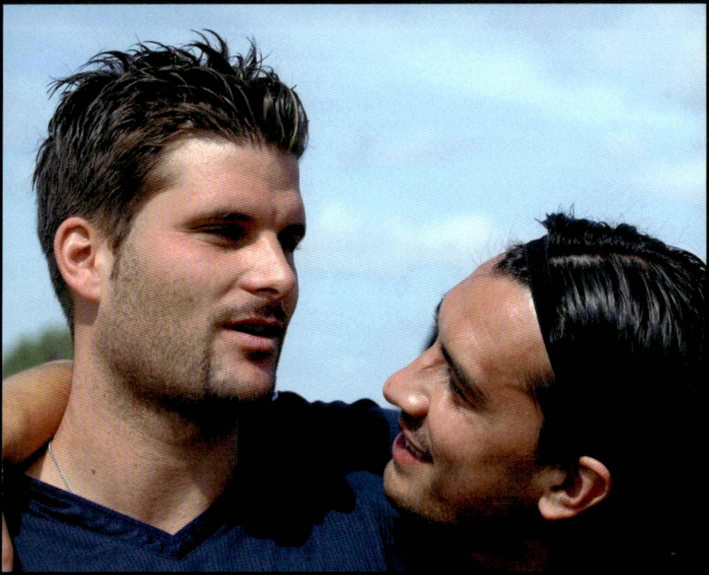
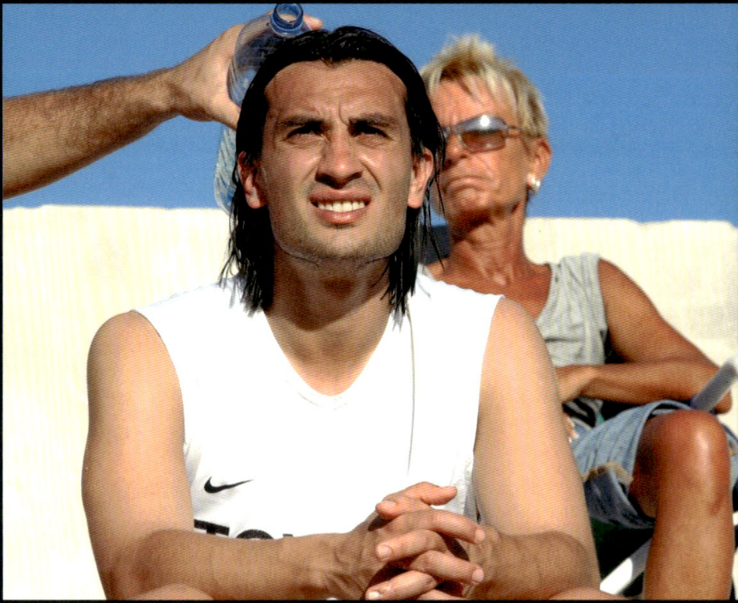
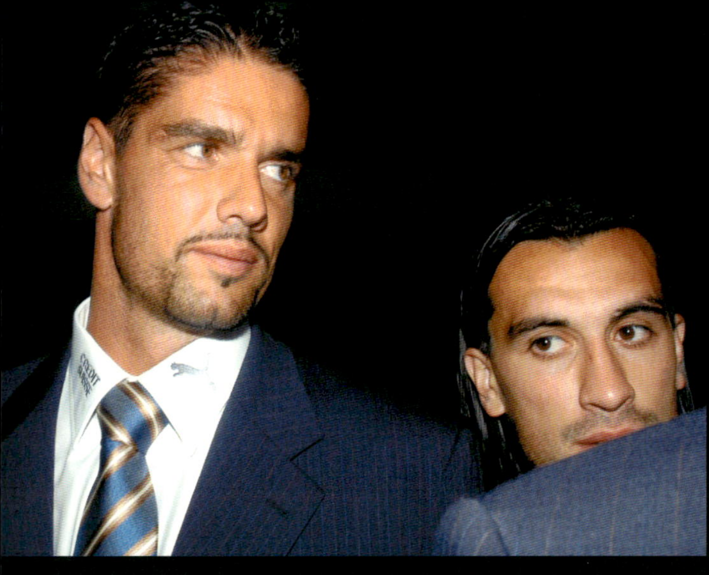
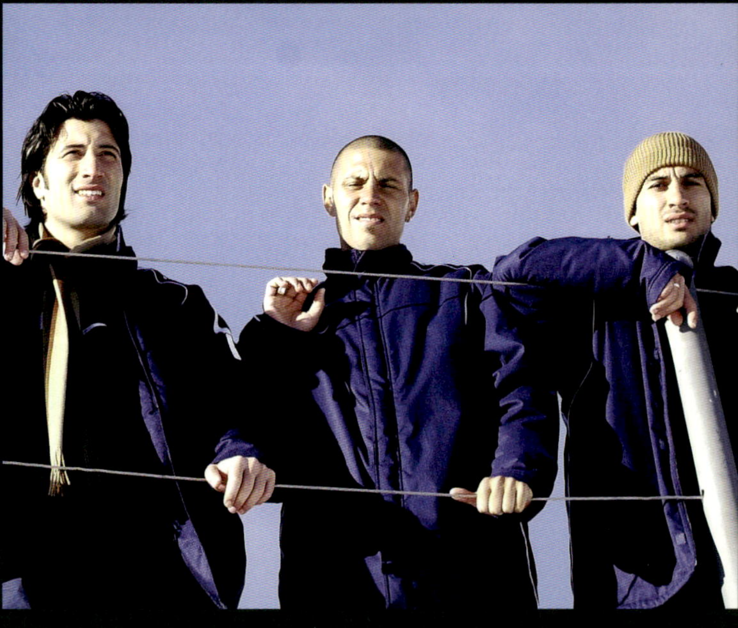

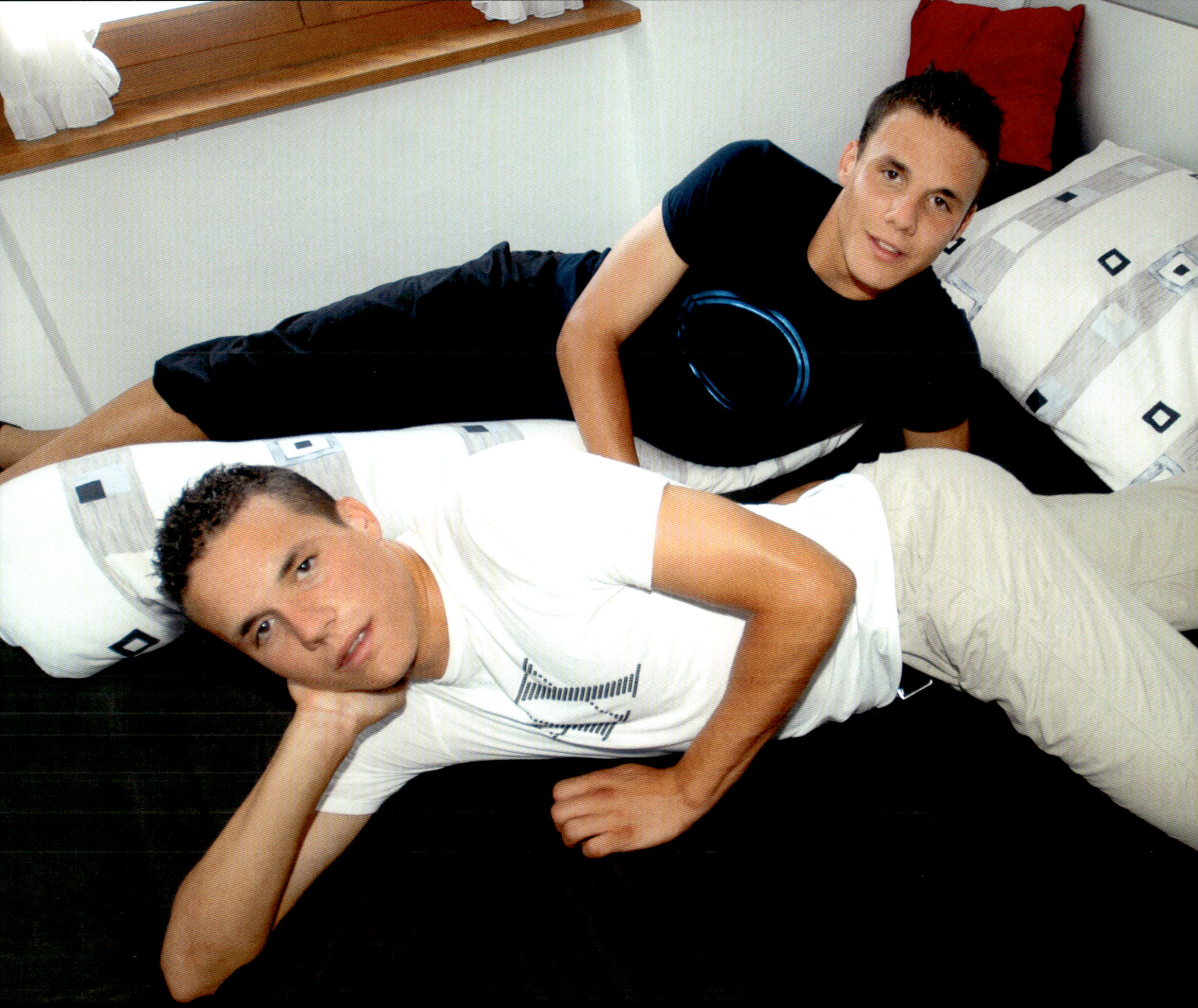

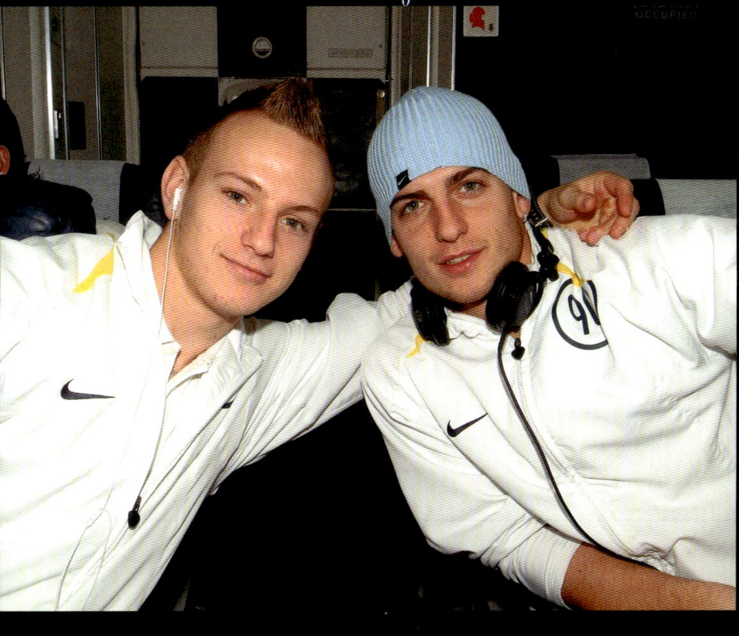

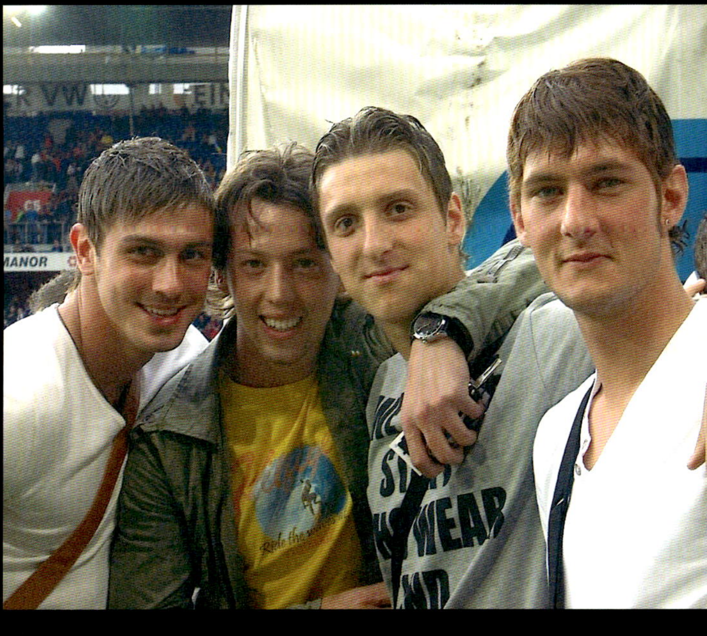
MANOR

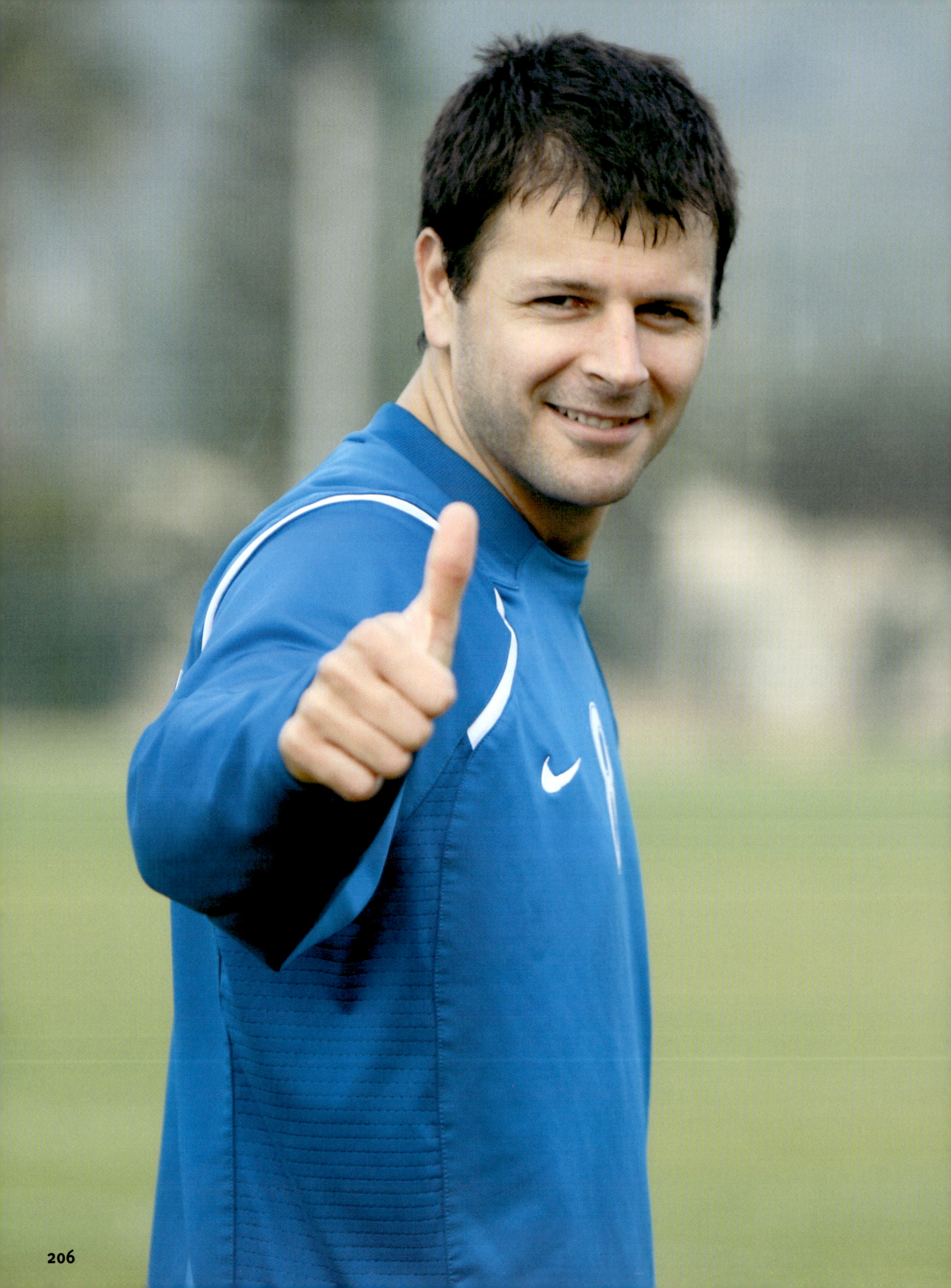

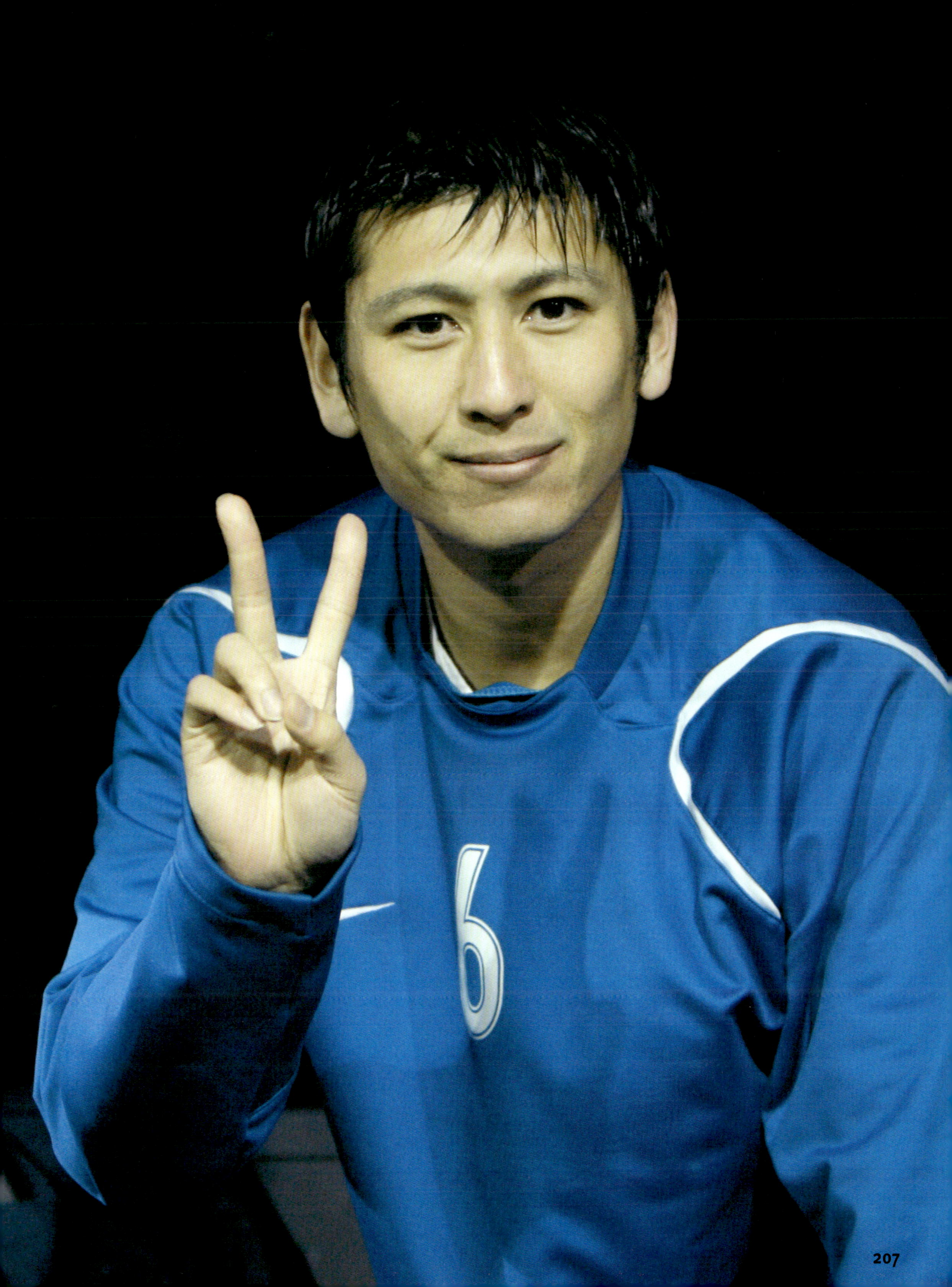
6

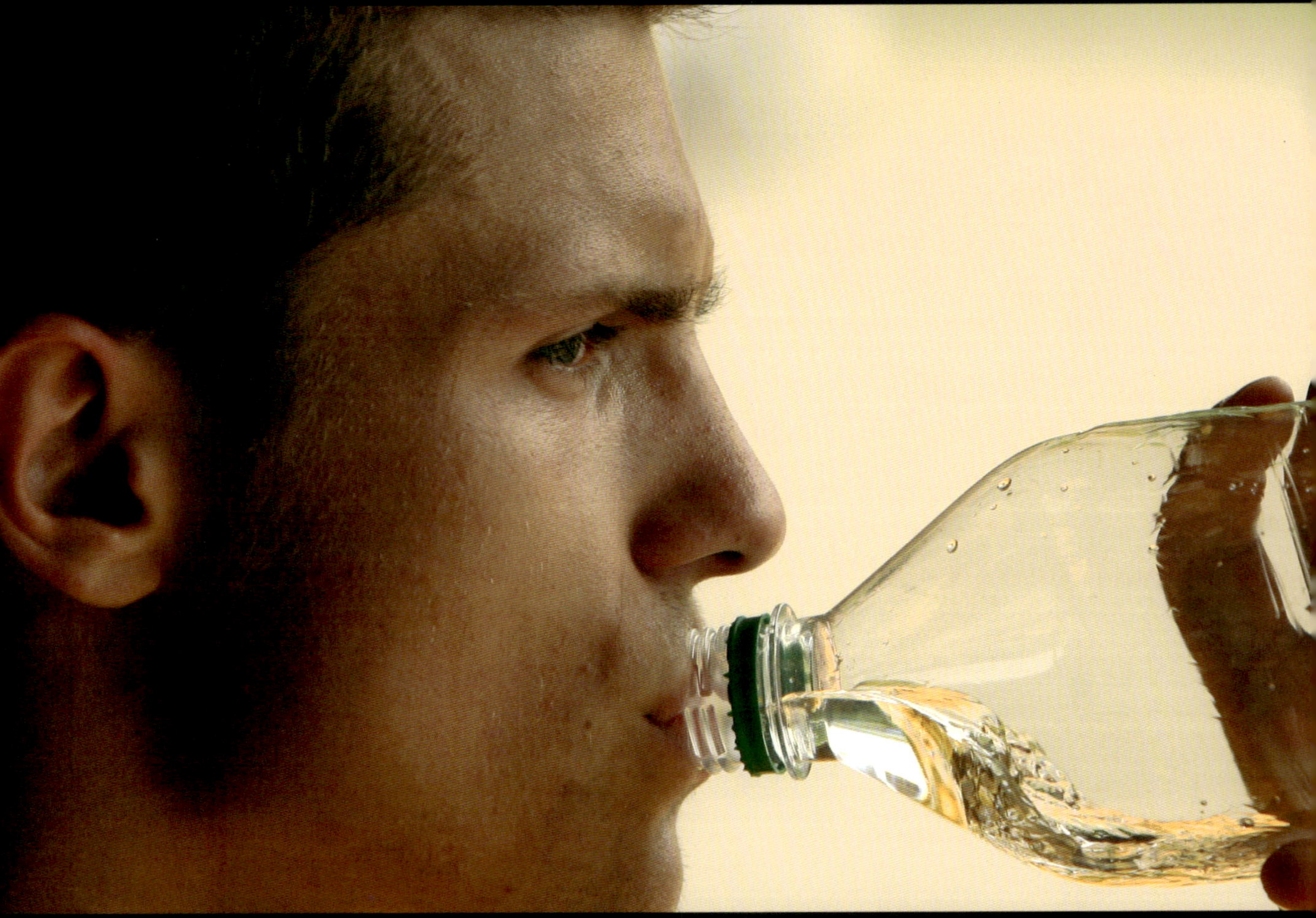

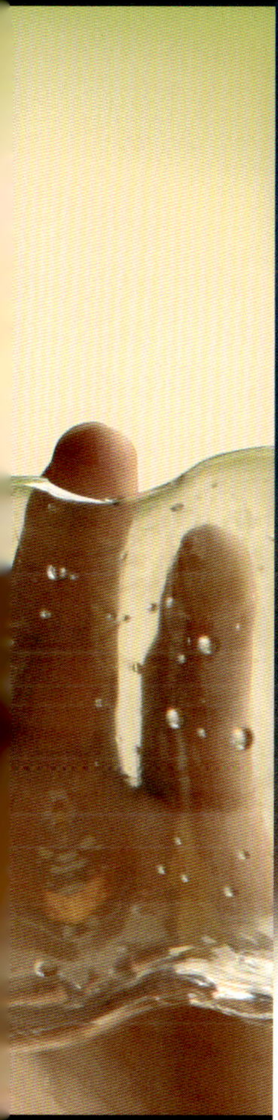

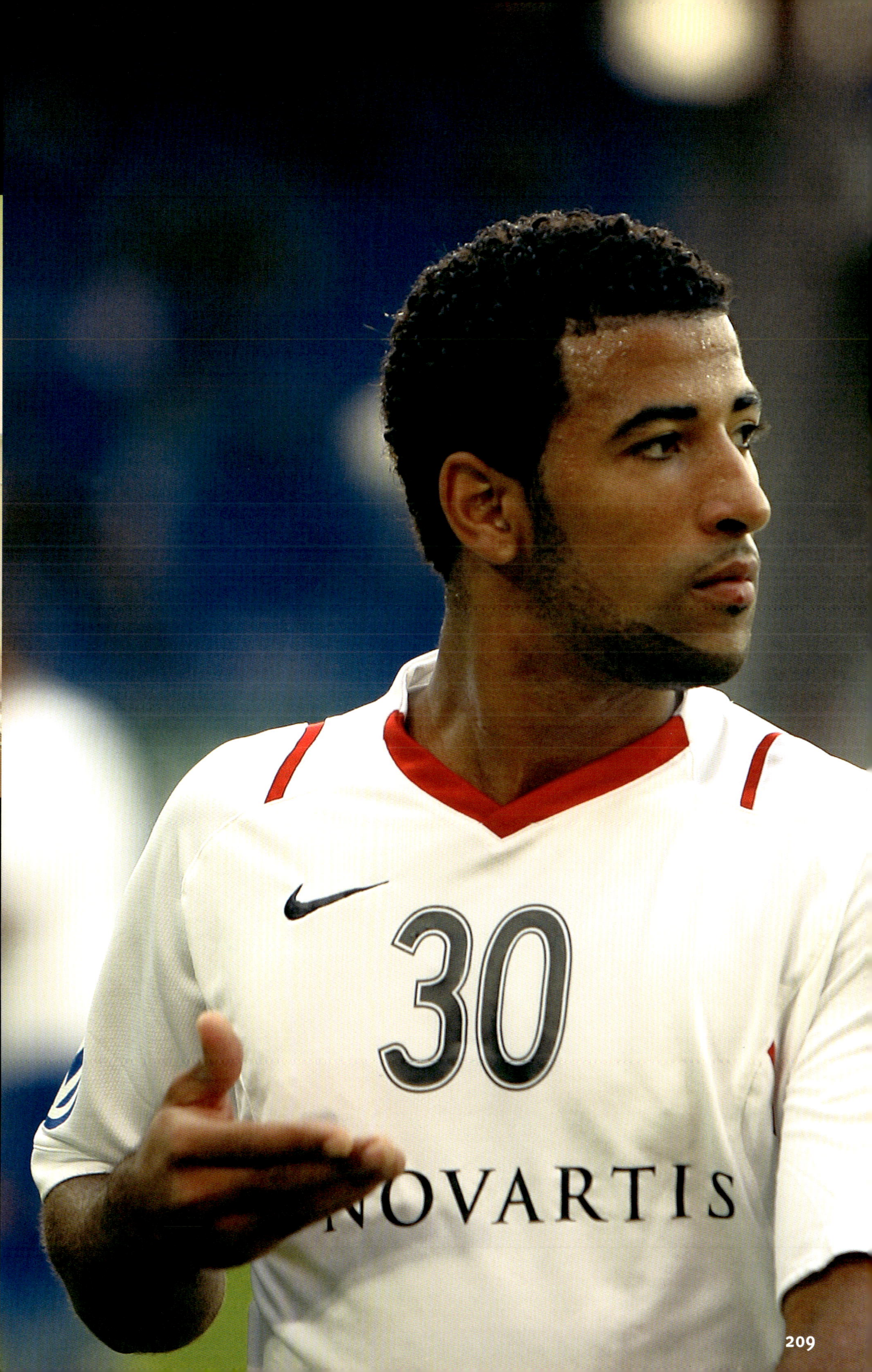
30
NOVARTIS

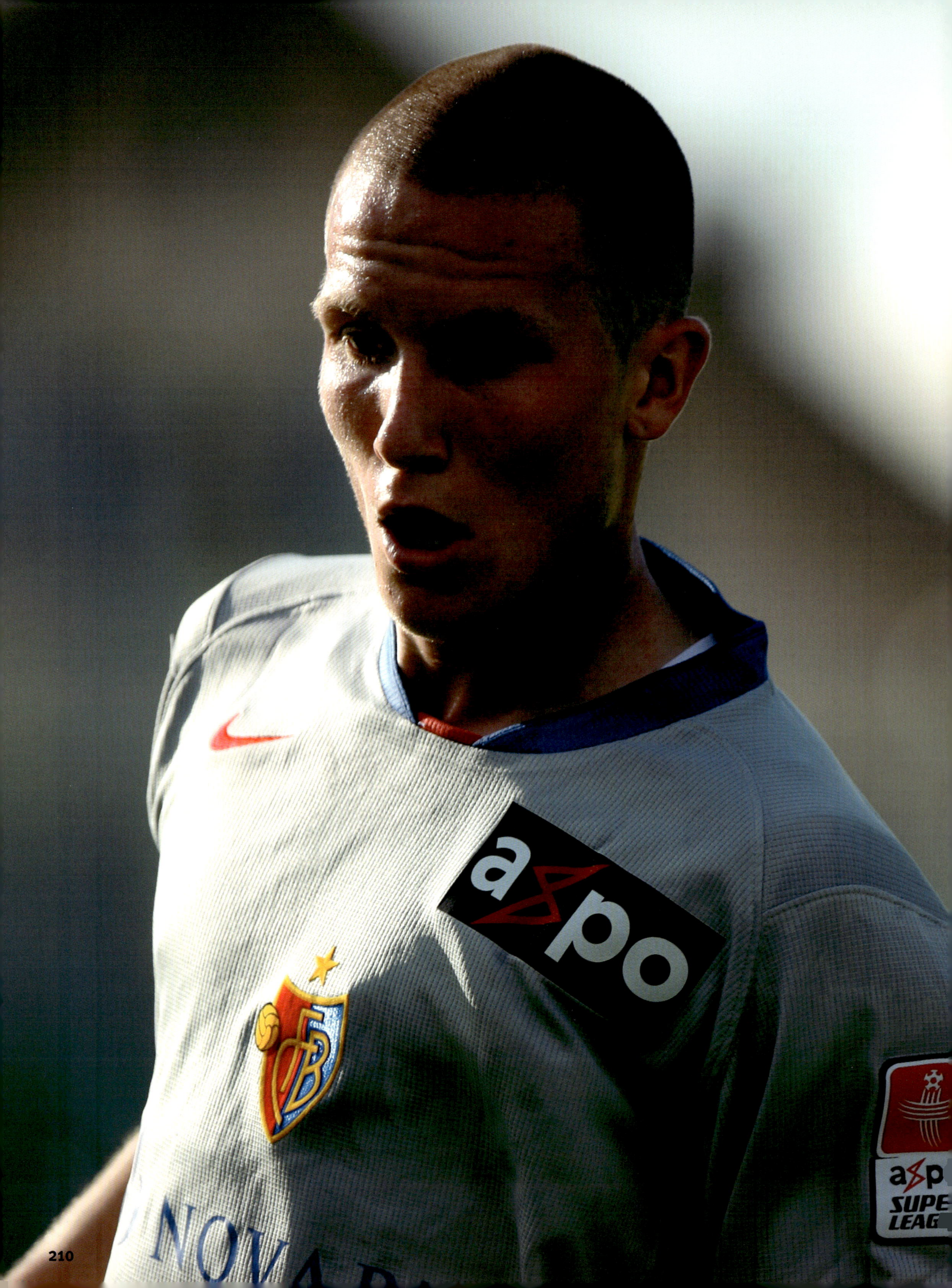
axpo

Spieler international. Ist man mit dem FC Basel oder der Schweizer Nationalmannschaft unterwegs, sind internationale Topstars wie Barcelonas Ballkünstler Ronaldinho bisweilen nicht weit.

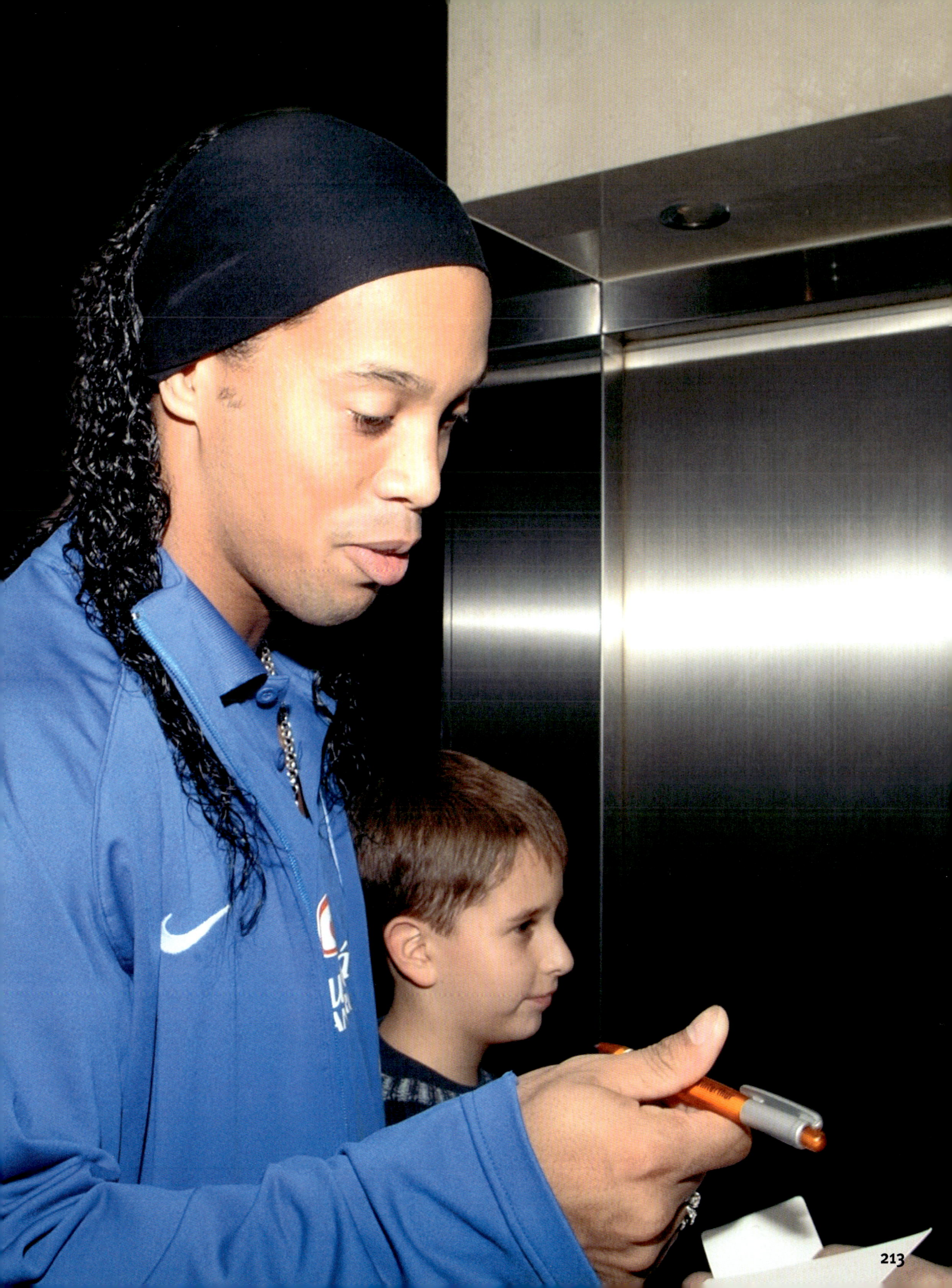

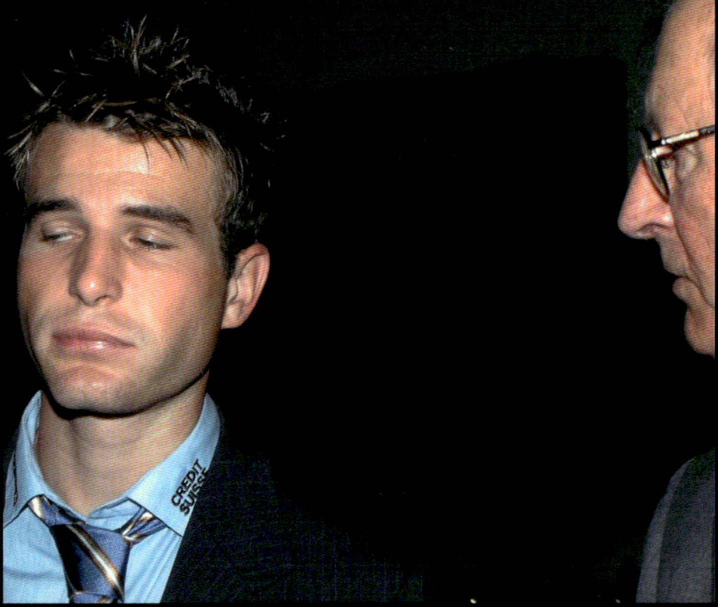
CREDIT SUISSE

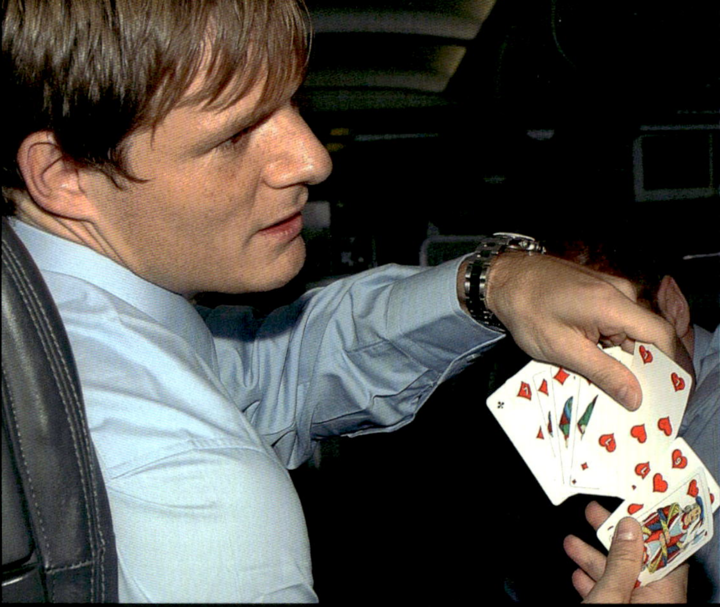

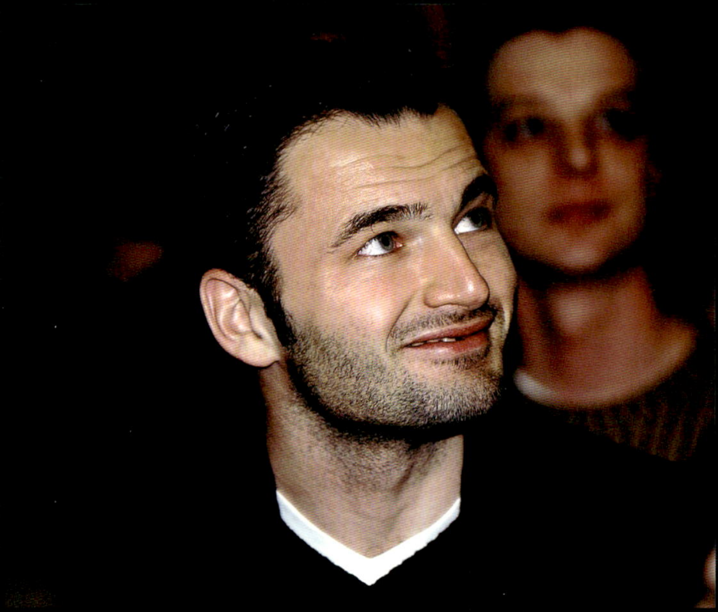

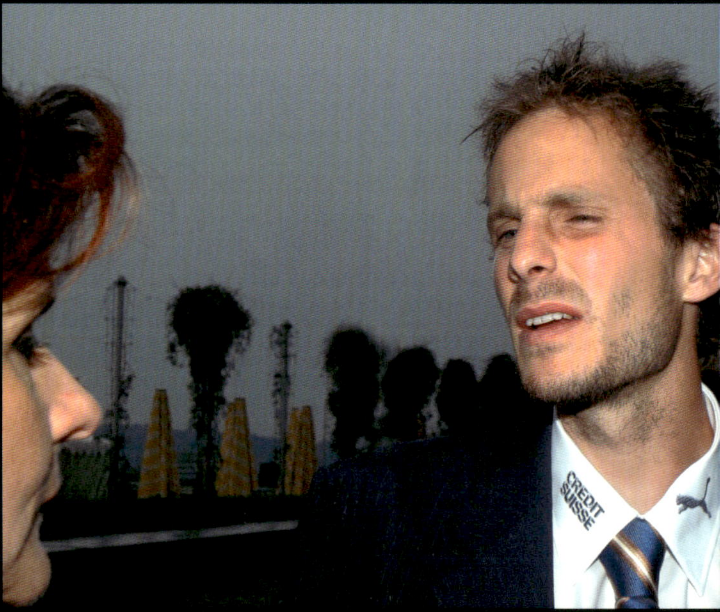
CREDIT SUISSE

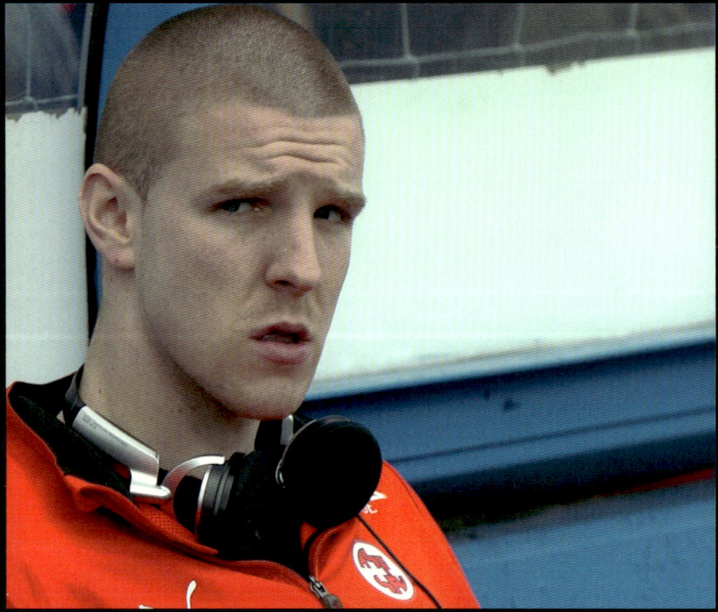

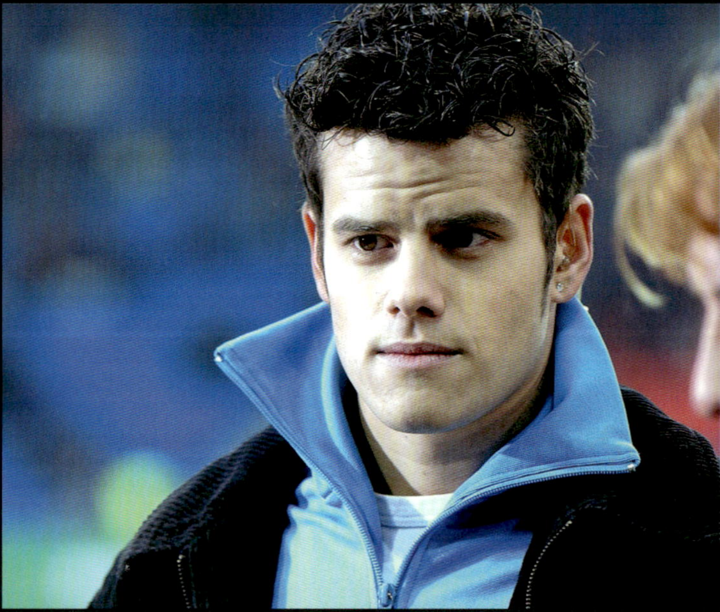

215

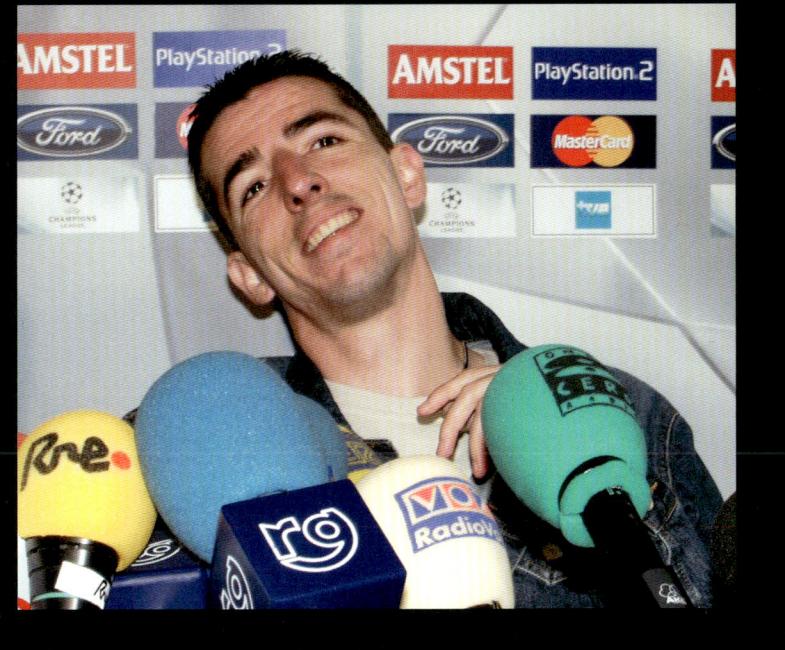

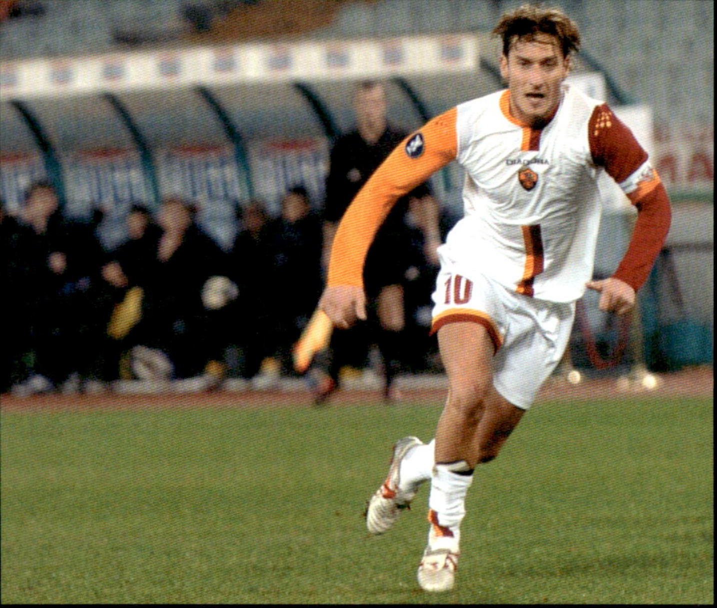
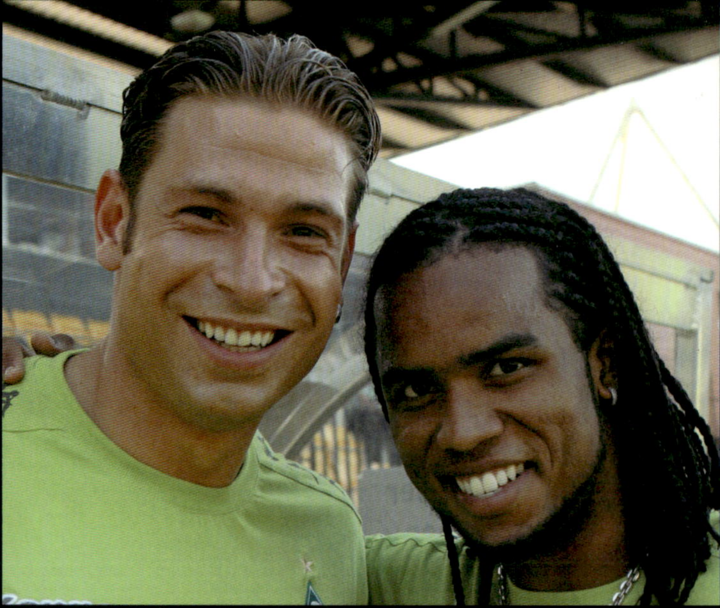
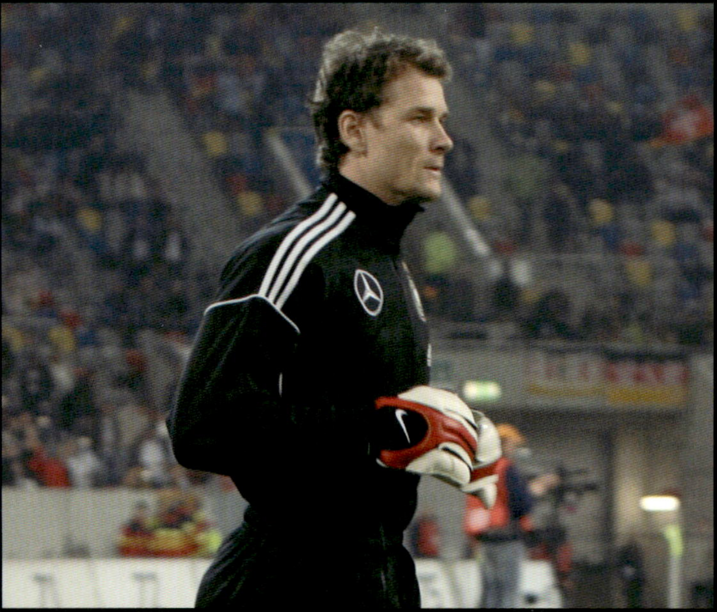
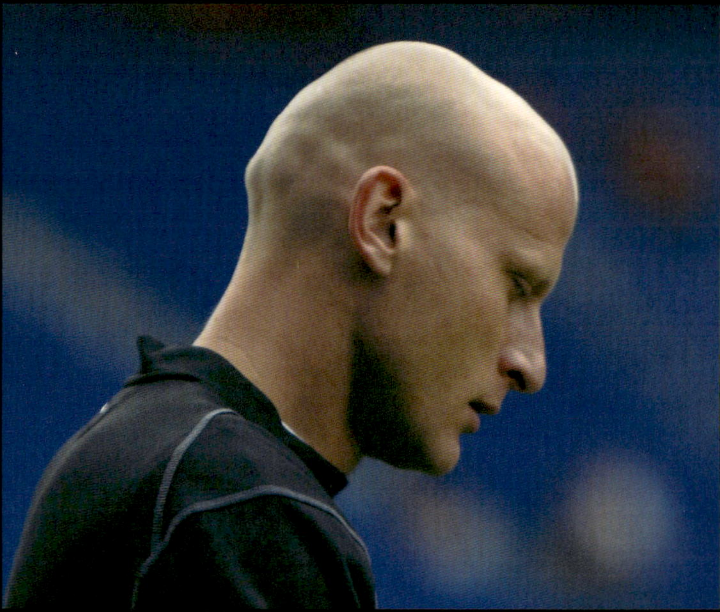
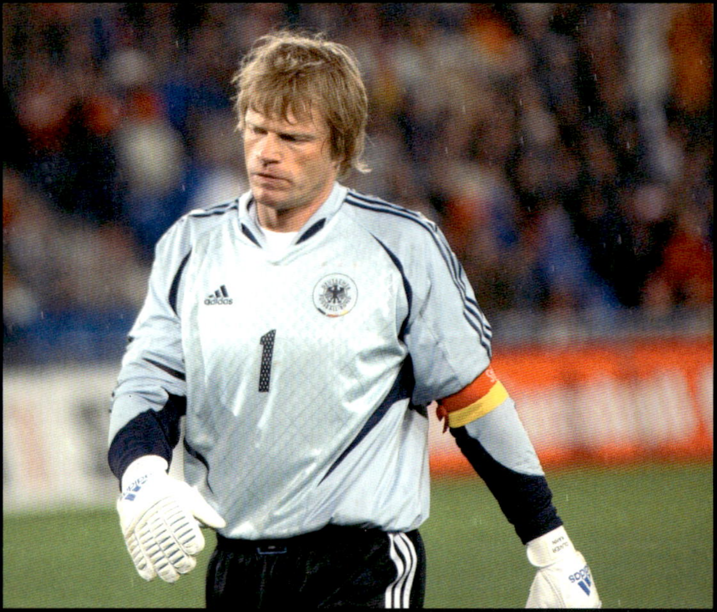
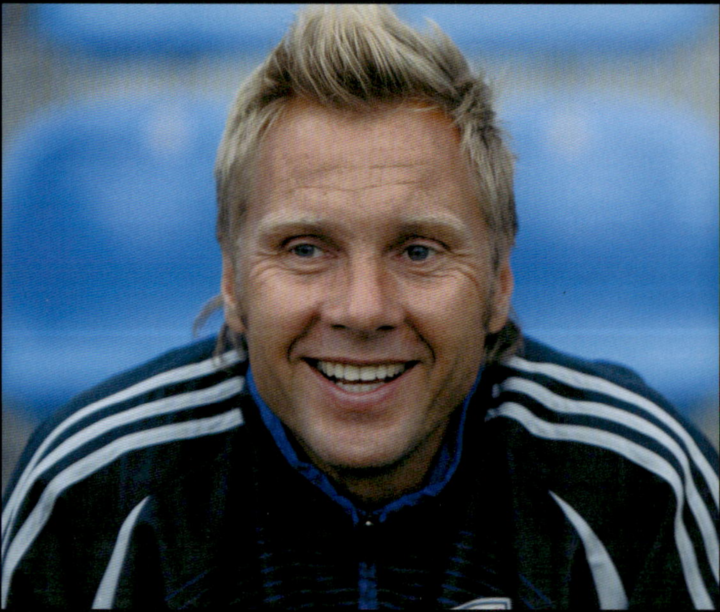

217

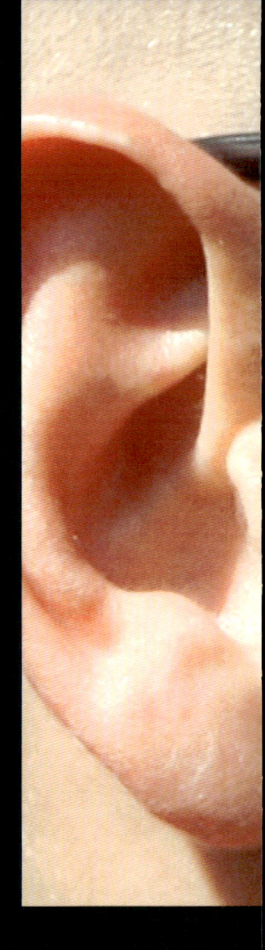

Die erste Mannschaft steht beim FC Basel im Zentrum des Interesses. Alles dreht sich um die Spieler, wegen ihnen kommen die Zuschauer ins Stadion. Doch dafür, dass die Trikots immer sauber sind und Angelegenheiten wie Auswärtsreisen, Pressekonferenzen, Fanartikelverkauf, Physiotherapie, Nachwuchsförderung, Marketing, Sicherheit und Finanzbuchhaltung reibungslos funktionieren, sind die vielen Mitarbeiter des FCB-Umfeldes im Hintergrund zuständig. Allein der Geschäftsstelle des Clubs gehören rund zwanzig Personen an. Am nächsten bei Trainer und Mannschaft ist Josef Zindel aufgrund seiner täglichen Arbeit als Medienbeauftragter.

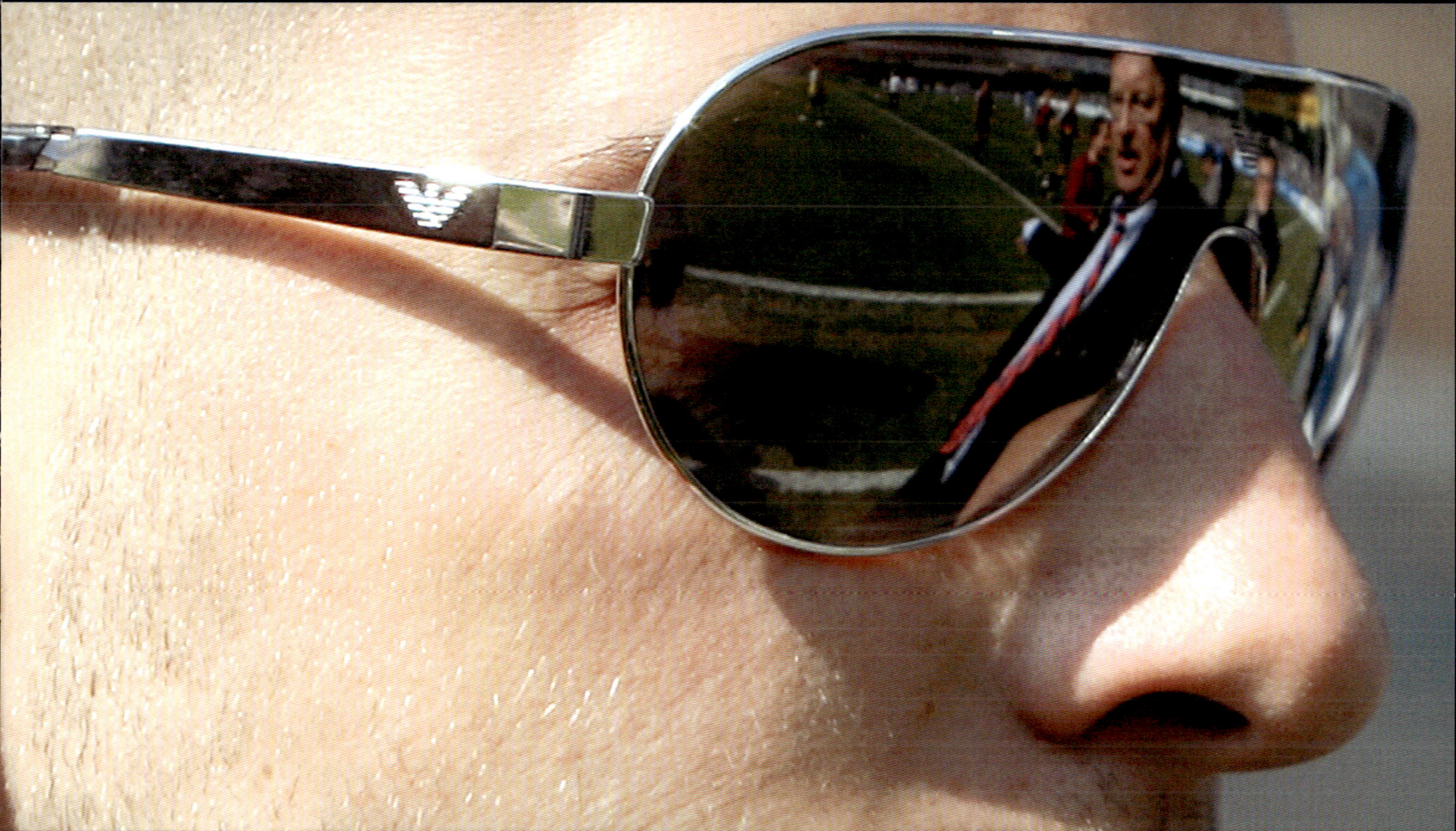

220

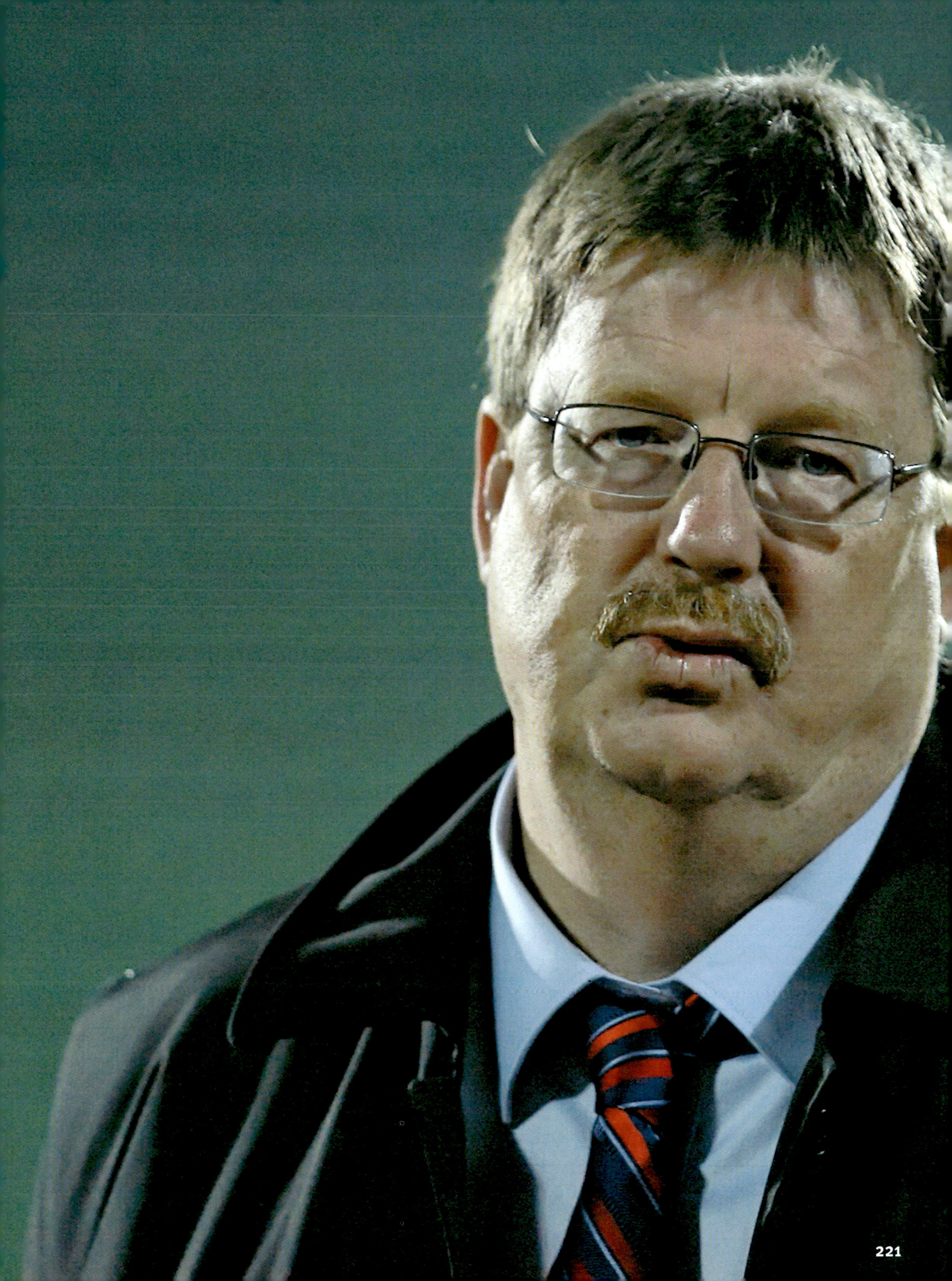

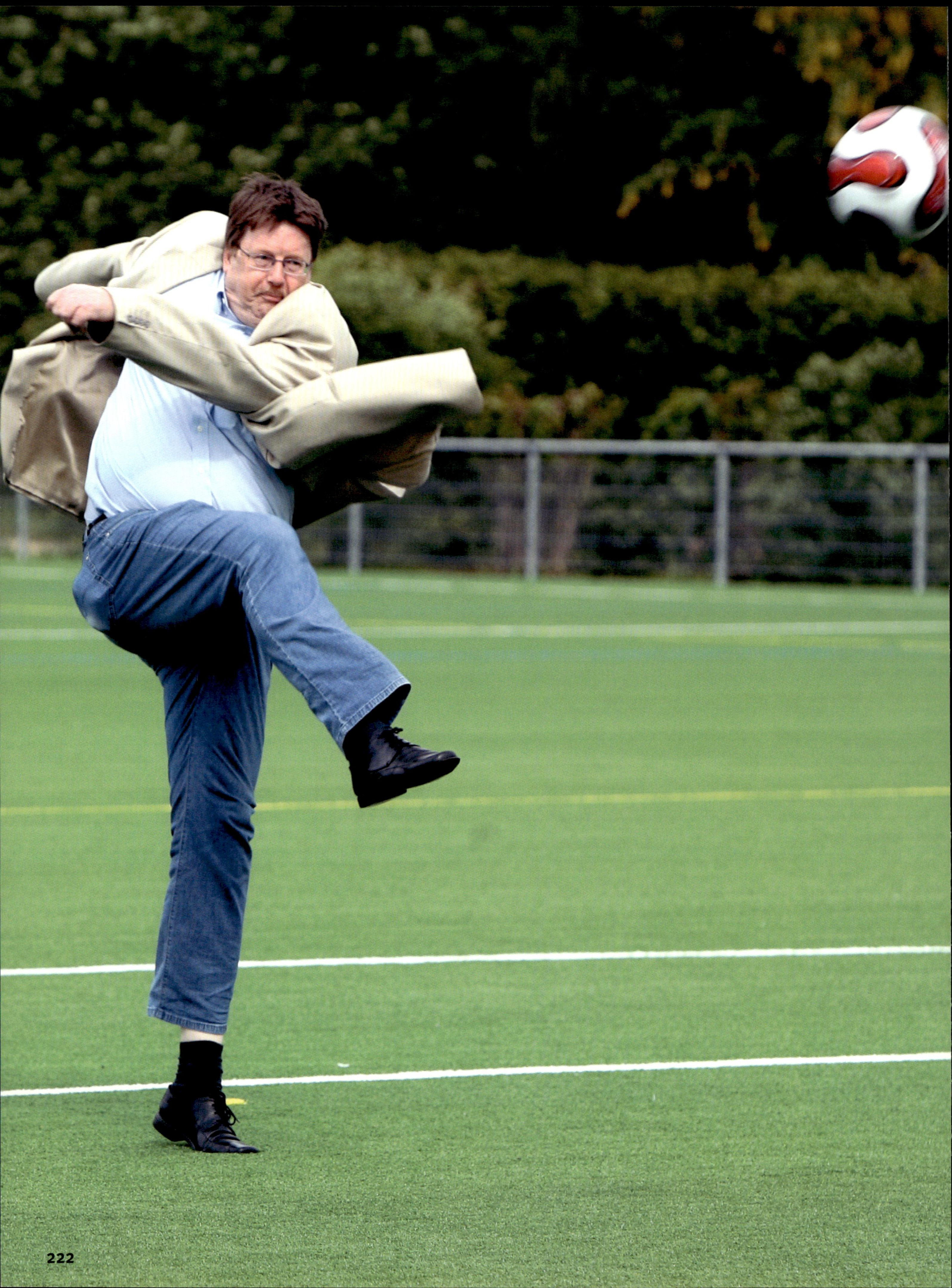

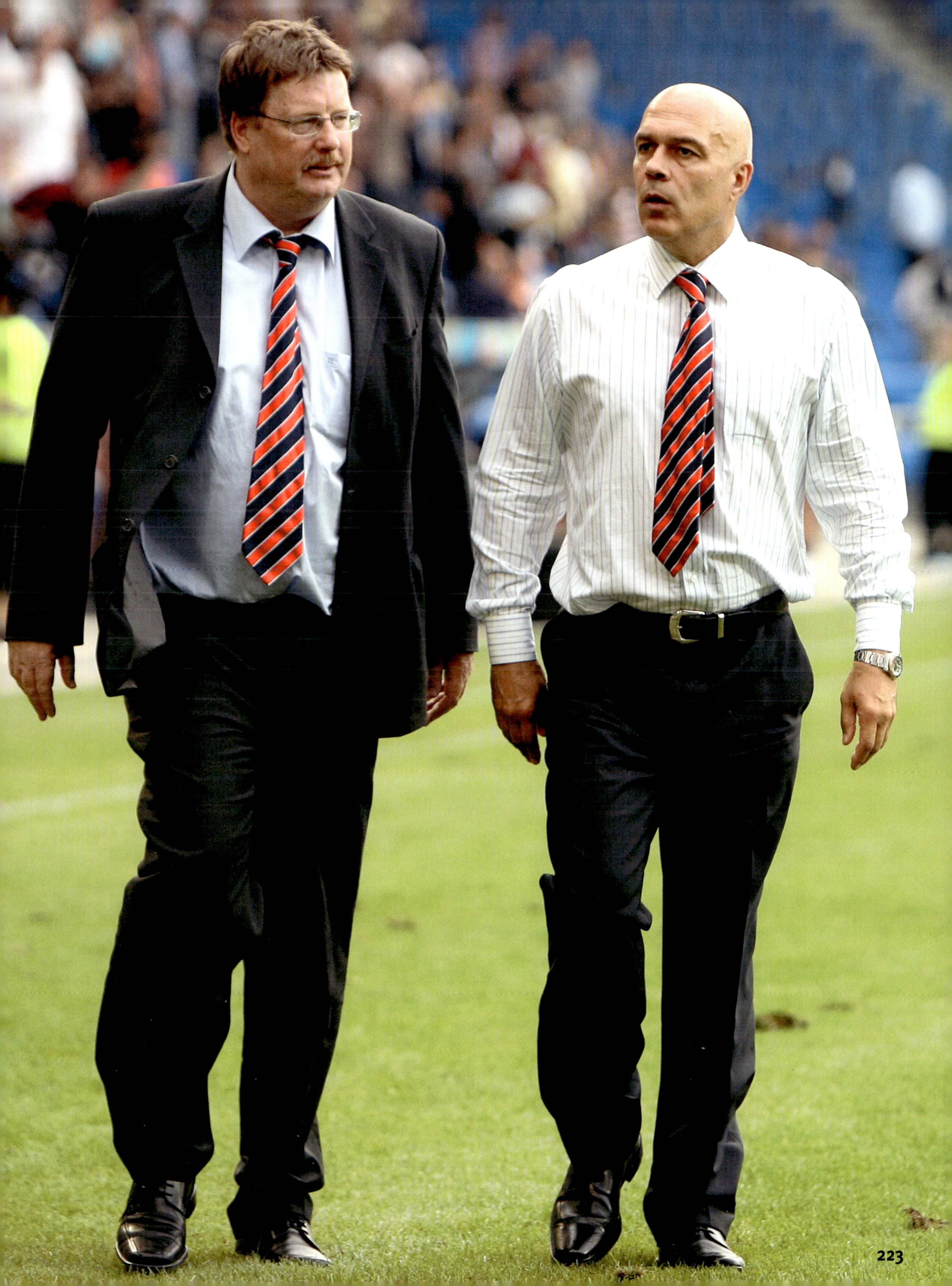

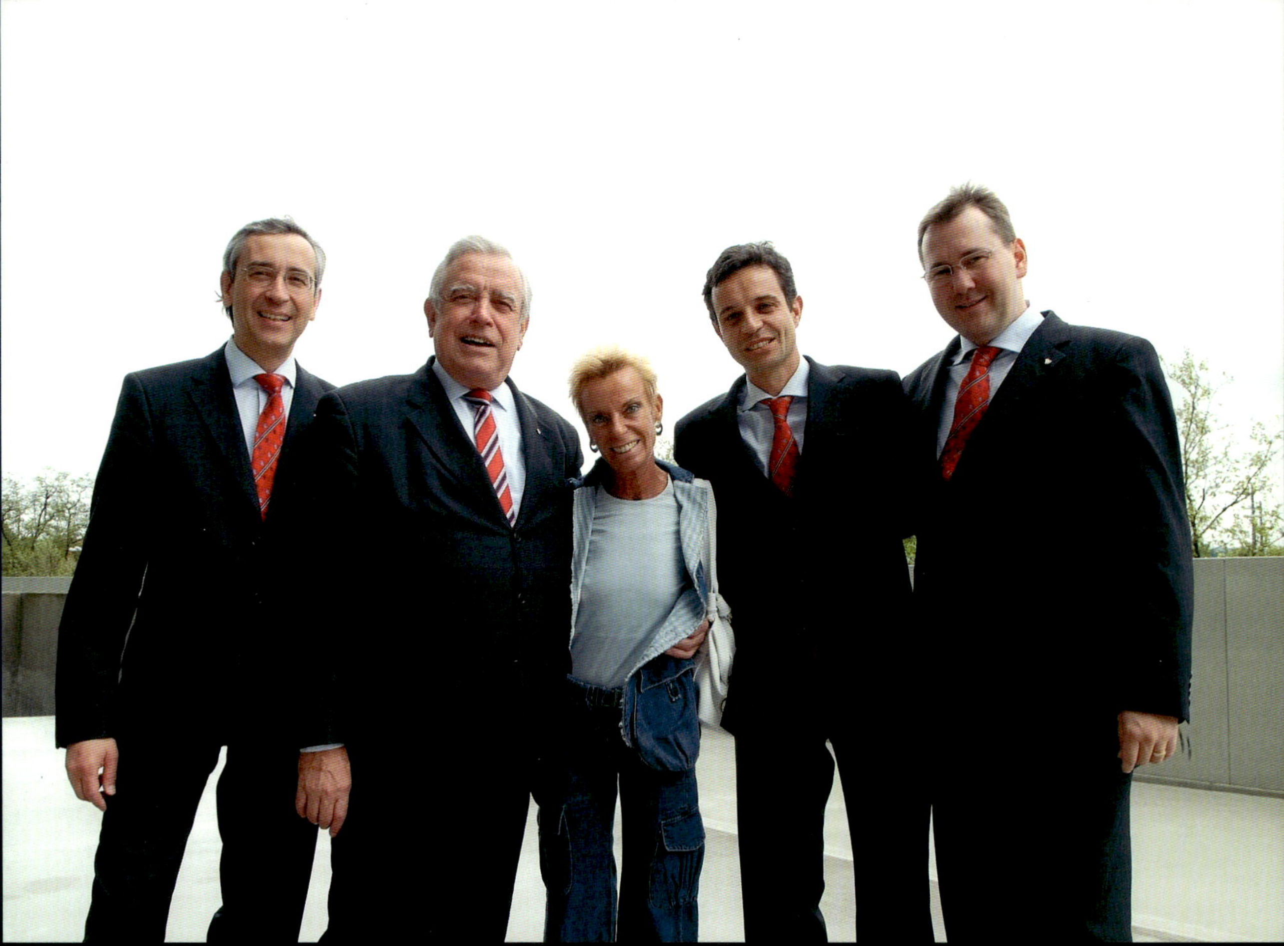

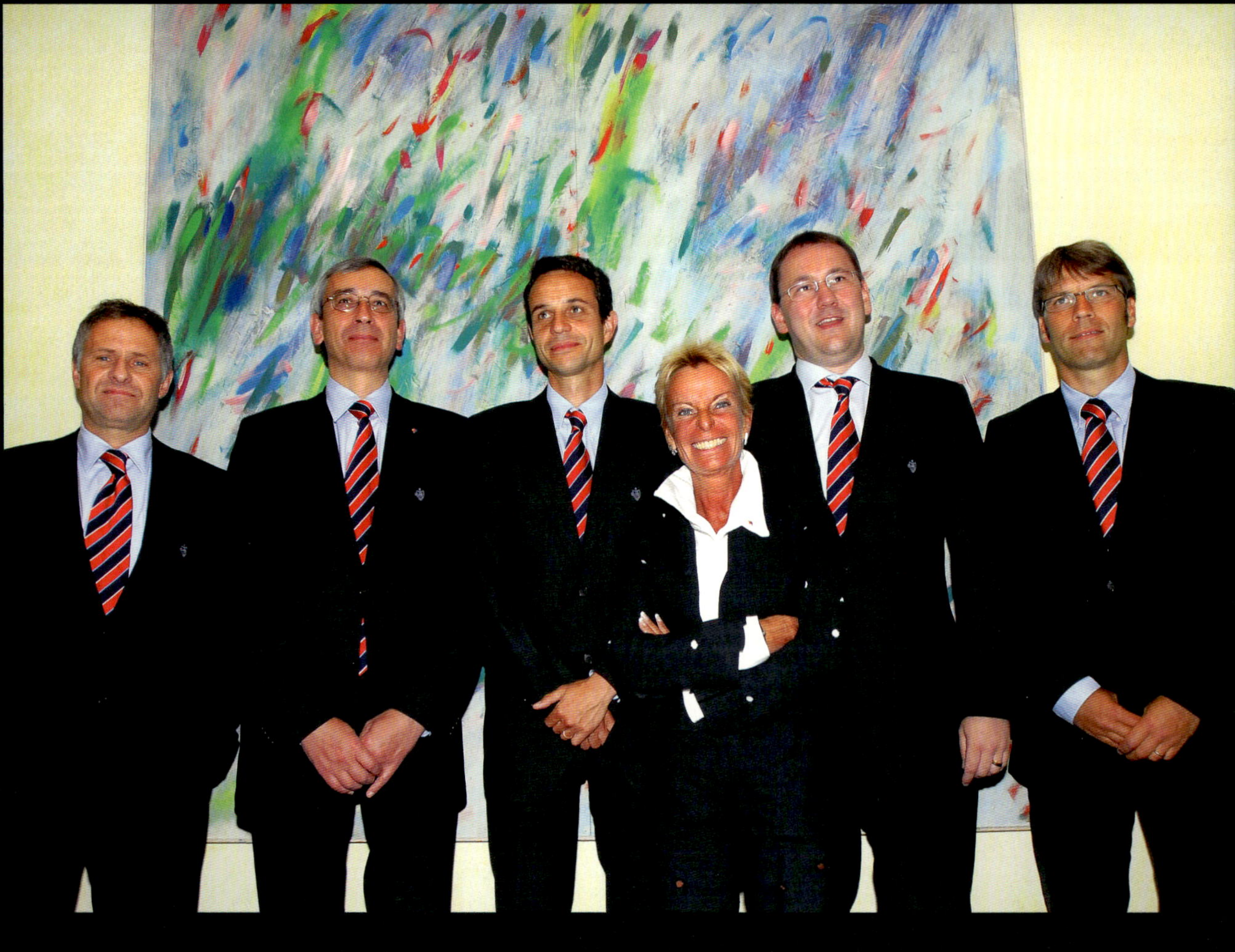

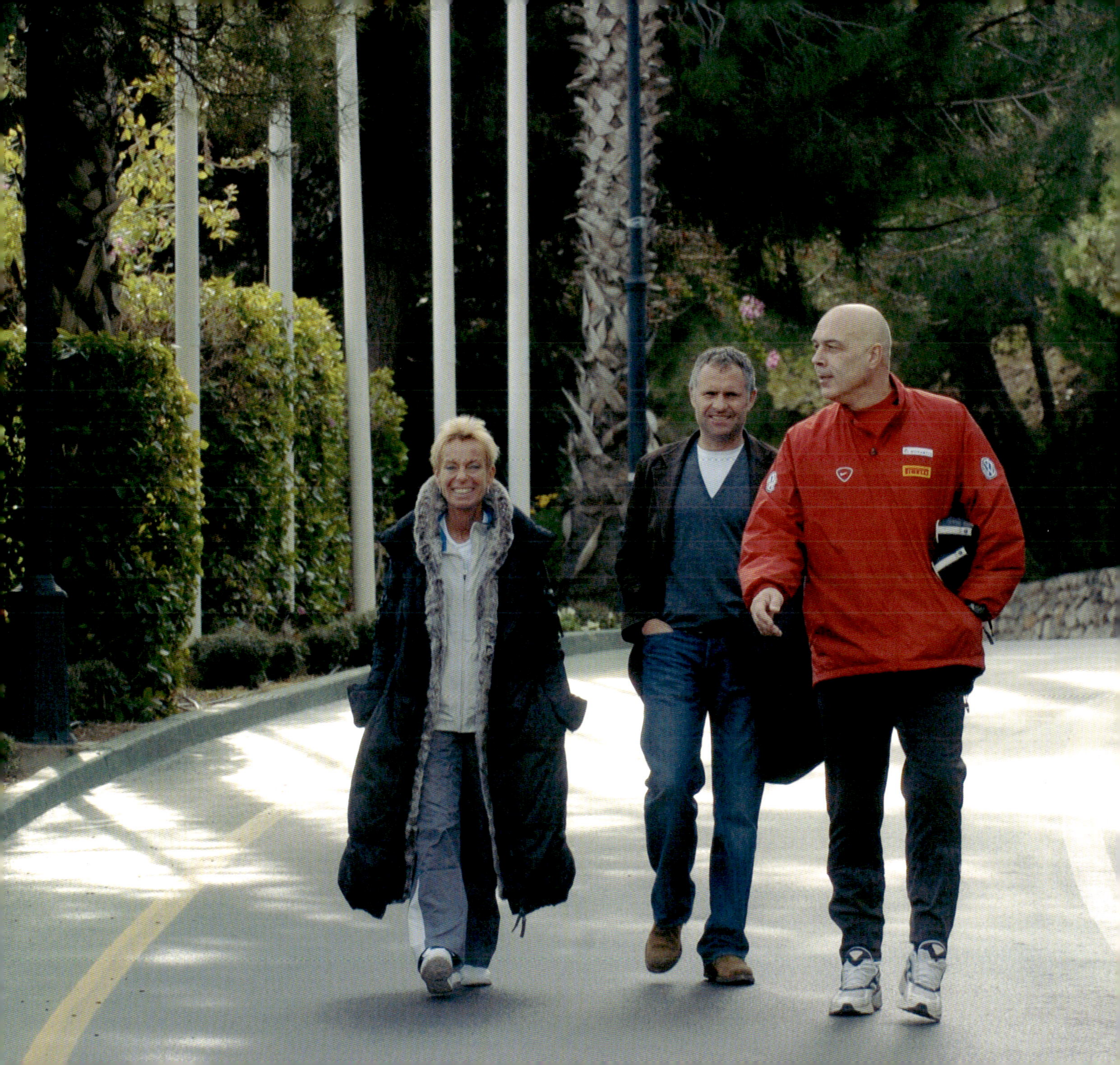

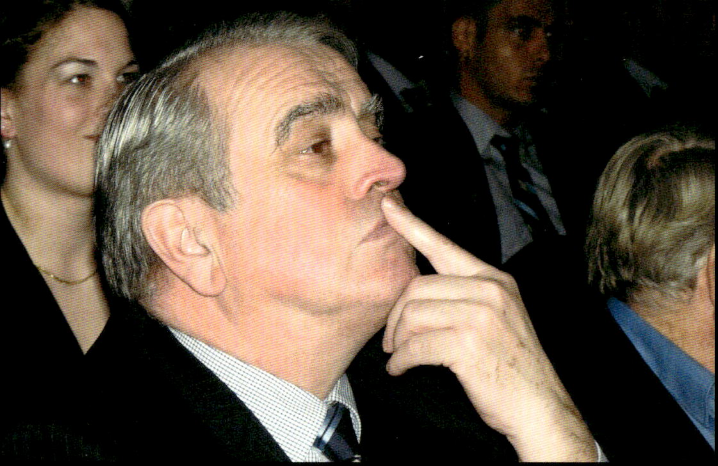
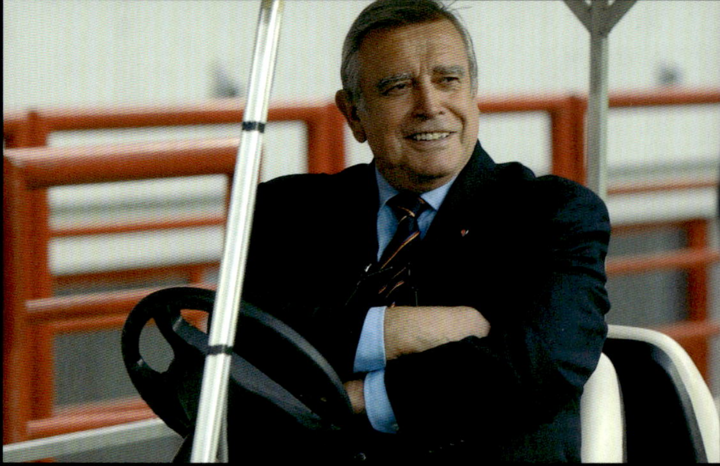
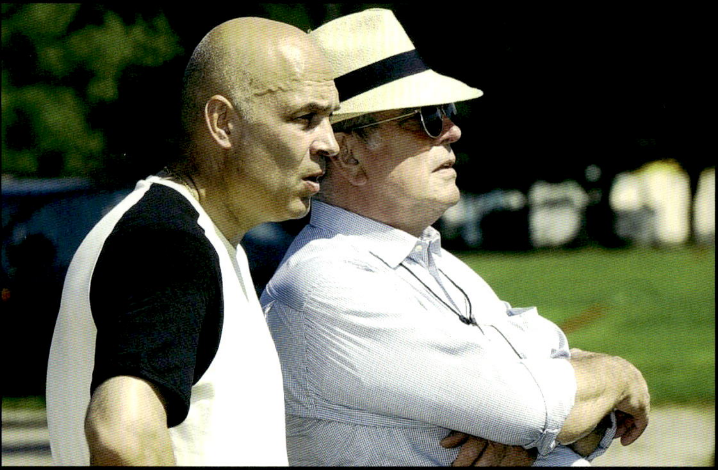
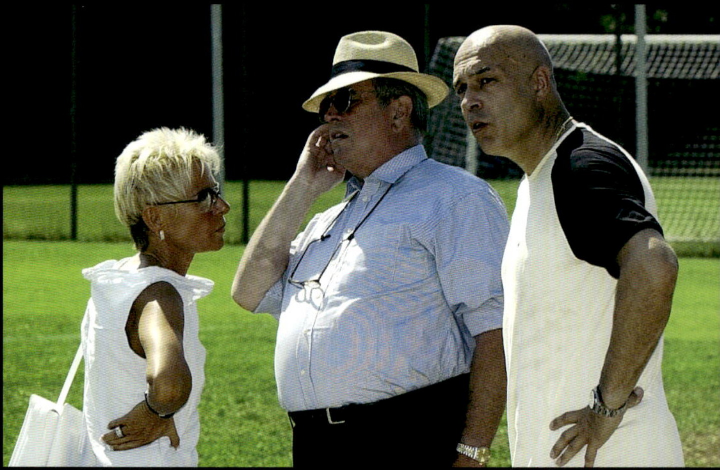
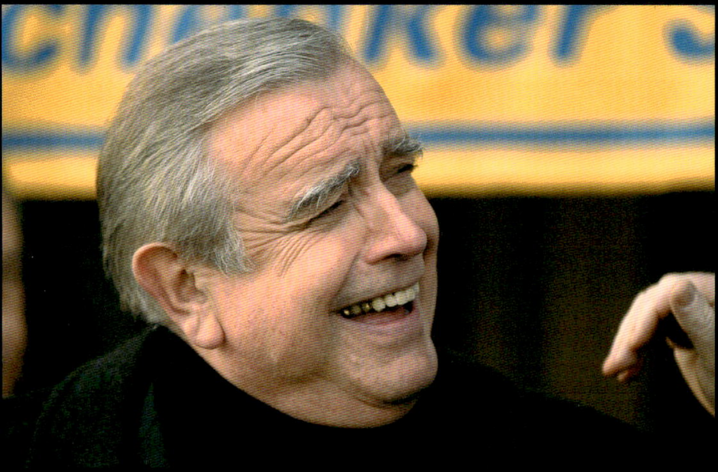
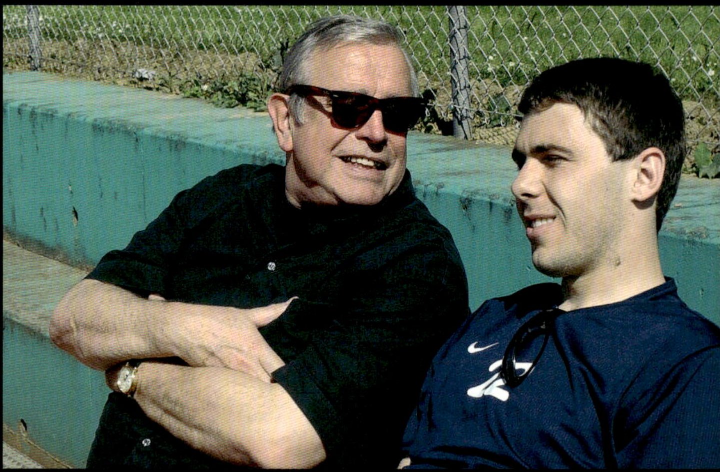
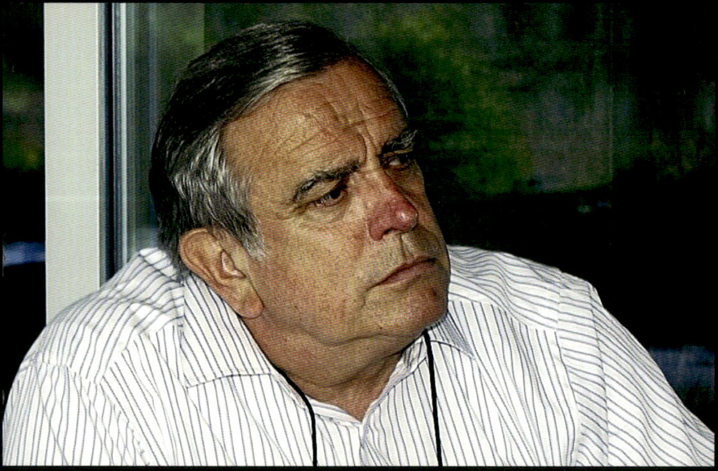
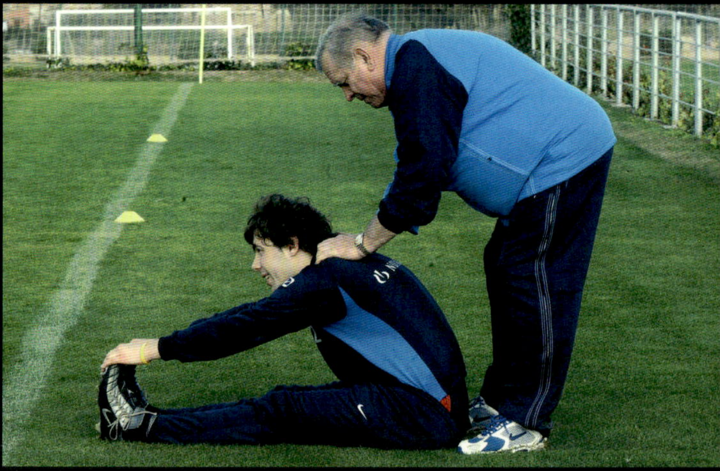

227

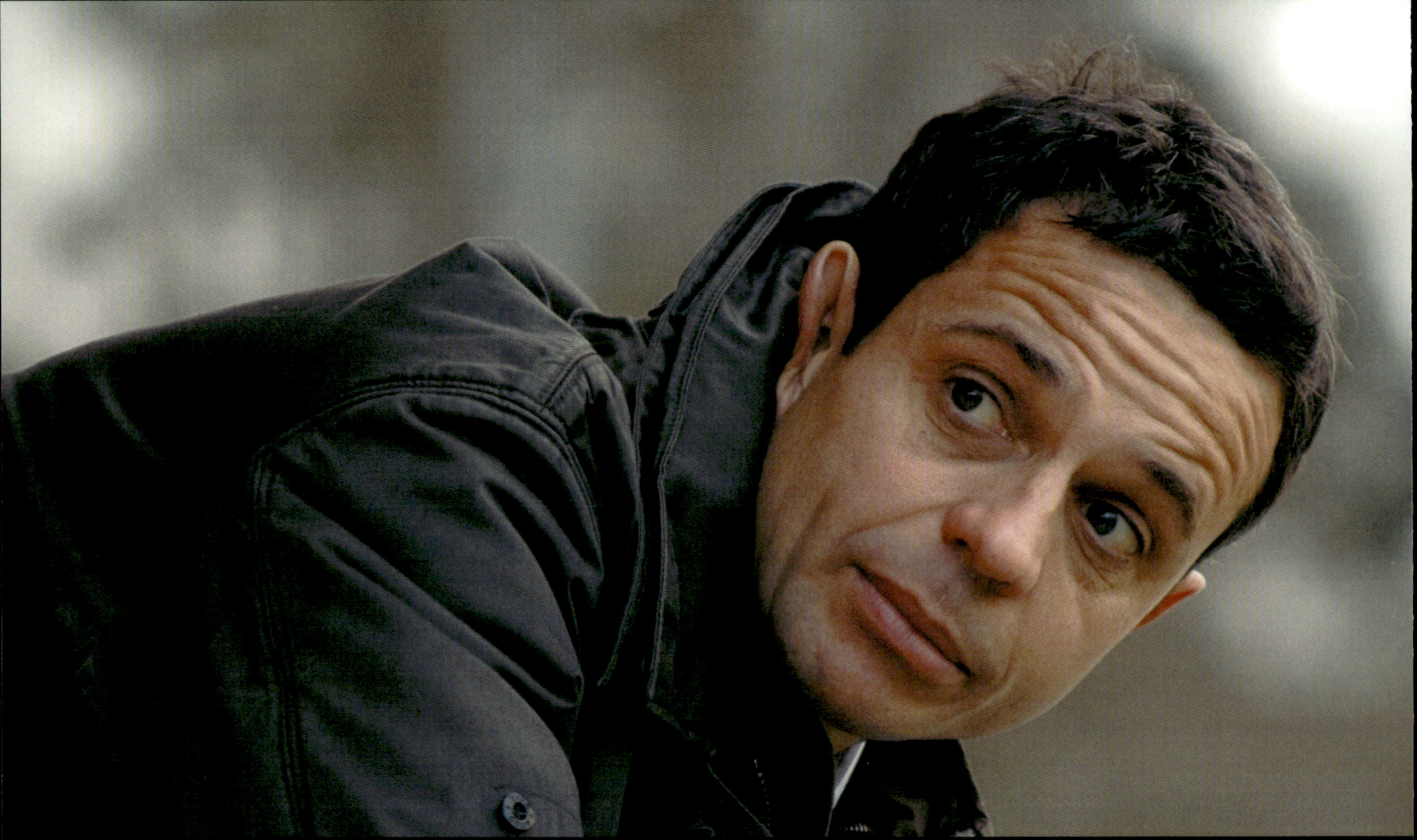

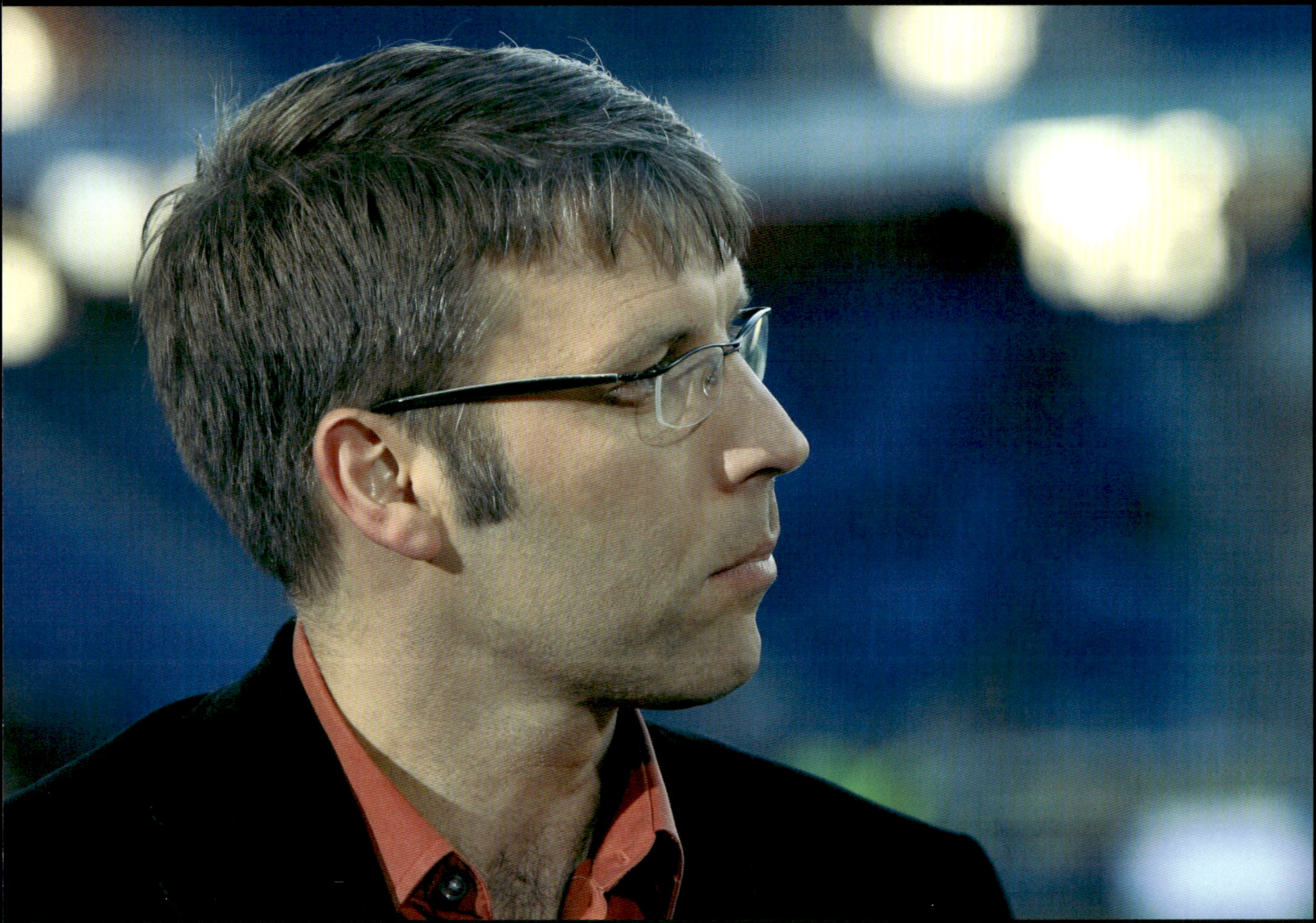

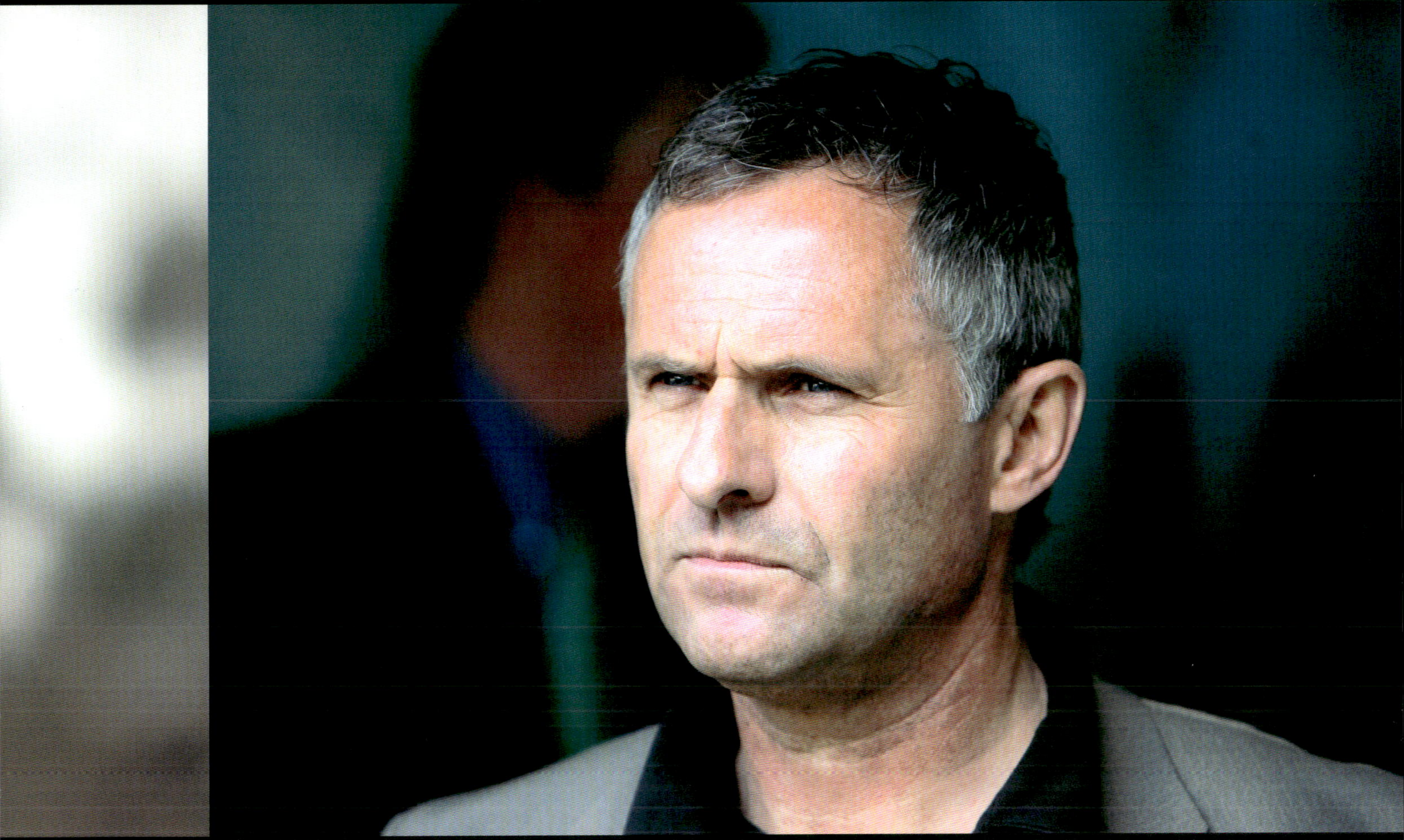

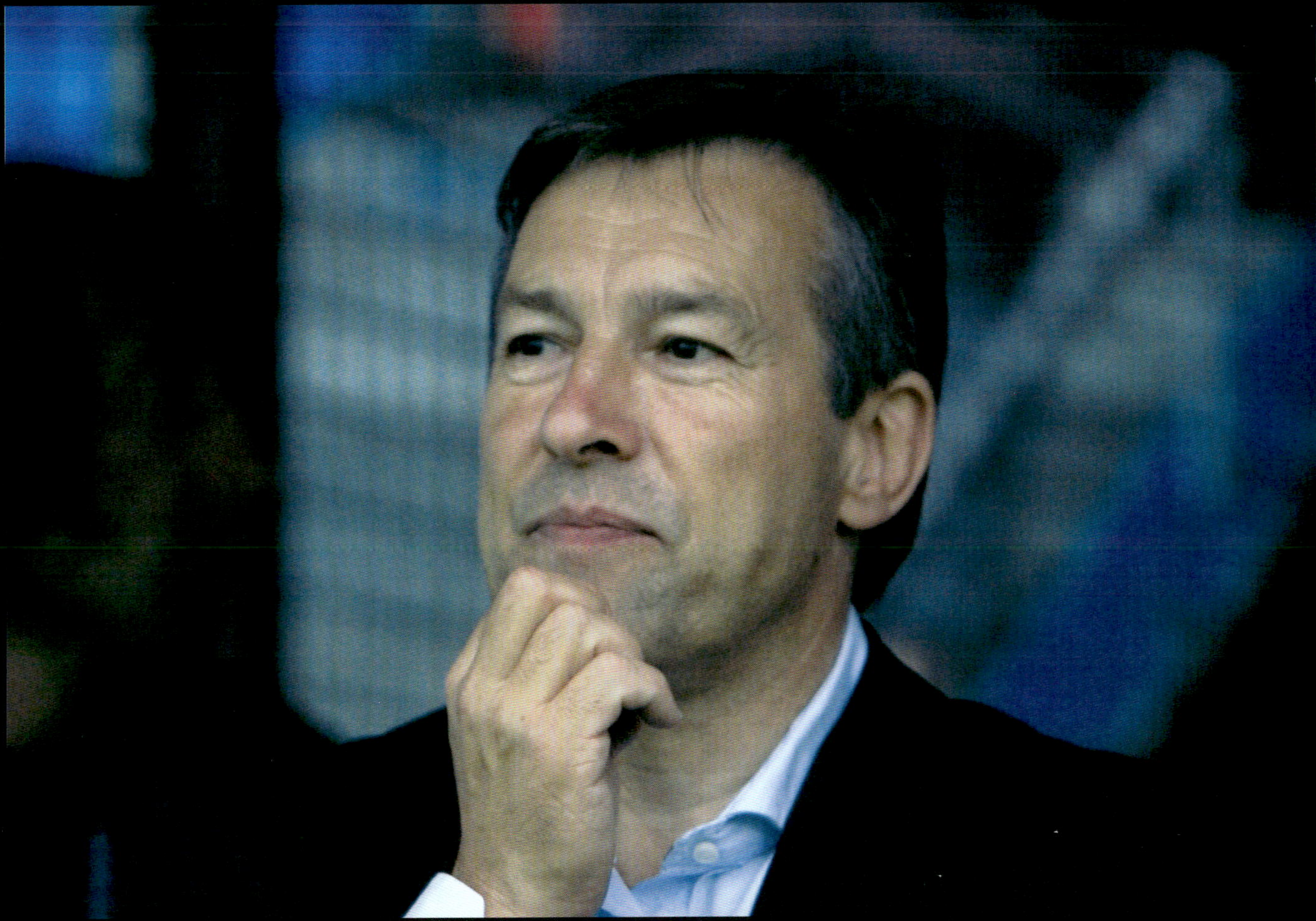

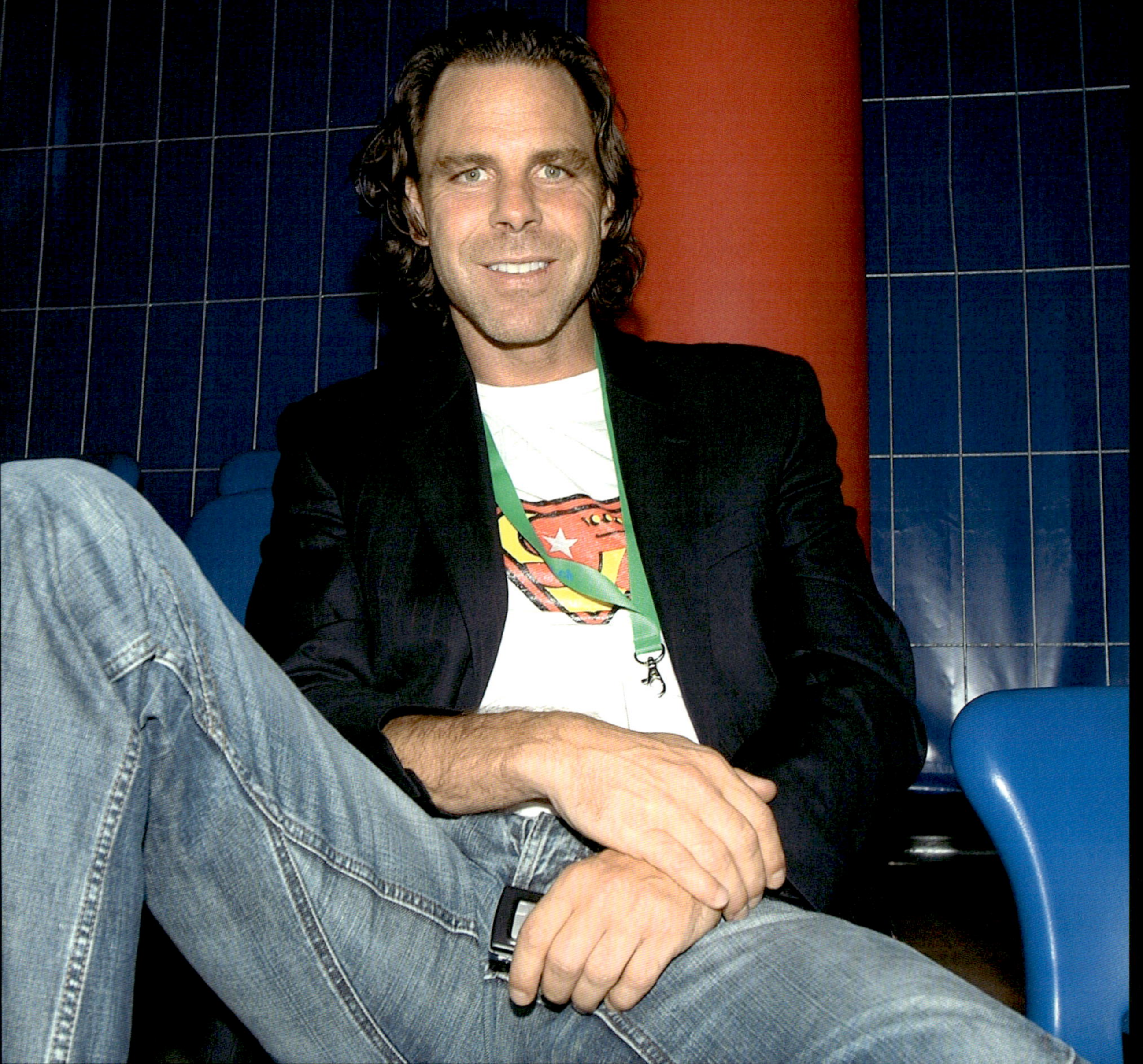

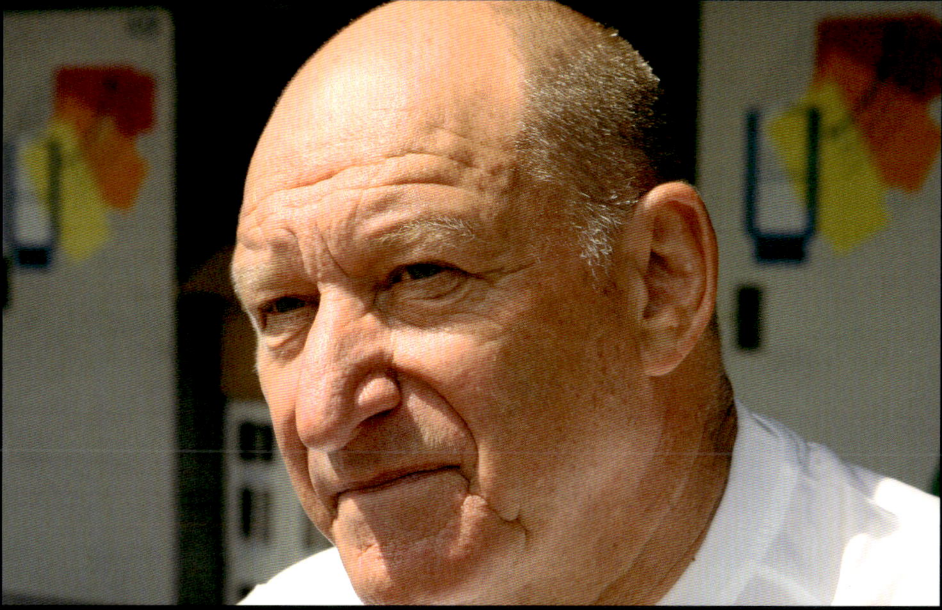

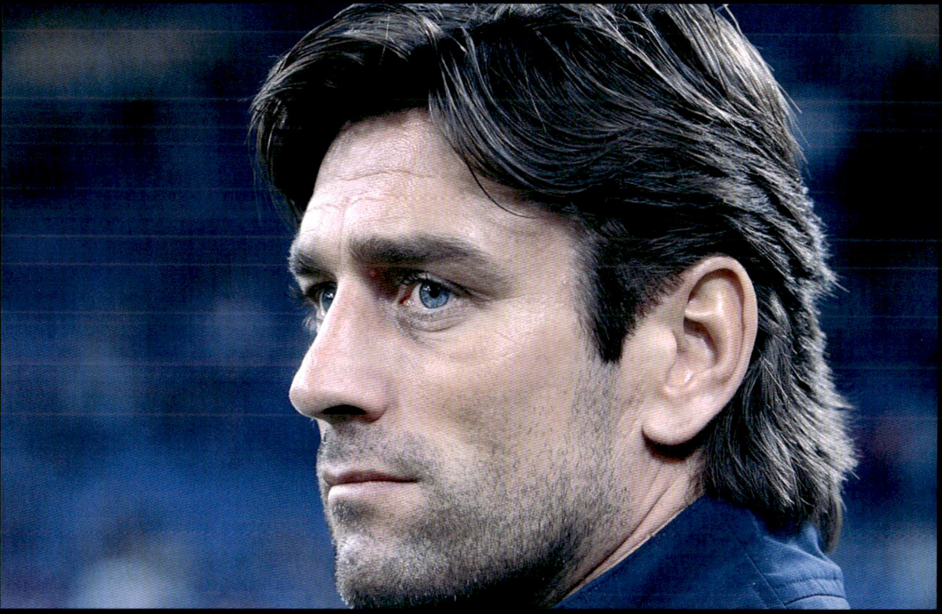

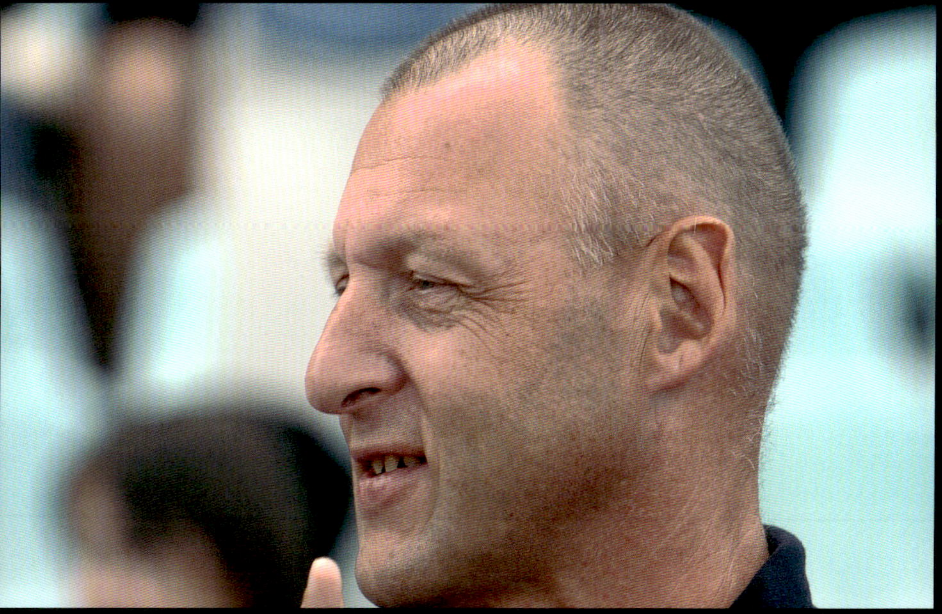

232

233

234

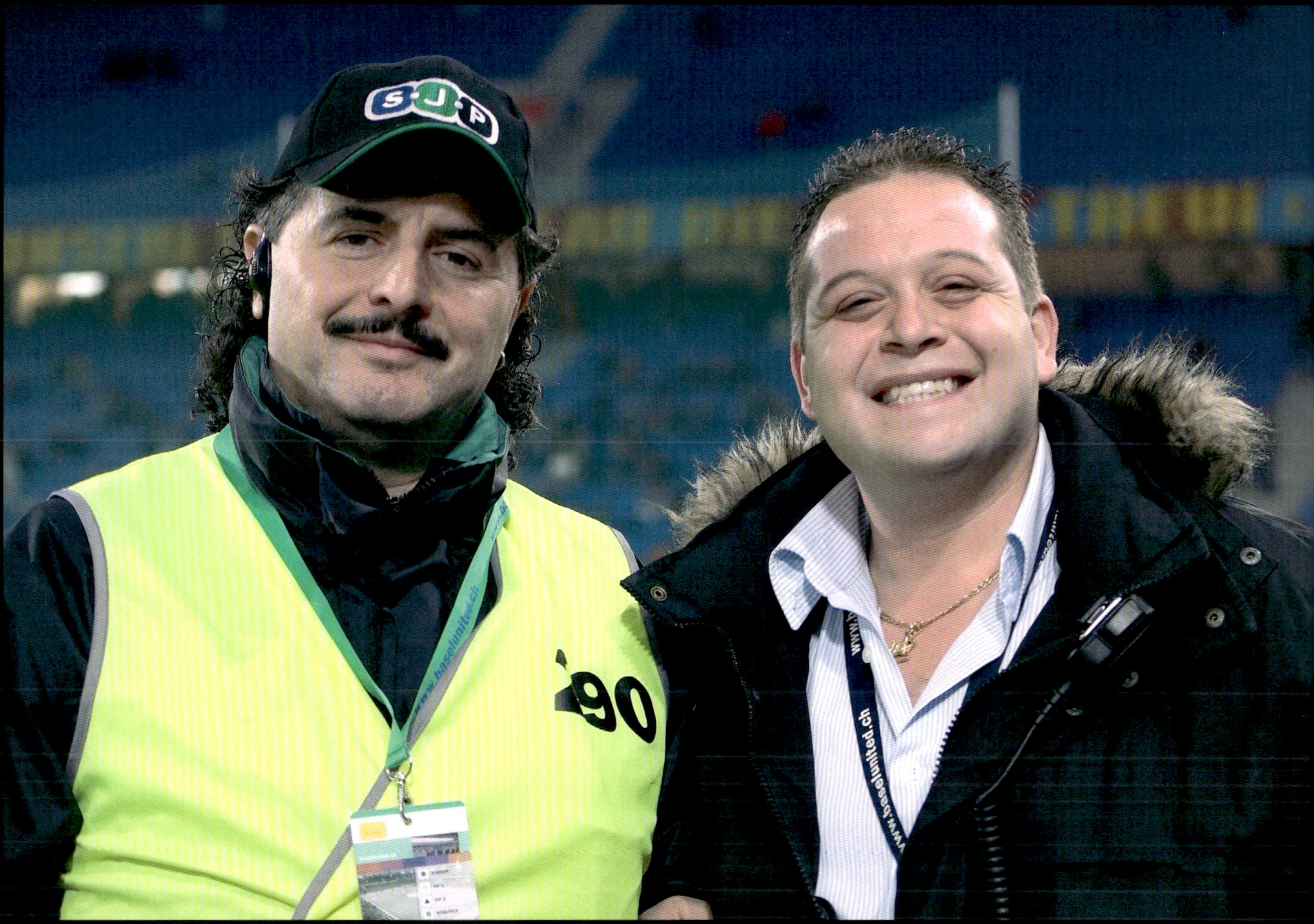
290

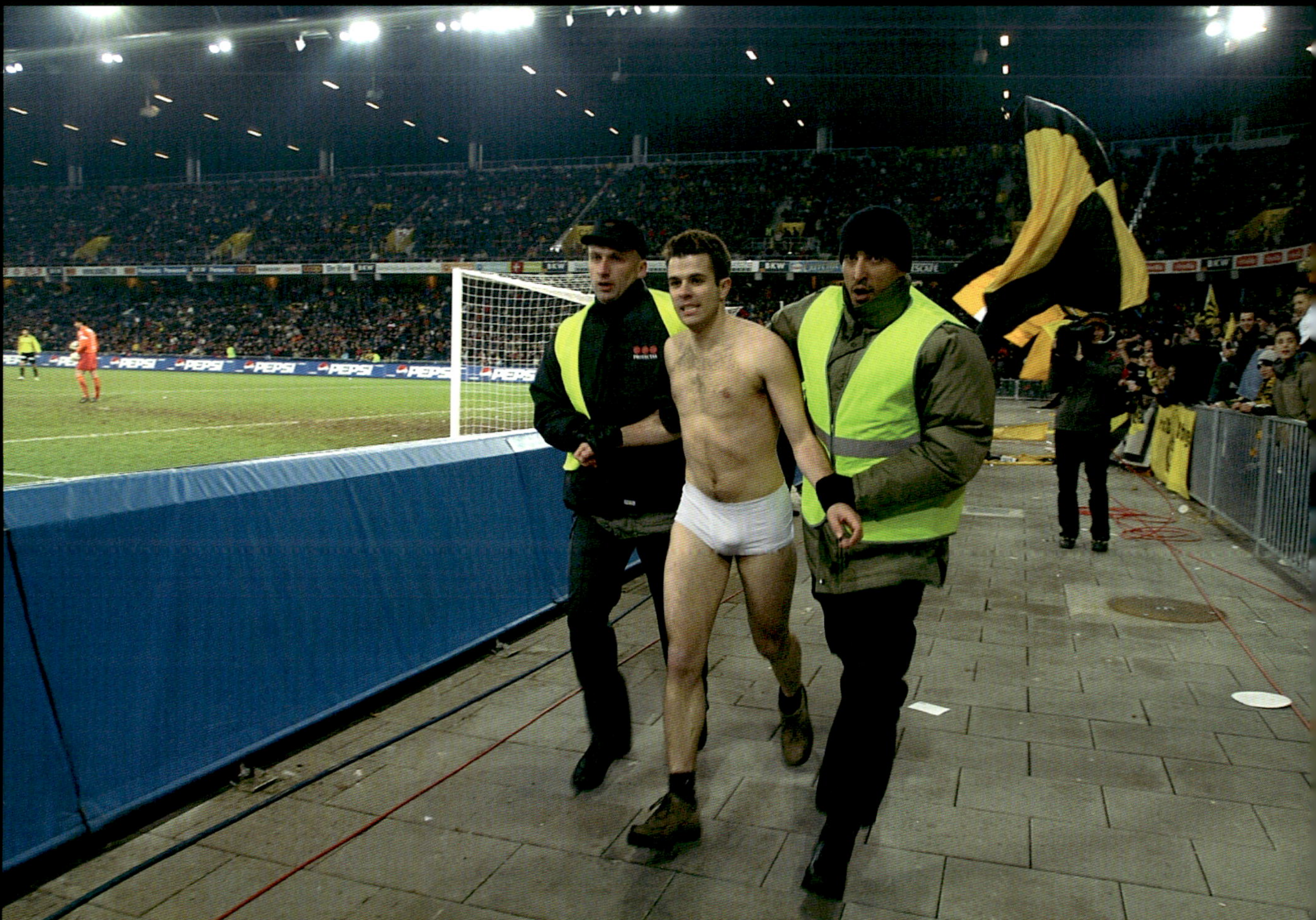
PEPSI

Schiedsrichter. Ohne sie geht es nicht und mit ihnen manchmal auch nicht. Die Schiedsrichter, das ewige Diskussionsthema unter Spielern, Trainern, Fans und Journalisten.

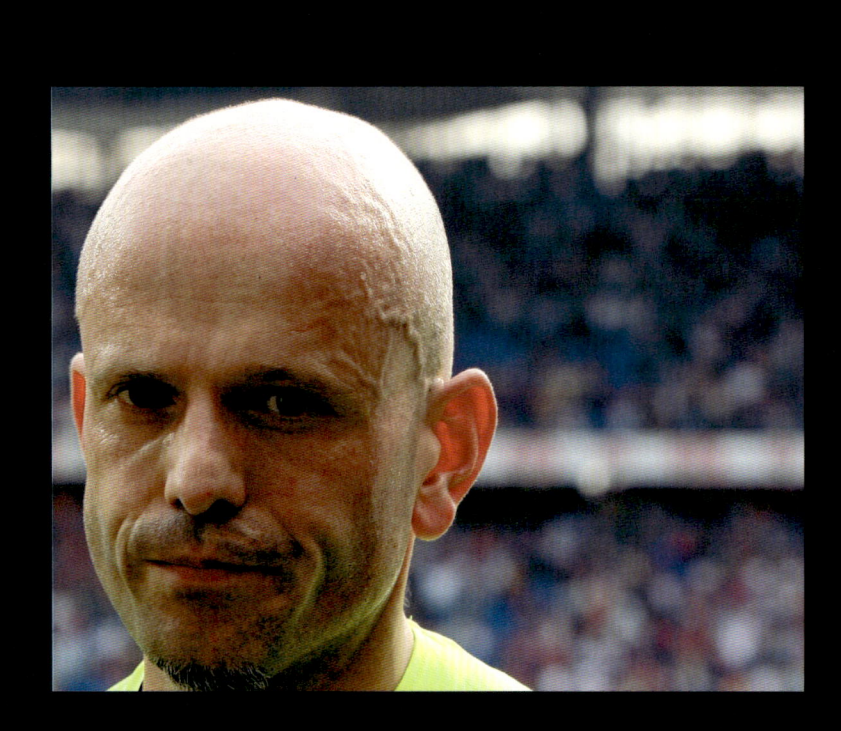

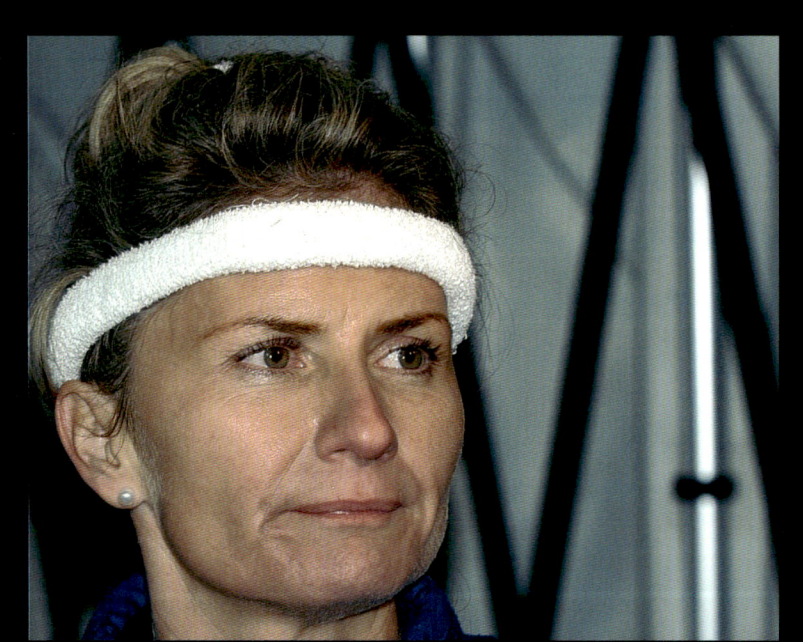

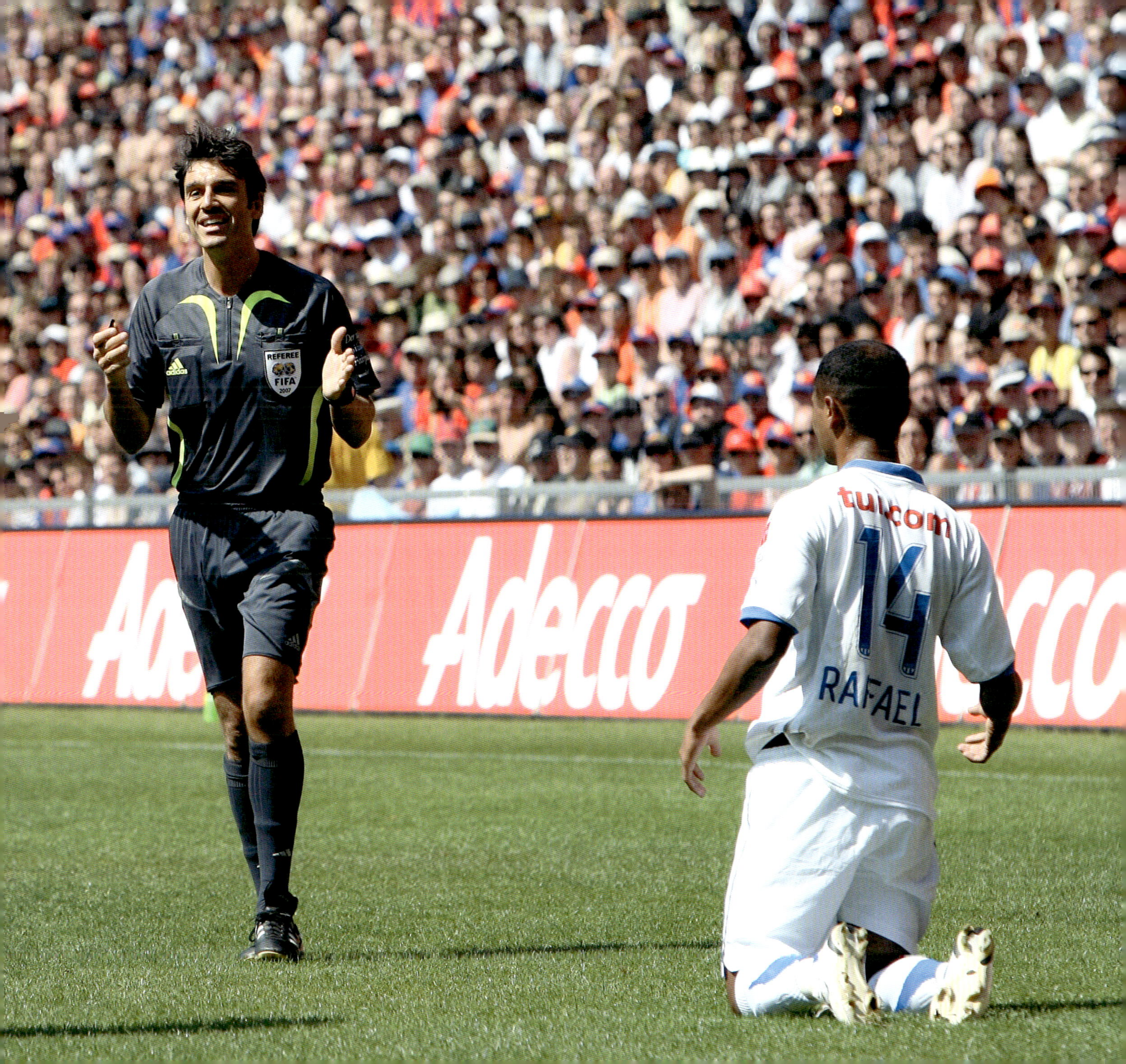
REFEREE
FIFA
2007
adidas
Adecco
Adecco
tuicom
14
RAFAEL

238

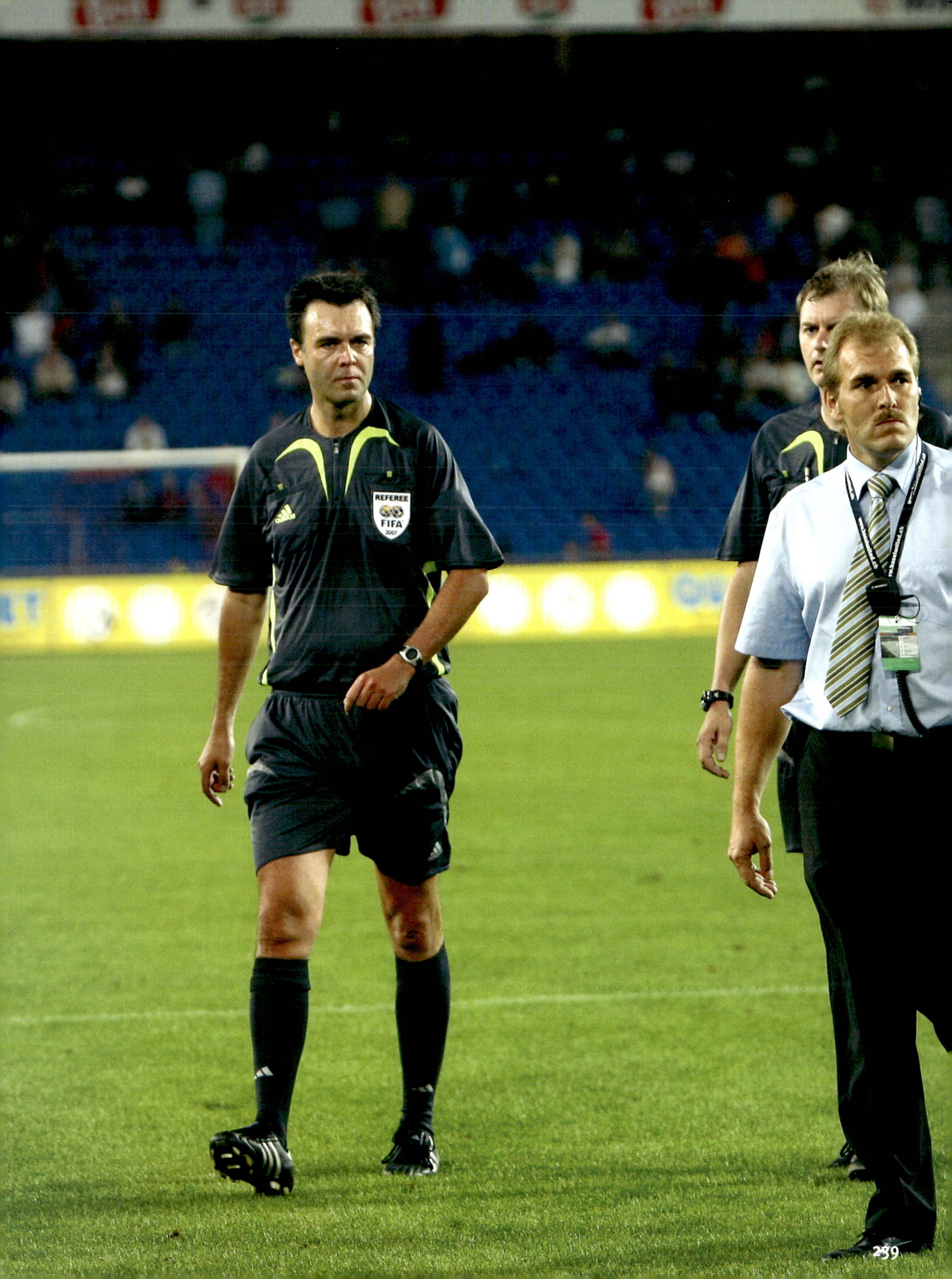
REFEREE
FIFA

240

241

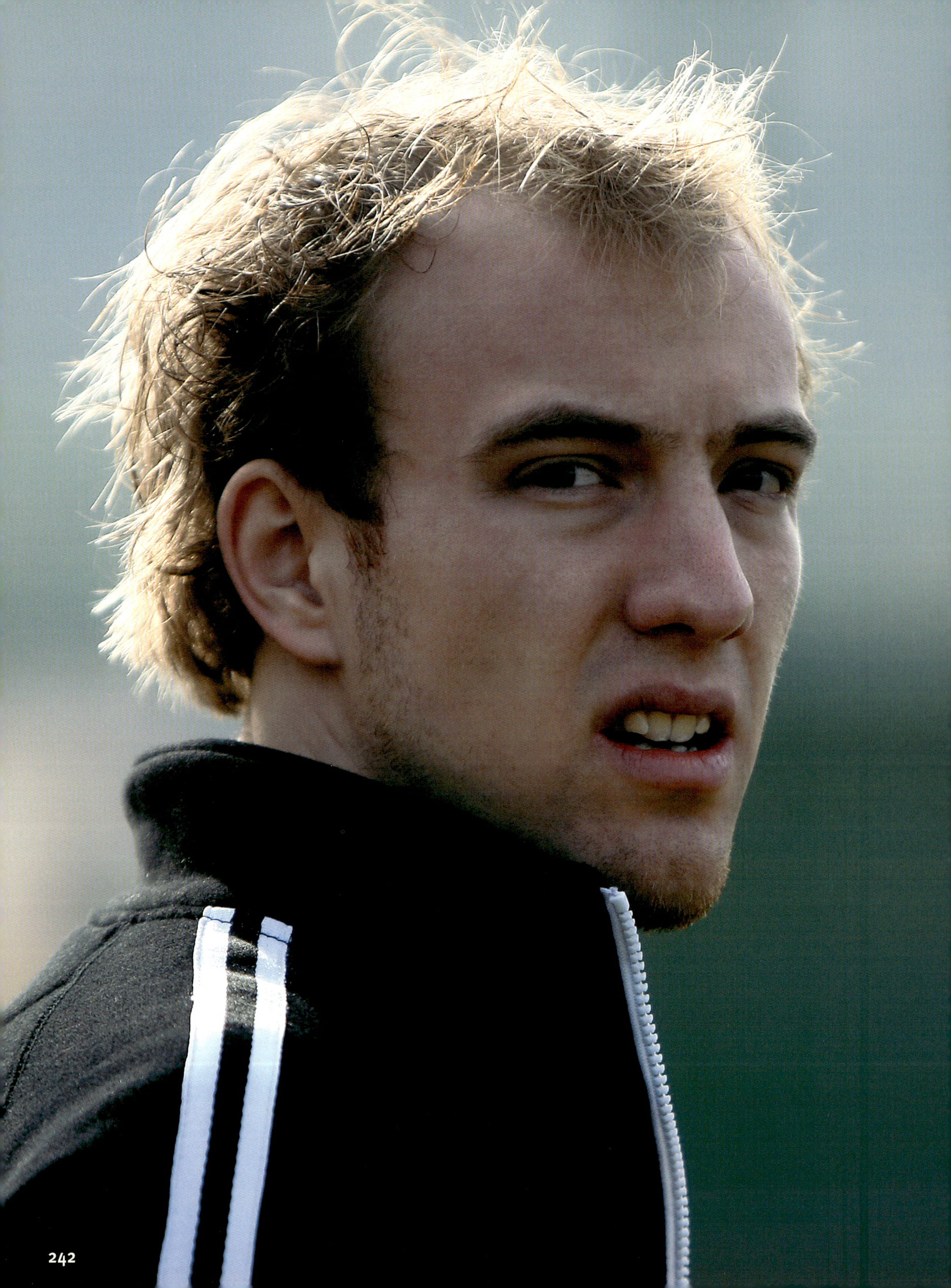

Medien. Wo immer der FC Basel auftritt, sind auch die Medienschaffenden (hier Moritz Conzelmann von Radio Basilisk) vor Ort.

Als Traditionsclub mit einer erfolgreichen Vereinsgeschichte und einem konstant hohen Zuschauerschnitt lieferte und liefert der FC Basel ständig interessante Themen für die Medien. Lokale Zeitungen, Radiostationen und Fernsehsender begleiten den Club seit jeher an alle Spiele, und mit den grandiosen Auftritten in der Champions-League-Saison 2002/2003 ist zusätzlich das nationale und internationale mediale Interesse am FCB enorm gestiegen. Egal wo auf der Welt die Basler gerade ein Testspiel absolvieren, immer sitzt mindestens ein Journalist mit Notizblock und Schreibzeug ausgerüstet am Spielfeldrand.

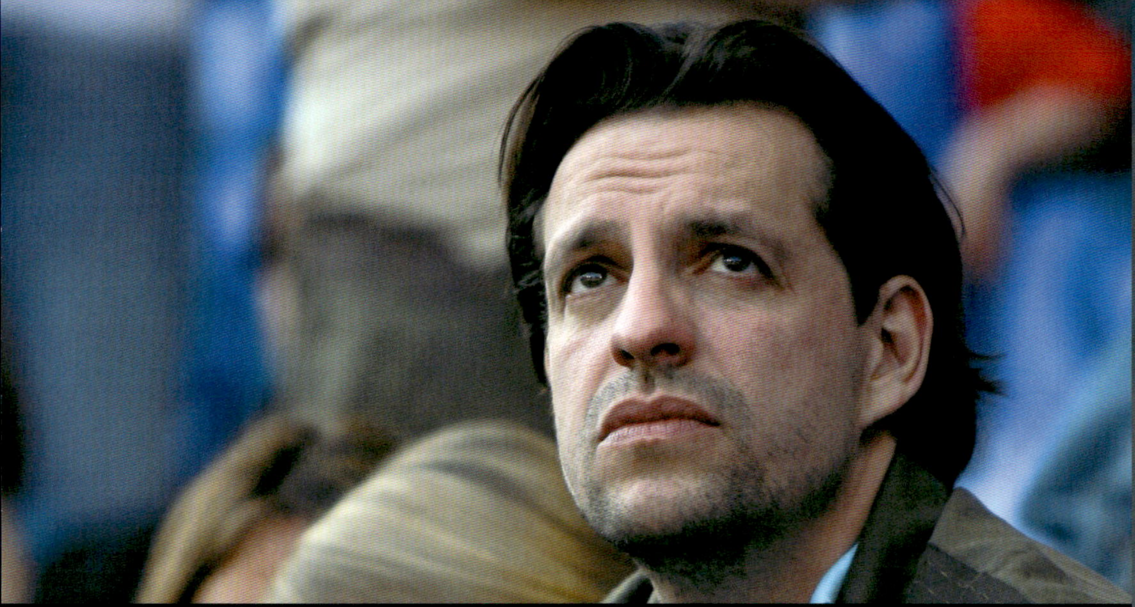

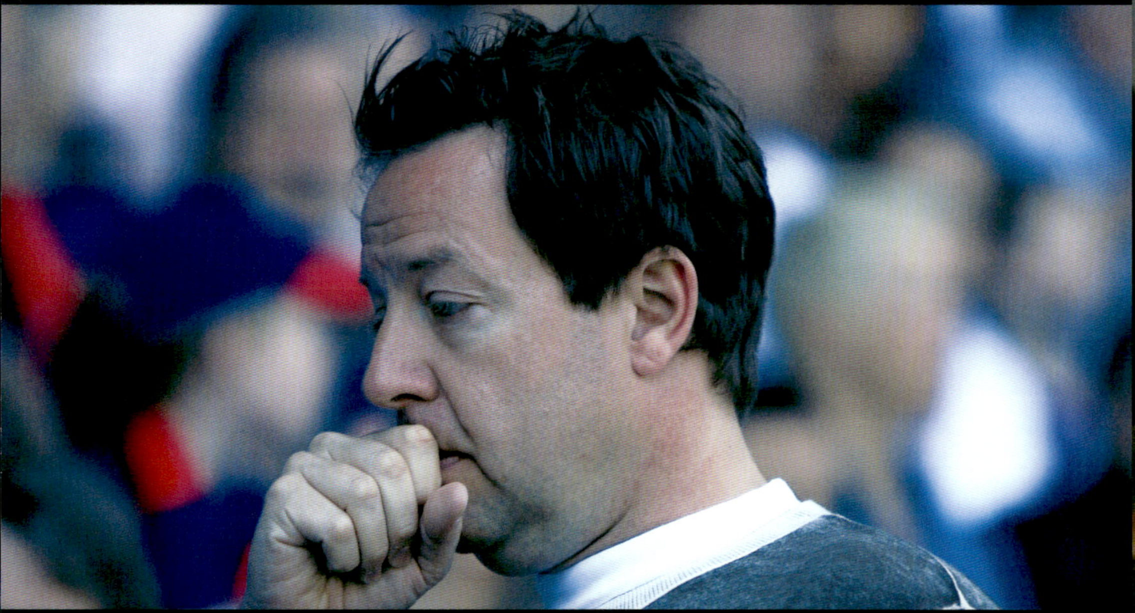

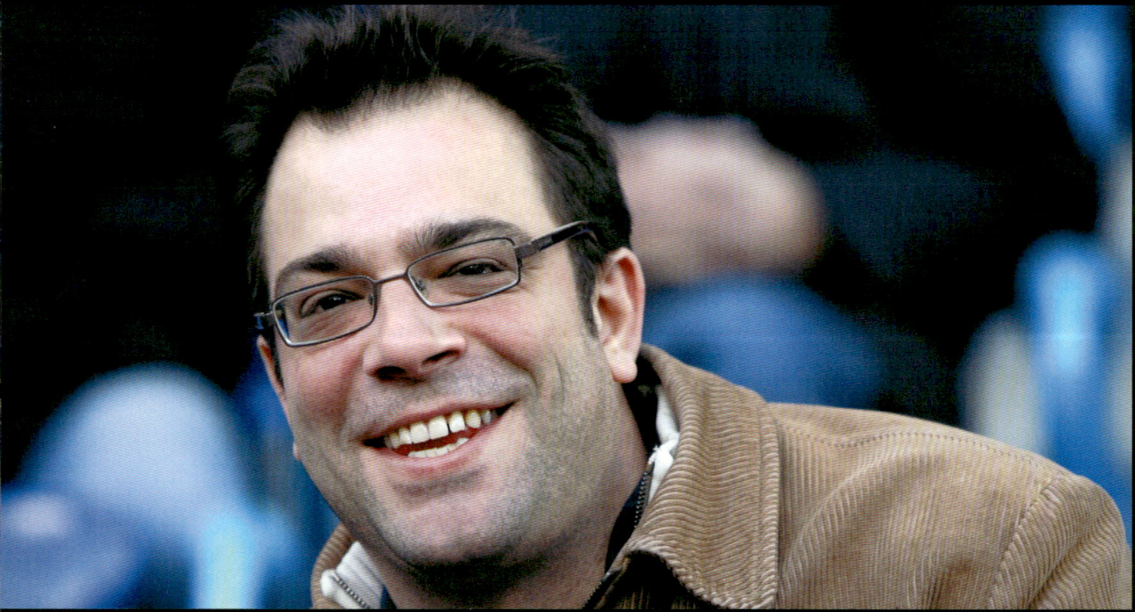

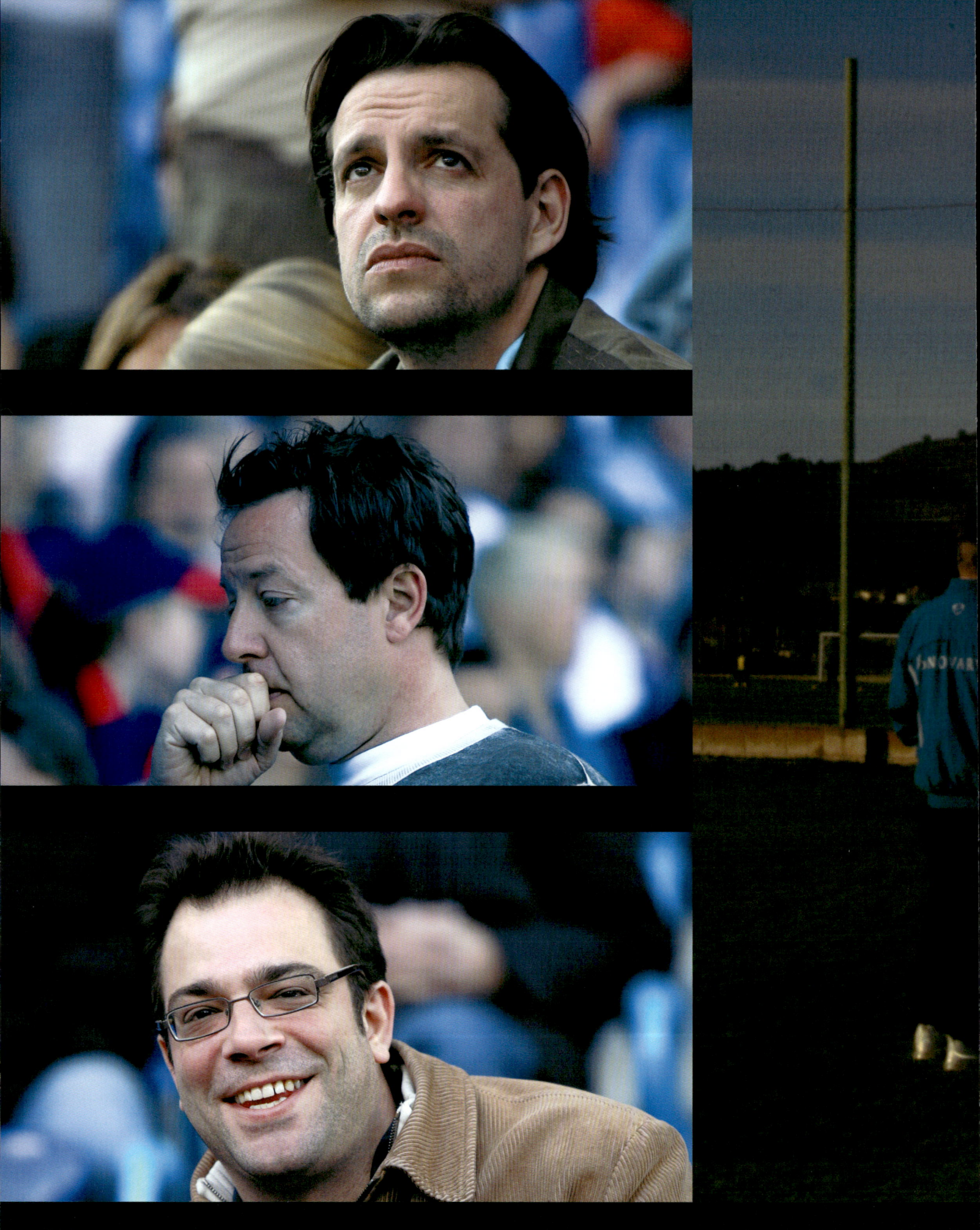

245

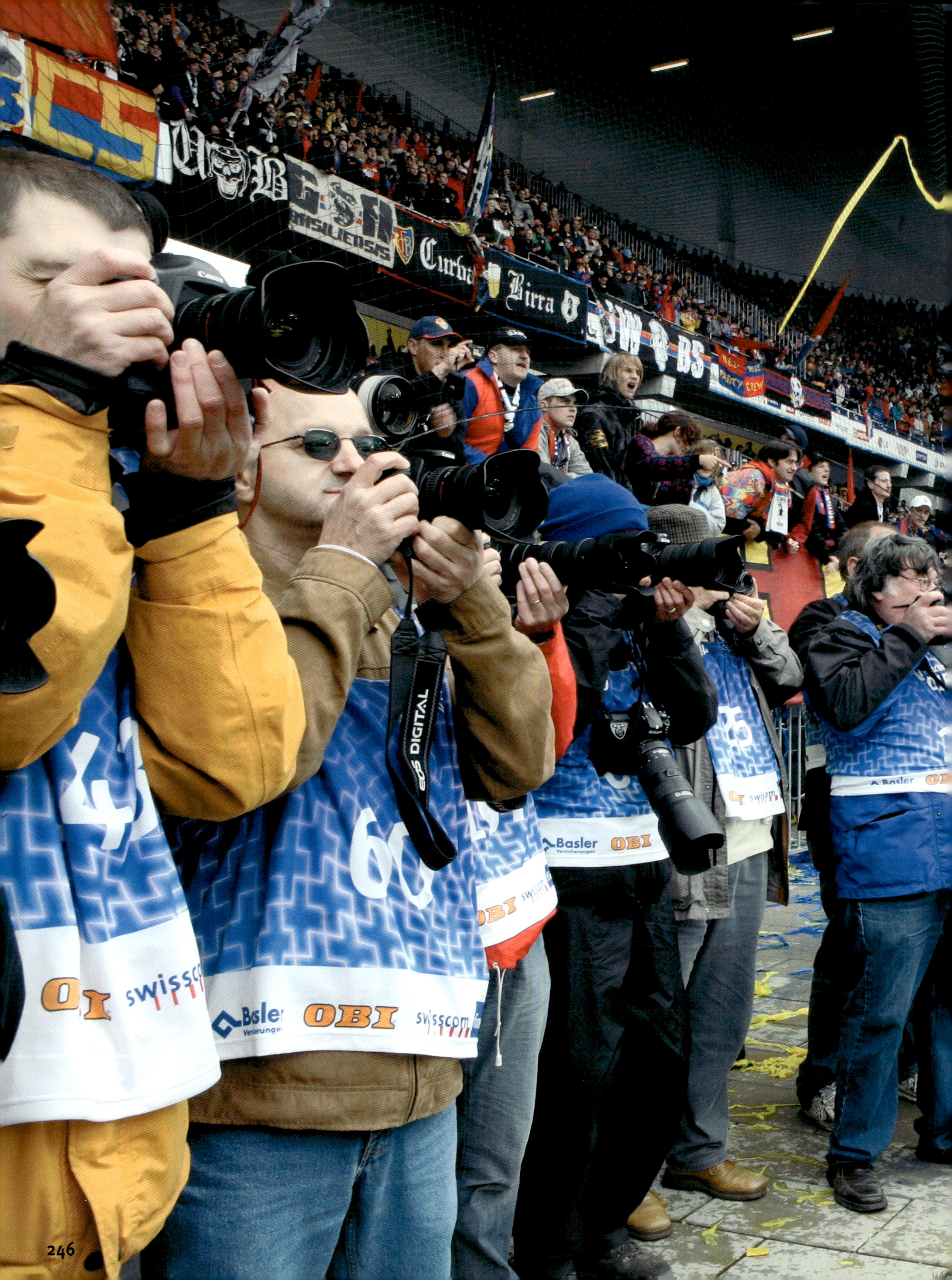
Curva
Birra
EOS DIGITAL
Basler
OBI
swisscom

247

248

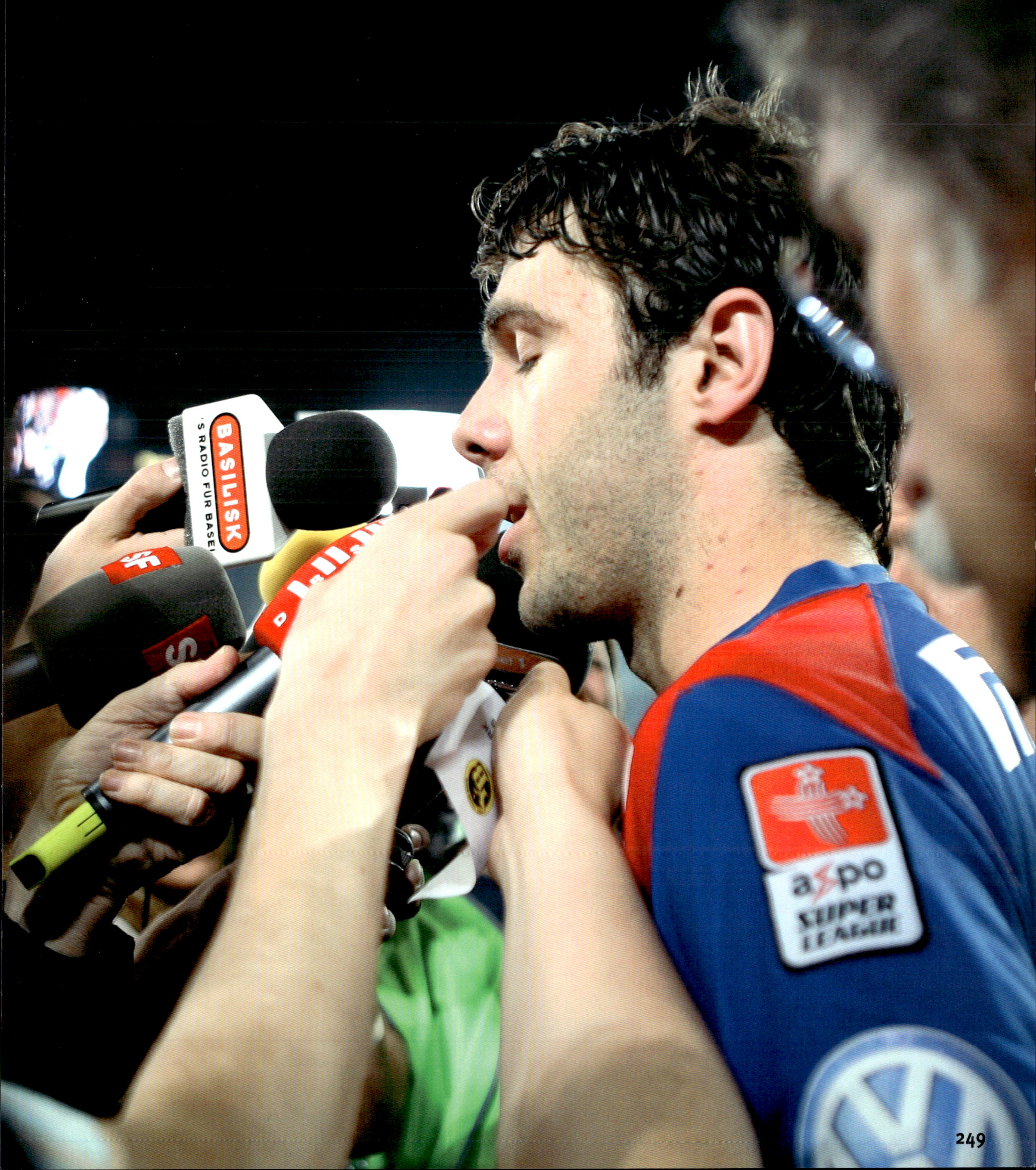
BASILISK
'S RADIO FÜR BASEL
SF
axpo
SUPER
LEAGUE

250

FUSSBALL 35

Das Vogel-Spiel um Macht und Polemik
Die Rückkehr von Erich Vogel setzt GC einer Zerreissprobe aus

Fritz Peter wirft Vogel einen Mangel an Ethik vor

252

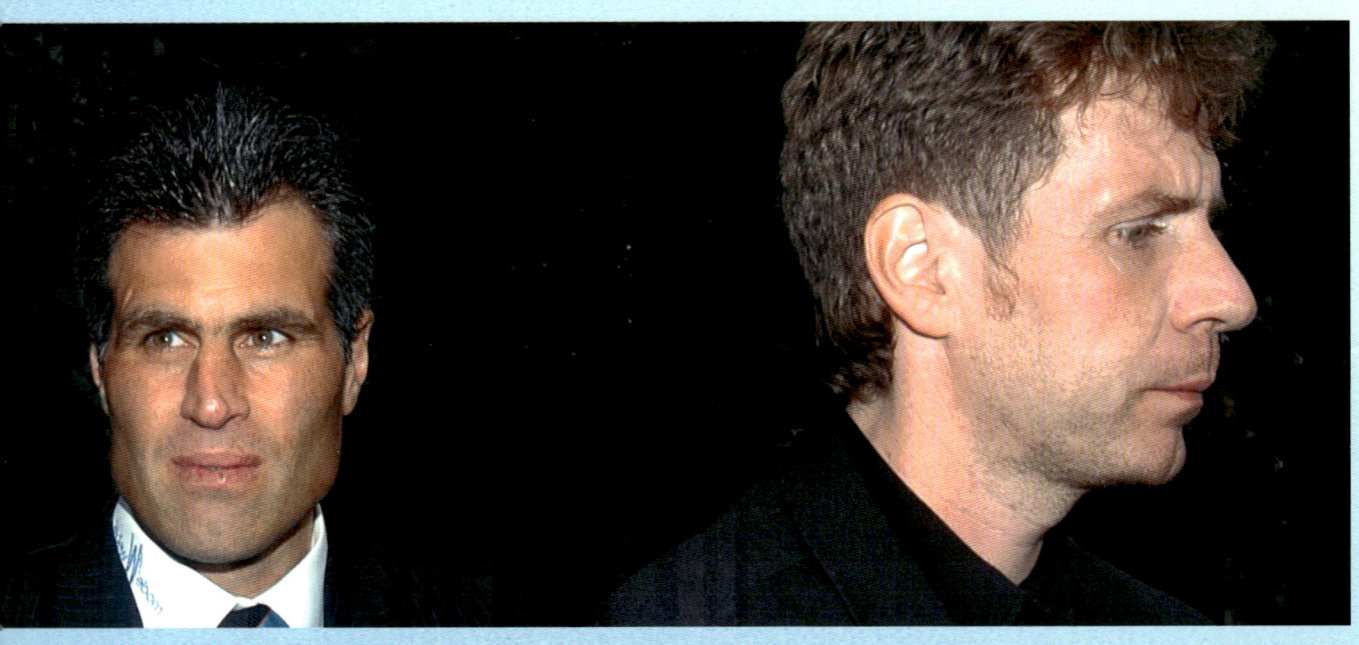

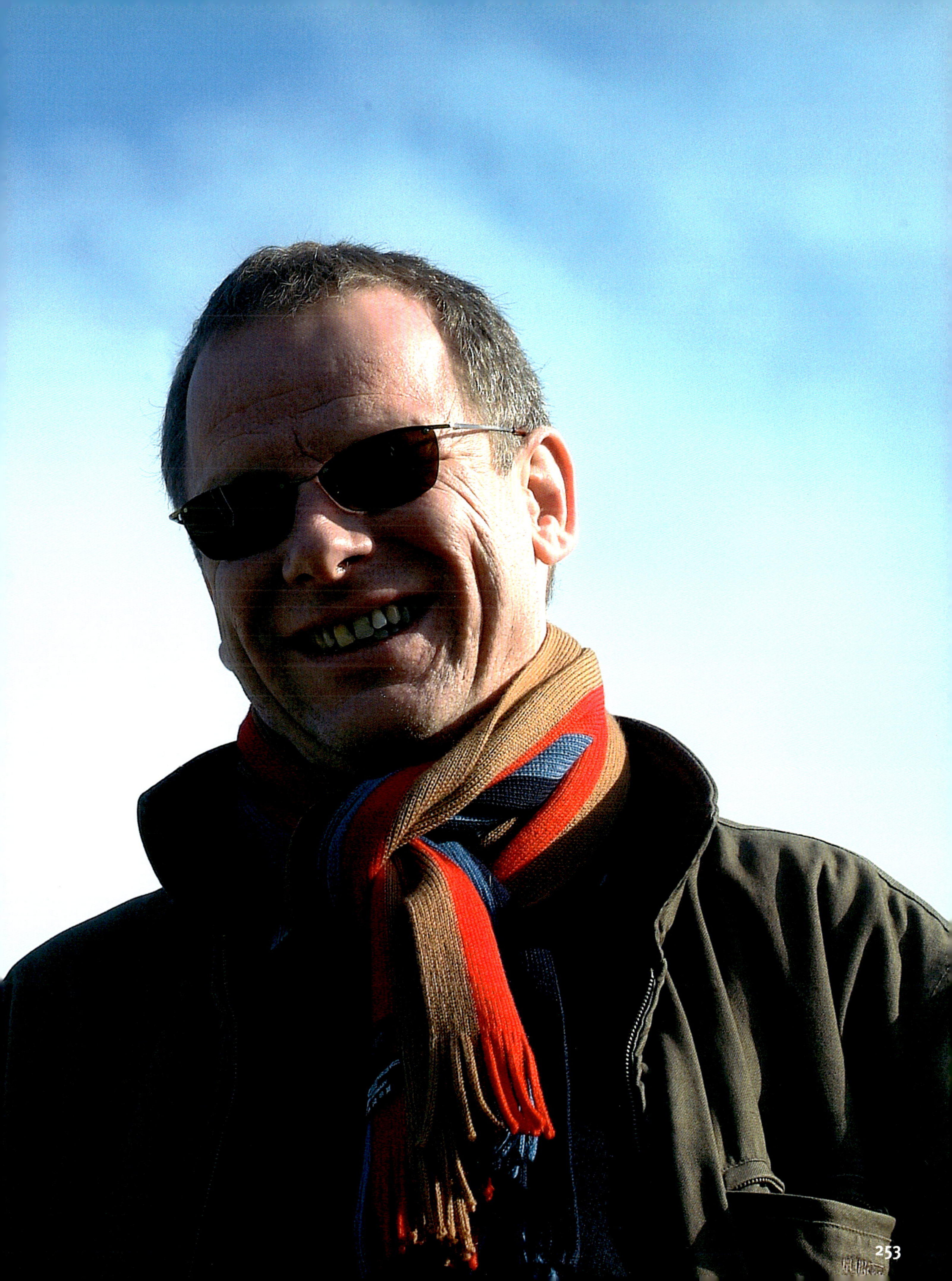

254

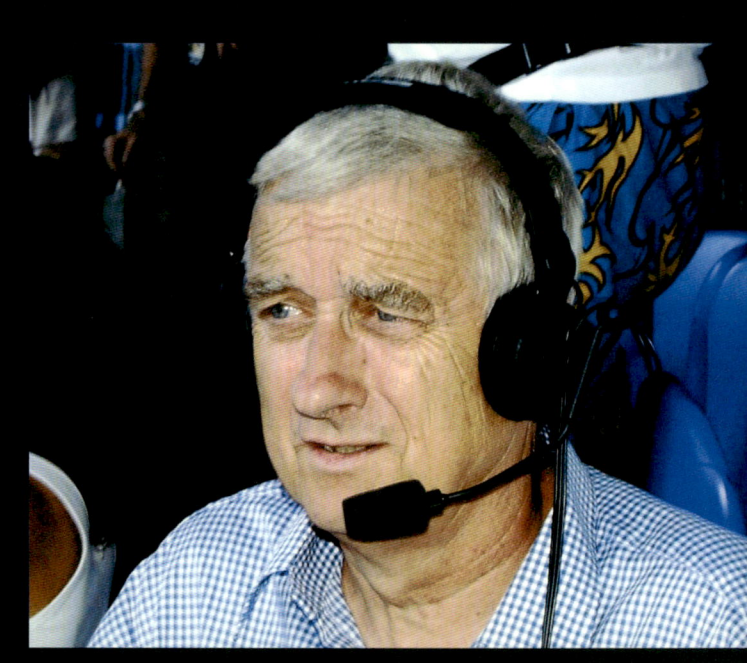

255

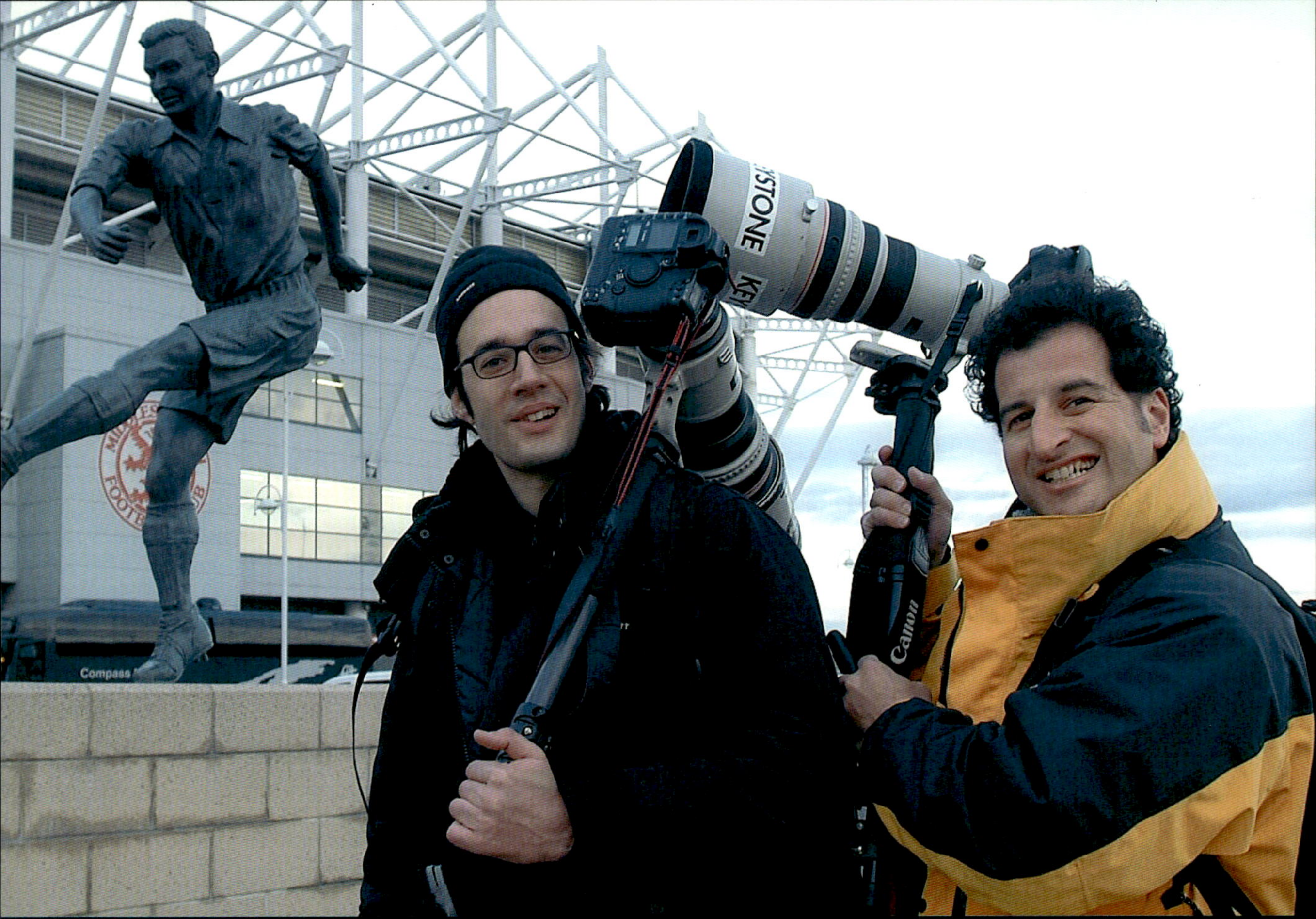
Canon

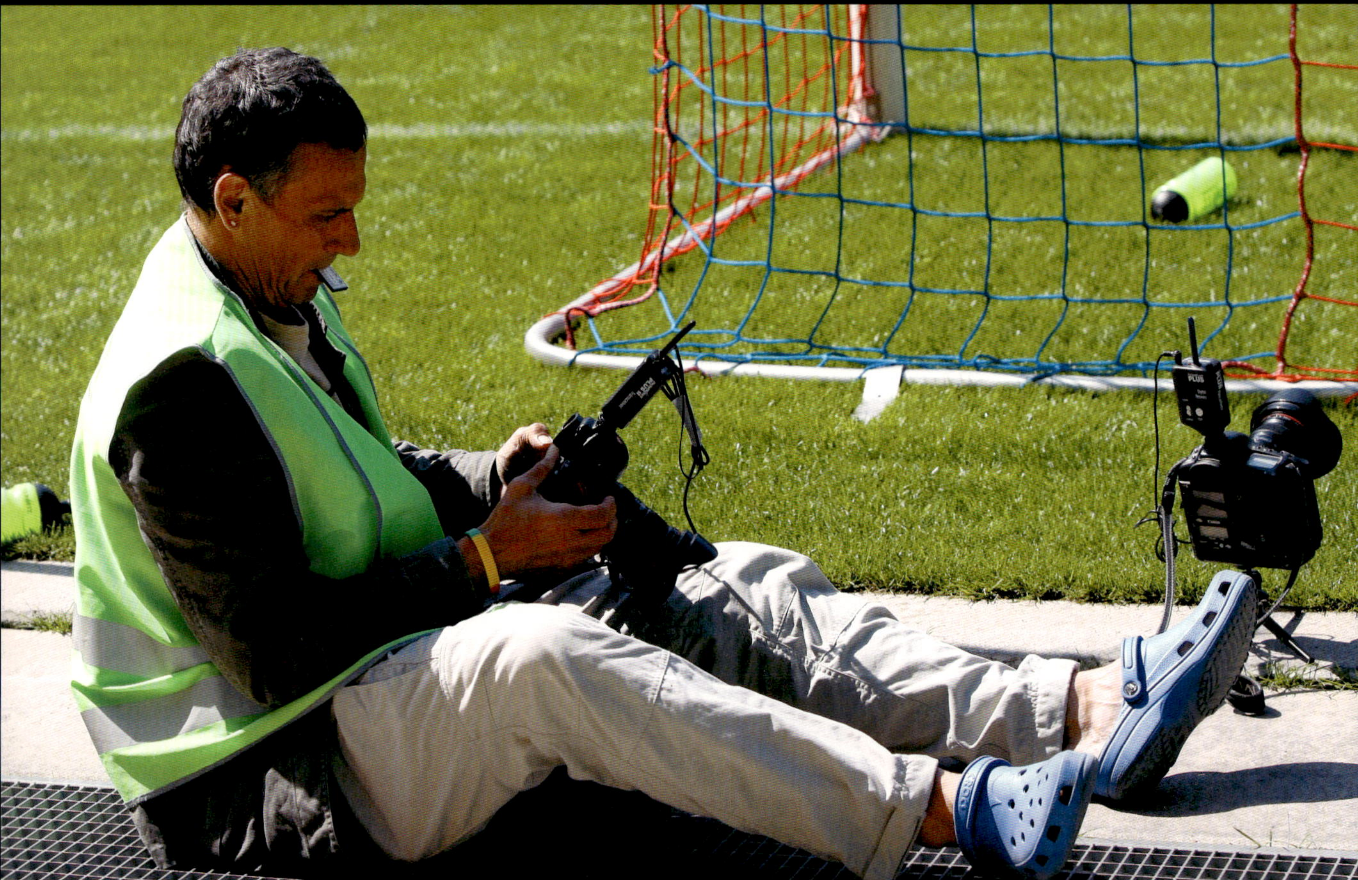

257

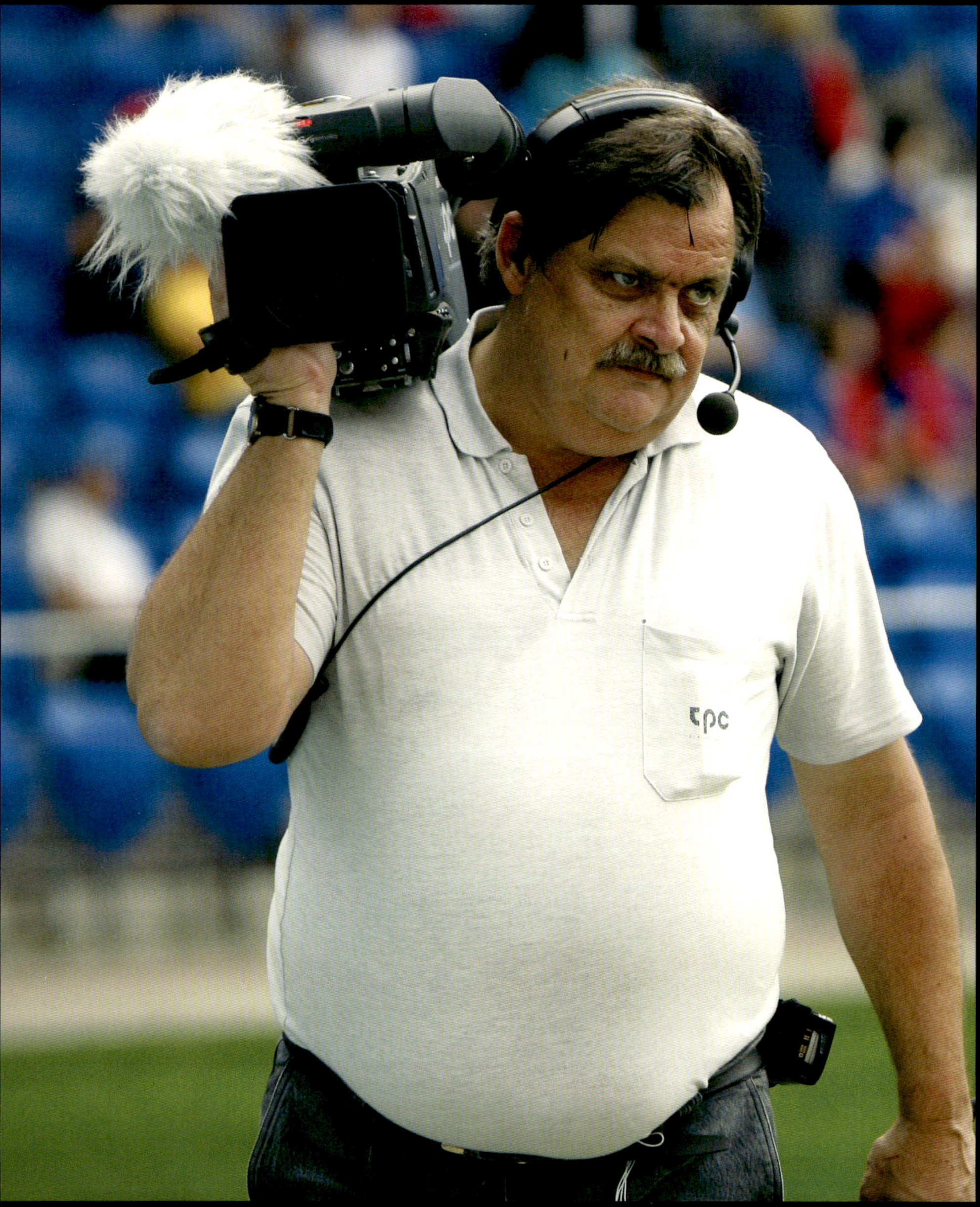
tpc

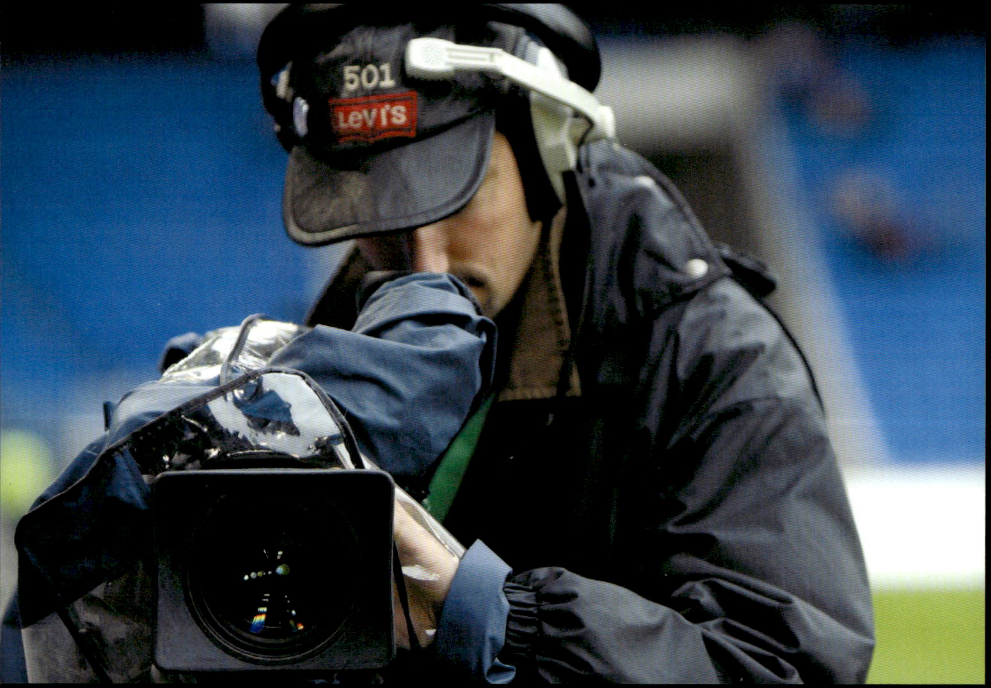
501
Levi's

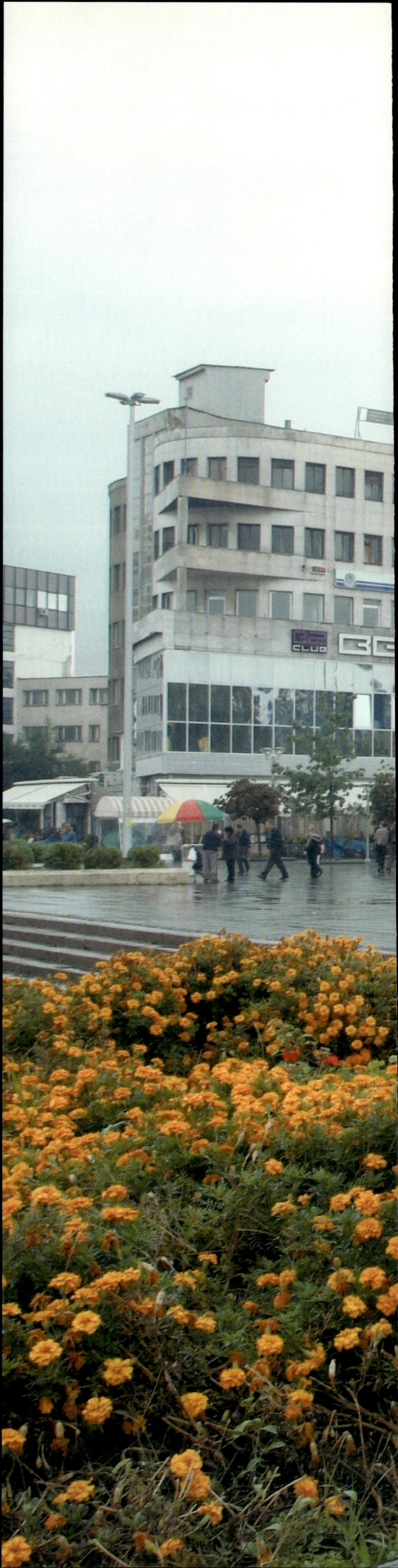

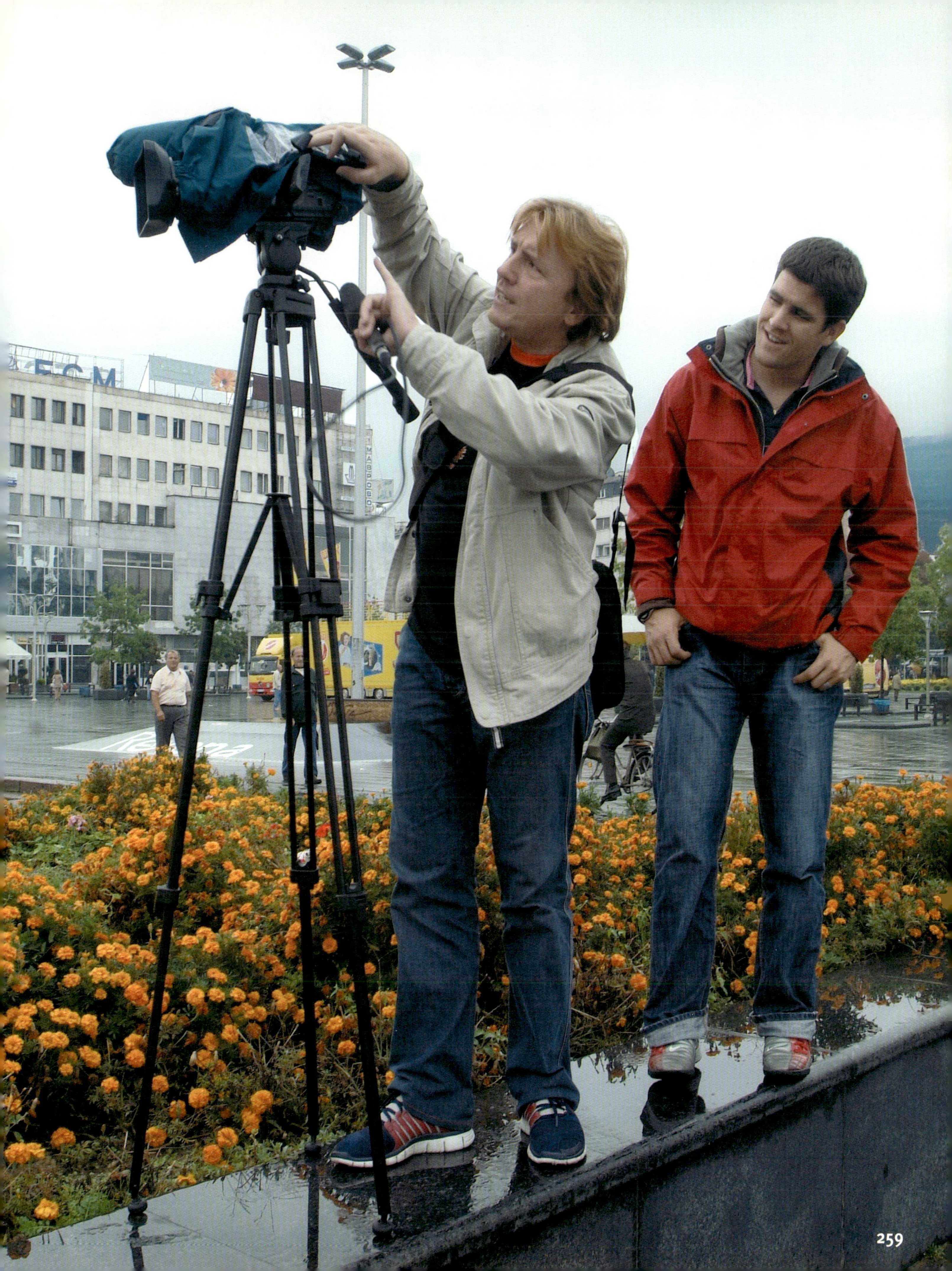

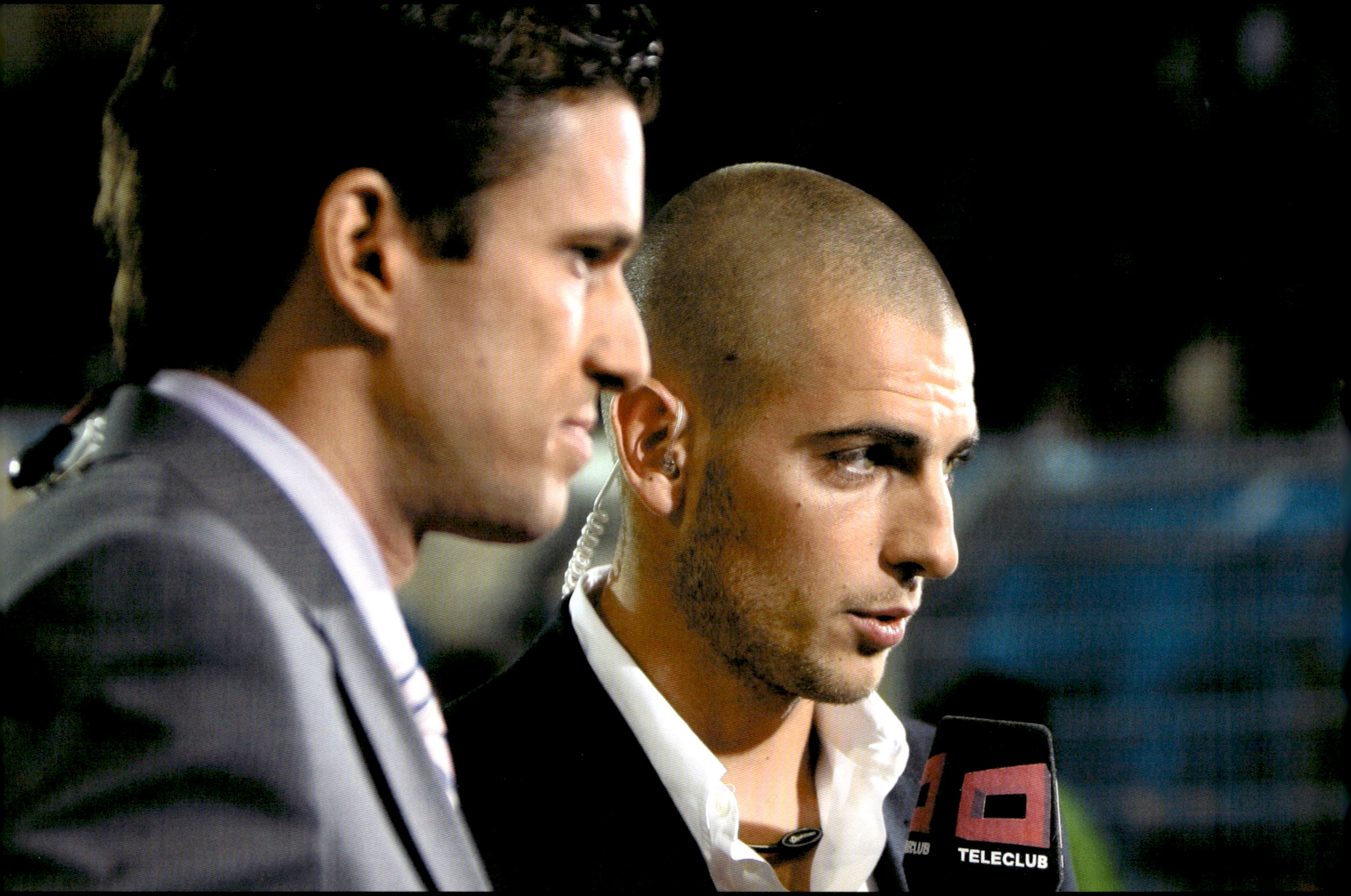
TELECLUB

261

262

Promis. Wo Sport stattfindet, sind meistens auch die Prominenz und ein gemeinsamer Nenner als Diskussionsbasis nicht weit. UBS-Verwaltungsratspräsident Marcel Ospel (l.) im Gespräch mit Filmproduzent Arthur Cohn.

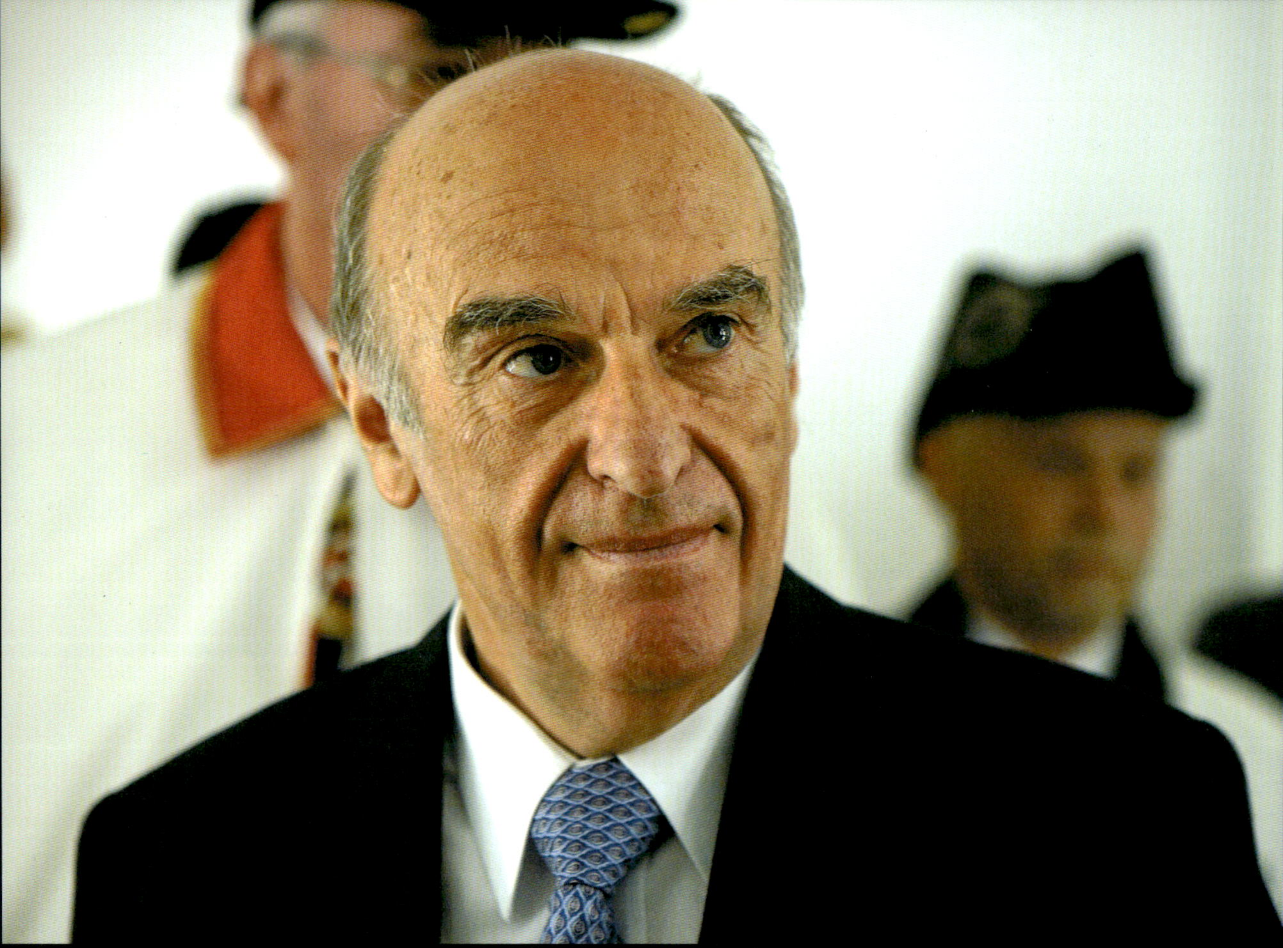

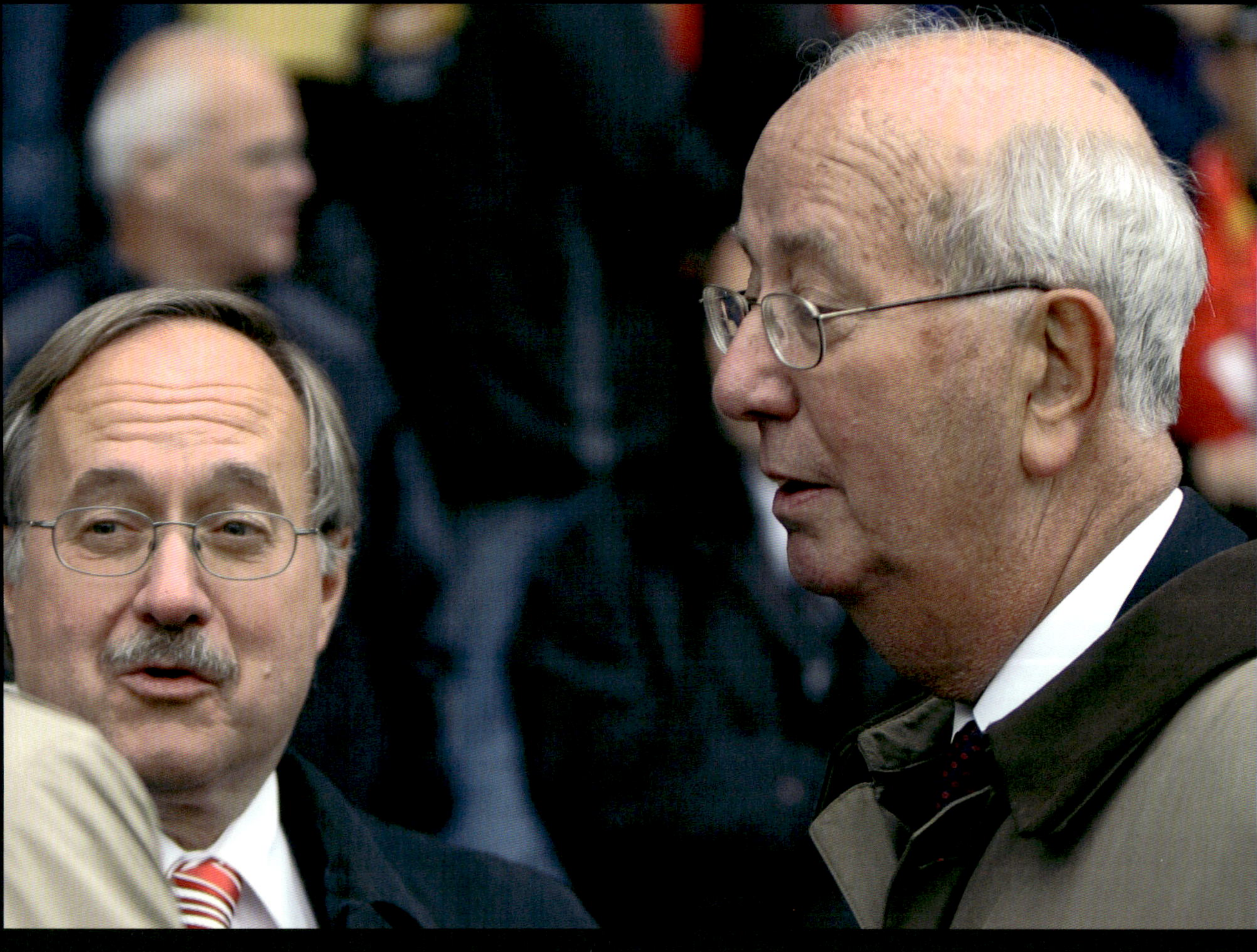

265

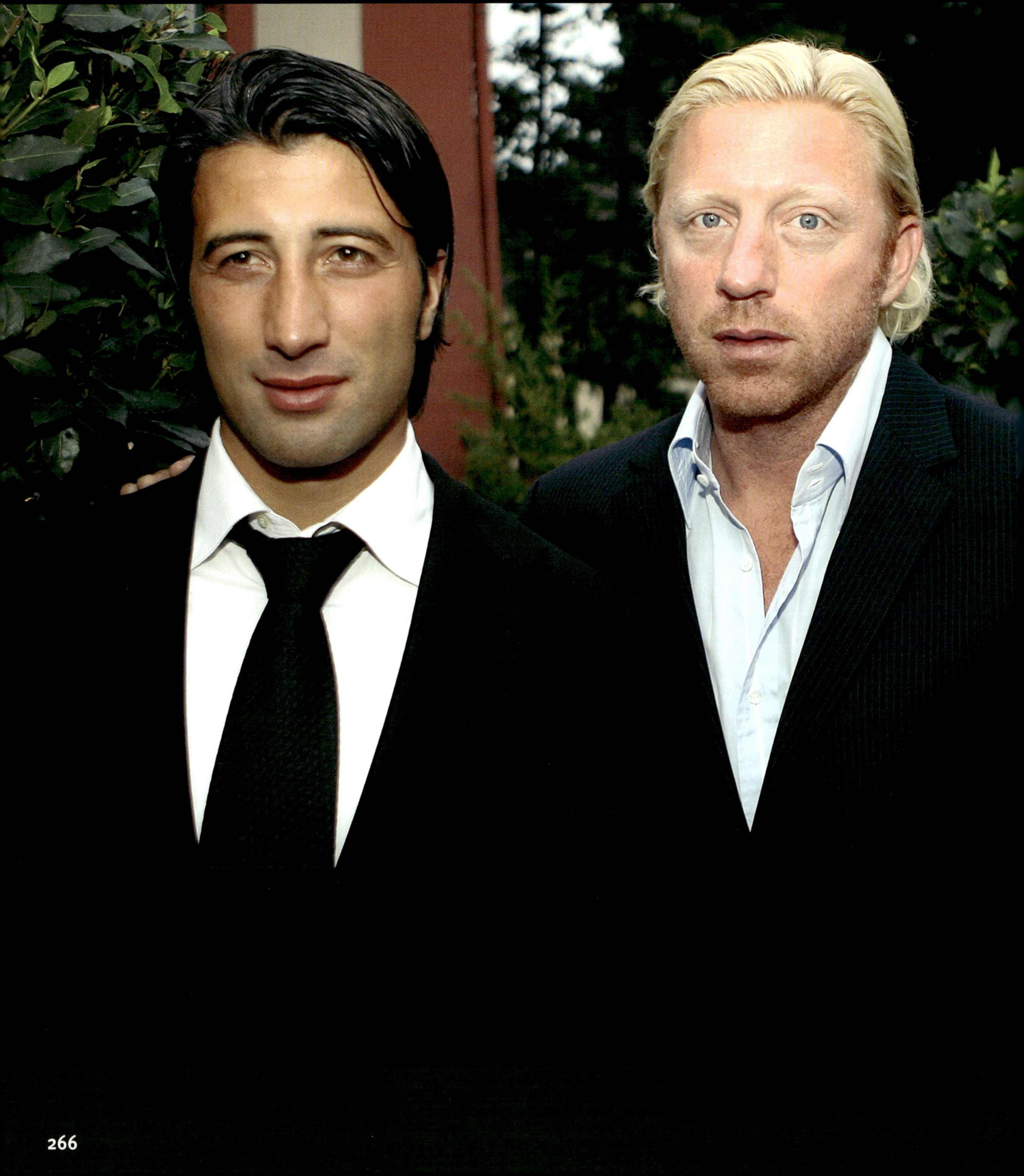

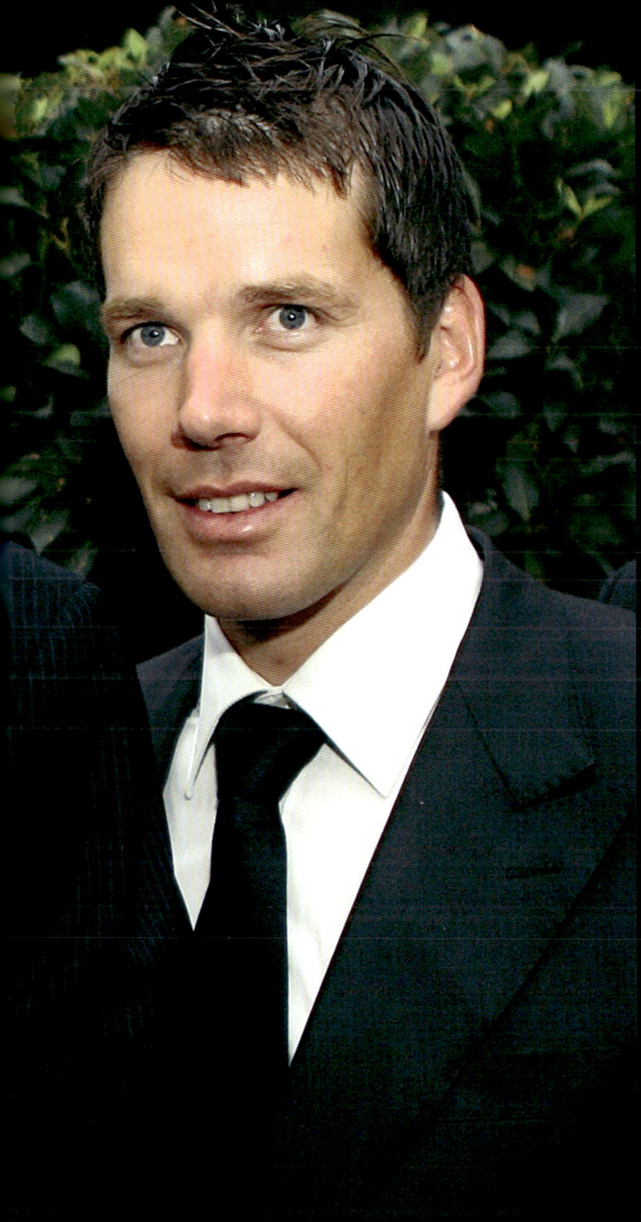

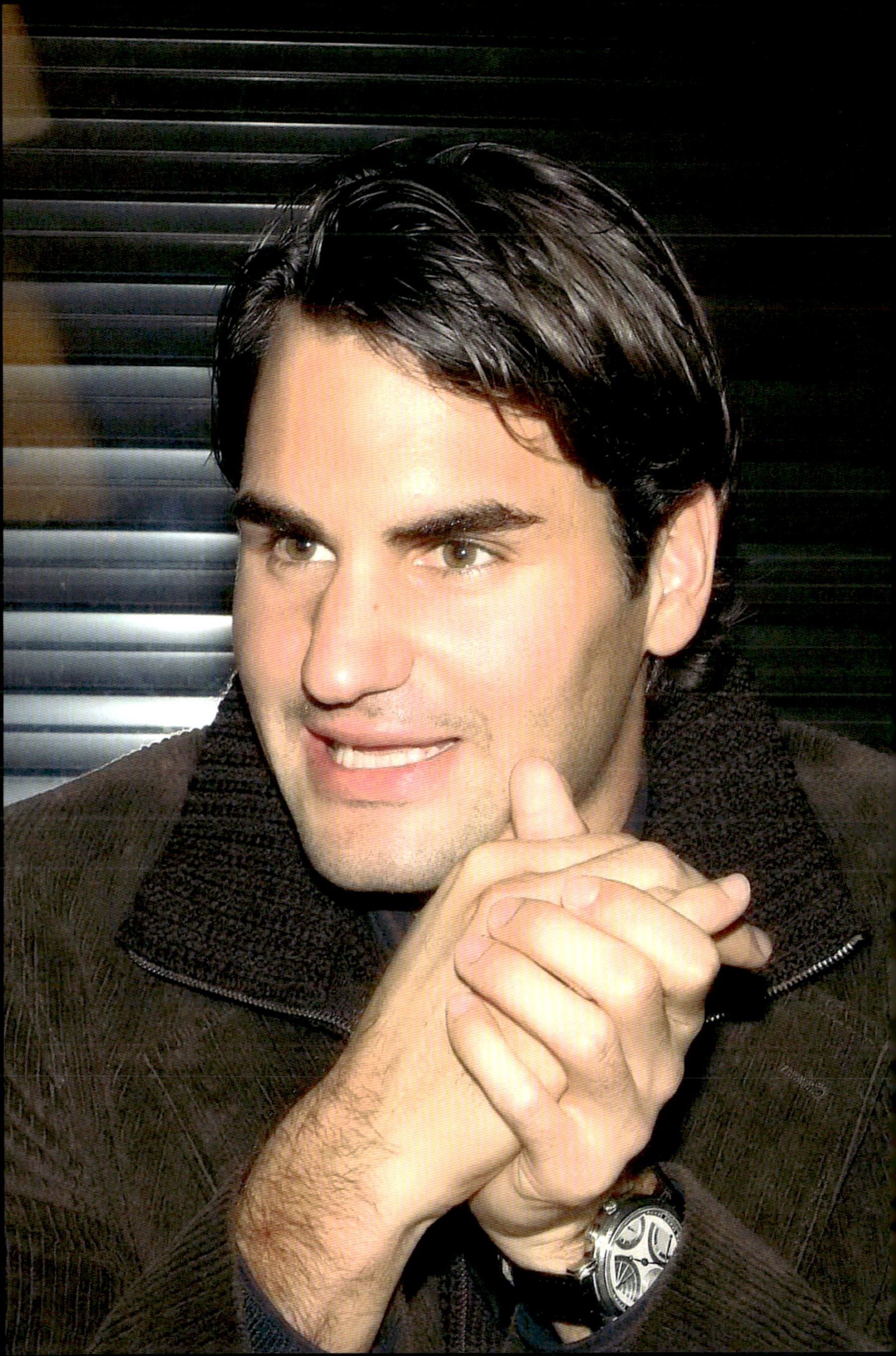

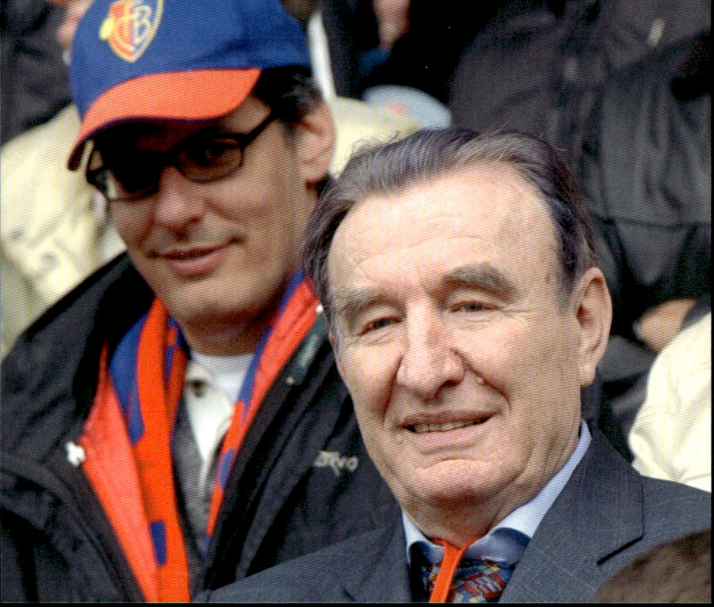

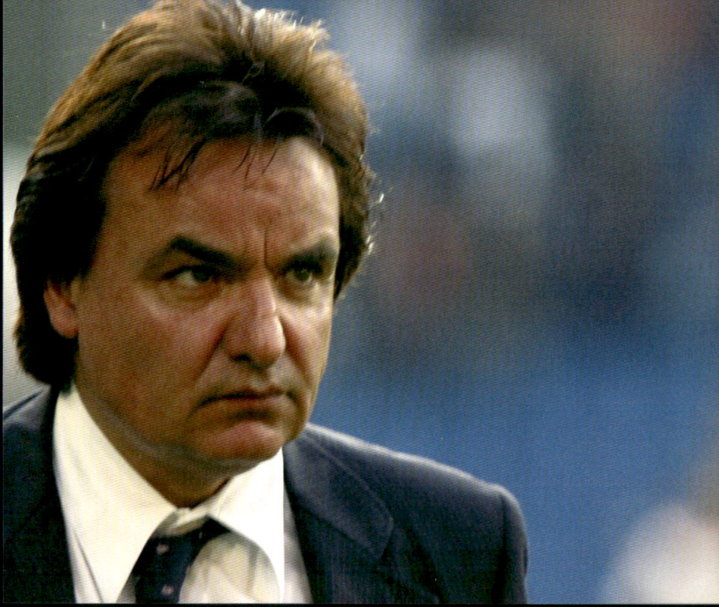

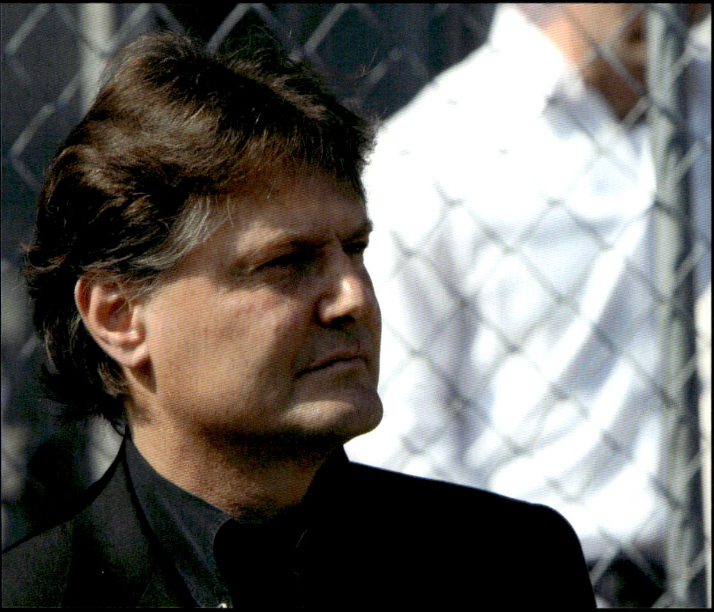

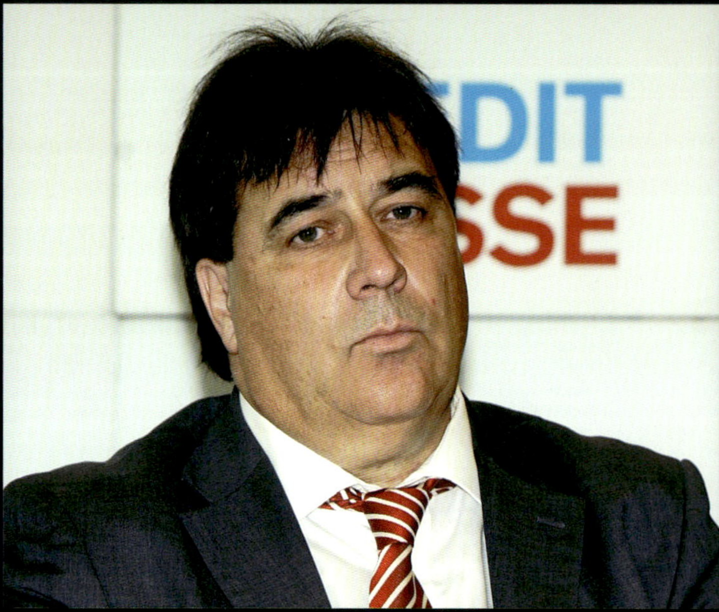
EDIT
SSE

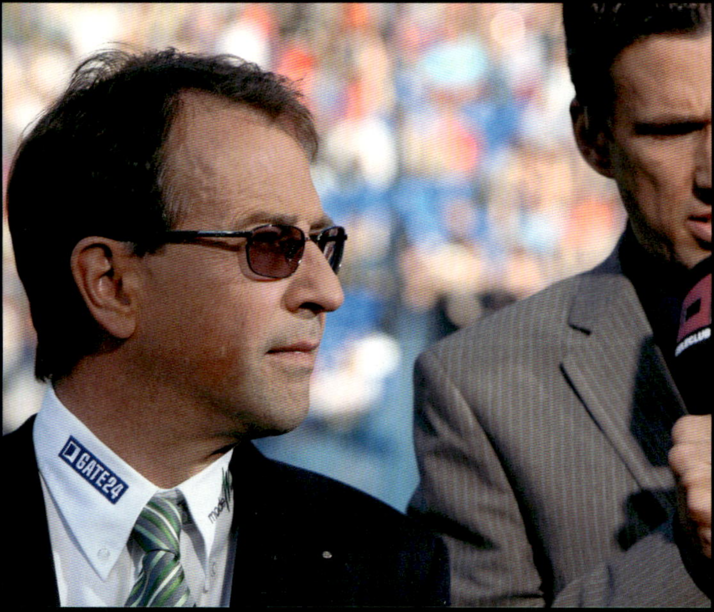
GATE24

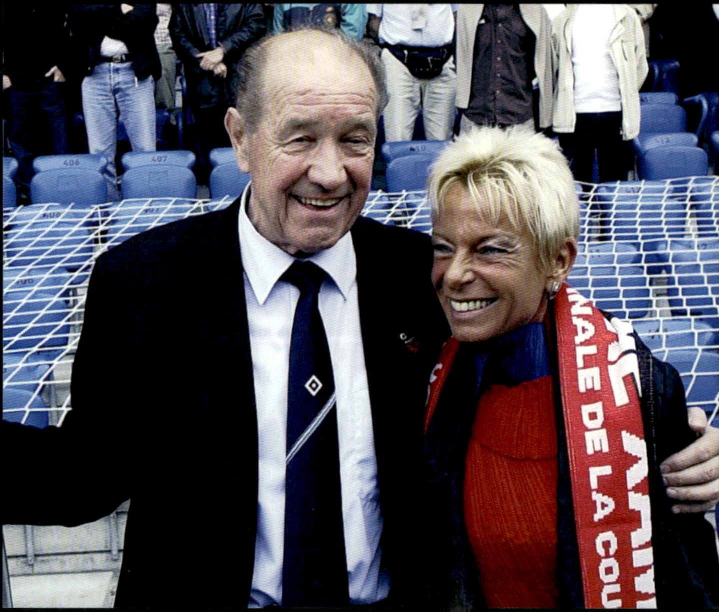
NALE DE LA COU

269

DAS PARFUM
DIE GESCHICHTE EINES MÖRDERS
Tom Tykwer Film
Bernd Eichinger
Andrew Birkin & Bernd Eichinger & Tom Tykwer

271

Nicht alle Trainer der Basler Mannschaftssportarten sind so erfolgreich wie Christian Gross mit dem FC Basel. Doch Pascal Donati (l.) etwa hat mit seinen Basketballern der Birstal Starwings in der NLA ebenfalls schon für Furore gesorgt. Für sein langjähriges Engagement wurde er mit dem Baselbieter Sportpreis 2007 ausgezeichnet. Etwas schwieriger gestaltet sich die Arbeit von Mike McParland (r.), Trainer des EHC Basel. Die Eishockeyaner sind nach wie vor bemüht, sich in der Stadt Basel und in der NLA zu etablieren.

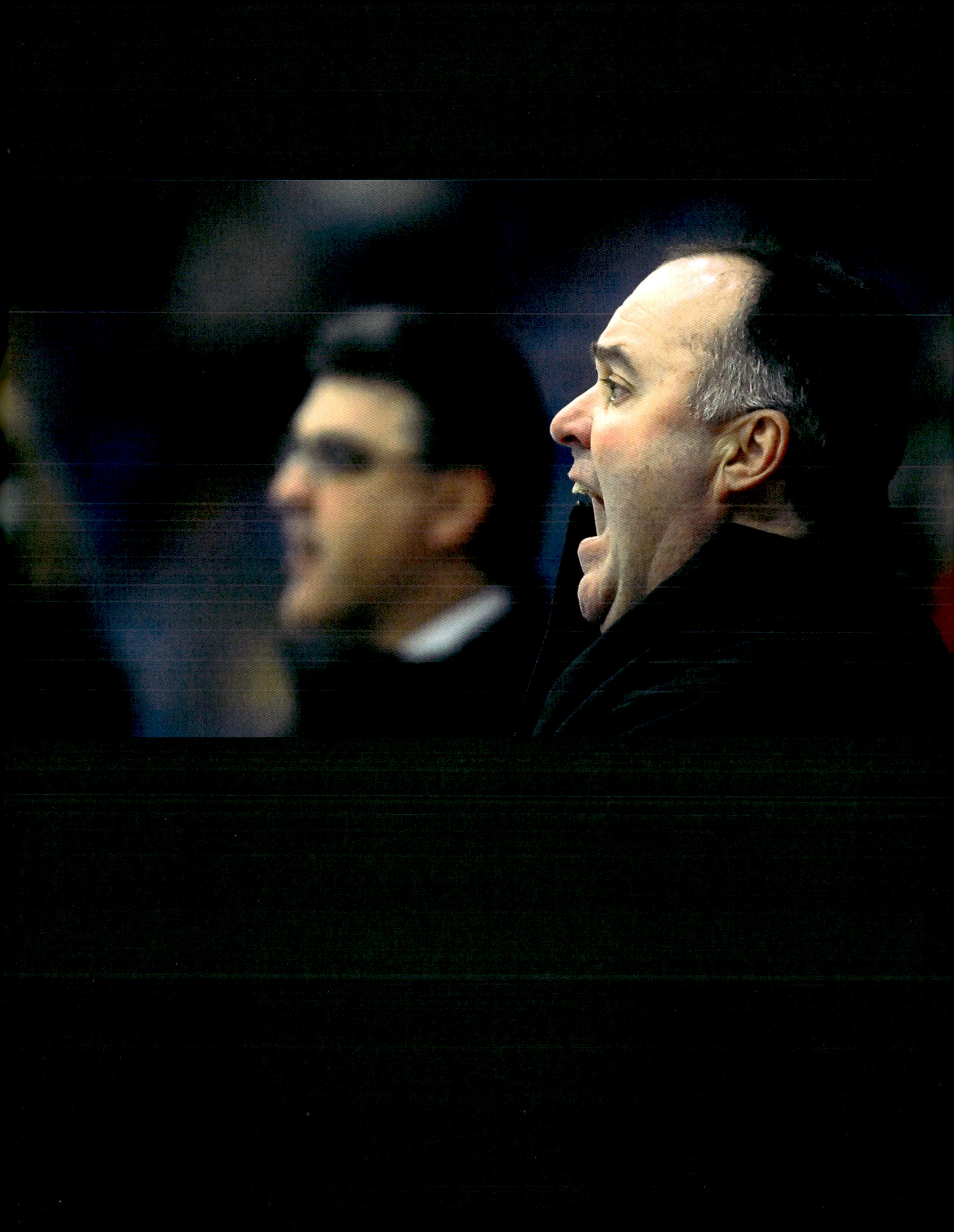

274

275

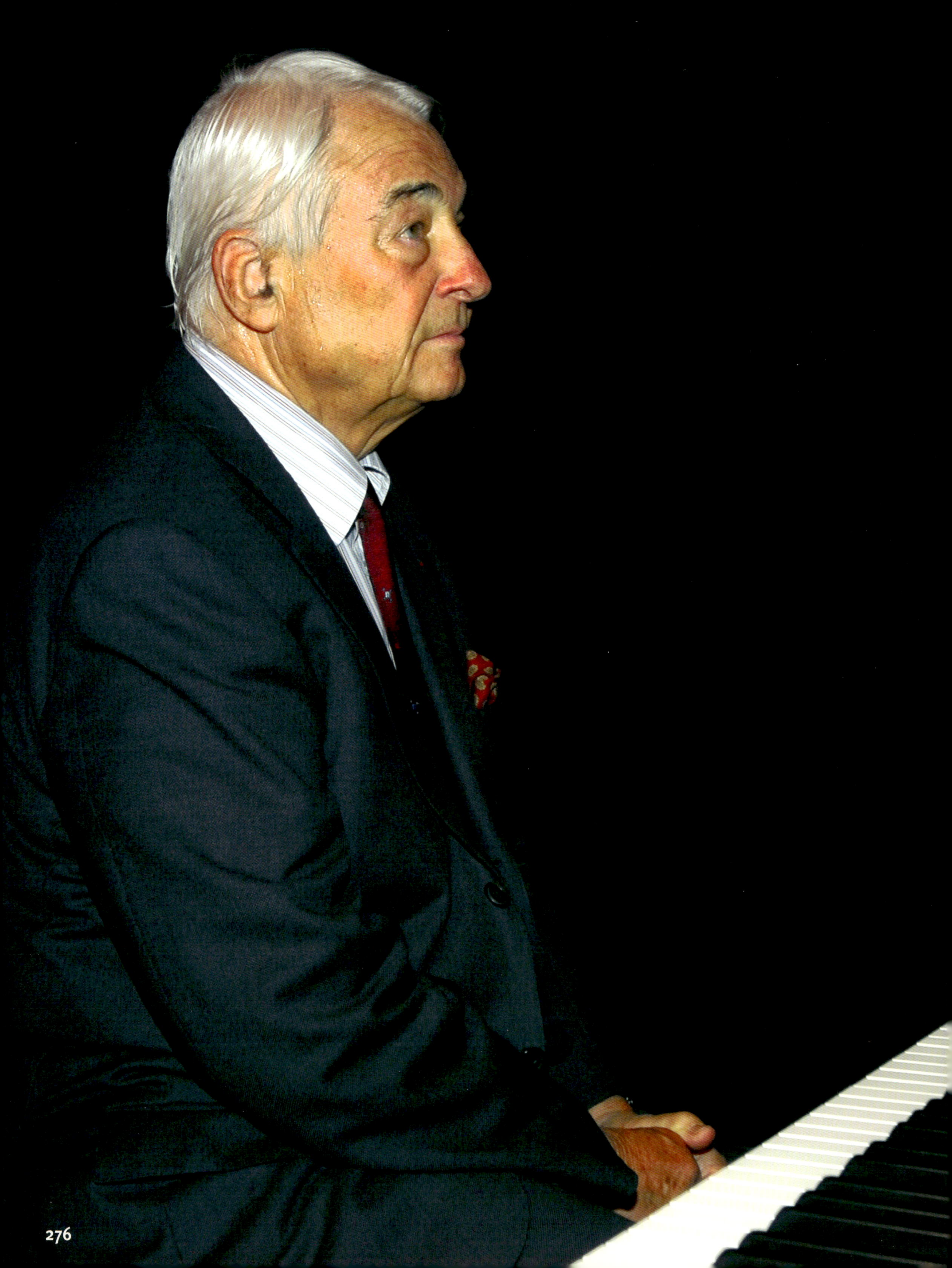

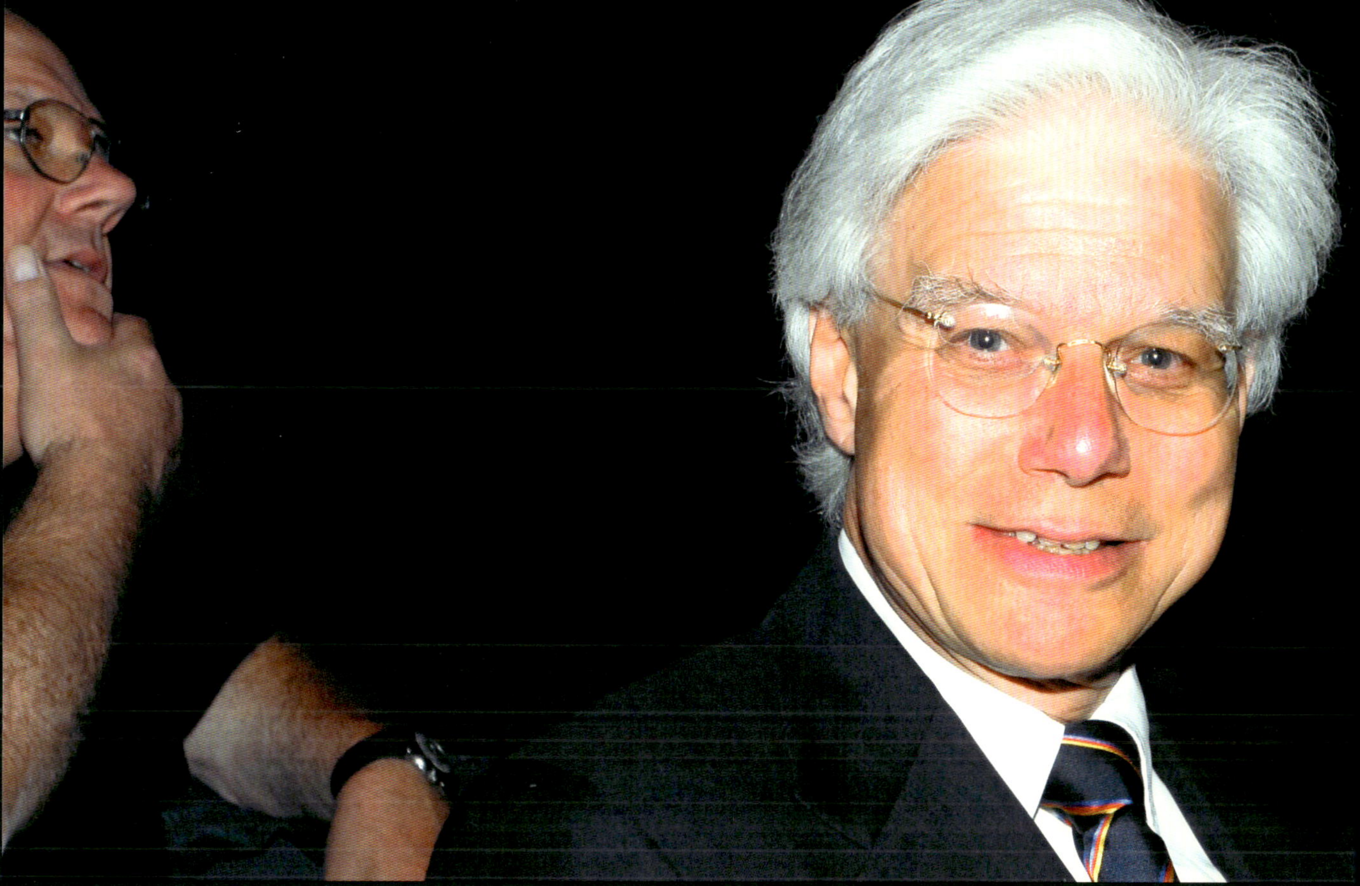

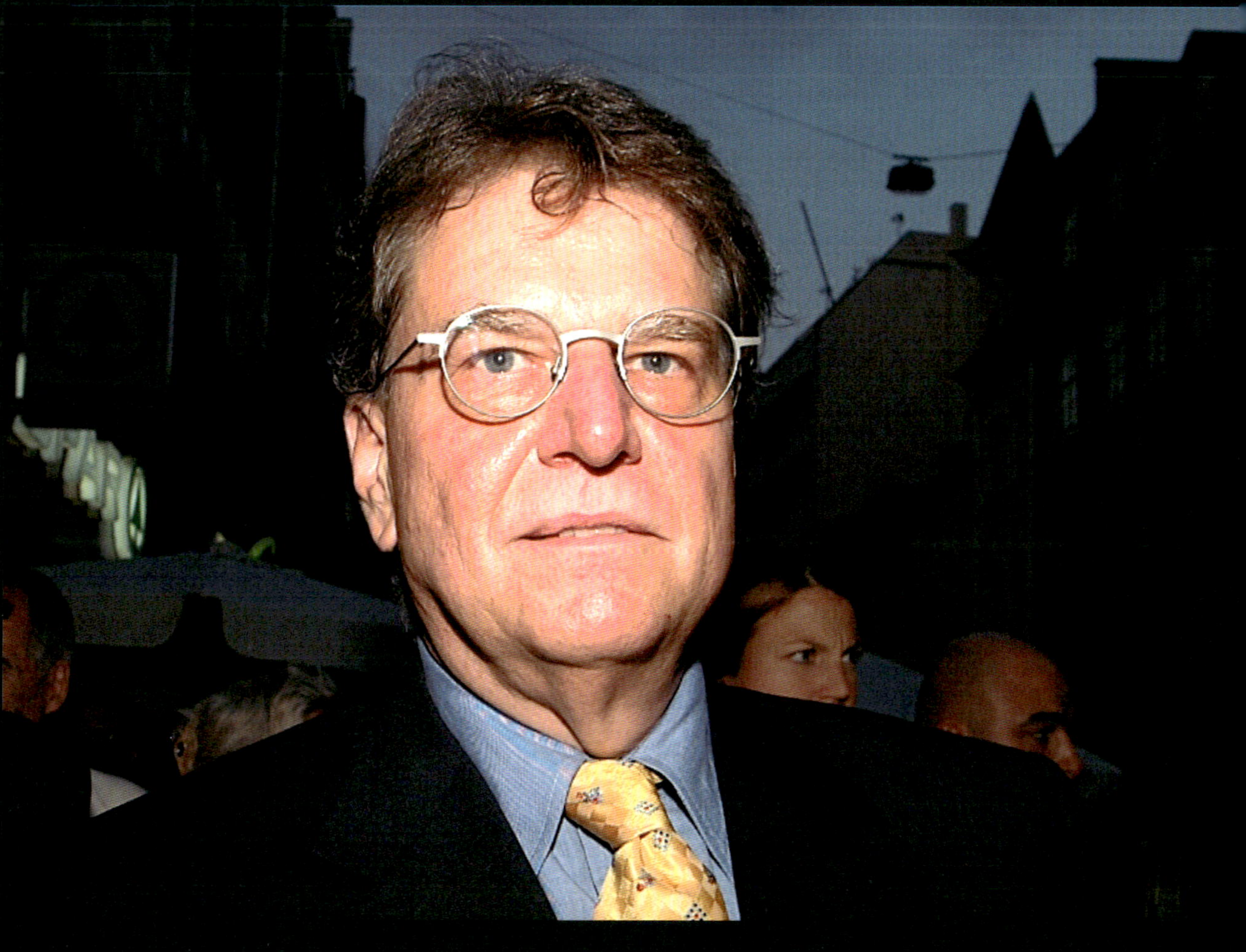

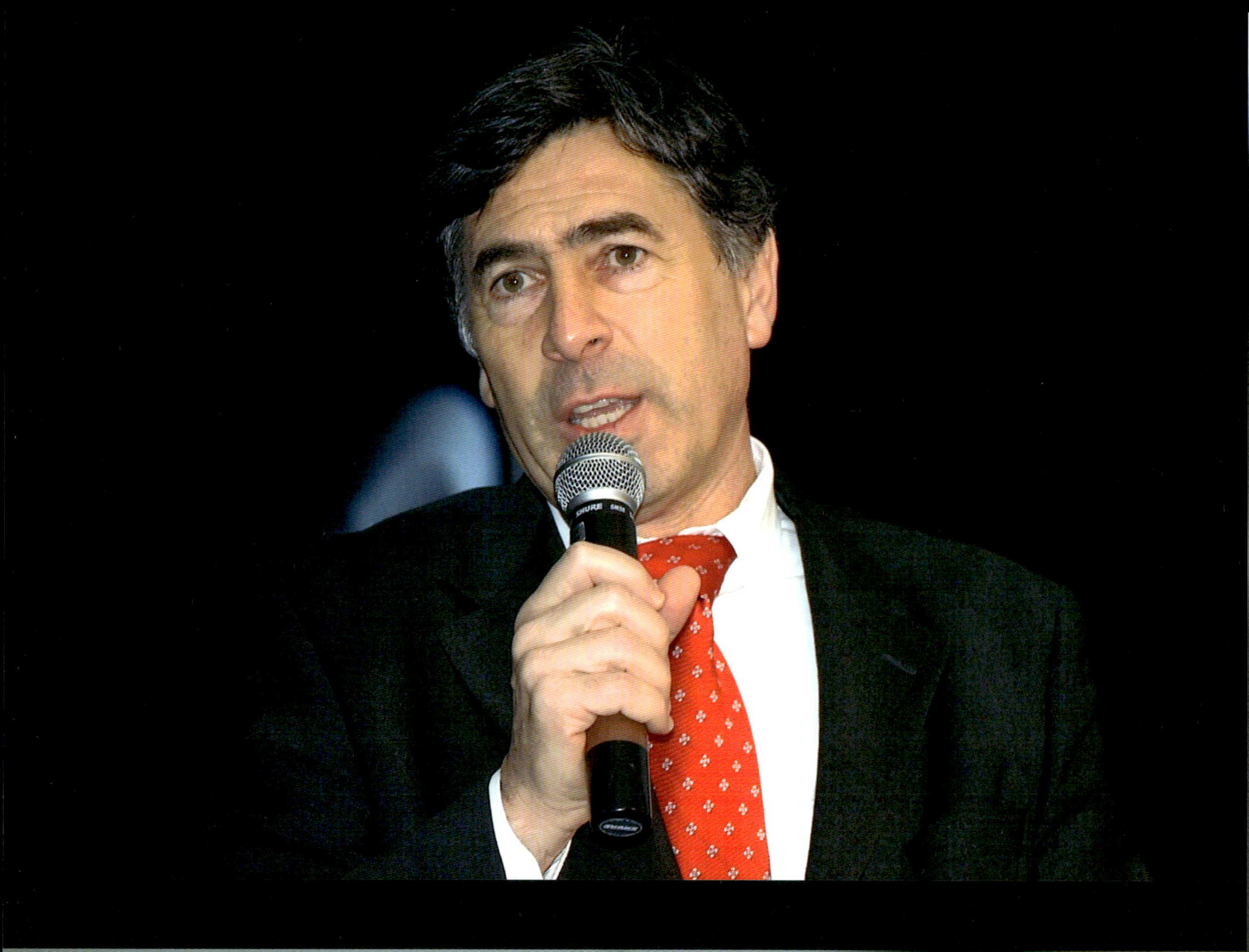
SHURE

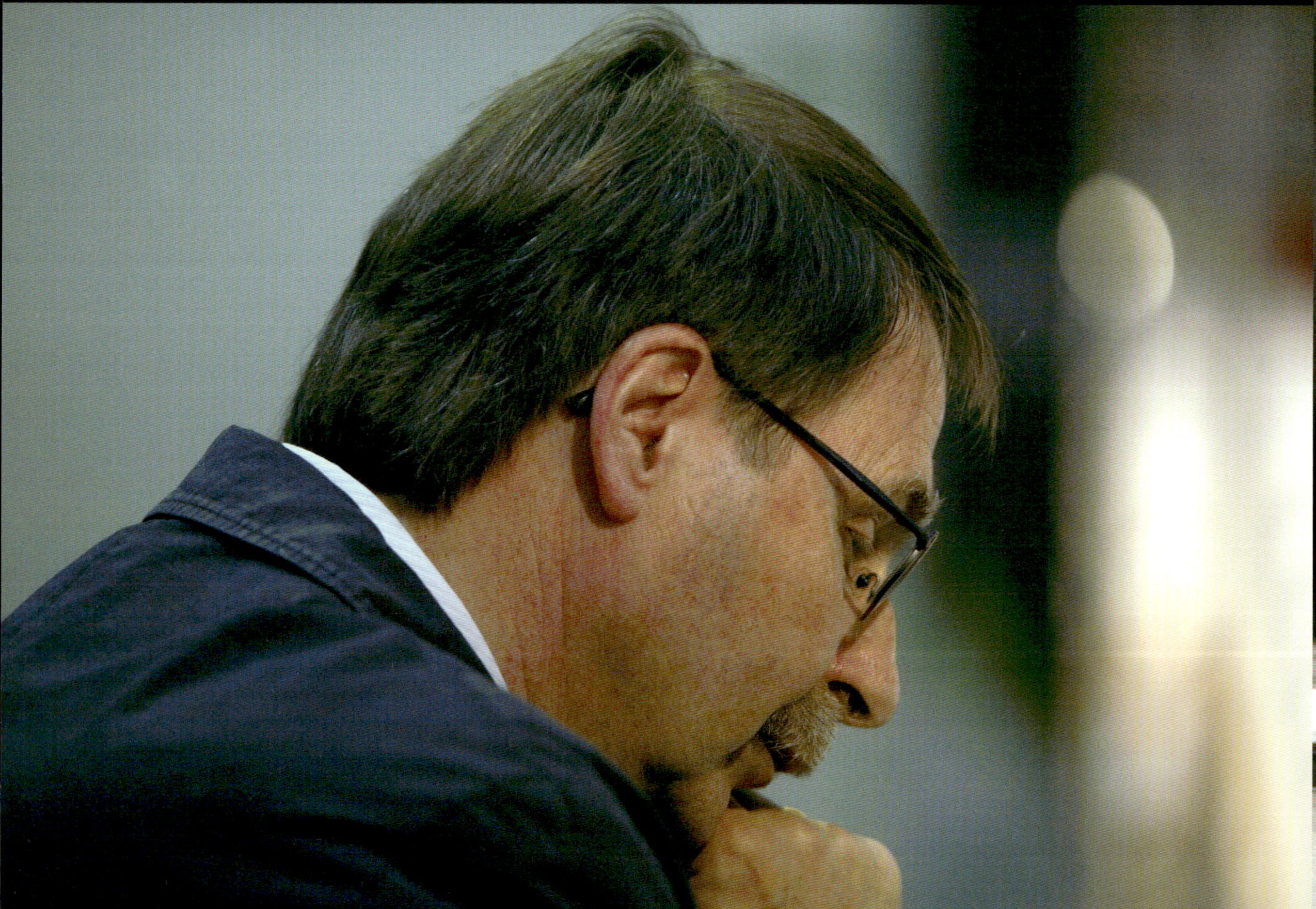

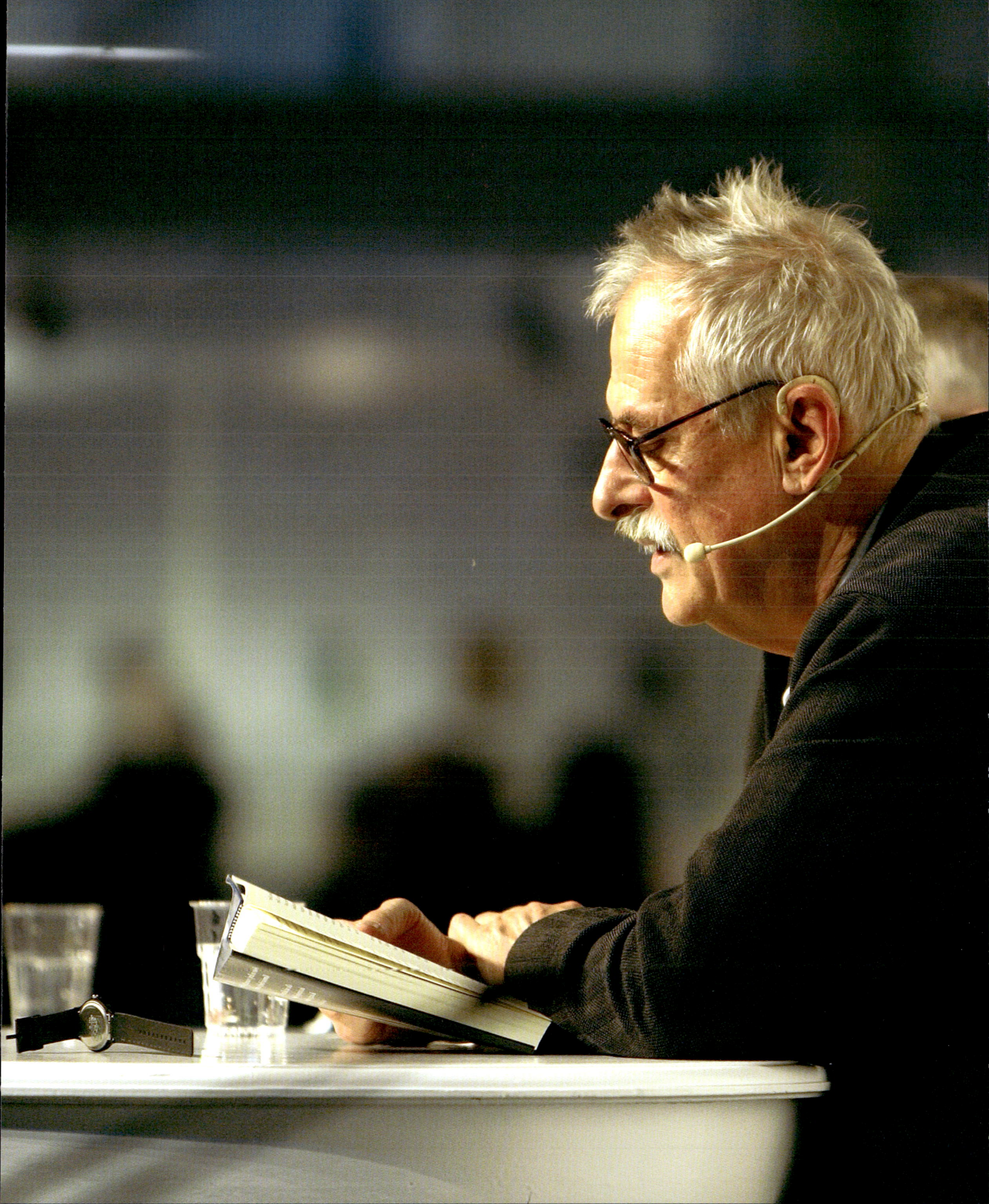

Basel ist in erster Linie eine Fussballstadt. Mit den Davidoff Swiss Indoors und diversen Sportarten, in welchen Basler Teams in der höchsten Spielklasse vertreten sind, ist jedoch die sportliche Vielfältigkeit auf hohem Niveau garantiert. Ein Höhepunkt hätte der WM-Schwergewichtsboxkampf im Januar 2007 in der St. Jakobshalle werden sollen. Doch die Begeisterung der 8000 Zuschauer nahm in der dritten Runde ein jähes Ende, als Jameel McCline gegen Nikolai Walujew (l.) unterlag, weil seine Kniescheibe plötzlich nicht mehr dort war, wo sie hingehörte.

282

283

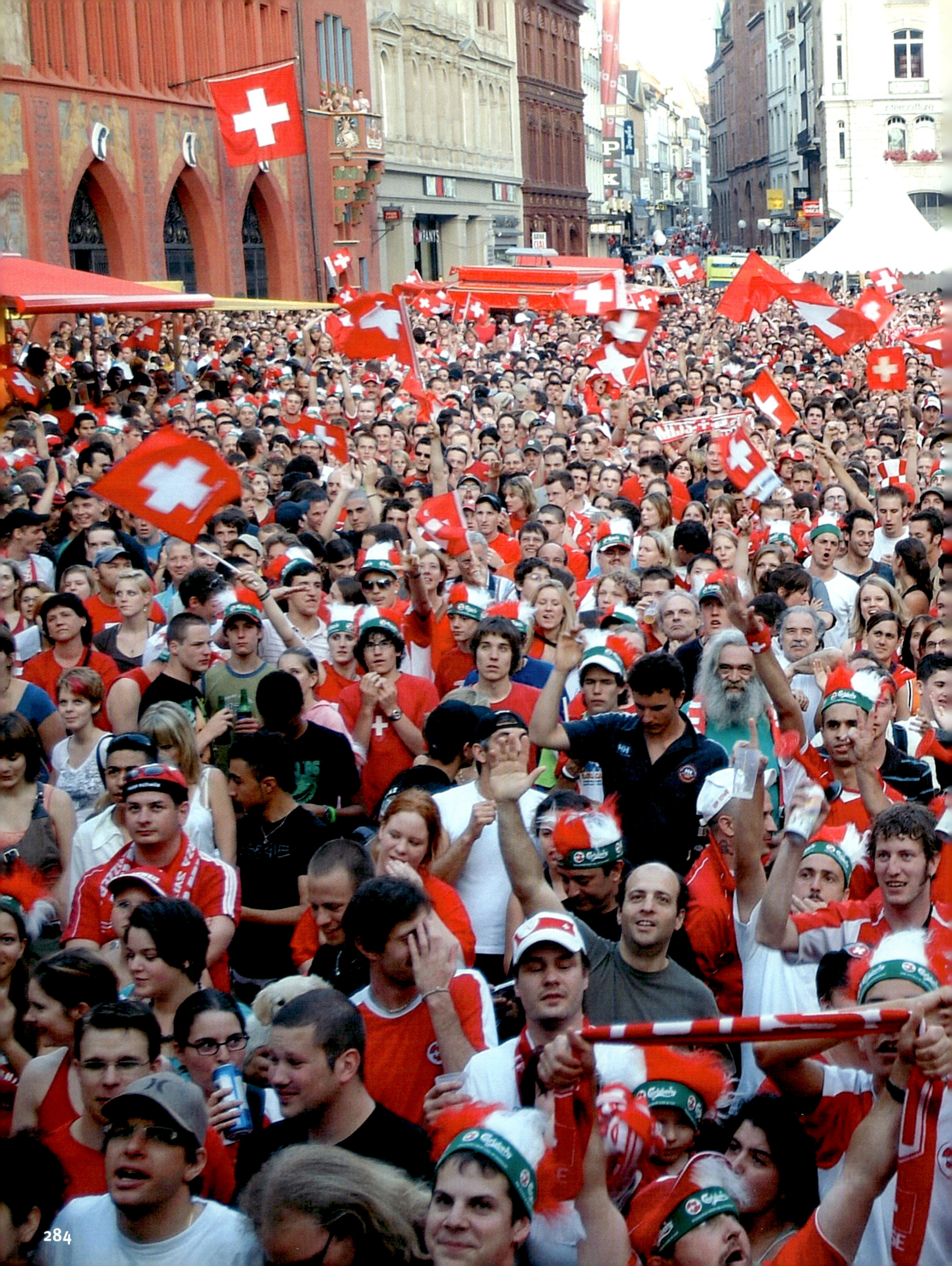

Die Schweizer Nationalmannschaft. An der Weltmeisterschaft 2006 in Deutschland brach in der Schweiz die «Nati»-Euphorie aus. Zu Tausenden strömten jene Schweizer, die sich die Spiele der Nationalmannschaft nicht vor Ort zu Gemüte führten, auf die öffentlichen Plätze und sorgten für einen Ausnahmezustand.

Eine herbe Enttäuschung. Das Penaltyschiessen im WM-Achtelfinal gegen die Ukraine war beileibe keine Sternstunde des Schweizer Fussballs. Im Gegenteil: Keinen einzigen Elfmeter brachten die Schweizer im ukrainischen Tor unter, deren drei mussten sie dafür hinnehmen. Das Ausscheiden im Achtelfinal war nach einer bis dahin starken Darbietung für Trainer Köbi Kuhn, seine Mannschaft und die vielen Schweizer Fans eine herbe Enttäuschung.

287

Nach der WM ist vor der EM – seit dem Out an der Weltmeisterschaft 2006 in Deutschland ist der Fokus der Schweizer Nationalmannschaft auf die Euro 08 im eigenen Land und in Österreich gerichtet. Um auf dem Weg dorthin im Rhythmus zu bleiben und an der Heim-Euro die hoch gesteckten Ziele zu erreichen, tritt das Team von Köbi Kuhn regelmässig zu Testspielen an. Die Partie gegen Deutschland (mit Michael Ballack) im Februar 2007 ging für Philippe Senderos, Valon Behrami und Hakan Yakin (v.l.) mit 1:3 verloren.

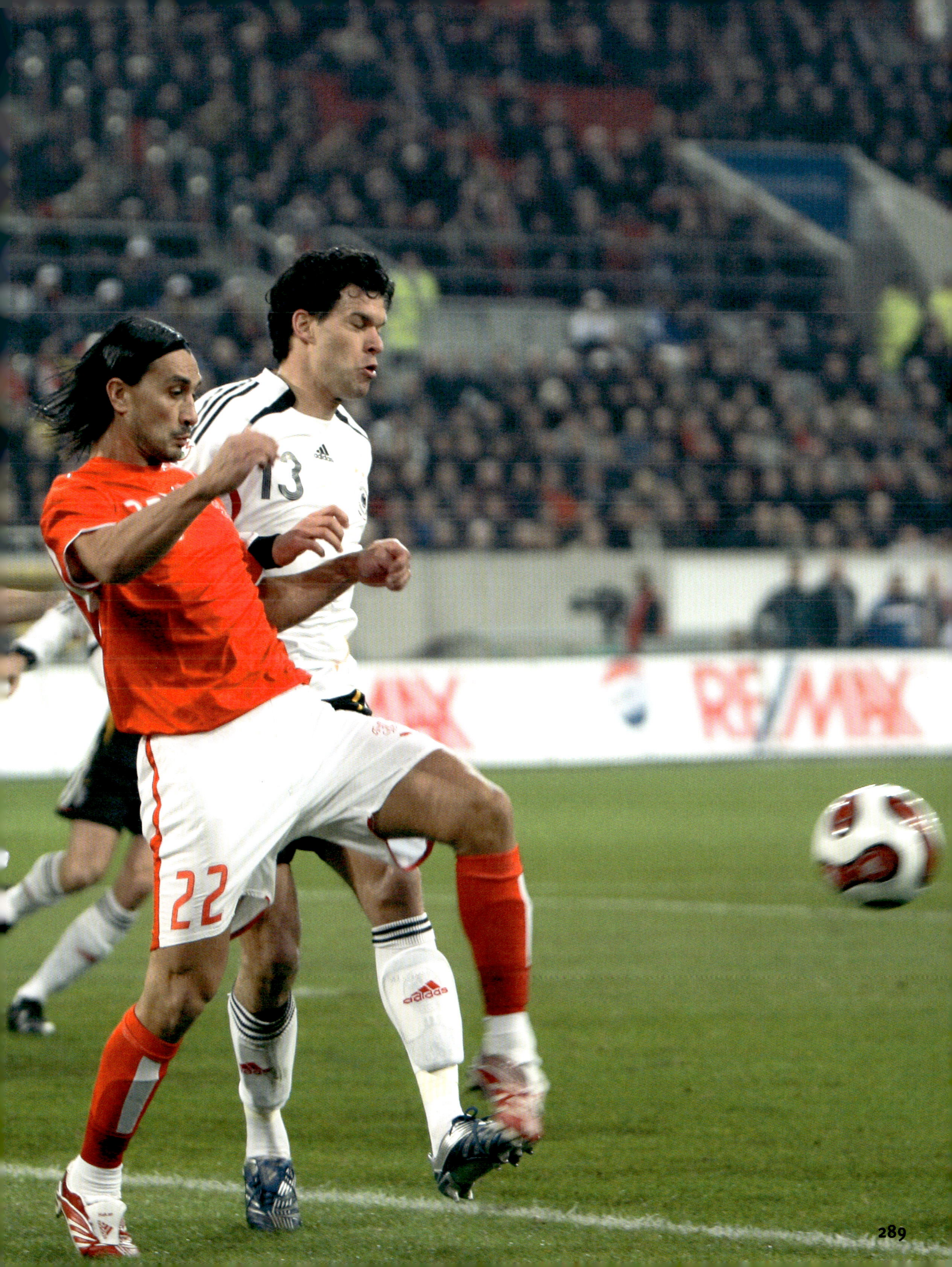
RE/MAX

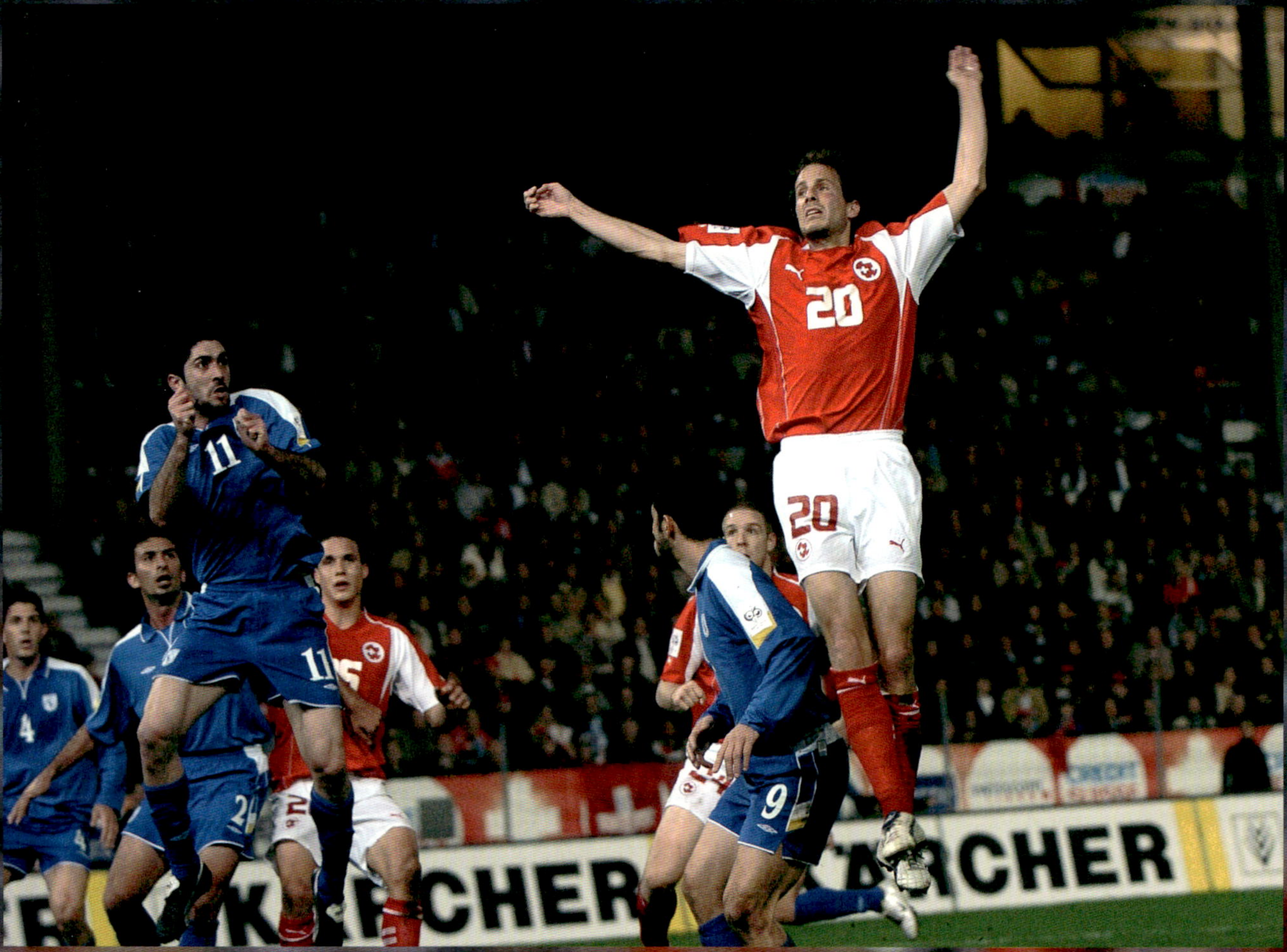

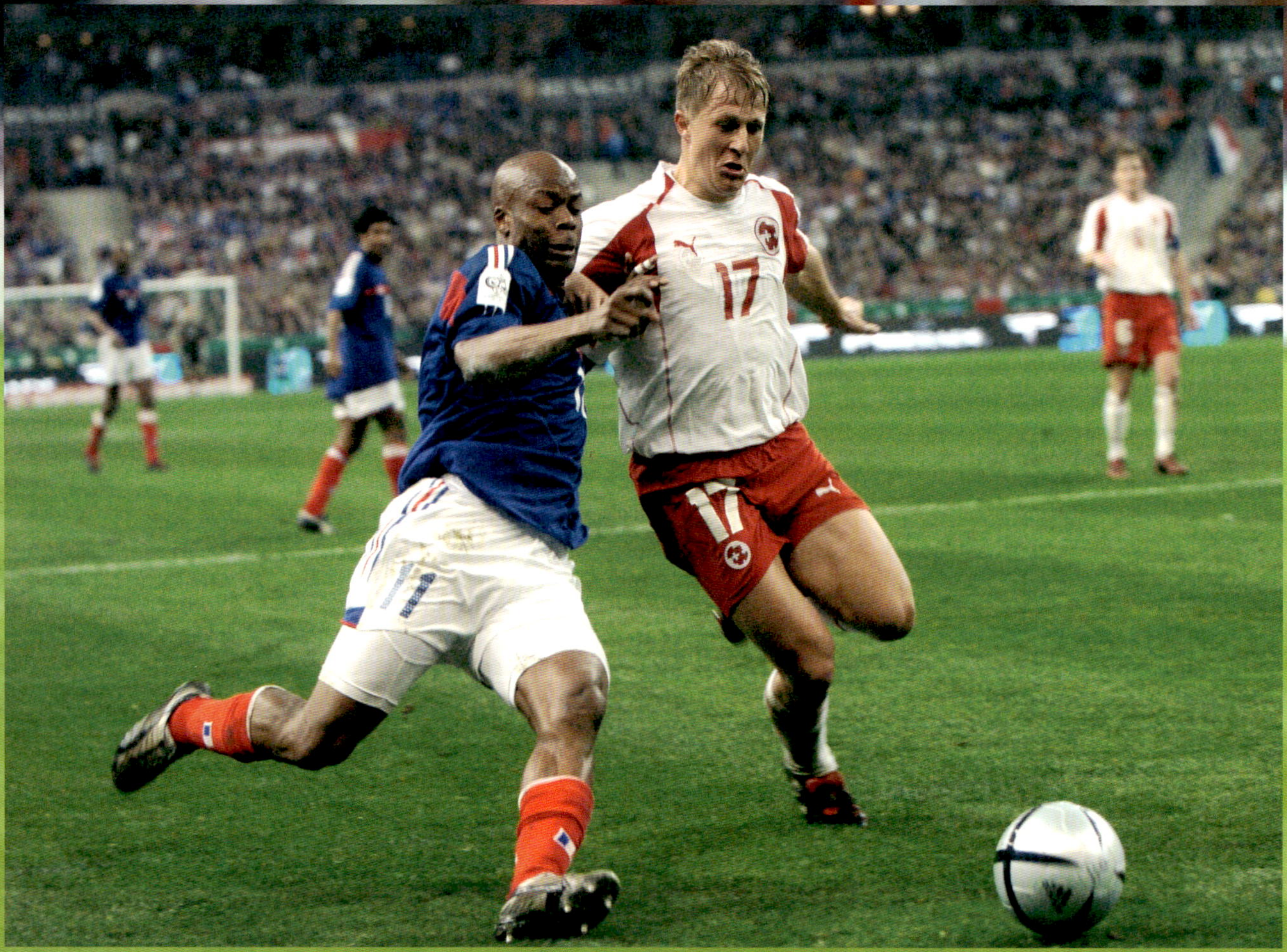

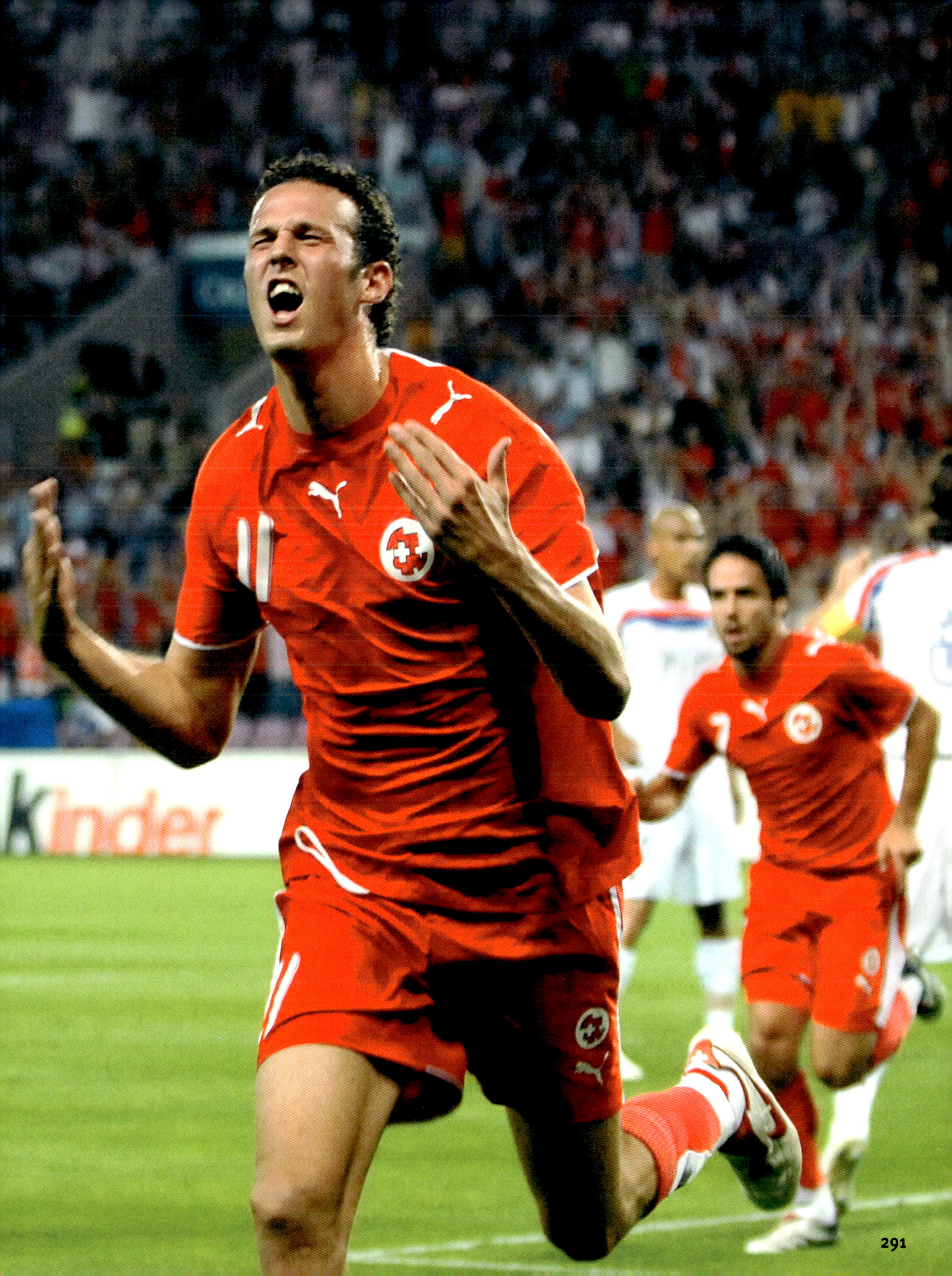
kinder

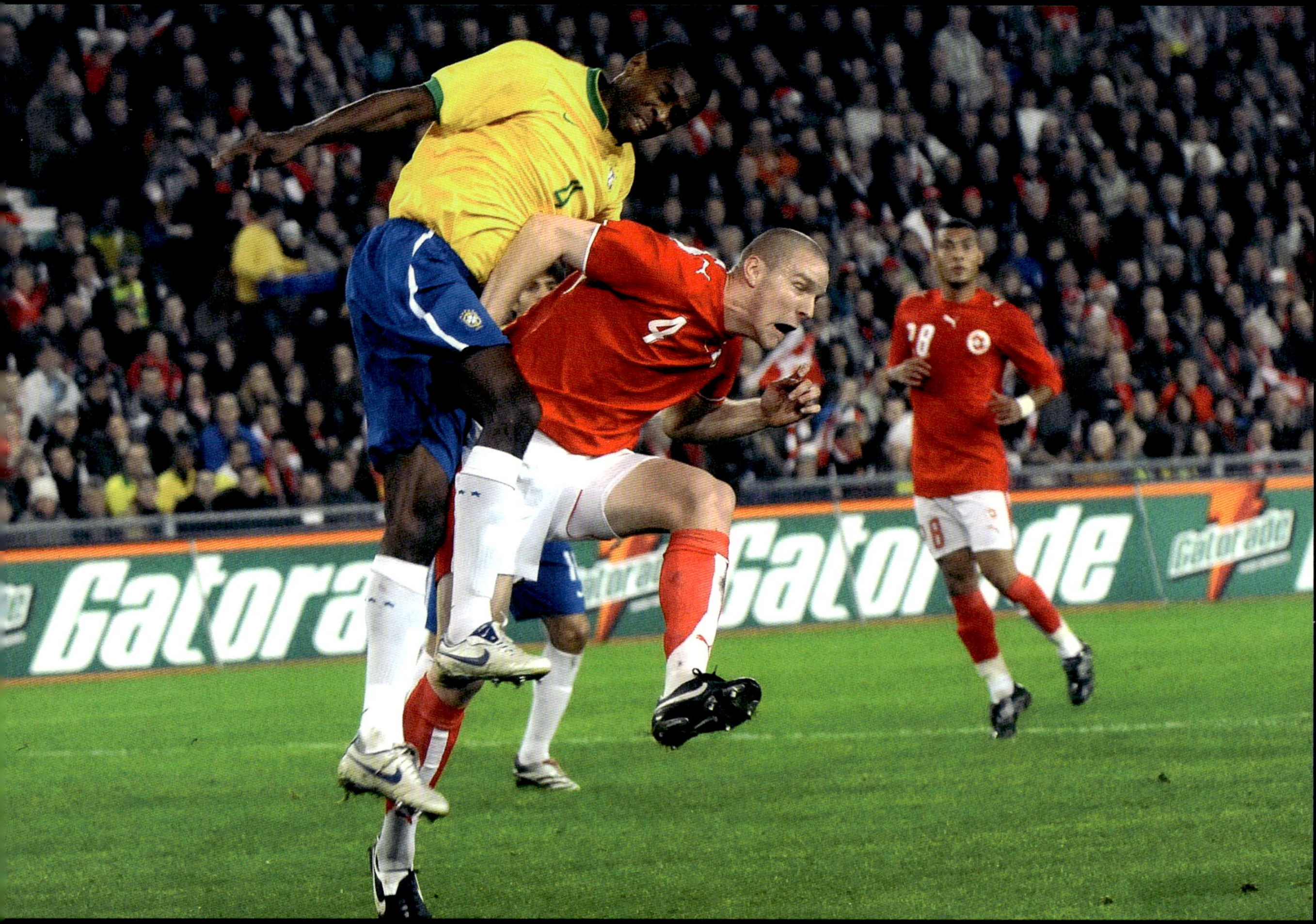
Gatorade

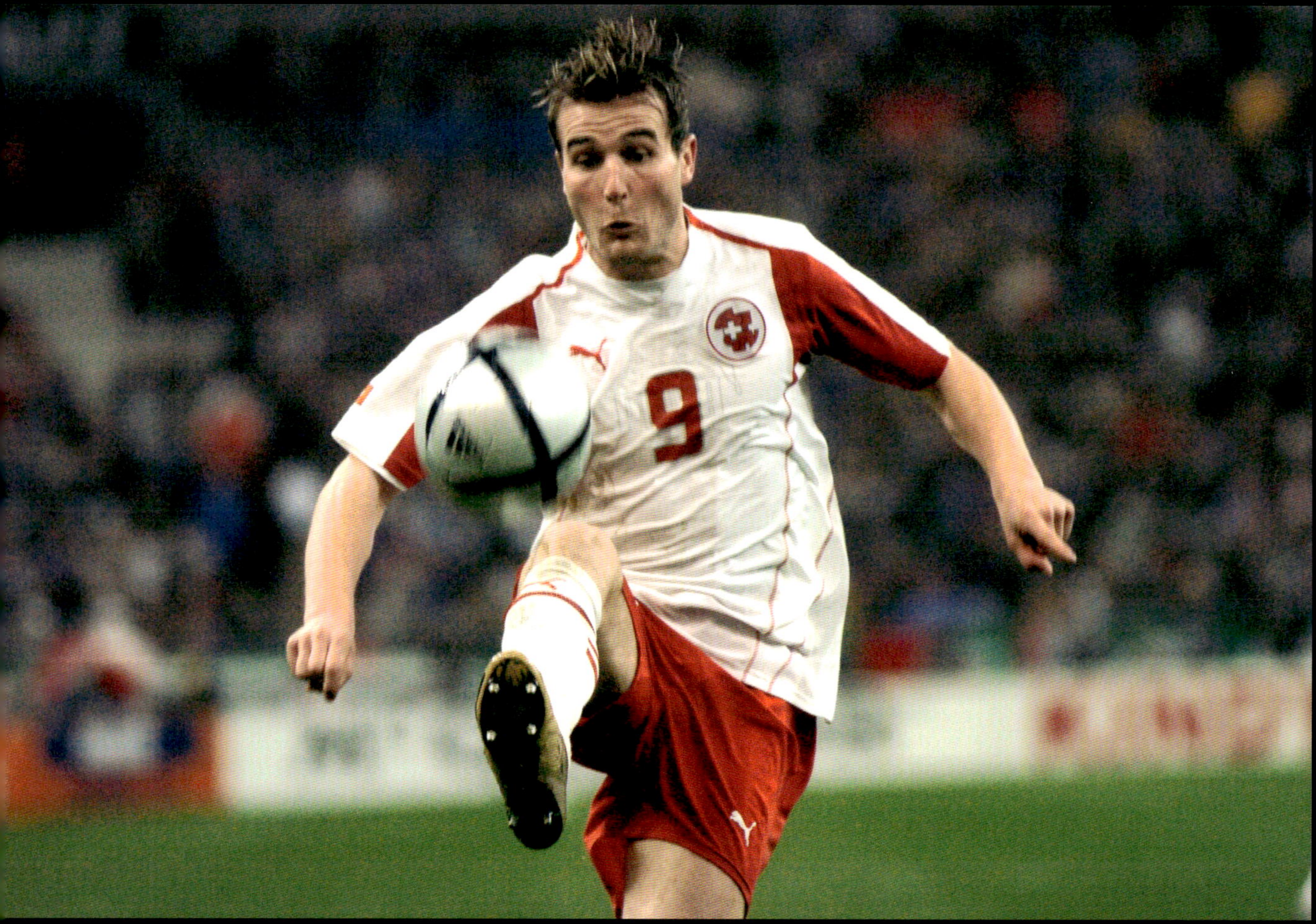

293

Zuberbühlers Patzer. Dieser Gegentreffer dürfte nicht so schnell aus Pascal Zuberbühlers Gedächtnis verschwinden. Beim WM-Qualifikationsspiel auf Zypern im September 2005 eilte der Schweizer Nationalgoalie aus seinem Tor und unterlief den aufspringenden Ball. Vom kapitalen Fehler konnte Stürmer Aloneftis profitieren und zum 1:1 einschieben. Am Ende blieb Zuberbühlers Patzer ohne Folgen, die Schweiz siegte noch mit 3:1.

295

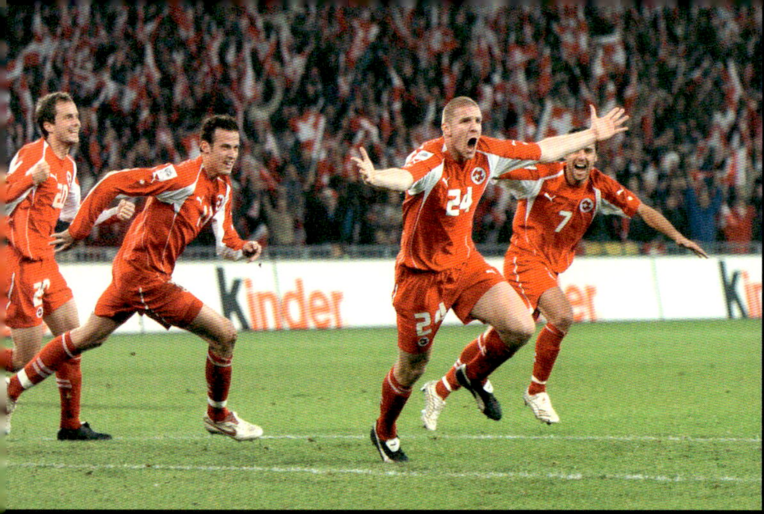
kinder

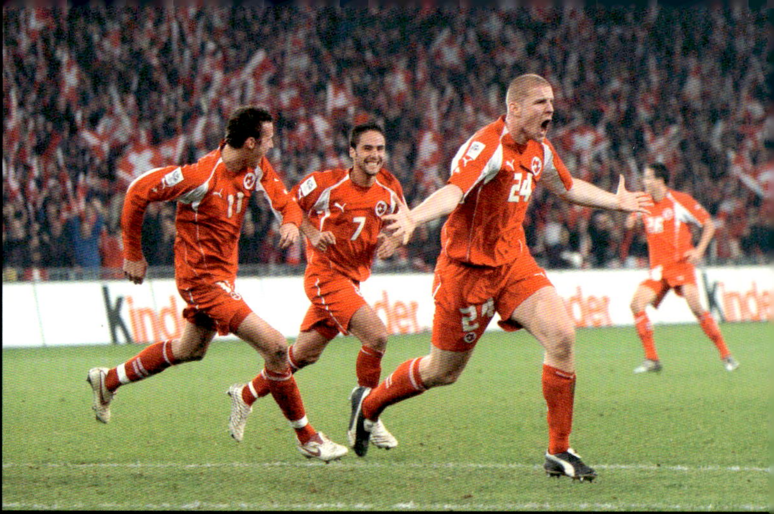

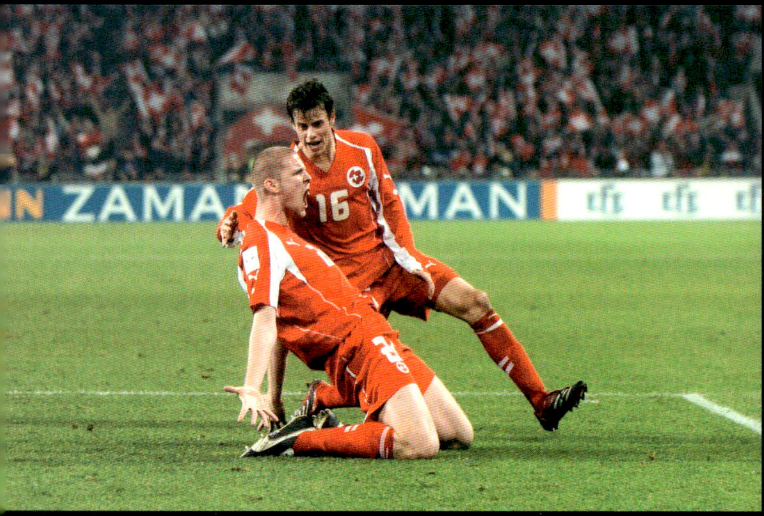
ZAMAN

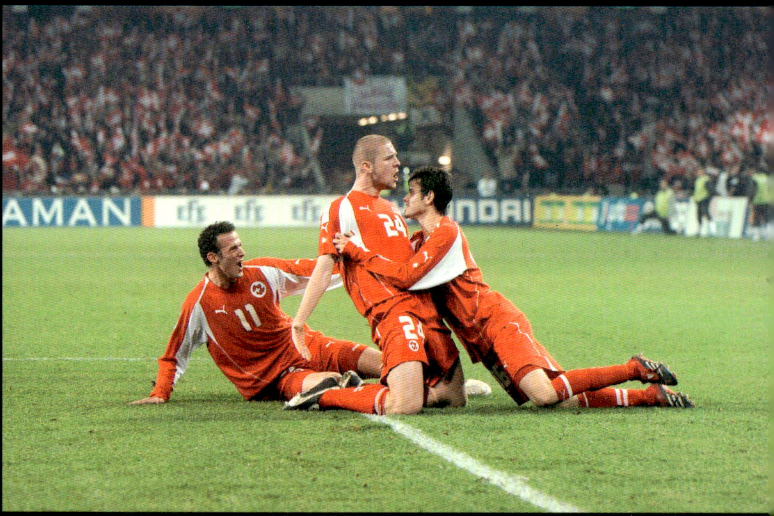

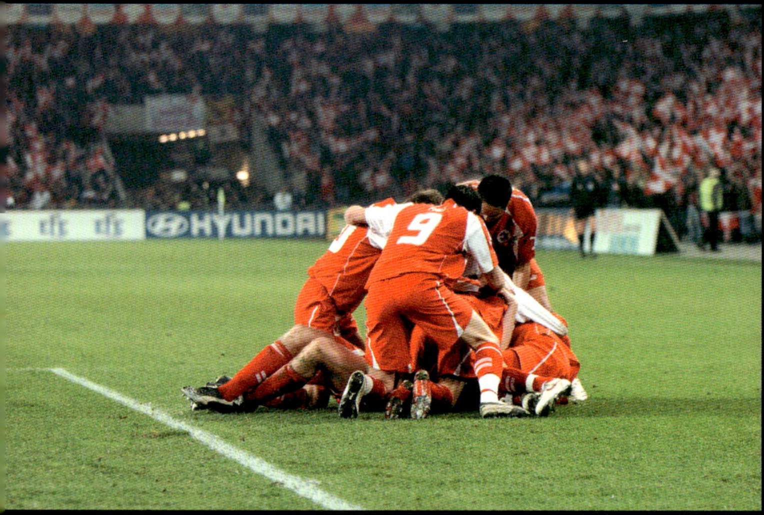
HYUNDAI

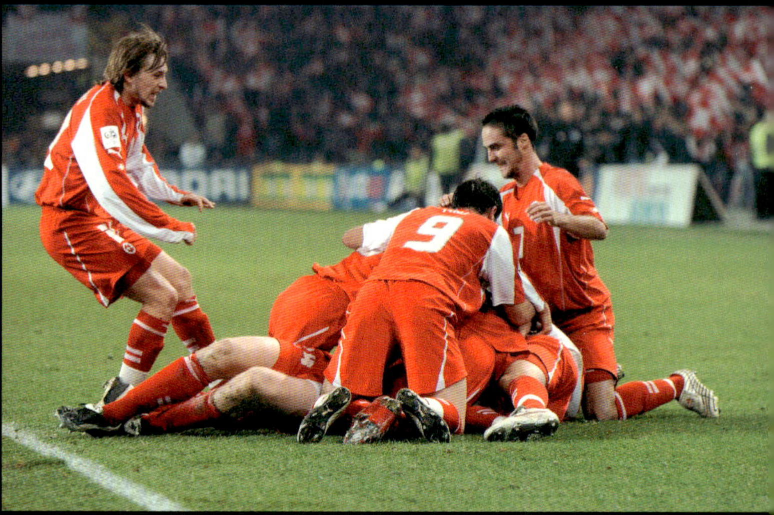

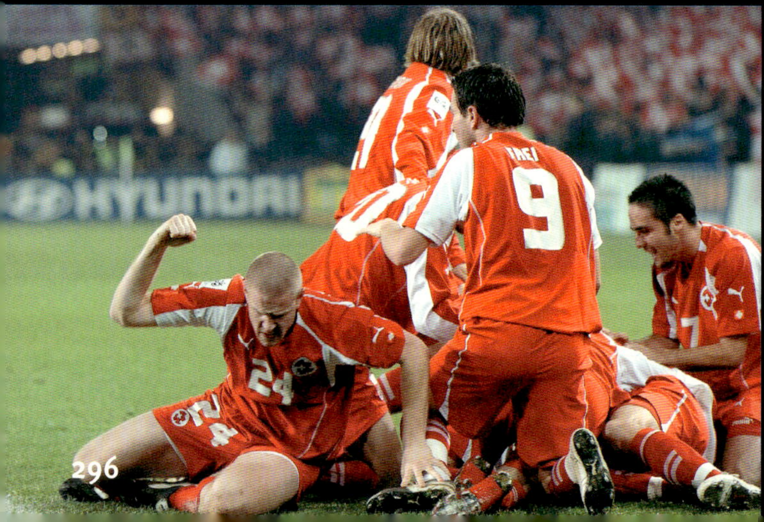
HYUNDAI

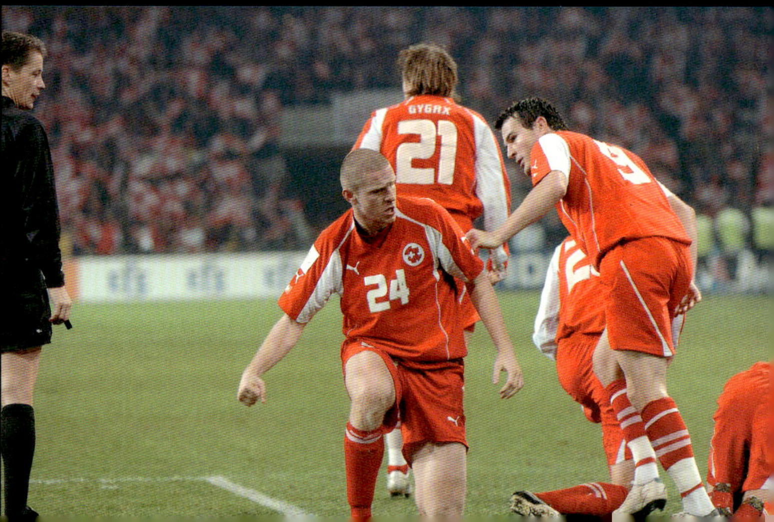
GYGAX

297

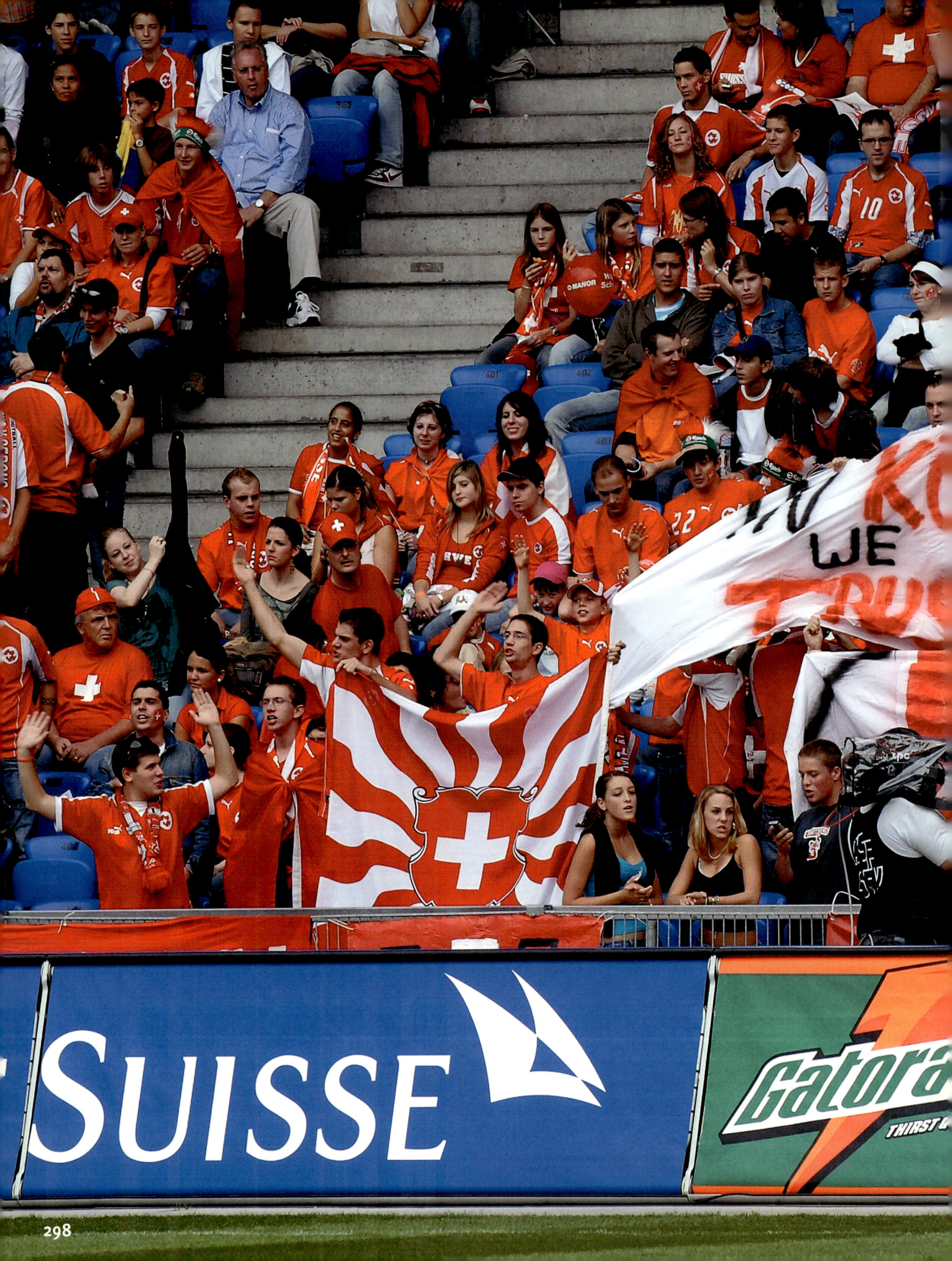
MANOR
WE
SUISSE

299

ASSOCIATION SUISSE DE FOOTBALL
GERMANY 2006 - NOUS Y SERONS
STADE DE SUISSE - 12.11.2005

HOPP SCHWIIZ
Schwiiz

SwissLife
sporttip
swisscom
CREDIT SUISSE
Carlsberg

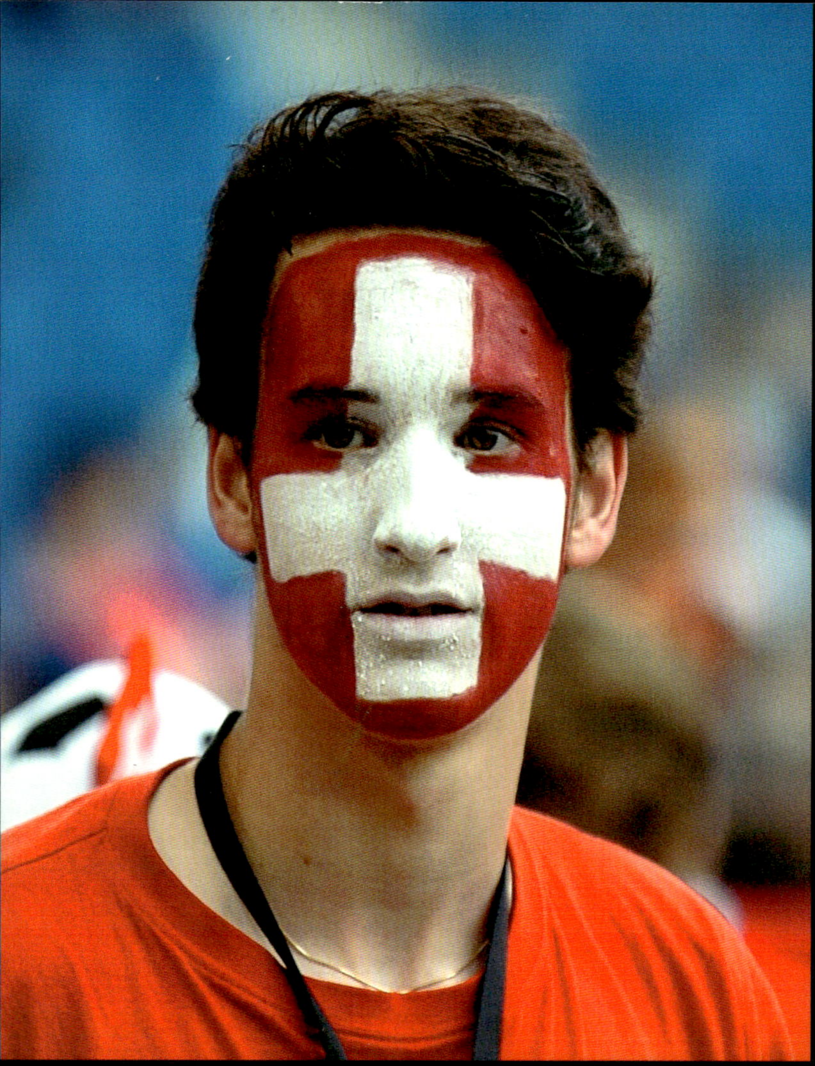

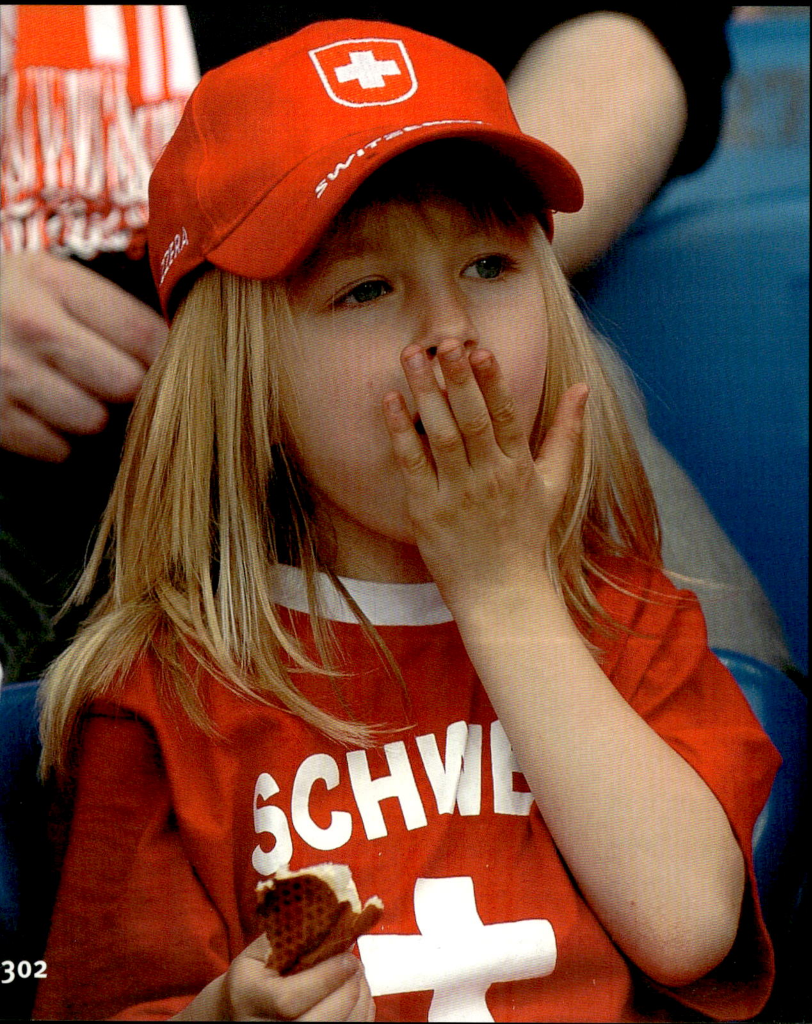

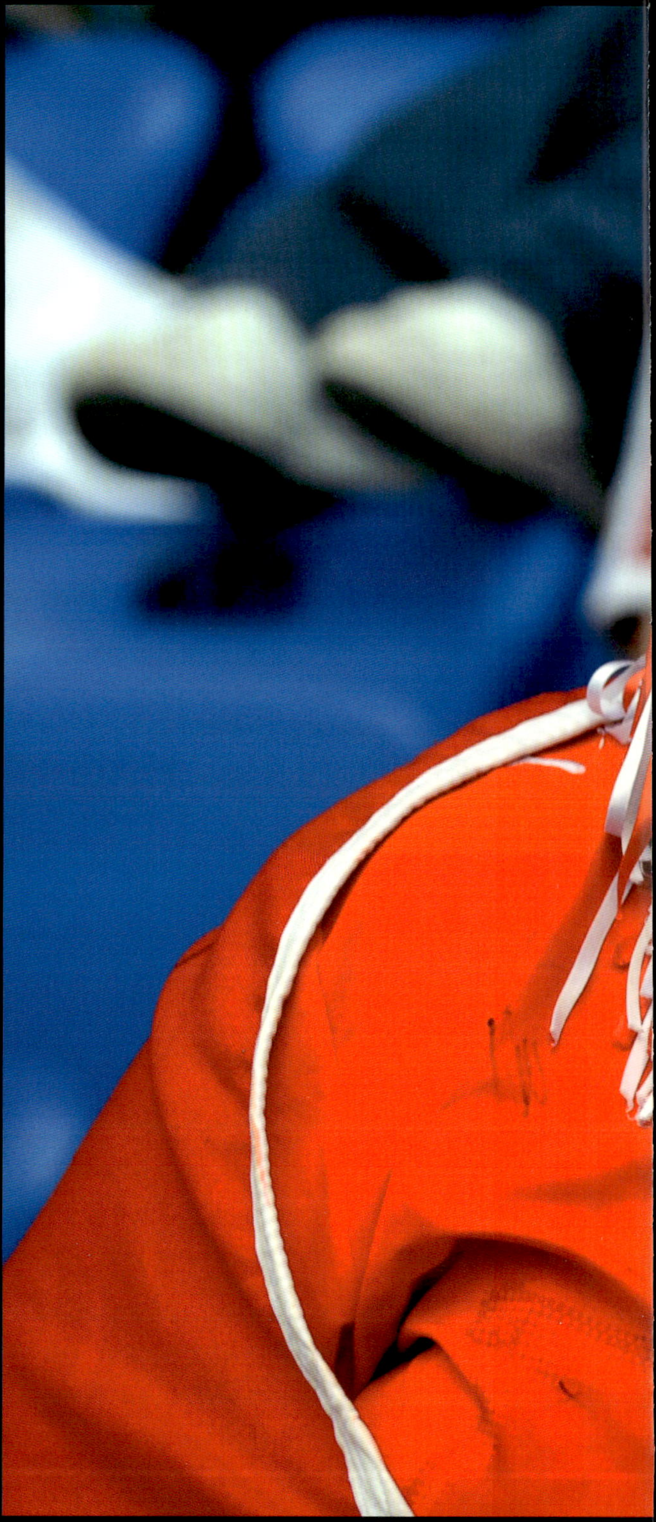

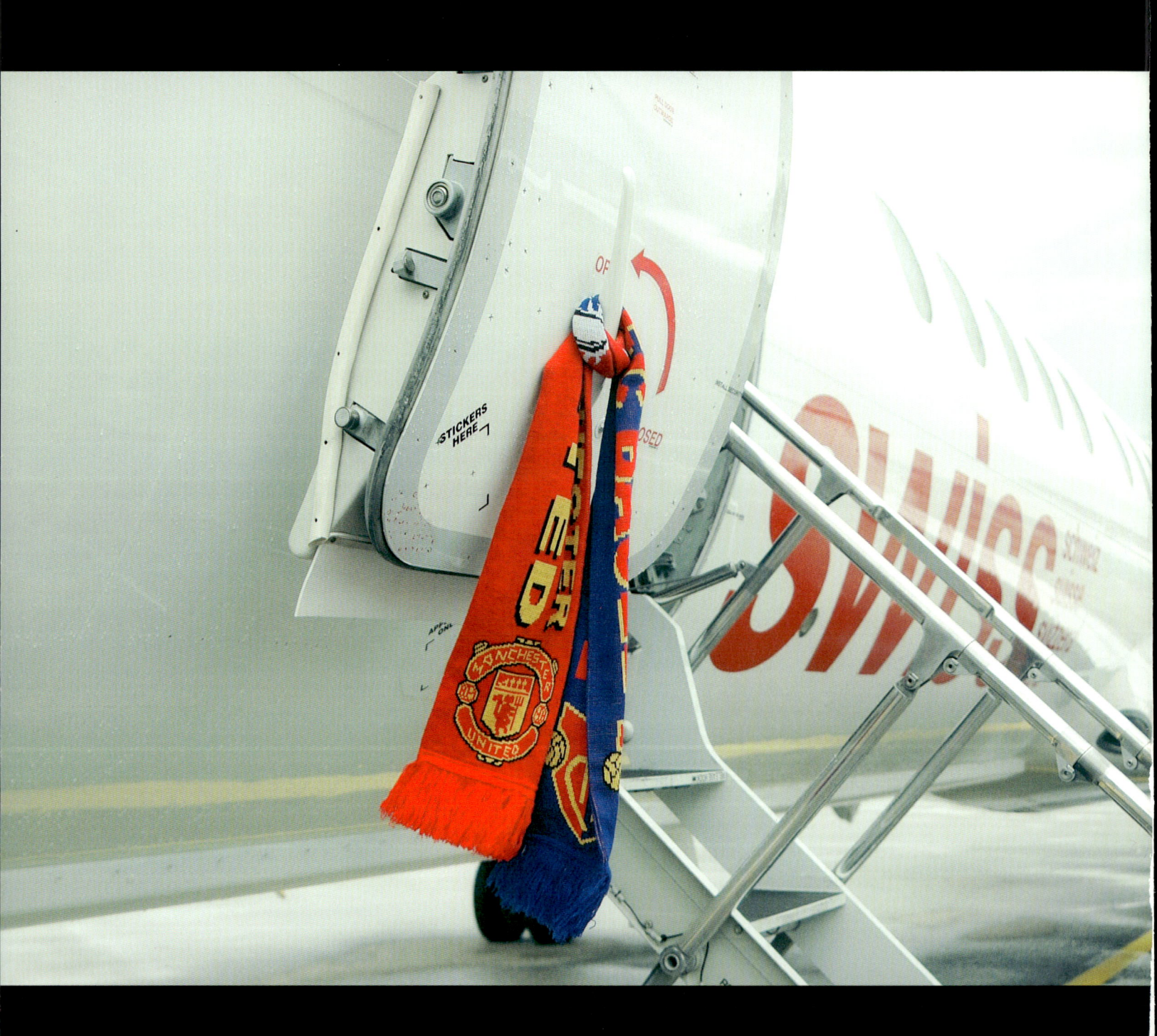

Ein Bild aus Basler Champions-League-Zeiten – ein zusammengesetzter Schal, halb Manchester United, halb FC Basel. Zu derartigen fussballerischen Höhenflügen möchte der FCB künftig wieder ansetzen.